少年世界史

①

押沙龙——著

山東文藝出版社

果麦文化 出品

目录

1
藏在我们身体里的尼安德特人

对世界史来说，劈面而来的第一个问题就是：

人是从哪儿来的？

最常见的回答是：人是猿猴变的。

这个说法大致是对的，但不够准确。动物园里就有猿猴，它们绝对变不成人类，不然饲养员早就报告了。正确的说法是：我们和动物园里的猿猴有着共同的灵长类始祖。

这个始祖在进化的过程中，产生了不同的分支。最早脱离出去的一个分支变成了长臂猿，接着猩猩的祖先也分出去了，接下来是大猩猩的祖先。大约七百万年前，最后一个分支——黑猩猩的祖先也跑了。剩下的古猿就演变成了人类。

所以，在所有的动物里，黑猩猩和我们的血缘关系是最近的，七百万年前是一家。

那么下一个问题就来了：第一个人是什么时候出现的？

这个问题很难回答。古猿是一点点变成人的，这个过程很缓慢，没有一个明确的界限。就像我们把黑色一点点增加亮度，最后调成白色，那么究竟在哪个瞬间，黑色变成白色了呢？没有标准答案。

我们只能给出一个模糊的说法：二三百万年前，一支古猿渐渐进化成了人类。至于地点，是在非洲东部。

非洲是人类最早的老家，同时也是人类的大本营。每过几十万年，就会有一批勇敢的人类走出非洲，到外面去闯天下，然后再没有回来。留在非洲的人类继续进化，几十万年后再出去一批，然后也没有回来。他们就像一群远古时代的探险队，前一支队伍覆灭了，后一支队伍接着上。

第一批走出非洲的是“直立人”。听名字就知道，这些人能直立行走了。这些人挺直身子，走出了很远，甚至来到了中国。在北京周口店就发现了直立人的化石，考古学家把他们称为“北京人”。

北京人出现在大约八十万年前。不过，他们并不是中国人的直系祖先。我们的直系祖先来到中国时，这些北京人的后裔是否存在，还不能完全确定。

我们的直系祖先被称为“智人”。智人是最后一批走出非洲的人种，离开非洲的时间大约是在六万五千年前。原始人寿命短，生孩子也早，二十年差不多就算是一代人。如果这样计算的话，这些走出非洲的智人跟我们隔了三千两百多代。

除了直立人和智人以外，地球上还曾经出现过很多种人类。如果他们都延续下来，这个世界一定会稀奇古怪得多，我们对人类的观念也会碰到很大的挑战。

比如说，如果直立人幸存下来，他们的智力水平、生理结构都和我们有极大不同。那么，应该把直立人看成和我们一样的同类吗？还是说另外一个物种？我们该要求他们遵守法律吗？该对直立人小朋友实行义务教育吗？这都是很伤脑筋的事情。

不过，我们不需要真的面对这些问题，因为只有智人延续了下来。所有的现代人，不管是黄人、白人，还是黑人，都是智人的后代。

我们都是同一种人，没有什么本质区别。

在所有消亡的人种里，最有名的是尼安德特人。

他们数量很多，分布区域也比较广，最重要的是，他们和我们的智人祖先共同生活过，而且发生过正面冲突。

尼安德特人大约生活在二十五万年到四万年前。他们长得和我们不太一样，脑门向后倾斜，眼眶凸出，四肢短，身上有点毛茸茸的，还长了几颗很大的门牙。

尼安德特人

听上去不够俊美，对吧？

以前的小说和电影经常把尼安德特人描述成一群粗暴可怕的家伙，龇牙咧嘴，半人半兽，如同噩梦中的妖怪。其实没那么夸张。如果你在大街上真碰到一个尼安德特人，顶多会觉得他长得很另类，绝不会把他当成妖怪。

但是你最好不要去惹他。

如果尼安德特人对你说“你瞅啥”，你可千万别说“瞅你咋地”，因为尼安德特人特别特别壮，胳膊和腿都很粗，肌肉极其发达。两三个现代壮汉都未必能打得过一个尼安德特人。

尼安德特人没有电影里说得那么野蛮。他们跟我们一样有喜怒哀乐，富于感情。考古学家发现过一具尼安德特少年的骨骼。他被摆成睡眠的姿势，头枕在手臂上，旁边摆着一把石头做的斧子。这很可能是父母为他准备的，以此表示哀悼。尼安德特人甚至还会用鲜花来祭奠死者，他们是有感情的。

这些尼安德特人存活了好多好多万年，直到我们的智人祖先从非洲走来。两个人种迎面相遇。

几千年以后，尼安德特人消失了。

这几千年里到底发生了什么？没有人准确地知道。最合理的猜测就是智人战胜了他们。从考古结果看，智人并没有直接杀光他们。只不过智人拥有很多优势，尼安德特人被排挤到一边，地盘越来越小，人数越来越少，最后就彻底消失了。

智人为什么能战胜尼安德特人？

当然不是靠体力。要是一对一打架的话，尼安德特人能把智人揍扁。问题还是出在智力因素上。说来也怪，尼安德特人脑袋很大，脑容量比我们还要略微大一点。这么大的脑子怎么就不好使呢？

这是因为他们使用脑子的方式和我们不一样。

大脑的计算能力是有限的，而人要处理的事情太多，所以就要权衡和取舍。分给这方面多了，分给那方面就少。

尼安德特人的选择比较实用。他们的视力和嗅觉非常发达，这消耗掉了他们大量的脑细胞。而智人却走到了另一个方向。智人看东西要模糊一点，鼻子也没那么灵，但是他们把更多的脑细胞用在一些比较抽象的东西上，比如思考、幻想、聊天、社交。也就是说，尼安德特人的枕叶发达，而智人的额叶更发达。

对原始人来说，视力和嗅觉似乎更重要。比如老虎蹑手蹑脚地靠近，尼安德特人提鼻子一闻，跑了，智人还傻乎乎地站在原地，就被吃掉了。这么看，智人好像吃亏了，但长远来看，智人的选择更加正确。那些抽象的东西看上去没用，实际上却打开了一片新的天地。思考和幻想，帮助智人进行发明创造；而聊天和社交，帮助智人进行团体合作。结果，智人有了更强大的武器、更复杂的语言，也有了更大型的部落。

这些喜欢胡思乱想、喜欢聊天社交的智人成了胜利者；那些膀大腰圆、目光锐利的尼安德特人却成了失败者。

历史上的事情往往是这样：过分看重实用性，就会急功近利，钻进一个死胡同；而一些看上去没用的东西，到头来却是最有用的。

大约四万年前，最后一个尼安德特人也死了。但是他们彻底无影无踪了吗？并非如此。智人和尼安德特人可能有过少量通婚，所以在现代人的身体里，还残留着 2% 左右的尼安德特人基因。换句话说，我们其实是 98% 的智人和 2% 的尼安德特人。

但是，这 2% 的尼安德特人基因带来很大的麻烦。许多疾病都跟这些基因有点关系，比如抑郁症、2 型糖尿病、血栓等等。尼安德特人真的是一个很不健康的种群！

换个角度想，这也算是失败者对胜利者的报复吧。

挺公平的。

小结

二三百万年前，人类出现在非洲。此后，人类一次次走出非洲，但又一次次失败。这些失败者里，最著名的是尼安德特人，他们在四万年前彻底灭绝。最后一批走出非洲的是智人，只有他们成功了。而我们，就是这些智人的后裔。

2
石器时代的爱迪生

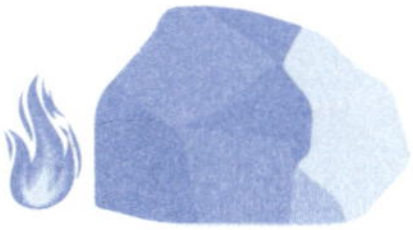

人类能够支配的第一种自然力量就是火。一团烈焰，能够照亮黑暗，提供温暖，煮熟食物，焚烧树木。控制这种力量，是人类历史上的一次巨大突破。

一开始，人类只会使用碰巧出现的自然火。后来他们渐渐学会了保留火种。再到后来，他们学会了制造火种，比如用摩擦的办法来钻木取火。这个变化过程非常缓慢，很难说出一个具体日期。但大致来说，在四五十万年前，人类已经广泛地使用火了。

这可是件翻天覆地的大事件，大大改变了人类的生活。比如说，野兽往往怕火。以前大家在洞穴里睡觉的时候，说不定就会跑进一只老虎来吃人。现在人们在洞口生起一堆火，就可以睡个安稳觉了。

有了火以后，人类还可以把东西做熟了再吃，不用茹毛饮血了，这大大提高了人类的营养水平。此外，它还有一个意外的效果，那就是把人变漂亮了。

原始人差不多都很丑。而且时代越早，长得越丑。我们觉得原始人丑，跟他们的嘴部突出很有关系。他们老是往前噘着嘴，好像很生气的样子。这也没办法，原始人吃生肉，臼齿和咀嚼肌就必须特别发达，这样一来，嘴巴就噘出来一大块。有了火以后，大家可以吃熟食，臼齿和咀嚼肌变小，嘴巴就慢慢缩回来了。

所以！当你照镜子的时候，觉得自己很好看，就跟火有直接关系。

除了控制火以外，原始人还有什么重要成就呢？

那就是石器。原始人做了很多很多的石器。正因为这样，我们才给那段日子起了名字，叫石器时代。

人类文明史只有几千年，可石器时代却有三百多万年。要是把人类历史压缩成一本三百页的书，每一页代表一万年，那么这本书的第一页是石器时代，第二页是石器时代，第三页还是石器时代，一直到二百九十九页都是石器时代。金字塔、万里长城、蒸汽机、原子弹等，全都挤在最后一页。

石器有很多种，比如说石斧、石凿、石碗等。越到后来，这些石器做得越精致。但是在大部分时间里，它们都丑陋得很。

石器图

就拿石斧来说，它根本不是你想象中的斧子，而是一头钝、一头尖的石块。要是在路上看见这样的东西，恐怕你都不会弯腰捡起来。可在当时，这就算了不起的高科技产品了。它可以割肉、钻孔、刮树皮、砸核桃，还可以用来打架，就像一个万能神器。

石器和火的使用，除了这两样呢？其他的发明创造，掰着指头就能数过来：原始人把木棍削尖，发明了长矛；把兽皮穿身上，发明了衣服；他们还把木头捆在一起，发明了木筏。

总的来说，人类在几百万年里，也就搞出这么几样重要的东西。确实太少了。

他们的日子，过得也非常简陋。我们可以把时间拨回到五十万年前，看一看当时人类的生活状况。

这种生活似乎有舒服的一面，不用上学，不用上班，空闲时间很多。可是除此之外，就都是缺点了。没有医药，没有桌椅，没有床，没有房屋，几乎什么都没有。大家吃的东西也稀奇古怪：野果、蘑菇、蜗牛、青蛙、蜥蜴，逮着什么吃什么。挑食的人根本活不下来。

生活中充满危险，随便生个小病就会死掉，而且当时的野兽也非常可怕，比现在的野兽要恐怖得多。比如说剑齿虎，它比老虎更粗壮，两个大牙有十二厘米长，如同两把利剑，瞬间就可以把猎物咬死。人们根本对付不了它。其实不光剑齿虎，稍微凶点的动物他们都对付不了，因为没有像样的武器。

我们以为原始人是猎人，其实在五十万年前，他们不是猎人，而是猎物。在食物链上，他们也就是中等偏上的位置，比羚羊高，比野猪低。

我们可以想象一下当年的场景。白天，人们出去觅食，有的摘果子，有的采蘑菇，有的逮青蛙。到了晚上，十几个人钻进一个山洞，围着一团篝火。山洞阴暗潮湿，有种腐烂的臭味。大人拿着石斧，在刮兽皮做衣服，小孩子在角落里打闹。没有人讲故事，也没有人聊天，因为大家的喉咙还没长成现在的样子，发不出复杂的声音。

山洞外头是一片黑暗。剑齿虎在暗夜中徘徊，发出低沉的咆哮。

人们就过着这样的日子。一年，一百年，一万年，十万年，都是这样。今天我们已经习惯了变化，每过几十年世界就会大变样。可是在那个时候，这一万年跟那一万年没什么两样。

世界就像凝固了。难以计数的时间从它身边流淌过去，可它毫无反应。

直到七万多年前，世界动起来了。

一切忽然加速了。

这场变动开始于一场浩劫。这次灾难非常可怕，我们的智人祖先大批死亡，只剩下了几千人，跟现在野生老虎的数量差不多。人类忽然变成了珍稀动物，随时可能像恐龙一样，彻底灭绝。

这场灾难是怎么产生的呢？有人认为跟火山爆发有关。七万多年前，印度尼西亚的多峇火山发生了一次超级大爆发，喷出 2800 立方千米的岩浆，释放的能量相当于十亿吨烈性炸药。火山爆发导致全球大降温，消灭了绝大部分人类。这种说法被称为“多峇巨灾理论”。

“多峇巨灾理论”听上去波澜壮阔，可也有很多人不赞成这个理论，觉得太夸张了。但不管怎么说，当时确实发生了巨大的灾难。我们的智人祖先被逼到了悬崖边缘，一不小心就会万劫不复。

面临绝境的人往往会忽然爆发出巨大的潜能。后面有条猛犬追你，你可能就会跑得比谁都快。我们的祖先也是如此。他们不光熬过了大灾难，而且还变得比以前更加强大。没过多久，他们就走出了非洲，战胜了尼安德特人，成为最终的胜利者。这就是我们上一章讲过的内容。

而且，这些智人好像忽然之间变聪明了。

接下来的几万年里，人类创造出来的东西，比之前的几百万年都要多得多。石器时代忽然出现了好多“爱迪生”。他们发明了锋利的石刀，带窟窿眼儿的针，甚至还发明了纽扣。他们在墙壁上画画，雕刻各种小动物。更重要的是，他们发明了弓箭和投矛器，可以远距离杀死野兽。

有了这些武器，大自然的战斗规则一下子改变了。这简直就像武侠世界里忽然冒出了手枪，侠客们修炼的绝世武功变得没用了。剑齿虎就算肌肉再发达，牙齿再厉害，也抵挡不住弓箭的围攻。

人类终于爬上了食物链的最顶端，想吃谁就吃谁。

石器时代的猎人非常凶狠。我们往往有一种错觉，好像只有现代人才会灭绝动物，破坏大自然，而原始人总是与动物和谐地生活在一起。这是瞎说。原始人学会打猎以后，在很短的时间里就灭绝了无数种动物。

剑齿虎在地球上已经存活了三千万年，结果在一万多年前灭绝了。巨大无比的猛犸象，也在一万多年前宣告灭绝。美洲的乳齿象和大地懒也灭绝了。

石器时代的猎人把大型哺乳动物差不多灭绝了一半。

这些动物的消失，跟人类的地理扩张有关。智人走出非洲以后，开始占领全世界。很多动物以前根本没见过人类，所以不知道害怕。人类看着也确实不可怕，两条腿，小细牙，连爪子都没有。乳齿象和大地懒怎么会害怕这种动物呢？可谁能想到，这些家伙居然会掏出弓箭就射啊！很多动物就这样稀里糊涂地被灭绝了。

剑齿虎和猛犸象走向灭绝，人类数量却开始快速膨胀。到了一万年前，地球上就有了几百万人。这是历史上第一次人口大爆炸。人一多，食物就不够了。再说，大型动物被灭绝得七七八八，狩猎也变得越来越难。

于是，人类开始面临一场新的危机。

说起来，正是因为人类发明了这么多东西，做得太成功，才导致了这场危机。怎么解决呢？放弃这些发明，重新回到五十万年前的世界？不会的，人类从不走回头路。

在历史上，老发明带来的问题，总是要靠一个新发明来解决。这个新发明就是农业。

小结

石器时代持续了三百多万年。人类学会了控制火，又制造了各种各样的石器。但是人类进步的速度非常缓慢。在七万多年前，人类世界开始加速。我们的智人祖先做出了许多发明创造，并从一种弱小的物种变成地球的主宰者。

3

别了，伊甸园

在《圣经》的开篇，有个“失乐园”的故事。

上帝创造了亚当和夏娃，把他们安置在伊甸园里。那里是地上的乐园，长满了各种各样的美丽果木，亚当和夏娃在里面生活得非常幸福。上帝给他们定了一个规矩，乐园里所有的果子都可以吃，唯独智慧树上的果子绝对不行，吃了就会死。

但是伊甸园的蛇诱惑了他们。它说：“上帝在骗你们。你们吃了智慧树上的果实，不但不会死，还会变得和上帝一样聪明。”

亚当和夏娃就吃了智慧果。上帝知道以后，极为震怒，把他们赶出了伊甸园。上帝宣布说：“你们以后必须辛苦劳作，才能从土地里得到食物。你们本是尘土，将来仍要归于尘土。”为了不让人类重返乐园，上帝让基路伯看守大门。基路伯是一种长着四张面孔和无数只眼睛的天使。除此之外，上帝还在通往伊甸园的路上，放置了一把能四面喷火的剑。就这样，人类再也没法回到伊甸园了。他们只能流落在外，靠种地为生。

很多神话都是对远古历史的隐喻。在“失乐园”故事的背后，

亚当和夏娃食智慧果

就隐藏着一段真实的历史，那就是发生在大约一万年前的农业革命。

在农业革命发生前，人类靠采果子、杀猎物为生。可是后来，人们发明了农业。从此之后，人类就过上了另一种生活。这种生活就像上帝说的那样，“必须辛苦劳作，才能从土地里得到食物”。而且，人们一旦选择了农业，就再也回不去了。采集狩猎的大门被永远关闭了。

但是这里有一个问题：

一万年前，人类真是生活在伊甸园里吗？

要是跟后来的日子比起来，也许还真的算是伊甸园。

在上一章里，我讲到过五十万年前的原始生活。那可绝对不是人间乐园，吃腐烂的肉，住潮湿的洞，动不动还被剑齿虎叼走，简直是人间地狱。但是到了一万年前，人类的生活已经改善了很多。他们有新鲜的肉吃，有窝棚住，还消灭了剑齿虎。用直立人的标准来衡量的话，智人过上了奢侈的生活。

可就在这个时候，农业革命爆发了。

按照我们的设想，进入农业社会，生产力有了飞跃，物质极大丰富，人民的生活水平应该提高一大截才对。可是完全不是这么回事！农业革命之后，人们的生活其实变坏了。最早的那批农民，比猎人的日子要苦得多。

首先，营养水平下降了。在狩猎采集时代，人们吃各种各样的食物——肉、骨髓、蘑菇、野菜、水果——大森林里有什么，他们就吃什么。可是进入农业社会以后，森林变成了耕地，食物一下子变单调了，早上一顿面糊糊，晚上还是面糊糊，最多再加点野菜。

人类是杂食动物，老吃这几种东西，营养就会不均衡。农业革命发生后，人类的平均身高一下子下降了 13 厘米。一直到最近，人类的身高才恢复到一万年前的水平。

疾病也变多了。农业革命以后，人们开始定居下来，又养了很多动物。人和牲口混杂在一起，出现了各种各样的传染病：肺结核、天花、麻疹……这些病在农业革命以前，完全是闻所未闻。

而且生活也变得更加辛苦了。科学家曾经调查过非洲的原始部落，他们的生活方式跟一万多年前差不多，还是采集果子、狩猎动物。科学家发现这些人比附近的农民吃得更好，平均寿命更长，而且日子也更悠闲。非洲农民一年到头都要劳动，可是这些原始部落的人，每天只需要工作两三个小时，平时就是凑在一起聊天、唱歌、做游戏。

跟附近的农民比起来，他们确实生活在伊甸园里。

既然如此，就有了一个天大的问题：当初人们为什么要发动农业革命呢？为什么不留在伊甸园里呢？

原因就是四个字：形势所迫。

农业有个最大的优势，就是产量高。同样一块土地，用来采集和狩猎的话，只能养活一个人。可如果用来搞农业，就能养活十个人，甚至几十个人。远古的时候，地球上根本没有多少人，不需要考虑这个问题。但是到了一万年前，人口已经达到了好几百万，接近了极限状态。这就逼着大家找出路。农业就是这条出路。

如果你是一万年前的猎人，可能会说："这和我有什么关系？你们愿意种地就种地，我还是过老日子！"确实有些人这么想。他们不肯变成农民，坚持过原来的生活。但是没有人能抵抗这股潮流。你不去种地，种地的农民就会把你赶走。既然农业能养活的人更多，农民当然就比猎人多。他们人多势众，就会把狩猎部落撵到边缘地带。现代就有这样的原始部落，只能躲在很偏僻的地方苟延残喘。

很多事情就是这样。一旦有人开了头，你喜欢也好，不喜欢也罢，都必须跟进，不然就会被淘汰。一万年前，人们就这样被农业的力量驱赶着，干活越来越累，个头越来越矮，数量越来越多。

他们喜欢这样吗？很可能不喜欢。但是上帝已经在伊甸园的路上放下了喷火之剑，他们再也没有回头路了。

农业革命不是一夜之间出现的。并没有哪个远古的阿基米德从浴缸里跳出来，大喊大叫："我发现了！我发现了！我们不该狩猎采集，应该种地！"农业革命是非常缓慢的过程，要迈出第一步真的很难。

我们可能觉得种地是特别淳朴、特别合乎自然的事情，但这又是一个大幻觉。农业一点都不自然。

它完全是反自然的！

就拿玉米来说，野生玉米只有手指甲盖这么大，可现在的玉米棒子几乎有一尺长。这是怎么做到的呢？就是对野生玉米的改造。这种改造非常彻底，甚至可以说把玉米给阉割掉了。

玉米的种子就是玉米粒。野生的玉米粒到了一定时候会自己脱落，掉在地上长成新玉米。可是人类觉得这样太浪费。宝贵的玉米粒怎么能随便往地下掉呢？他们就改造了玉米的特性，让它长出一层叶子牢牢裹住玉米粒。这样，玉米粒就不会自己掉下来，也就永远不可能自己繁殖。它必须依靠人类播种。如果人类消失了，这种玉米也就会跟着消失。

野生玉米如果会说话，那它们一定会说："现代玉米是畸形，是太监，是人类的奴才，是玉米的败类！"

站在人类的角度看，这种改造也很困难。整个过程几乎就像买彩票一样，要凭运气。很多植物根本不接受改造，还有的植物改造好了也不顶用。比如说野生西瓜，就算被改造成了皮薄个大的沙瓤西瓜，可哪个部落靠吃西瓜能吃饱呢？

人类折腾了一万年，其实也只发现了几种植物可以当主食，比如说小麦、稻米、玉米、土豆。可是，在一万年以前，只有很少几个地方有这些植物。所以，农业革命并不是到处都有。

它有三个最重要的中心：

第一个是中东，大致在现在的土耳其、伊拉克一带。一万多年前，中东人说："我们要吃面包！"结果他们就种出了麦子。这里是最早的农业发源地。

第二个就是中国，比中东晚了大约一千年。中国人说："我们要吃米饭！"他们就种出了稻子。

第三个是中美洲，农业革命最晚，比中东晚了五千年。中美洲人说："我们要吃玉米糊糊！"结果他们种出了玉米。

麦子
原产地中东

水稻
原产地中国

玉米
原产地中美洲

总的来说，农业革命就是源于这三个地方，然后向其他地方扩展。

农业革命不光解决了吃饭问题，还根本地改变了人类的生活。其中最重要的一个影响，就是人类开始拥有了财产。

采集狩猎部落里没有财产概念。并不是因为大家都很无私，而是条件不允许。比如说，你打死一头长毛象，把两千斤象肉据为财产，成了一位体面的财主。但是两天之后，你的财产就全部臭掉了，还不如趁没臭掉的时候请大家都来吃呢。

但是粮食不同，它可以存贮很长时间。人们开始把粮食藏在自己家里，而不是拿出来分给大家吃掉。而且农业革命之后，人类开始定居下来。一旦定居下来，需求就变多了。有的原始农民想："要是有个石头房子住就好了！"结果就有了石头房子。有的农民太太想："要是有个能煮汤的锅就好了！"结果就有了锅子。就这样，锅碗瓢盆，牛羊猪狗，东西越来越多。

于是，财产的概念出现了。

你看过电影《魔戒》吗？电影里有一个人物叫咕噜。他偶然捡到魔戒，被里面蕴藏的魔力控制了。他盯着魔戒贪婪地说："啊，我的宝贝！"日复一日，他再也不是原来那个咕噜了，而是变成了一个贪婪的小妖精。农业革命之后的人类就像咕噜一样，盯着家里的锅碗瓢盆、牛羊猪狗，说："啊，我的宝贝！"然后，这些财产也让他们彻底变样了。

他们跌跌撞撞地走向了一个新事物。

这个东西被称为：文明。

小结

大约一万年前，人类发动了农业革命。它恶化了人类的生存状况，但是却极大地提升了人口数量。这场革命的主要发源地有三个：中东、中国和中美洲。随着农业革命的出现，人类开始有了财产的观念。

4

攻略游戏《苏美尔》

传说很久很久以前，有一个名叫鸠什杜拉的人。他是普通人，过着平平常常的日子。可是有一天，他遇到了非常奇特的事情。家中的墙壁忽然开口说话了，冲他大喊：“马上造一艘大船！放弃所有的财富，逃命去吧！逃命去吧！”

鸠什杜拉当然被吓了一跳。

这个声音喊道：“智慧之神恩基让我告诉你：一场大洪水即将毁灭世界。这是众神的决定，他也无法改变！你只有一个逃生的办法。马上动手建造一艘方舟。洪水一来，你们全家都赶紧登上方舟，还要把所有生灵的种子也放进去。这是你活命的唯一机会！”

鸠什杜拉问：“洪水什么时候到来？”

墙壁回答说：“当天上降下面包的时候！当天上降下麦子的时候！”

于是，鸠什杜拉赶紧动手建造了一艘方舟，长宽高都是六十米。等方舟完工，命中注定的日子也到来了。一天早上，空中忽然落下来无数面包；到了晚上，又落下雨点一样的麦子。人们欢欣鼓舞，感谢神的恩赐。就在大家庆祝的时候，鸠什杜拉登上方舟，关上了舱门。

很快，电闪雷鸣，暴雨倾盆，灭世洪水开始了。洪水持续了六天，淹没了最高的山峰。地上的人们都死了，只有方舟里的生命幸免于难。到了第七天，洪水开始消退。鸠什杜拉的方舟落在一个山顶上。

鸠什杜拉放出去一只鸽子，鸽子找不到落脚的地方，飞回来了。他放出一只燕子，燕子找不到落脚的地方，也飞回来了。最后，鸠什杜拉放出一只乌鸦，这只乌鸦再也没有回来。于是，鸠什杜拉知道陆地已经露出来了。他打开船舱，开始重建家园。一个新的时代就此开始。

这是个非常古老的神话故事，你多半没听说过鸠什杜拉，或者智慧神恩基，但你肯定觉得这个故事似曾相识。确实，它和《圣经》里诺亚方舟的故事太像了！就连很多细节都一模一样。比如诺亚方舟也是落在了山上，诺亚也是放出鸟儿去试探洪水。这是怎么回事呢？

原因很简单：鸠什杜拉的故事出现在四千多年前，是原版，而诺亚方舟是改编版。它们讲的是同一件事，那就是灭世大洪水。

印度、希腊、埃及等等很多文明都有灭世大洪水的传说，就连我们中国也有大禹治水的故事。据说在那个时候，中国的黄河流域洪水滔天，像大海一样汪洋无际，把山陵都要淹没了。不同文明却有着类似的传说，这只是巧合吗？也许，历史上真的有过一次全球性的灭世大洪水？

可是并没有。各个地区发生洪水的时间不同，全球性大洪水的说法很难成立。

流行大洪水传说，只是因为大多数古文明都源于河流。河流是古老文明的生命线，可它们一旦泛滥，就会淹死很多人，甚至摧毁整个城市。洪水的恐怖，深深地刻在人们的脑海里。就像小孩子怕鬼一样，古代人非常害怕洪水，所以他们的传说总也离不开大洪水。

鸠什杜拉的传说属于苏美尔文明，这是人类最早的一个文明，出现在公元前 4000 年左右。公元前 4000 年！那可是非常非常久远的年份。这么说你可能没什么概念，我来举个例子。《封神演义》里描写的姜子牙讨伐纣王（公元前 1046 年），在我们看来就是古老得不能再古老的事情了，可是姜子牙距离公元前 4000 年，就跟我们距离姜子牙一样遥远！

在亚洲的西部有两条河，一条叫底格里斯河，一条叫幼发拉底河。它们流过的地方，就被称为两河流域。苏美尔位于两河流域的下游。它面积不大，在世界地图上只是一个很小的斑块，可是这个小斑块在历史上极其重要。

苏美尔在这里

它不光诞生了最古老的文明，还创造了一连串了不起的东西：世界上最早的国家、最早的文字、最早的学校、最早的图书馆、最早的水利工程、最早的轮子、最早的盔甲……这个“最早的”单子可以列很长很长。

为什么一小时是六十分钟，而不是一百分钟？因为苏美尔人用的数字是六十进制。为什么一星期是七天，而不是十天？这也是苏美尔人规定的。看，我们现在还生活在苏美尔人的影响里。

第一个文明出现在苏美尔，和这里的地理环境有关。苏美尔的土壤特别肥沃。在别的地方，撒下一粒小麦种子，只能收获五六粒小麦。可是在这里，撒下一粒小麦种子，却能收获好几十粒小麦。而且，它还有一个优势，农业革命就发源于苏美尔的北方，离得非常近，最早的那批农民搬过来很方便。

但是，农业革命都过去上千年了，苏美尔还是没有人烟。大家都不愿意到这里来！

这是因为苏美尔地势太低了，非常潮湿，到处是黏糊糊的沼泽，并不适合居住。如果你生活在八九千年以前，也不会愿意搬到这里来。现在大家知道那里土地肥沃，可当时谁能知道呢？

最早迁徙到苏美尔的农民，心里肯定是不乐意的。他们很可能是一群失败者，丢掉了土地，在老家活不下去了，这才到苏美尔来碰运气。他们闷闷不乐地来到这片黏糊糊、湿漉漉的地方，努力排干沼泽，挖掘沟渠。如果还有别的选择，他们是不会这么干的。

可谁能想到，这帮失败者居然创造了人类第一个文明。

排干沼泽以后，苏美尔很快成了世界上最富裕的地方。十几座城市拔地而起，一座比一座大。最大的城市叫乌鲁克，居民有八万人，绝对是全球超级大都市。在别的地方，人们还住在村落的窝棚里呢，苏美尔人已经有了这样的城市！如果当时一个欧洲人或中国人走进乌鲁克城，一定会头晕目眩，心醉神迷，觉得这是神话里才有的地方。

要建成这样的城市，并不全靠粮食多。它是需要窍门的。我们可以想象一下，如果你在电脑上玩一个叫《苏美尔》的攻略游戏，该怎么建造乌鲁克这样的大都市?

当然，首先是寻找河流。你要选一个离河流不太远的地方，点击鼠标，造一栋栋小屋子。然后挖水沟，搞水利，种出很多庄稼来。有了多余的庄稼，就造更多小屋子，种出更多的庄稼。这样不断积攒资源。

但是玩着玩着，你就会碰到天花板。人口虽然增加了，但这里依旧是一大片乡村。要想把人聚集起来，建立真正的城市，还需要一个最重要的建筑。

你猜那会是什么呢?

市场?不对。随便一块空地就可以变成市场。

城墙?不对。早期的苏美尔人不需要城墙。

王宫?也不对。那个时候还没有国王呢。

正确的答案是神庙！一定要造神庙！这样，人们才会从四面八方跑到这里来。他们需要神明。神代表了他们的幻想，也代表了他们的恐惧。崇拜神明是人类的原始本能，任何一个民族都曾有过自己的神，从无例外。

苏美尔的城市就是围绕神庙建立起来的。神庙里总是有一大群祭司，专心侍奉伟大的神明。苏美尔人对神庙的看法和我们不同。咱们觉得神庙就是烧香朝拜的地方，谁也不会相信关羽真住在关帝庙里。可是苏美尔人觉得神就住在神庙里，只不过肉眼看不见而已。而只有祭司才知道怎么服侍神，怎么和神打交道。

这些祭司穿着奇怪的衣服，说着奇怪的话，举行奇怪的仪式，还动不动就用神的名义来吓唬老百姓。他们成了城市里最有权势的人。人们向他们缴纳贡品，祭司再用这些贡品雇用一大群仆人，替神庙干活。贡品越来越多，仆人也越来越多。神庙渐渐成了一个粮仓，一个宝库，一个市场。

最后，它干脆变成了一个政府。

我们可能会觉得这一切都是迷信，神庙是在剥削老百姓。是的，神庙确实在剥削老百姓，但是它也维护了秩序，让城市能运转起来。所以，你玩《苏美尔》游戏的时候，一定要点击神庙这个建筑。有了它，才能突破瓶颈，建立大规模城市。

好了，你现在建造了神庙，也有了挺不错的城市，但很快就会面临一个新挑战，那就是城市之间的战争。这个时候神庙就不顶用了。那你需要什么呢？

你需要一个王。

小结

在两河流域下游的苏美尔，诞生了人类最早的文明。早期苏美尔文明以神庙为中心，建立了一系列城市，其中乌鲁克城是人类历史上前所未有的大都市。苏美尔文明做出了很多创造发明，还留下了大洪水的传说。

5

不快乐的文明人

世界上本来没有王，有了大规模的战争，才有了王。

苏美尔文明就是这样。一开始的时候，城市里有祭司，但没有国王；有神庙，但没有王宫。人们觉得有神就够了，并不需要什么国王。但是后来情况发生了变化。

城市越来越多，越来越大，它们之间开始打仗。打仗就需要头领。祭司们虽然神神秘秘，显得高深莫测，但他们并不会带兵打仗。这些祭司就像一群狡猾的老猿，搏斗的时候却需要狮子。于是，城市里就出现了一种新人类，那就是军事强人。他们擅长作战，能够带领人民打赢战争。刚开始的时候，他们在战争结束后会交出权力。可是时间长了，他们渐渐把权力抓到自己手里。谁不听话，就杀掉谁。

就这样，他们变成了王。

到公元前 3000 年的时候，苏美尔所有的城市都有了国王。苏美尔人还为国王写过一部很长的诗歌《吉尔伽美什》，这也是历史上最早的一部英雄史诗。

吉尔伽美什是乌鲁克的国王。他是真实的历史人物，不过诗歌里的那些事迹是虚构的。按照史诗的说法，吉尔伽美什力大无穷，手上的斧子有150斤重，宝剑有100斤重，打起仗来所向无敌。有个强大的国家曾向乌鲁克发起进攻。市民们吓坏了，准备投降，可是吉尔伽美什带着一群人冲了出去，不仅打败了敌人，还俘虏了他们的国王。接着，他帮乌鲁克建造了宏伟的城墙。城墙又高大又光滑，在阳光的照耀下，就像铜一样闪闪发光。

吉尔伽美什还向北方发动了远征。那里有一片神圣的雪松林，守护森林的是可怕的妖怪洪巴巴。它一张嘴就能喷出火焰，喊一声就能引发洪水，吐口气就能把人杀死。吉尔伽美什翻过七个山头，来到雪松林和洪巴巴展开决斗，砍掉了它的脑袋。然后，他带走了最大的一棵雪松树，献给了乌鲁克的神庙。

完成无数英雄业绩之后，吉尔伽美什决定要长生不老。他开始周游世界，寻找永生的办法。这段经历写得波澜壮阔。吉尔伽美什穿过蝎子人守卫的大山，走过地下隧道，来到世界尽头的花园，又从那里穿越死亡之海，在大海深处得到了一株神草。

这株神草就像《西游记》里的唐僧肉一样，吃了就可以长生不老。《西游记》里的妖怪抓到唐僧以后，总是要挑个好日子再吃，最后每次都被孙悟空救走。吉尔伽美什也有同样的拖延症。他也要挑个好日子，隆重地吃这株草，结果日子还没到，一条蛇就把神草偷走了。于是，吉尔伽美什只好接受必死的命运。

这就是英雄史诗《吉尔伽美什》的大致情节。从这里我们就能看出国王需要做什么。吉尔伽美什最大的功劳就是打败了敌人，建造了城墙，还帮神庙抢来了雪松树。所以，国王必须能打仗！没有战争就没有国王。

有了国王，祭司怎么办呢？他们只能跟国王合作。祭司需要国王保护他们，而国王需要祭司来吓唬老百姓。对国王来说，祭司确实很有用。如果祭司宣布神支持国王，反对国王就是反对神，那会少掉很多麻烦。所以，每一个拿着剑的国王身后，都跟着一群捧着神像的祭司。

统治城市的本来是神庙，现在又多出了一个王宫。不过它们之间也有矛盾。神庙希望老百姓服从神，王宫希望老百姓服从王。所以它们互相合作，也互相斗争。在后面的内容里，我们还会不断看到神和王的较量。

国王出现以后，战争变得更多了。你打我，我打你，打了好几百年，乱成一锅粥。战争的目的主要是为了争夺各种资源：土地、水源、财产。

现在国家之间打仗的时候，总是会说："我代表正义，你代表邪恶，我这正义要打你这邪恶！"可是苏美尔人讲话就老实得多。有位国王就对邻国说："我攻打你，是因为你有银子和宝石。抢了你的银子可以让我发财，抢了你的宝石可以雕刻我的头像，所以我要打你。"

原始人打仗是用木头和石头，而苏美尔人用上了青铜武器。青铜就是铜和锡的合金。纯铜太软了，不能用来做工具，掺进去一点锡可以让它变硬。这种合金时间长了以后，颜色容易发青，所以被称为青铜。把锡掺到铜里面，好像只是一个小窍门，但是小窍门改变了大历史。人们发明青铜以后，用它做出了各种各样的工具。

就这样，持续几百万年的石器时代结束了，人类进入了青铜时代。

青铜最早的成果就是武器。苏美尔士兵戴着青铜头盔，拿着青铜长矛，举着长方形的盾牌，组成一排排的队列。他们是历史上最早的职业军队。这支军队还拥有战车。不过那个时候马还没有被驯化，苏美尔人只能用野驴来拉战车。三四头驴子拉着一辆车，上面站着两个人，一个手持铜矛，一个弯弓射箭。这种驴车就相当于当时的坦克，属于最厉害的超级武器。

一开始的时候，苏美尔人互相打来打去。可到后来，外面的野蛮人打过来了。苏美尔太富，而周围的邻居又太穷，大家都想抢夺这里的财富，就像一群恶狗在争抢一块大肉饼。敌人从东方的山川上冲来，从北方的高地上冲来，从西方的沙漠里冲来。他们学会了苏美尔人的技术，又加上了更凶狠的打法。要对付这些野蛮人，苏美尔人必须学会团结，可他们偏偏不肯团结。

结果在公元前二十四世纪，苏美尔人第一次被外族征服了。没过多久，他们复兴了。

然后是第二次征服。他们又复兴了。

然后是第三次。这一次，他们再也没能爬起来。你肯定学过《鲁提辖拳打镇关西》吧，苏美尔人就像镇关西一样，被敌人的三记重拳给打死了。在大约公元前2000年的时候，苏美尔文明彻底灭亡。

这是人类第一个文明。大家都知道游戏，游戏的版本经常会升级：1.0 版、2.0 版、3.0 版……如果把人类文明比喻成游戏的话，苏美尔文明就是它的 1.0 版。后来的文明就是 2.0 版、3.0 版，越来越复杂。可是不管怎么复杂，最底层的逻辑是不变的。就像国王和祭司、政府和税收、文字和艺术、战争和法律、财产和阶级……这些该有的东西，1.0 版全都有了。苏美尔文明虽然古老，但它已经包含了后来所有文明的底层密码。

苏美尔文明持续了至少两千年。在这两千年里，苏美尔人的日子过得怎么样呢？

这就要看他们属于哪个阶层了。人类进入文明社会以后，就有了各种各样的身份：国王、祭司、贵族、平民，还有奴隶。人与人之间，第一次有了巨大的鸿沟。

富人的日子过得很好。他们住着宽敞的房屋，穿着华丽的衣服，身边有仆人伺候，还拥有宝石、象牙、黄金之类的奢侈品。食物也很精美，有各种鱼和肉，还有水果和蛋糕吃。他们还有很多娱乐活动来消磨时间，比如下棋。现代人挖出过苏美尔人的棋盘。这可是世界上最古老的棋盘，可惜如今没人知道怎么玩了。

总的来说，这些富人生活得挺舒适。在今天看来也许没什么了不起，可在人类历史上，这样的生活真是前所未有的奢华！

至于穷人的生活，讲起来就简单多了，就一个字：穷。

不过有件事很奇怪，苏美尔人是个悲观的民族，不管是穷人还是富人，都很悲观。就拿宗教来说，苏美尔人非常迷信，觉得一切都是神决定的，可是这些神并不友善。在苏美尔神话里，众神的脾气都很大，莫名其妙就降下灾祸，杀死人类。苏美尔人讨好神，谄媚神，同时也觉得神非常非常恐怖。

苏美尔人留下很多诗歌，每一首都显得有点垂头丧气。就像史诗《吉尔伽美什》，虽然写得很漂亮，却始终笼罩着悲观的气氛。它反复强调：人都是要死的，一切美好的东西都是不长久的，人生是毫无意义的。

人的寿命不会很长，

无论他做什么，都不过是一场虚无！

诗歌是这样，艺术也是这样。苏美尔人留下很多雕像，可没有哪个雕像是欢快的。从这些雕像看，他们又矮又胖，眼睛很大，脸上往往挂着一副惊悚的表情。

他们真的是一群不快乐的人。

这种不快乐可能跟新出现的文明有关。人类刚刚进入文明时代，还不太适应，所以有了很多不开心的想法。他们虽然拥有许多财富，但也受到了很多限制：不能这样，不能那样，要听祭司的话，要听国王的话，要遵守一大堆规矩。原始人类可没有这些规矩。

文明是一个进步，但它也是一个笼子，把苏美尔人牢牢地困在里面，让他们感到压抑。

他们瞪着大眼睛，充满惊恐地望着这个新时代。

小结

随着大规模战争的出现，国王开始登上历史舞台。苏美尔出现了很多的王。他们彼此作战，争夺财富。从公元前二十四世纪开始，外族人开始进攻苏美尔。经过三次大征服，在公元前2000年左右，人类的第一个文明灭亡了。

6

《亡灵书》和木乃伊

在苏美尔的西边，有一个地方叫埃及。在这里，诞生了人类历史上第二古老的文明。

古埃及文明和苏美尔文明就像双胞胎，几乎同时诞生。苏美尔文明是哥哥，早出生了一点点，但是早这么一点点非常重要。埃及弟弟肯定从苏美尔哥哥那里学到了什么，才进入了文明阶段。否则的话，两个文明出现的时间不可能挨得这么近。世上没有这么凑巧的事。

古埃及文明出现得比较晚，但是它成长得极快。大约在公元前3150年，一个叫美尼斯的人统一了整个埃及。而那个时候，哥哥苏美尔连国王都没有呢。为什么埃及统一得这么早呢？这跟它的地理环境有关。

所有的地理课本都会告诉我们，埃及有一条尼罗河。但与其说埃及有一条尼罗河，不如说埃及**就是**尼罗河。埃及本来是大沙漠，尼罗河硬是在大沙漠里冲积出了一片土地。它每年都会泛滥一次，泛滥的时候，河水会淹没两岸的土地。等河水退了，这些土地就能长庄稼。

尼罗河淹到的地方叫埃及，淹不到的地方叫沙漠。

这样的地理环境真是古怪极了。埃及人全都紧挨着尼罗河生活。这样一来，战争也变得不一样了。苏美尔人打仗可以说是二维战争，一个平坦的大棋盘，四面八方都可以作战。而埃及人的战争是一维的。尼罗河就像一条线，埃及人只能在这条线上打，最多上游一个敌人，下游一个敌人。串起一条线，总比卷起一个大棋盘容易。所以，苏美尔打个没完没了，而埃及却统一得非常快。

埃及的王被称为法老。法老跟国王不太一样。国王都说自己是神的仆人，而法老说自己就是神。法老雕像的肩膀上，往往会站着一只鹰，代表荷鲁斯神。埃及法老就是鹰神荷鲁斯的化身。

埃及人也真的把法老当成神来崇拜。有的大臣朝见法老的时候，会激动得昏倒在地。有的贵族吹嘘说："一般人见了法老只能吻他脚下的土地，而法老让我吻了他的脚！"还有人在墓碑上记录自己的光荣事迹："法老打过我！大家请注意，是法老亲手打的我！"

既然法老这么伟大，当然只有很大很大的东西才配得上他。所以埃及的建筑和雕塑都有个最明显的特点，那就是大。去埃及旅游的人都会感慨：这些东西真大啊！

法老的宫殿超级大，法老的神庙超级大，就连法老的雕像也是超级大。比如拉美西斯二世给自己做了四个雕像，每个都有 20 米高。就算是姚明，踮起脚尖也够不到它的小腿肚子。

不过，最大的东西还是金字塔。

整个埃及有一百多座金字塔，最大的是胡夫金字塔。它是大约四千六百年前修建的，比兵马俑和长城存在的时间还要长一倍。胡夫金字塔大约有 146 米高，在很长很长的时间里，它都是世界上最高的建筑，直到十九世纪，埃菲尔铁塔才超过了它。修建这座金字塔，用了两百多万块巨石。拿破仑见到胡夫金字塔的时候，曾经说："要是把这些石头拆下来盖成一米高、一米厚的城墙，肯定能把法国环绕一圈。"

现在我们看金字塔是黄乎乎的。但刚建成的时候，金字塔外面覆盖着一层洁白的石灰石。在塔顶上，还有一大片黄金。大家可以想象一下，在一望无际的沙漠里，忽然出现一座白色巨塔，上面是金黄的尖顶，在太阳照耀下，反射出万道光芒。这个场面一定非常震撼。

关于金字塔有很多稀奇古怪的说法。有人说它是宇宙能量集中器，有人说它是失落的远古文明建造的，甚至有人说它是外星人建造的。但这些全都是谣言！金字塔不是外星基地，而是法老的坟墓。埃及人认为，法老死后，他的灵魂会沿着金字塔升到天空，驾驶太阳神船飞越群星，最后和太阳神融为一体。

修建金字塔也没有大家想的那么难，现代考古学家已经能够复原整个过程。胡夫金字塔修了十多年。工人几个月轮换一次，平均算下来，工地上保持一万多工人就够了。这个规模当然很大，但并非不可思议。

法老能修建这么大的金字塔，是因为他有一个强大的政府。这

冥王奥西里斯

个政府把老百姓的一举一动都控制起来。张三该交多少税，李四该干多少活儿，王二麻子家里有几头猪，政府都了解得清清楚楚。在当时的整个地球上，再没有哪个国家像埃及这样，把老百姓管得这么严。

不过，埃及政府虽然管得严，但并不凶恶。就拿金字塔来说，大家曾认为它是奴隶们修建的，谁不好好干活，就拿鞭子抽。其实不是这样。修金字塔的都是领工资的工人，待遇还相当不错，每天都有肉吃。考古学家挖掘了他们的建筑工地。工人在那里留下了很多乱七八糟的涂鸦，吹嘘自己是“胡夫法老之友”。工头们抱怨说，这帮工人一旦喝醉了，第二天就会装病旷工。一个残暴的国家，可不会这么对待工人。

太阳神拉

总的来说，埃及人性格温和。苏美尔经常有各种各样的暴行，而这样的事情在埃及很少见。就连法老里面也很少有特别坏的暴君。反而是埃及的神看着比较凶恶，就像是一群牛头马面。荷鲁斯神长着鹰头，智慧神托特长着朱鹮的头，沙漠神赛特长着豹头，还有狗头神、狮头神、鳄头神……有的神干脆是个长着狒狒头的木乃伊，手里还捧着一个罐子，里面装着人的肺脏！这些神简直像是从恐怖片里跑出来的。

最受崇拜的神是冥王奥西里斯。他负责审判所有的死者，有点像咱们中国的阎王爷。这听上去有点奇怪，谁会最崇拜阎王爷呢？可是埃及人就崇拜，因为他们对“死”这个问题简直着了迷，整个国家都为此而疯狂。

鹰神荷鲁斯

法老耗费巨资修建金字塔，就是为死亡做准备。普通老百姓没钱修金字塔，但他们也准备了两样法宝：《亡灵书》和木乃伊。

先说《亡灵书》。

按照埃及人的想法，死者的灵魂都要去奥西里斯的王国。那里非常遥远，要到达那里，必须遵循正确的路线。一路上，死者要经历二十一个关卡，每个关卡都有魔神把守。这些魔神各不相同，有的长着蛇的脑袋，有的浑身鲜血，有的拿着巨大的刀。死者一定要正确地叫出这些魔神的名字，用咒语来安抚他们。如果说错了，就会被吃掉。

胡狼神阿努比斯

穿过所有关卡以后，胡狼神阿努比斯会把死者领到冥王跟前，用天平来称他的罪恶。天平的一端是死者的心脏，另一端是一根羽毛。如果心脏比羽毛沉，阿努比斯就会喊：“啊，这是个坏蛋！”然后把他扔给旁边的怪物吃。如果天平保持平衡，那说明死者是个好人，他会被送到郁郁葱葱的“芦苇之地”，在那里复活，恢复肉身。

这个阴间之旅非常复杂，所以埃及人编写了《亡灵书》，放在死人的棺材里。《亡灵书》可以帮死者找到正确的道路，念出正确的咒语，通过冥王的考验。这是对付死亡的第一个法宝。

《亡灵书》中的审判场景

第二个法宝则是木乃伊。死者复活需要肉身，所以人死后，要把尸体做成木乃伊保存下来，否则就无法复活。制作木乃伊的方法有点恶心，大致说来，就是把除心脏以外的内脏摘除干净，通过鼻孔清除脑子，然后用泡碱把尸体浸泡四十天。泡完再刷一层树脂和芳香油，用亚麻布一层层裹起来。这样的木乃伊可以保存很多很多年。木乃伊对埃及人是必需品。只要能掏得起钱，所有人都会要求死后做成木乃伊。所以，埃及有无数的木乃伊，甚至连狗和猫都被做成了木乃伊！

法老、金字塔、《亡灵书》、狼头神、木乃伊……这些事情都显得非常古怪。大家都有猎奇心理，所以古埃及文明的名气很大。我们可能不知道苏美尔，但肯定都听说过古埃及。可实际上，古埃及文明远远没有苏美尔文明重要。

要是把苏美尔文明从历史上抹掉，今天的世界完全会是另外一个样子。可如果把古埃及文明抹掉呢？当然也会有影响，但不会是翻天覆地的改变。正因为它对今天的世界影响很小，我们才会感到陌生，觉得这一切真是古怪呀！

古埃及文明没有苏美尔文明的影响大，主要跟地理环境有关。苏美尔四通八达，而埃及相当孤立。它东西两边是沙漠，北边是大海，南边是一连串大瀑布，关起门来就像一个保险箱，所以埃及人和外界的交流比较少。

关门的时间长了，埃及人就变得很保守。你见过埃及的绘画吗？这些画非常漂亮。但你仔细观察，就会发现里面人物的姿势很怪。他们的脸都是侧着的，两只脚也是侧着的，但是上半身却正对着

埃及壁画

观众。你自己在家里试一下就会明白，要摆出这种姿势，肯定会把腰扭坏的。可是埃及人就这么画。

三千年来，埃及画家几乎从没画过正面的人脸。他们不是不会画，而是觉得不该这么画：祖先传下来的规矩都是画侧脸，我怎么能画正面？

这么保守的文明，真是少见。

埃及文学也非常保守。苏美尔人喜欢写规模宏大的英雄史诗，而埃及人最喜欢写各种各样的箴言。所谓箴言，主要是老年人对年轻人的教导：要规矩，要听话，要谦虚，要努力工作。反正就是这一类老掉牙的话。哪个年轻人会喜欢翻来覆去听这些大道理？但是埃及人写来写去，写个没完，好像这是天底下最有趣的话。

当然，保守也有保守的好处。总的来说，埃及人要比苏美尔人更平和，更长寿，也更幸福。日子虽然有点死气沉沉，但没太多危险，也没那么多战争。

埃及人很讨厌战争！在各个古文明里，埃及是最不好战的。所以，埃及的军队很差。一直到很晚的时候，他们还把石头武器和青铜武器混在一起用。身上也没有盔甲，简直就是赤身裸体去打仗。这样的军队上战场是要倒霉的。好在埃及和外国隔着大沙漠，所以埃及人不怎么害怕。

但是世界上没有永远的世外桃源。时间一长，该来的总会来。

随着技术的发展，沙漠不再是无法逾越的障碍了。大约在公元前 1650 年，喜克索斯人征服了大部分埃及。他们是一个来自东方的神秘民族，驾着战车，全身都披挂着盔甲，埃及人根本不是他们的对手。

这就像埃及版的“鸦片战争”，国门从此再也关不上了。一百多年后，埃及人赶走了入侵者。他们总结经验教训，觉得不能逃避战争。于是，埃及建立了强大的王朝，走出国门，和邻居们展开争霸战。很快，它就成了威震一方的超级大国。

但是，埃及人保守的本性并没有真正改变。他们还是更喜欢过安静的日子，制作木乃伊，建造陵墓，沉思死亡。埃及有几千年的漫长历史，这段扩张期只是昙花一现。帝国的光荣时代一过去，埃及就变回了那个和平温顺的国家。周围的邻居又不断跑来欺负它，埃及被征服了一次又一次。

时间一长，埃及人也就习惯了。

小结

埃及文明是人类第二古老的文明。它以尼罗河为中心，很早就统一起来。埃及的统治者法老被认为是神的化身。法老为自己建立了巨大的金字塔，还留下了超级宏伟的雕像。埃及人是一个保守的民族，不喜欢战争，对死后的世界非常感兴趣。为此，他们留下了大量的木乃伊。

7

鄙视你，你是脚丫子变的！

苏美尔的西方是尼罗河，在那里诞生了古埃及文明。而在苏美尔的东方，有一条宽广的印度河。在那里，也诞生了一个文明，我们称它为印度河流域文明。

这是人类历史上第三古老的文明，比古埃及文明只晚了几百年。在法老修大金字塔的时候，印度河流域文明也开始走向鼎盛。它辉煌灿烂了一段时间，然后就被人遗忘了，而且忘得非常彻底。后来的人们都不知道印度还曾有过这么一个古老文明。

一直到十九世纪，考古学家才挖掘出它的遗迹，结果让所有人都大吃一惊。这是一个非常发达，也非常庞大的文明。它覆盖了上百万平方公里，比古埃及和苏美尔都要大得多。印度河流域文明至少有一千个城镇，其中有两个最大的城市，一个叫哈拉帕，一个叫摩亨佐·达罗。

摩亨佐·达罗！听上去又拗口又古怪，不过它还有一个好记的名字，“死亡之丘”。当地人不知道这是一座古城的废墟，但是经常发现死者的骨骸，所以才给它起了这么一个恐怖的名字，而“死亡之丘”音译过来就是摩亨佐·达罗。

哈拉帕和摩亨佐·达罗是这个文明的双子星座，就像中国的北京和上海一样。大家对印度河流域文明的了解，大部分都来自这两个城市。不过老实说，人们了解得并不多，因为它的文字一直没能破译出来。没有文字记录，很多事情就只能靠猜了。

但是，对于印度河流域文明，有几件事我们还是能够确定的。

首先，它特别爱干净。

古代文明大多不讲究卫生，城市都是脏兮兮的，人身上都是臭烘烘的。可是印度河流域文明是个例外。它非常注意清洁，每个街区至少有一口水井，几乎每个家庭都有独立浴室，有砖砌的排水管，还有可以冲水的马桶。城市铺设了很好的地下水管，可以把污水排出去。它的垃圾处理系统也很发达，每个住宅都伸出一个倾斜的坡道，能把垃圾直接滑到垃圾桶里。跟苏美尔的城市比起来，哈拉帕和摩亨佐·达罗的气味肯定更清新芳香。

第二个特点是比较平等。

这儿也有穷人和富人，但是差别并不大。富人的屋子大一些，穷人的屋子小一些，但里面的家具设施都差不多。苏美尔和埃及都有气派的王宫、豪华的陵墓，可是在印度河流域，完全找不到这样的东西。城里最大的建筑就是粮仓和公共澡堂。

这个文明可能根本就没有国王。要是真有国王的话，那这些国王也没捞到什么好处，跟老百姓挤在一起住，出了客厅就是大街，推开窗户就能看见邻居家晾的尿布。这样的国王，当它作甚！

印度河流域文明第三个特点，就是整齐划一。

在这里，什么东西都像是一个模子刻出来的。城市什么样，街道什么样，房子什么样，都规规矩矩的。就连盖房子用的砖也有规矩。在整个印度河流域，只有两种尺寸的砖，一种是 $28 \times 14 \times 6.4$ 厘米，一种是 $23 \times 11 \times 5.6$ 厘米。哈拉帕和摩亨佐·达罗相隔五六百公里，却长得极其相似，就像是复制粘贴出来的一样。摩亨佐·达罗被洪水淹过好几次。每次重建，都必须弄得跟以前一模一样，连街道的位置都不变。

苏联有部喜剧电影《命运的捉弄》。主人公热尼亚住在莫斯科，坐飞机到列宁格勒办事。结果他喝醉了，在飞机上呼呼大睡，下了飞机以为自己还在莫斯科呢。当时苏联也非常整齐划一。莫斯科和列宁格勒的街道、房子和门牌号都差不多。热尼亚找到了跟自己家一模一样的小区，小区里有一模一样的公寓楼。他用一模一样的钥匙，打开了一模一样的门。推开门，里面有一模一样的家具。没错，就是我家。热尼亚躺下就睡，一直睡到真正的主人回来。

印度河流域文明就有点像苏联，什么东西都一样，好像有一只看不见的大手在操控一切。这就很奇怪了。苏联有强大的中央政府，印度河流域文明可没有呀。它连国王都没有，这些规则是谁制定的？

有些历史学家认为是祭司制定的。他们觉得，按照古代文明的一般规律，城市里应该先出现祭司，然后随着战争的加剧，再出现国王。可是在印度河流域，由于某种神秘的原因，正常的历史进程卡壳了，国王没有出现，祭司们继续掌握权力。各个城市的祭司联合起来，形成了一个统治阶层，制定各种各样的规矩。

要是这么说，印度河流域就是一个神权国家。祭司用神的旨意吓唬老百姓，掌管一切：房子只能这样盖，街道只能这么宽，砖的尺寸只能是这样！不然的话，我让神一个雷劈死你！

事情真是这样吗？不知道。这只是一种猜测。但不管谁在管理这些城市，他们管理得还算不错。生活在这里的人比较干净，比较平等，也比较安定，但或许……不怎么自由。

这个文明繁荣了至少七百年，然后一步步走向衰落。社会陷入动荡，摩亨佐·达罗出现了大量无人掩埋的骸骨，哈拉帕也有很多四肢断裂的尸体，显然是被杀死的。肺结核也开始流行，人口不断下降。渐渐地，城市变成小镇，小镇变成乡村。到了公元前1700年，印度河流域文明已经彻底瓦解。

到底发生了什么呢？答案还是三个字：不知道。

没有火山爆发，没有外敌入侵，也没有突发性大事件，整个文明似乎是自己慢慢枯萎掉的。有人猜测这和环境变化有关，但真相到底如何，只能留给未来的考古学家去探索了。我们只知道：这个文明完蛋了。

时间又过去了两百年。

一群外来的游牧民族闯进了印度，他们被称为雅利安人。“雅利安人”这个词非常有名，因为后来希特勒非说其他民族都是劣等民族，只有雅利安人才是最高级的人种，结果把这个词弄得声名狼藉。一说“雅利安人”，大家就想到希特勒。

那到底什么是“雅利安人”？这个话题相当复杂，但总的来说，雅利安人也就是所谓的“印欧人”。“印”指印度，“欧”指欧洲。雅利安人最早生活在俄国南部的大草原上，后来开始向外扩张，一支进入了欧洲，另一支进入了印度。

所以虽然隔着千山万水，印度人和欧洲人在种族和语言上，都有点接近。印度的古梵语和现在的英语就有点像。比如数字 3，英语是 three，梵语是 tri；数字 6，英语是 six，梵语就是 sas；数字 9，英语是 nine，梵语是 navan，发音非常接近。

数字	英语	梵语
3	three	tri
6	six	sas
9	nine	navan

正因为这样，印度小朋友学英语比咱们要容易得多。我们学英语特别难，不是因为我们笨，而是因为汉语属于汉藏语系，英语属于印欧语系，根本不在同一个语言系统！这就像小猫学小狗叫，当然会很费力。

雅利安人进入印度是在公元前 1500 年左右。那个时候，印度河流域文明已经成了废墟。雅利安人没费多大力气就征服了印度北部，在那儿住了下来。

然后，一件奇怪的事情发生了，这些新来的征服者忽然性情大变。

他们本来是一帮粗人，喜欢喝酒、宴会、唱歌、赛车，尤其喜欢打仗。雅利安人最崇拜的神是战神因陀罗。他手持霹雳金刚杵，能发射雷电，无坚不摧。这个神平时也一点都不正经，饭量超级大，酒量超级大，经常大吵大闹。雅利安人的性格就跟这位战神差不多，又粗鲁又豪爽。

但是，在印度待了几百年之后，这帮人却迷恋上了玄想和宗教。他们信奉的是婆罗门教。所谓婆罗门，就是祭司。一开始，婆罗门教跟其他民族的信仰没太大不同：祭祀神明，献上贡品，然后神会保佑我们，给我们好处。但到了后来，这个宗教变得非常复杂神秘。在此之前，人类还从没有过这么深奥的信仰。

这个宗教对世界的影响很大。比如说我们中国人都知道生死轮回、因果报应。其实以前中国人没有这些想法，人死了就是死了，不会去过奈何桥，喝孟婆汤，转世投胎。是婆罗门教发明了这些观念，然后把它们传给了佛教，佛教又把它们传给了中国人。这样看来，我们中国人也活在婆罗门教的影响之下。

不过在婆罗门教看来，轮回与因果都是很可悲的事情。世界就像一场梦幻，生死轮回就像一场苦役。在宇宙中有一个神秘的精神本源，叫作“梵”。人最大的幸福就是超脱轮回，回归这个精神本源，最终实现“梵我一体”。婆罗门教对此的解释非常奥妙复杂，一般人很难理解。

印度的雅利安人对这个宗教着了迷。原来他们最崇拜的是战斗英雄，现在他们最崇拜的是圣人。有些修行者接连好几天坐在地上，一动不动，思考梵的本质。在他们看来，这些修行者就是圣人，比一切英雄都要伟大。谁要是不尊敬这些圣人，神明会惩罚他，人民会唾弃他，就连树荫也会拒绝为他遮挡太阳！一直到今天，很多印

度人还很崇拜这些苦修者。

这真是很奇怪。一个酗酒打闹的游牧民族，到了印度以后，怎么会迷恋上如此神秘的宗教呢？也许，印度这块土地就是有这样神奇的魔力吧。

这些雅利安人还干了另一件奇特的事：他们搞出了种姓制度。具体来说，就是把人分成四个等级，第一个等级是婆罗门，也就是祭司；第二个等级是刹帝利，主要是贵族和武士；第三个等级是吠舍，也就是普通老百姓；第四个等级是首陀罗，都是贱民。这些种姓世代相传，不同种姓不能随便通婚。

为了解释种姓制度，婆罗门还编出了一个神话故事《原人歌》。据说在远古时候，有一个巨大的“原人”。他死了以后，嘴变成婆罗门，手变成刹帝利，腿变成吠舍，脚丫子变成了首陀罗。最高贵的当然是嘴，想说谁说谁，而脚丫子当然是最低贱了。

但首陀罗还不算最糟糕的，后来又出现了一种更低贱的贱民，叫“不可接触者”。他们只要和别人接触，就会污染别人。比如他们用过这个杯子，你拿起来又用，就被污染了。他们和你并排站着，影子落在你身上，你也会被他们污染。而且“不可接触者”的孩子还是“不可接触者”，真是一点希望都没有。

当然，这只是理想化的规定，现实中并没有一直那么严格地执行。在历史上，甚至有的首陀罗还当上了国王呢。但总的来说，它还是非常可怕的一种制度，给人们带来了无穷的痛苦。就连今天的印度，依旧被种姓制度困扰着。印度政府一再努力要铲除这个制度，但始终没能把它彻底消灭。

那么，首陀罗和“不可接触者”都是些什么人呢？他们就是原来的土著居民。雅利安征服者老是欺负他们，心里隐隐约约也会不安，可能正是因为如此，祭司们才会编出《原人歌》来。征服者们恍然大悟：“哇，原来不是我心眼坏，而是他们天生就是脚丫子变的，活该被欺负！我欺负他们是替天行道！”这样一来，他们也就心安理得了。唉，强者总是这样替自己找借口。

至于这些土著居民，他们的祖先曾是这块土地的真正主人，创立过灿烂的文明。可过去的一切，完全被他们遗忘了。

他们以为，这个世界从来就是如此，自己也从来就是贱民。

这种遗忘意味着，伟大的印度河流域文明真的彻底结束了。

小结

印度河流域文明是人类历史上第三个文明。它在公元前 2600 年左右开始走向顶峰。这个文明最大的城市是哈拉帕和摩亨佐·达罗。后来，它神秘地衰亡了。一个被称为雅利安人的游牧民族征服了这块土地。征服者建立了种姓制度。这里还产生了一个影响深远的宗教：婆罗门教。

8

世界上最漂亮的锅

我们都听说过“四大文明古国”。按时间顺序排的话，老大是苏美尔文明，老二是古埃及文明，老三是印度河流域文明，最后的小弟则是我们中国文明。

在四大文明古国里，中国文明虽然出现最晚，生命力却最顽强。苏美尔文明消亡了，古埃及文明消亡了，印度河流域文明也消亡了。现在生活在那些土地上的人，和这些古文明没有什么直接关系。可是中国文明却贯穿数千年，挺过了无数兴衰，一直延续到今天。

它是世界上唯一没有中断过的文明。

这跟中国的地理环境有关。古代中国位于欧亚大陆的最东端，北面是戈壁荒原，西边是沙漠高山，西南是“世界屋脊”青藏高原。它的位置相对隔绝，受其他文明的冲击比较少。也正因为这样，它起步比较晚。

中国文明的开端和大禹有关。根据古老传说，中原发生了滔天洪水，淹没了大片土地。大禹凿开龙门，疏导河流，用了十三年的时间治好了洪水，成为我国最早的优秀水利工程师，同时也当上了部落联盟的首领。他的儿子启接替了他的位置，在公元前 2070 年左右建立了中国第一个王朝——夏朝。

我们都称自己为华夏儿女，华和夏在古代是一个意思，所以这话翻译过来就是“我们都是夏朝的儿女”。

可是，大禹治水只是一个传说。夏朝真的存在吗？不少人都觉得它是编造出来的。直到后来，人们在河南挖出二里头文化遗址，才基本确认了夏朝的存在。它可能没有传说中描述得那么强大，但应该是存在的。

夏朝没有文字，所以它的历史含糊不清。它可能只是一个部落联盟，中心位于现在的河南省。到了大约公元前 1600 年，夏朝灭亡，商朝取而代之。这个新王朝发明了甲骨文，又有大量的遗址，历史就变得比较清楚了。

商朝和夏朝是有点相反的。夏朝人崇拜月亮，而商朝人崇拜太阳；夏朝代表地上的水，而商朝代表天空；夏朝重视西方，而商朝重视东方；夏朝的图腾是龙，而商朝的图腾是玄鸟。

所谓玄鸟，就是一种黑色的神鸟，外形有点像燕子。商朝国王认为玄鸟是他们的祖先，对它非常崇敬，所以我们也可以把商朝称为“玄鸟王朝”。这个王朝非常强大，统治着上百万平方公里的土地，跟印度河流域文明的面积差不多。

但商朝并没有直接管理这些国土。它直接控制的土地，可能只有首都周围的这一块，称为“王畿（jī）”。除了王畿之外，其他地方都是独立的小国家。这些小国都非常害怕商朝，向它进贡，服从它的命令。商朝高高在上，自称“天邑商”，意思是说自己像天一样伟大。

周围的小国害怕商朝，是因为它拥有一支强大的军队。商朝的军队使用锋利的青铜武器，配备马拉战车，作战水平相当高超。商朝非常喜欢打仗。从留下来的记录看，它没完没了地打仗，今天攻打这个部落，明天攻打那个部落。而且不光男人会打仗，有时女人也会参加战斗。比如商朝有位王后，名叫妇好。她就是位能干的将军，征服了二十多个小国，还曾带着一万三千多人的军队讨伐西方的羌族。

国王武丁对这位妻子非常敬爱，经常找巫师算卦：“妇好这次出门顺利吗？”“妇好的牙疼病会好吗？”“妇好什么时候回来呀？”妇好去世后，人们在陵墓里埋了一百三十多件武器，其中包括两件华丽的青铜斧钺（yuè）。每件斧钺上都刻着“妇好”两个字，以此来纪念这位厉害的女将军。

商朝打仗厉害，跟它的青铜器制造水平有关。当时作战普遍使用青铜武器，谁的青铜多，谁铸造的青铜器好，打仗就容易赢。而商朝的青铜器制造水平，在当时可以说独步全球，谁也比不上。

商朝最著名的青铜器是后母戊大方鼎。所谓鼎，其实是古代煮菜的锅。牛羊猪鸡，都放在鼎里面去煮，所以后母戊大方鼎也就是后母戊大铜锅。后来人们也把这种铜锅当成一种礼仪性的器具，并不拿它煮东西，而是用来祭祀神明和祖先。商王就是为了纪念自己的妈妈，才做了这么一个大鼎。

后母戊鼎

鼎上的饕餮纹

后母戊大方鼎有一米多高，重达一千六百多斤。它制作得很漂亮，典雅又大气。仔细看这个鼎，会发现上面有很多怪兽图案。在鼎四周的边上，铸着饕餮纹。所谓饕餮，是上古神话里的一种怪兽，据说非常贪吃。在铜锅周围铸上饕餮图案，也许是要祝主人的胃口像饕餮一样好吧。在鼎两边的把手上，各铸着一只老虎，老虎嘴里叼着个人脑袋，显得非常狰狞。为什么要在把手上铸造这么个图案？猜想起来，也许是为了震慑小偷。

这个方鼎可以说是我们的镇国之宝，因为它太先进了。

在当时，除了商朝，没有一个国家能造出这么大、这么漂亮的青铜器。它代表着青铜时代的最高工艺水平。从这一点看，商朝确实很了不起。

不过它也有阴暗的一面，那就是过于残暴。

中国古代读书人有个说法，叫“三代之治”。所谓三代，就是夏朝、商朝、周朝。据说这三个朝代是中国的黄金时代，出现了很多贤明的君主，把国家治理得特别好。比如说商朝的开国君主商汤，就是一位非常仁慈的明君。

关于商汤，有很多动人的传说。比如有一次，商汤来到田野，看见有人在捕鸟。当时有一种流行的捕鸟办法，先悬挂大网，然后朝着网的方向驱赶飞鸟。鸟飞到网上，就会被挂住。一位猎人在四面都悬挂了捕鸟网，然后祈祷说："四面八方的鸟啊，都到我这个网里来！"商汤听见了，很不高兴，说："小鸟这么可怜，你怎能如此狠心？"

他让人撤掉三面的网，只留下一面，然后让猎人这样祈祷："小鸟啊，想往左飞的，就往左飞，想往右飞的，就往右飞。要是实在不想活了，就往我这里飞！"周围的人听了都很感动，说商汤对禽兽都这么好，何况人啊。

还有一次，商朝碰上连年大旱。求雨的巫师说："必须得抓几个人，烧死他们祭天，老天爷才会下雨！"商汤听了以后，说："求雨是为了百姓，怎么能烧死百姓来求雨呢？要烧就烧我吧！"他斋戒沐浴，剪去了头发和指甲，站在柴火堆上，让人点火。火刚刚点着，就下起了瓢泼大雨，把火给浇灭了。

从这里看，好像商朝很仁慈、很善良。可实际上，上面这两个故事里只有一句话是真的。哪一句呢？就是巫师说的那句："必须得抓几个人，烧死他们祭天，老天爷才会下雨！"在商朝，确实一碰到天旱就会把人烧死来祭天，这已经是习惯了。

不光求雨要杀人，祭祀祖先要杀人，逢年过节要杀人，重要人物去世了要杀人，甚至连盖个房子也要杀人。

商朝的文字是甲骨文。在甲骨文里，这种仪式性的杀人被称为“用”。当时留下很多这样的记录，国王占卜的时候问上天：“我用一百个人好不好？”“这次我用五十个人好不好？”妇好的那位丈夫武丁，在统治时期至少“用”了八千多人。这还光是从现存甲骨文里统计出来的，真实数字肯定更大。

为什么商朝人会做这么残酷的事情呢？这是因为他们特别迷信，而且还把鬼神想得非常嗜血。商朝人担心杀人杀少了，鬼神会不高兴，降下灾难。这真是一种恐怖的想法。

不过，很多古老民族都这么想过。在他们看来，人要吃食物，神当然也要吃，而且神的食物一定应该是最贵重的东西。世界上还有什么比人命更贵重的呢？所以他们就会把人杀了奉献给神。几乎所有古代社会都做过类似的事，但是后来大多都会改变想法：“唉，这一切太残酷了，神也不会喜欢的！我们应该想一些别的办法来讨好神。”于是，他们就洗手不干了。咱们中国也是这个样子。但是也有些文明走火入魔，一直沉迷在这种事情里。等你读到玛雅文明的时候就知道了！

商朝统治了五百多年，最后渐渐走向衰落。在它的西部，兴起了一个强大的部族，名叫周。周联合了许多小国，向商朝发动进攻。公元前1046年，双方在牧野展开了大决战。周武王刚刚发动进攻，商朝前方的军队就开始倒戈，一起攻击后面的大部队，结果商军惨败，死伤无数，据说他们流出的血把木棒都漂起来了。

战斗结束。商朝末代国王跑到高台上点火自焚，周朝宣布建立。

这是一个更加文明的王朝，保留了商朝的恢宏和大气，剔除了它的残酷和迷信。

过去有一个说法：夏尚忠，商尚鬼，周尚文。也就是说，夏朝崇尚淳朴，商朝崇尚鬼神，而周朝崇尚文化。这个说法大致不错。周朝人比较理性务实，重视文化教养。杀人祭神的事越来越少，后来基本绝迹了。从周朝建立以后，中国文明被注入了一种前所未有的生命力。如果沿着商朝的路线走下去，很难想象我们的文明能够绵延不绝，成为世界上唯一没有中断的文明。

所以，公元前1046年的牧野之战，真的是中国历史的一个重要转折点。那一天的战斗结果，很大程度上改变了中国文明的命运。

小结

中国文明是人类史上唯一没有中断过的文明。在公元前2070年，中国建立了第一个王朝：夏朝。接着兴起的是商朝，它的青铜器制造达到了全球最高水平。但是商朝过于好战和残暴，最终在公元前1046年被周朝取代。

9
龟甲、莎草纸、泥板、绳子

我们已经讲完了四大文明古国。它们是第一代的人类文明。文明出现以后，有一个非常重要的东西也随之出现了，那就是文字。

第一个发明文字的当然还是苏美尔人。

你猜人类最早写下的文字是什么？一首诗？一段神谕？一篇国王演讲词？都不是。目前能找到的最早文字记录，是五千多年前被刻在泥板上的一段信息：“29086 单位大麦 37 个月库辛”。翻译过来，大约就是“一个名叫库辛的人，在 37 个月内，收到 29086 个单位的大麦。”

苏美尔泥板书

苏美尔人发明文字就是为了记账。有句老话，好记性不如烂笔头。苏美尔人就是这么想的。进入文明社会以后，事情越来越多：要收税，要分配粮食，要发放工资，要处理纠纷。所有这些乱七八糟的事，都要用某种符号记录下来。于是，他们发明了文字。

在今天，我们会觉得文字和语言差不多。同样一句话，说出来就是语言，写下来就是文字，没什么本质区别。可在最早的时候，语言和文字是两码事，并不能互相转化。比如苏美尔人可能会说："我为苏美尔感到自豪！"可当时的文字却没法记录这句话，因为没人知道该用什么符号来表示"自豪"。

其实有一个很简单的办法，那就是用拼音符号。压根不要管这个词的意思，就用一些符号来记录它的发音。"ZI HAO"，这就够了。发明一些符号来代表发音，总比用成千上万的符号表达不同的意思，要更加容易。

可是，第一代文明都没有这么干！它们都采用了表意文字，也就是说文字符号代表的是意思，而不是发音。想表达"鱼"，就画条鱼，想表达"乌龟"，就画个乌龟。比如汉字里的"龟"不就很像一个摇着尾巴的小乌龟吗？直到很久以后，才有人试着发明字母来拼读语言。而咱们中国，自始至终都没采用这种办法。

这是为什么呢？

原因很简单：人们最早发明文字，并不是为了记录语言，而是为了记账。如果写字是为了记录语言，那古代人肯定会使用拼音文字！可要是为了记账，那画一个小乌龟，当然比发明一堆字母去拼写“WU GUI”，要容易得多，也自然得多。

可是后来情况发生了变化。如果你给小孩一柄锤子，他不管碰到什么东西，都会拿小锤子敲一敲。古代人也是这样。他们发明文字以后，除了记账以外，也开始拿着这种新鲜东西到处乱用：写诗歌，写情书，写故事，写国王的圣旨，写各种各样的东西。这样一来，光靠画鱼、画乌龟就不够了。

那怎么办呢？扔掉这些表意文字，掉回头去重新发明拼音？

人们不太会这么干。某个东西一旦用久了，大家就不会轻易扔掉。他们宁肯在上面不停地打补丁，凑合着用。想象一下，如果你沿着一条道往前走，走着走着，你发现杂草越来越多，道路越来越不好走。你会怎么办？如果刚走了一百米，那你肯定会掉头返回原点，寻找另一条路。可要是你已经沿着这条路走了一百公里，那可能就舍不得放弃了。你多半会拿出刀来清理道路，不好走也要往前走。

人们为这种行为发明了一个词，叫“路径依赖”。

很多文明都出现了“路径依赖”。为了表达更复杂的意思，人们不断地打补丁，发明出新的符号，结果文字变成了一个巨大的迷宫。你翻翻《新华字典》，就知道这样的迷宫有多复杂了。

这样一来，小朋友可就遭殃了。他们必须花费大量时间，掌握成千上万的字符。这个过程很痛苦，没有人会喜欢背诵这些字符！可是从很古老的时候开始，父母就在逼着孩子学习，因为掌握这些字符能得到很大的好处，过上体面的生活。

在古埃及，有位爸爸专门写过一篇文章，告诫孩子要好好学习。

他可没有说“学会写字，报效埃及”之类的道理。埃及爸爸说得非常赤裸裸：

“你要好好学习写字！学会了，就能当上书吏。当书吏可好了，什么重活都不用干，却能指挥别人干活。你再看那些铜匠，十个手指头像鳄鱼的爪子，身上臭味比臭鱼还熏人。再看石匠，天天敲石头，胳膊累得都抬不起来，睡觉的时候只能弯着腰，膝盖和脊柱骨都快碎了。再看看种地的，一年四季就一套衣服，嗓子粗得像乌鸦，两条胳膊干瘦如柴，累的时候只能躺在烂泥地里。

“所以，唯一的出路就是学习。你在学校学一天，得到的好处一辈子也用不完。”

如果小孩子不好好学习怎么办？那就使劲揍。古埃及的教师有句谚语：“小孩子的耳朵长在背上。”意思就是说，用棍子往孩子背上抽一顿，他就听话了。挨打这件事，哪个学生都跑不掉。就连一位埃及王子也曾说过：“我在学校每天挨打，就像吃饭一样有规律。”

古埃及是这样，苏美尔的孩子同样如此。大约四千年前，有位苏美尔小学生写了一篇日记，碰巧流传了下来。这篇日记名叫《学校生活》，也可以翻译成《悲惨人生》。

日记大致是这么说的：早上起来，我拿了两个面包卷上学去了。一看见老师，我就赶紧鞠躬，心吓得怦怦跳。老师看见我交上去的作业，很不满意，说：“你这几个字笔画不对！”用藤条把我打了一顿。过了一会儿，教导主任来了，说：“你上课的时候为什么说话？”又把我打了一顿。又过了一会儿，管理员也来了，说：“你的衣服怎么这么脏？一点也不注意个人卫生！”又把我打了一顿。最后，校长走进来，看了一眼我的作业，说：“你写的字为什么这么丑？”又把我打了一顿。这就是我的一天。

虽然文字让不少孩子饱受毒打，但它却是人类的一个巨大进步。有了文字，知识变得可以积累，思想变得更加精密，而人们也可以用它管理非常复杂的社会。想象一下，如果明天这个世界忽然没有了文字，大家只能靠嘴来传递信息，会发生什么情况？整个社会一定会彻底崩塌掉。文字真的是一个超级伟大的发明。

各个古代文明写字的方式是不一样的。比如说，咱们中国人最早是把文字刻在龟甲或者兽骨上，所以这种文字被称为甲骨文。

古埃及人则是把字写在莎草纸上。这种纸和蔡伦发明的纸不是一回事。莎草是尼罗河边生长的一种芦苇。埃及人把它里面的膜剥下来，交叠在一起，制作成莎草纸。它非常光滑漂亮，但是价格非常贵，产量也很有限，所以后来被中国纸取代了。

苏美尔人没有莎草，也没那么多乌龟，他们就把文字写在泥板上。苏美尔人用黏土做成湿乎乎的泥板子，然后用削尖的芦苇棒在上头写字。等写完了，再把泥板拿到太阳底下晒硬，一个泥板书就做成了。

但无论是用龟甲、莎草纸还是泥板，并没有本质区别。文字还是文字，都是一种抽象的符号。你完全可以把甲骨文抄写在莎草纸上，也不会改变它的意思。在这方面，各个文明都是类似的。

但是有一个文明是大大的例外：它用绳结代替了文字！

这个文明就是南美洲的印加文明，我们在后面还会讲到它。印加文明发明了一种叫“奇普”的绳结技术。它就像文字一样，也可以传递各种各样的信息。一套奇普往往有上百根不同颜色的绳子，每个绳子上都打了许多绳结。绳结的颜色、位置，以及绳结盘绕的圈数，代表了不同的意思。这个密码系统非常复杂，一直到今天，专家们也没能完全破解它。

印加“奇普”绳结

这听上去真是一个疯狂的念头！可它确实有效。奇普真的能够记账、写信、下命令，甚至可以记录天空的星图。印加人就靠这种技术管理一个庞大的帝国。

听上去很酷，对吧？可实际上，印加人犯了一个天大的错误。其他文明使用的是抽象符号，可以移植到不同的载体上。只要给它们充分的时间，就会出现纸，出现书籍和印刷术。文字可以被大量复制，知识可以被广泛传播。可是，你怎么复制一大堆绳疙瘩？你给奇普一百万年的时间，它也不可能变出“绳结印刷术”来。这种技术是条死胡同。

如果奇普没有搞得这么成功，印加人也许还会掉回头发明文字。可是他们把这门技术发展得太完善了。奇普完全能满足传递信息的需要，印加人就没有动力从零开始，发明一套新符号。这就是前面说的“路径依赖”。印加人在奇普的道路上走得太远了，已经无法再回头。

于是，印加也就成了唯一没有文字的文明。别人在忙着写字的时候，他们就忙着缠绳子。

一开始，这可能就是很偶然的事情。印加人也许只是碰巧使用了结绳技术，又碰巧出现了一些聪明人，把它发展到了接近完美的地步。可是，他们的成功也就是他们的失败。文字的道路被他们彻底堵死了。

有的时候，太成功了也不是好事。

小结

文明出现以后，人类发明了文字。第一代文字都是表意文字，而不是拼音文字，这使得文字符号变得非常复杂。只有印加文明独辟蹊径，使用了结绳技术来代替文字，成了人类唯一没有文字的文明。

10

古代人打官司

有了文明，人们就需要管理国家；有了文字，人们就可以把管理国家的规则记录下来。于是，人类编写了法律。

讲到法律，我们又要讲回两河流域，因为这里有保存最完善的古代法典。

我们说过，苏美尔文明在公元前 2000 年左右灭亡了。那么在此之后，两河流域又发生了什么事呢？

发生了一大堆烂事。

在苏美尔灭亡后的一千多年里，两河流域都是全世界最热闹的地方。它周围的土地大部分都很荒凉，有些是高山，有些是沙漠。那里生活着很多又贫穷又强悍的民族。富裕的两河流域就像一个羊圈，周围出没着大批饿狼。所以，它不断被入侵。一会儿一个王朝建立了，一会儿一个王朝灭亡了，就像万花筒一样。乱七八糟的国王，稀奇古怪的名字，一般人根本记不住。

就像苏姆阿布姆、萨比乌姆、阿米萨杜卡、汉穆拉比、卡什提里亚什、库瑞噶尔祖、乌尔兹古如玛什，这些国王的名字谁能记……

不对！等一等！

这堆怪名字里有一个很显眼，那就是汉穆拉比！只要学过世界历史，你肯定听说过这个名字。两河流域所有的国王里，他是最出名的一个。

汉穆拉比是第一巴比伦王朝的国王。在最鼎盛的时候，他几乎统治了整个两河流域。不过，汉穆拉比出名可不是因为他会打仗，也不是因为他的王国有多强大。历史上比他厉害的国王多着呢！

汉穆拉比能出名，全靠他在石头上刻了一部法典。

《汉穆拉比法典》出现于公元前1750年左右。它并不是人类最古老的法典。很早以前，苏美尔人已经制定过《乌尔纳姆法典》，但是那部法典比较简略，很多内容还失传了。而《汉穆拉比法典》保存得非常完整。要是这部法典没保存下来，那现在谁也不会记得什么汉穆拉比大王。

你看，要想名垂青史，也是要靠运气的。

《汉穆拉比法典》有4130行，刻在一个两米多高的黑色石柱上。石柱最上方是一幅画，画的是正义之神舒尔莎把权杖交给国王，表示这部法典是被神开过光的。在图画下面，是汉穆拉比长篇大论的自吹自擂："我是国境的天盖，我是无比睿智之人，我是贤明的君主，我是无敌的战士，我是人民的牧者，我是实行英明政策的统治者。神最喜欢的就是我。"

汉穆拉比法典

等等等等。

吹了好几百行字，汉穆拉比这才歇了口气，开始一条条地宣布法律。

这些法律条文非常重要，它给我们打开了一扇窗户，让我们了解到古代人的法律。法律是非常重要的东西。国家不能光是收税和打仗，它还要维持秩序。一个社会如果非常简单，靠国王下命令就可以维持秩序；可如果它复杂到一定程度，光靠下命令就不行了。这时就需要有套法律来告诉大家，什么事可以做，什么不可以做。社会越复杂，法律也就越精密。

《汉穆拉比法典》的很多条文制定得合情合理。

比如有这样一个条款："如果两条船在河流相撞，逆流而上的船应该赔偿顺流而下的船。"这是不是有点像现在的交通法规？两辆车相撞，逆行的那辆车负责赔偿。

《汉穆拉比法典》还特别重视合同契约。这方面的规定非常详细，考虑到了各种情况。比如说，它有这样的条款：

"如果小商贩从商人那里借到一笔钱，因为经营不善损失了，那他依旧要按契约偿还这笔债务。

"如果小商贩从商人那里借到一笔钱，因为遭遇强盗而损失了，那他不需要偿还这笔债务。"

我们不知道这里的"小商贩"和"商人"之间到底是什么关系，但是有件事值得注意。现代人签订合同的时候，经常会有豁免条款，一旦遇到地震、战争这样的飞来横祸，大家就说这属于"不可抗力"，合同可能自动作废。在3700多年前，《汉穆拉比法典》就已经有这个意识，碰到强盗属于“不可抗力”，要和正常情况区分开。这种观念是相当超前的。

但是，《汉穆拉比法典》也有很原始的地方。

比如它崇尚“同态复仇”。所谓同态复仇，就是以牙还牙，以眼还眼。你给别人什么样的伤害，就受什么样的惩罚。猛一看，这个想法好像挺合理，但真正执行起来，会是相当可怕的事情。

比如建筑师盖房子。这个房子塌了，把房主人压死了，该怎么办？现代法律会说：“赔钱，坐牢！”可古巴比伦人认为：我们应该同态复仇！既然建筑师盖的房子把人家压死了，那就该找块石头，把建筑师也压死。《汉穆拉比法典》就是这么规定的。

那如果房子倒塌，压死的不是房主，而是房主的儿子呢？

在咱们看来，这有什么区别呢，肯定还是建筑师偿命啊。

但是《汉穆拉比法典》认为，应该“同态复仇”，既然房屋压死了房主的儿子，那就该把建筑师的儿子杀死偿命！建筑师本人倒没事，因为杀死他，就不“同态”了。

想想看，如果今天的法律也是这样，该有多吓人。比如小明同学正在班级上课，忽然警察就把他抓走了。因为小明的爸爸今天开车撞死了一个小孩，所以法庭决定枪毙小明。那小明爸爸呢？小明爸爸没事，正在汽车4S店找人修车呢。

这简直没天理！可是在《汉穆拉比法典》看来，小明并不是一个独立的人，而是家长的附属品。其实所有的古代文明都有这种倾向，但很少会如此极端。就拿咱们中国来说，虽然也有满门抄斩，但也从没听说放过小明爸爸，只杀小明的。

《汉穆拉比法典》还有一个特点，那就是不平等。

我们现在都知道“法律面前，人人平等”，但是《汉穆拉比法典》认为，人和人是不平等的。男人和女人不平等，父亲和儿子不平等，而自由人和奴隶尤其不平等。自由人打自由人一嘴巴，只需要赔钱；奴隶打自由人一嘴巴，就得被割掉耳朵。自由人弄瞎另一个自由人的眼睛，那他的眼睛也要被弄瞎；但是如果自由人弄瞎一个奴隶的眼睛，他只需要赔偿这个奴隶身价的一半。

我们也许会觉得《汉穆拉比法典》真是糟糕，可这不是法典的问题,而是社会的问题。社会是什么样子,法典就会折射出它的样子。

不过，这里还是有问题。这部法典虽然制定了好多条法律，可是具体怎么执行呢？换句话说，来了一个案子，法官如何审理呢？

我们都在电视上见过中国古代怎么审案子。县官在堂上坐着，犯人在堂下跪着。县官断喝一声：“说，你是怎么杀死张三的！”

犯人说：“冤枉啊！小的没有杀人！”

县官一拍惊堂木：“咄！人是刁虫，不打不招！左右的，与我重打四十大板！”

汉穆拉比的法官跟中国县官差不多。其实几乎所有的古代文明都是这么审案子。不招供？不管棍子、鞭子，先打一顿再说。我们可能会觉得太粗暴了，法官的脾气咋这么大呢？其实倒不是法官脾气大，而是因为他们也没有更好的办法。

没有哪个嫌疑犯会随便招供:“张三就是我杀的，咋地！”当然，按照现代人的想法，这就应该调查呀，搜集证据，发挥聪明才智呀！福尔摩斯不就是这么破案的吗？柯南不也是这么破案的吗？

可是这里牵涉到一个重要问题：成本。

现代法律精神强调“无罪推定”，如果找不到充分证据证明嫌疑犯有罪，就得放了他。这个想法当然很好，但是真操作起来，要花费大量时间，耗费大量金钱，有时候还要动用一些高科技手段，古代社会没有这么多资源。可是案子总要有个结论吧？总不能张三被杀了，按照“无罪推定”的原则，没查出凶手；李四被杀了，也没查出凶手。那所有的坏蛋都会跑出来杀人。

怎么办呢？最简单也最便宜的办法，就是先把嫌疑犯狠狠打一顿。大多数古代社会都选择了这种办法。并不是因为古代人比我们笨，而是因为他们所处的环境和我们不同。很多事情不仅是观念的问题，也是技术成本的问题。

当然，打一顿也未必能解决问题，嫌疑犯就是不认罪，怎么办呢？《汉穆拉比法典》有一条规定：可以把嫌疑犯扔到河里，让河神来审判。如果他淹死了，说明他有罪；如果没淹死，说明他是清白的。

这听上去真是太荒唐了。但是在一个迷信的社会里，人们可能真会相信神的裁决。只要大家都相信，这种判决就可以吓住他们，让他们不敢干坏事。当然，好人可能会淹死，坏人可能漏网。可对于汉穆拉比大王来说，真相如何又有什么关系呢？只要能震慑住大家就行了，反正被淹死的又不是他。

对统治者来说，最重要的不是寻求公正，而是维持秩序。要是能很便宜地维持秩序，那就更好了。

听完这些，我们也许会觉得泄气。但是人类社会就是这样一步步走过来的。《汉穆拉比法典》是个伟大的进步。它给社会提供了一个标准，明确了什么事情可以做，什么事情不可以做。这样一来，大家才有了安全感。正是从这样的起点出发，人类才最终走向法治社会。

所以，两河流域那些国王都被我们遗忘了，汉穆拉比的名字却流传下来。在历史上，一部法典可以比一个王朝更加醒目。

顺便说一句，在汉穆拉比死后一百多年，第一巴比伦王朝灭亡了。

小结

苏美尔文明灭亡后，在两河流域出现了第一巴比伦王朝。它留下了一部著名的《汉穆拉比法典》。从这部法典，我们可以了解到古代社会的许多方面。

11

岛上迷宫

古希腊哲学家柏拉图曾讲过一个很神秘的故事。

12000年前，在大西洋里有一片大陆。大陆上有个强大的国家，名叫亚特兰蒂斯。它的首都是一个圆形岛屿，环绕着三条护城河。每条护城河边上都有一座高大的城墙。城墙上镀着厚厚的黄铜，在阳光下像火焰一样闪闪发光。

亚特兰蒂斯的都城非常壮丽，用红色、白色和黑色三种石头建成，遍布着花园、浴池和运动场。城里还有很多人工挖的运河，把城市分割成一块块小正方形。从空中看，整座城市就像一个漂亮的棋盘。

在都城里，最重要的建筑是海神庙，因为亚特兰蒂斯人最崇拜的就是海神波塞冬。神庙的外面涂着一层白银，屋顶则完全由象牙做成。神庙中心安放着一座纯金雕像。海神波塞冬站在黄金车里，前面是六匹长着翅膀的飞马，周围有一百多个骑着海豚的仙女。神庙旁边还立着一根黄铜柱。它比城市里任何建筑物都要高，上面刻着海神给人们制定的法律。

亚特兰蒂斯非常强大，拥有一万辆战车，上百万军队。它征服了许多国家，领土一直延伸到亚洲。它太过成功，忍不住骄傲起来，不再遵守海神制定的法律，犯下了各种各样的暴行。

天神愤怒了，决定毁灭亚特兰蒂斯。于是，地震和海啸忽然爆发。仅仅在一天之间，亚特兰蒂斯就沉入了海底。从此以后，再也没人见过它。人们也无法再穿越这片海洋，因为途中会遇到很多沙洲和暗礁，而那正是亚特兰蒂斯沉没后形成的。

柏拉图强调说，这不是虚构，而是真实的故事。很多人就傻乎乎地相信了。他们对亚特兰蒂斯的故事着了迷，到处寻找这片“失落的大陆”。

有人说它在古巴，有人说它在印度尼西亚，甚至有人说它在南极洲。还有人说，亚特兰蒂斯是外星人建立的史前文明。这些都是胡思乱想。实际上，柏拉图说话并不老实，亚特兰蒂斯只是他编出来的一个道德寓言，劝诫大家不要骄傲。但是，很多故事都是先有一个原型，然后再往上添油加醋。那么，亚特兰蒂斯是不是也有原型呢？

很可能是有的。亚特兰蒂斯的原型也许就是克里特岛。如果把这事当成一个案件的话，我们当然还能找出其他的嫌疑犯，但是克里特岛的嫌疑最大。就像亚特兰蒂斯一样，克里特岛也孕育过一个古老的海洋文明，而且也同样陨落了，触发它陨落的，也同样是一次可怕的大海啸。

真的是很相像。

克里特是地中海的一座岛屿，就在希腊南边。从地图上看，希腊的形状就像一个跳水运动员，克里特岛就像他脚底下的跳台。这个岛很小。小到什么程度呢？还不到咱们海南岛的四分之一。可就在这座小小的岛屿上，诞生了一个非常奇特的古文明：米诺斯文明。

米诺斯这个名字跟一个希腊神话有关。传说克里特岛有位叫米诺斯的国王，修建了一个巨大的迷宫。无论是谁，只要一走进去，就再也找不到出口。在这个迷宫里面，藏有一个牛头人身的怪物。米诺斯王强迫雅典人每年送来七个男孩、七个女孩，然后把这些孩子关进迷宫，让牛头怪吃掉。后来，雅典出了一位英雄忒休斯，他得到了一个有魔力的线团，可以在迷宫中给他引路。忒休斯在线团的指引下，闯进迷宫，杀掉牛头怪。雅典的孩子获救了。

这当然是个神话故事。可是后来考古学家在克里特岛挖出一座宫殿。这座宫殿千门万户，曲里拐弯，真的很像一个迷宫。人们想起这个古老的神话，就给这个文明起了一个名字，叫米诺斯文明。

不过，这个迷宫里并没有藏着牛头怪，反而藏着很多仓库、厂房、储物间，里面堆积着各种各样的货物。到处都是陶罐，每个罐子里都盛满了酒、油、谷物。仓库里还储存着从八万只绵羊身上剪下来的羊毛。这到底是个守财奴的货栈，还是威风凛凛的王宫？

可它确实是个王宫。克里特岛上的王宫就长这样。

米诺斯迷宫考古图

埃及宫殿里到处是法老的巨大雕像，可在这里根本没人宣传国王的伟大。就连王座也就是个雪花石膏做的高背椅，连扶手都没有，看上去一点都不威严。不过，王座背后的墙壁倒装饰得很美，上面还画着两个赏心悦目的狮鹫。威严虽然谈不上，漂亮倒是蛮漂亮。

这不仅是王宫的特点，也是整个米诺斯文明的特点。它并不追求宏大，但非常优雅和实用。你站在金字塔前面，会觉得自己渺小。而站在米诺斯文明的废墟里，你只会觉得一切都很漂亮。

这是非常奇特的一个文明。要知道，米诺斯文明并非原发性文明。苏美尔文明、古埃及文明、印度河流域文明、中国文明属于第一代原发性文明，基本上是自己成长起来的。米诺斯文明只不过是第二代的子文明，面积又这么小，在历史上的影响也不大，为什么还要专门去写它呢?

就是因为它太奇特了。

米诺斯是历史上第一个海洋文明。苏美尔也好，古埃及也好，都是所谓的“大河文明”，紧挨河流，完全依赖农业。可是米诺斯文明却面向大海，靠贸易立国。克里特人到埃及买粮食和象牙，到希腊买白银，到亚洲买木材和青铜，然后转手倒卖出去。他们还出口橄榄油、青铜器和陶器。总之，什么赚钱干什么。

要做海上贸易，就要有海军力量。米诺斯文明拥有一支强大的舰队，没有人敢从海上进攻它。所以在克里特岛上很少见到城墙，就连王宫外面也没有围墙，可以随便进出。米诺斯文明在外面肯定要打仗，不然商品会被海盗抢光的。但是在国内，几乎见不到战争的痕迹。米诺斯的艺术品也从不描绘战争场面。他们的武力可能很强，但并不觉得打仗是值得炫耀的事情。在克里特人看来，要是做生意就能赚到钱的话，又何必去冒险打仗呢?

米诺斯壁画“巴黎姑娘”

米诺斯文明的兴盛时期大约是在公元前2000年到公元前1450年，距离今天有三四千年。可是它的绘画简直就像现代艺术。它有一幅壁画，画的是一个漂亮姑娘。考古学家第一次看到这幅壁画的时候，简直惊呆了:

“这哪是三千多年前的人啊？分明是位时髦的巴黎姑娘嘛！”从此，这幅画就被称为“巴黎姑娘”。

这并不只是因为“巴黎姑娘”画得漂亮。埃及壁画上的人也很漂亮，但你一看就知道是古代人。而米诺斯壁画中的人，却越看越像现代人：

男生一个后空翻，从公牛身上跳过去，很像现在的体操运动员；

女生穿着荷叶边裙子，留着卷曲的长发，很像现在的模特；

儿童戴着拳击手套，练习打拳，很像现在训练班上的小孩。

为什么米诺斯绘画里的人像现代人，而埃及绘画里的人却不像？主要还是气质不同。古代文明往往不重视人的个性，喜欢把人塑造得一本正经。比如说苏美尔的雕像，几乎所有人都是伸着双手，望着前方，表情呆板。再看埃及壁画，所有人都是歪着脖子，姿势僵硬，表情同样呆板。当然，这些艺术品也很精美，但它们是呆板的、静态的。可是在米诺斯绘画里，一切都在动。猴子在爬山，海豚在跳跃，姑娘在舞蹈，小伙子正从牛背上跳过去。人们的个性被舒展出来，画面上洋溢着一种自由的气息。

也许这就是海洋带给人的自由。种地的农夫老是待在一个地方，而做生意的水手却需要不断移动。大海包围着他，海风吹拂着他，陌生的城市等待着他。在这样的环境里，人的心胸很容易变得开阔。

优雅、和平、自由、奔放，这听上去好像是一个远古天堂。但是，在历史上从来没有完美的人间天堂。米诺斯文明也有自己的阴暗面。它像所有古代社会一样，有贫穷，也有明显的社会等级。考古学家发现，很多底层老百姓都处于营养不良的状态。

在最危急的时候，他们偶尔也会杀人祭神，来换取神明的保佑。更可怕的是，有些死者甚至还是孩子。也许他们觉得孩子是最珍贵的，所以更适合奉献给神。克里特人并不经常这么干，但毕竟是干了！希腊人编出牛头怪吃孩子的故事，或许就是从这些事情得到的灵感。光看壁画上那些漂亮的海豚、优雅的姑娘，你绝想不到克里特人会这么做。

唉，人总是复杂的。

米诺斯文明的灭亡和天灾有关。在它的北面有一个小岛，名叫锡拉岛。大约在公元前 1450 年，这个小岛的火山忽然爆发，引发了大海啸。浪头高达六十米，席卷了克里特的沿海城市。大量人口死亡，码头被摧毁，舰队也覆没了。

没了舰队，克里特岛也就没有了防御力量。敌人开始一波又一波地入侵。米诺斯文明又坚持了一阵子，但还是没能恢复过来。最终，整个岛都被占领了，王宫也被夷为平地。

克里特岛并没有像亚特兰蒂斯那样沉入大海，但是它变成了一座非常普通的岛屿。米诺斯文明永远消失了。此后的三千多年里，人们都不知道这里曾经有过一个海洋文明。

这个文明曾像花朵一样美丽，像月光一样优雅，又像亚特兰蒂斯一样神秘。

小结

在地中海的克里特岛上，曾经出现了米诺斯文明。它是人类历史上第一个海洋文明。这个文明热衷于商业，富有活力，还制作出非常优雅的艺术品。公元前1450年左右，由于一场巨大的天灾，米诺斯文明逐渐走向了灭亡。它很可能是亚特兰蒂斯传说的原型。

12

小小的青铜世界

在前面各章里，我们介绍了几个古老文明，从苏美尔一直到米诺斯，它们都属于青铜时代的文明。

青铜当然比石头高级得多，但也有个大问题，就是价格太贵。国王可以制造青铜鼎，武士可以使用青铜剑，可是农民用不起青铜锄头，伐木工人也用不起青铜斧子，他们用的还是石锄、石斧。所以，青铜时代就是青铜政府加上石头农民。

靠石锄、石斧很难砍倒森林，战胜荒野。所以青铜时代的文明规模都不太大，全部加起来也只在地球上占很小的一部分。它们就像一座座孤岛，被森林和荒野紧紧包围着。

我们只能把它叫作小小的青铜文明。

现在我们要停留一下，看看那个时候的世界是什么样子。让我们把时间锁定在公元前十三世纪，那是青铜时代最后的辉煌时刻。

你可以把当时的地球想象成一个黑暗星球，有文明的地方才会被光点亮。在公元前十三世纪，地球基本一片黑暗，只有几片零星的光亮。

关于那些黑暗的地方，我们知道的很少。就拿美国、俄国、日本这些国家来说，公元前十三世纪的时候，在它们的土地上一个识字的人都没有。一个都没有。那里可能也发生过有趣的故事，可是没人记录下来，所以我们就不知道。对我们来说，它们都像黑盒子，我们只能模模糊糊猜到一点里面的情况。而对于光亮的地方，我们就能知道很多。

那么，人是住在黑暗的地方好呢，还是住在光亮的地方好？你可能觉得，当然是光亮的文明地区好！其实不一定。这要取决于你是个什么样的人。文明社会总的来说当然更富裕，但对穷人来说，他们的日子可能比黑暗地区的人还要苦。如果让你选择，你是愿意做一个汉穆拉比王朝的奴隶呢，还是做一个俄罗斯大森林里的猎人呢？我觉得还是做猎人好一点。

对社会来说，文明当然是一个进步，但是对于具体的个人来说，可就不一定了。生活在黑暗地方的人会被历史遗忘，但有的时候，被遗忘也不见得是坏事。因为历史记得最清楚的事情，往往都是战争、动荡和痛苦。

现在，就让我们开始参观青铜时代的世界吧！

在东方，有一片很大的明亮地区，那就是我们中国。

公元前十三世纪，正是商朝最伟大的君主武丁统治时期。他用三年时间打败了凶猛的鬼方国，把领土扩张到了最大。如果我们把目光转到河南安阳，就会看到他巨大的宫殿。那是用黄土和木头做成的建筑，看上去没有埃及的石头宫殿那么壮观，但是它高大方正，有一种独特的威严感。在宫殿外面，两条纵线、三条横线构成了宽阔的街道，高大的马车在上面奔驰。道路两旁挤满了百姓的小房子。远处有一条人工挖凿的水渠，周围有很多作坊，有的铸造青铜，有的制造陶器，还有的打磨玉器。手艺精巧的工匠们在里面忙碌不休，干得热火朝天。

宫殿的大厅里，摆着漂亮的青铜鼎，里面放着牛羊肉，下面堆着柴火，咕嘟嘟地煮着。不过当时没有什么佐料，连酱油都没有，估计煮出来的肉也不会太好吃吧！好在分量足够，绝对能让你吃到撑。

旁边的房子里，国王和巫师正在占卜。巫师先用刀子在一片乌龟腹甲上刻了几个字，“妇好弗齿疾”，然后在上面钻了几个眼儿，放到火上去烧。火焰舔舐着龟甲，龟甲渐渐变色，裂出几道缝来。巫师把眼睛紧紧凑在上面，观察裂缝的走向。武丁大王也在旁边紧张地看着。

过了好久，巫师才抬起头来：“大王，神说了，王后的牙疼很快就会好的！”

武丁大王激动地说：“太好了！太好了！妇好的牙疼终于要好了！我准备用几个鬼方国的俘虏来感谢神。你看是五个好，还是十个好？”

巫师躬身致敬：“我看还是十个比较好。神会喜欢的。”

有十个人要倒霉了。

中国是明亮的地区，地球上还有两块半明半暗的地区，一块在印度，一块在中美洲。

让我们先看一下印度。

古老的印度河流域文明已经消亡，新的印度文明还没成型。它正处在青黄不接的时候，所以这里的光是半明半暗。

统治印度北部的是雅利安入侵者。他们建立了一堆小王国，互相之间打来打去。国家之间开战的原因，往往都是些鸡毛蒜皮的小事。张三偷了李四几头牛，两个国家就可能打一场持续好几年的“肥牛争夺战”。

这些家伙喜欢打仗，喜欢赛车，更喜欢喝一种奇特的苏摩酒。这种酒可能是用某种真菌酿造的，再掺上牛奶，味道一定很奇怪。据说神明在天上也都喝这种饮料，以增强神力。雅利安武士们喝得醉醺醺的，在宴会厅里大吵大闹，随时准备跳起来打一架。

可是真正决定印度未来的人，不是他们，而是那些婆罗门祭司。你看，在树荫下有几个一本正经的人正眯着眼睛，低声吟唱。他们就是婆罗门，全印度最高贵的人。所有人都尊敬婆罗门，因为他们会举办非常复杂的宗教仪式。据说这些仪式具有神奇的魔力，除了婆罗门谁也破解不了其中的奥秘。

在这些仪式里，婆罗门会吟唱一些诗歌。后来，人们把这些诗歌收集起来，编成了四本书，名叫《吠陀经》。《吠陀经》是婆罗门最神圣的经典，就像基督教的《圣经》一样。

国王和武士都被吓着了。他们真的相信婆罗门有神圣的力量。

据说有人愿意花一千头牛来请婆罗门吟唱一首诗。一千头牛，吟唱一首诗！这可能是世界上最贵的一次诗朗诵了。

这些雅利安武士如今还在喝酒喧闹，但很快，他们就会被婆罗门牵着鼻子，走进一个新的文明时代。

在中美洲，也有一个半明半暗的地区，它被称为奥尔梅克。

我们前面讲的各个文明，都出现在欧亚大陆，这里是人类活动的主要舞台。美洲大陆本来跟欧亚大陆是连着的，但是一万多年前，海水上涨，把两个大陆之间的陆桥给淹了，变成了现在的白令海峡。这样一来，美洲大陆就被隔绝开了，成为人类活动的第二舞台。

结果，在发展的道路上，美洲被远远地甩在了后面。公元前十三世纪，欧亚大陆的文明都死过一批了，美洲人才刚开始朝文明的台阶攀爬。最先进的美洲人生活在中美洲，被称为奥尔梅克人。奥尔梅克人攀爬得很艰难。他们后来勉强建成了一个文明，却始终没学会造青铜器。自始至终，他们都生活在石器时代。

在公元前十三世纪的时候，他们已经能够建造大型仪式中心，还会把土堆成一个金字塔形状的高台。如果我们把目光投向那里，就会看到一大群人正聚在金字塔前，祭拜一些稀奇古怪的神，什么奥尔梅克龙、羽蛇神、美洲虎神、玉米神等。

奥尔梅克人还有一个奇怪的嗜好，他们喜欢用石头制作大脑袋。没有身子，就是一个孤零零的大脑袋。这些脑袋大极了，有的重达50吨。每个脑袋都是粗眉毛，厚嘴唇，大方脸，一个比一个丑。

没人知道奥尔梅克人为什么要做这么多丑怪的石头脑袋。只能说每个民族都有自己的嗜好吧。

奥尔梅克大脑袋雕像

你或许没怎么听说过这个大脑袋文明，但是它的继承者你肯定听过，那就是玛雅文明。我们在后面还会介绍到这个文明。但是在公元前十三世纪，玛雅文明连影子都没有呢。

在美洲，只有这些石头大脑袋算是给黑暗带来一点亮光，也让历史学家能有点话可说。

现在只剩下最后一块明亮的地方，也是最最耀眼的一块光亮：地中海东部的超级文明圈。这是当时最大、最古老的一块文明地区。两河流域和埃及汇聚到一起，加上现在的土耳其、叙利亚、希腊等等地方，把整个地中海东部都点亮了。

整个地球，就数这里最灯火通明，也最热闹。国家林立，列强争霸。两河流域已经衰落了，现在这里有两个老大，一个是北方的赫梯帝国，位于现在的土耳其；一个是南方的埃及帝国，埃及人老实了几千年，现在正是他们短暂的亢奋期。两个老大下面是三四个中等玩家，再往下就是一帮零零碎碎的小国王。整个局面有点像后来的美苏争霸。

在这个世纪，两个老大打过一次卡迭石战役。双方总共出动了六千辆战车，这是有史以来最大的一次战车对决，相当于古代的超级坦克战。结果打了个平手。

公元前十三世纪的时候，如果我们来到东地中海的超级文明圈，就会看到两个对峙的大人物，谁都不服谁。

赫梯大王留着长长的胡子，大声宣布："我是赫梯之王，世界上最伟大的人！"

埃及法老戴着高高的王冠，大声宣布："我是埃及法老，世界上最伟大的人！赫梯国王是老二！"

一大堆小国王挤在他们中间，战战兢兢地不敢出声。

赫梯国王揪住一个小国王："你说，我和法老谁更伟大？"

小国王哆嗦着说："当然是赫梯大王最伟大！"

法老听见了，上去就是一个嘴巴："再给你一次机会！你说，谁最伟大？"

小国王捂着脸说："埃及法老最伟大。"

赫梯国王听了，上去也给了他一嘴巴："我看你是活腻了！"

小国王嘤嘤地哭了起来。

可是国王和法老的争执很快就没有意义了。一场洪流正席卷而来。埃及帝国会衰落，赫梯帝国被灭亡，这里的一切都将被冲刷得面目全非。灾难就要降临了。

这个超级文明圈的青铜时代也就要终结了。

小结

对公元前十三世纪的世界做了一个简单的回顾。当时地球上主要有两大文明区域，一个是地中海东岸的超级文明圈，一个是中国文明。此外，印度北部正处于新旧文明过渡阶段，中美洲的奥尔梅克人也即将进入文明阶段。

13

不明身份的凶手

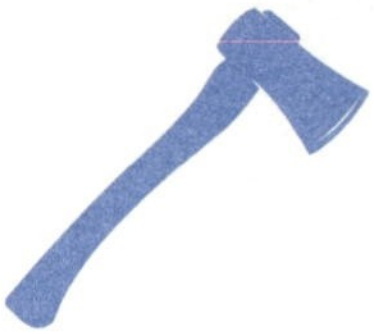

三千多年前，在地中海东部，有一个叫乌加里特的港口。它是一个独立的小国家，有宫殿，有神庙，也有繁荣的码头。它太弱小了，只能在大国的夹缝里生存。一开始，它是埃及的附属国，后来，它又转身投靠了赫梯帝国。作为赫梯帝国忠心耿耿的小喽啰，它觉得自己相当安全。

但是有一天，乌加里特国王忽然收到一封信。老大赫梯国王向他求援，语气张皇失措：

“敌军正向我国逼近，不计其数。我国的兵力严重不足……你有什么就赶紧给我送什么吧。只要是用得上的，就赶快给我送过来！赶快！”

乌加里特国王很吃惊：堂堂赫梯大王怎会显得如此慌张？不管怎么说，考验忠诚的时刻到了。经过慎重考虑，他决定派出全部力量北上勤王。不然的话，事情一过，老大要秋后算账，可不是闹着玩的。

谁知道情况急转直下。军队刚派出去，一支敌军忽然出现在自己家门口！这下轮到乌加里特国王去求援了。他的岳父是海岛上的一个小国王，他马上给岳父大人写了封信：

“亲爱的爸爸，敌人的战船打过来了，我的城市变成了焦土。他们在我的国土上胡作非为。您难道不知道，我所有的人马和战车都在赫梯国吗？我的国家完蛋了。”

我们能知道这些，是因为国王写下这封信不久，乌加里特就沦陷了。那是在公元前1185年左右。当时的战斗非常惨烈，现场留下了数不清的箭头，城市被烧成一堆瓦砾，房屋大量倒塌。几千年后，考古学家在废墟里挖出了这些信件。它们被放进一个炉子里，所以被称为“炉中信札”。

为什么要把信放在炉子里呢？因为当时人们没有纸，他们把字写在潮湿的泥板上，写完以后，再把泥板放在火上烤硬。这封写给岳父的求援信，很可能是乌加里特国王写的最后一封信。信刚刚烤硬，还没来得及发出去，城市就被攻下了。

乌加里特沦陷，是因为它把所有军队都派去支援了赫梯帝国，可是这些援军也没帮上多大忙。没过多久，赫梯帝国也灭亡了。它的首都被烧成了灰，石头雕像全被打碎，国王下落不明。赫梯帝国持续了将近五百年，就这样一下子完蛋了。

这次入侵不是一个孤立事件，它背后是一场浩大的洪流。整个东地中海超级文明圈都被淹没了。

埃及也遭到了大规模入侵。敌人带着全家老小，密密麻麻地从海上蜂拥而来。法老拉美西斯三世御驾亲征，在尼罗河三角洲与他们进行了血战。埃及最终获得了胜利。法老为纪念此事，专门制作了一幅巨大的壁画。在壁画里，法老张弓射箭，威风凛凛，敌人的舰队则陷入混乱。

法老在铭文里吹嘘说：

> 袭击我国土的敌人已经全部覆没，心神俱灭。他们从海上汹涌而来，却在尼罗河河口遇上我们的熊熊烈火。岸上的长矛像一道道栅栏，将他们团团围住。我们将敌军拖入包围圈，然后在海滩上将其全部消灭。

埃及法老与海上民族战斗浮雕

听上去，埃及好像赢得很爽，实际上完全不是这么回事。埃及确实打退了敌人的进攻，但是这个过程一点都不轻松。它付出了惨重的代价，几乎被打得半身不遂。曾经在周围耀武扬威、称王称霸的埃及，从此就衰落下去了。这次战争以后，它缩回了尼罗河，就像乌龟缩回自己的龟壳一样。短暂的亢奋期结束，埃及再也不出来冒险了。

赫梯帝国灭亡了，乌加里特彻底消失了，埃及被打蔫了。除此之外，还有很多国家也都遭遇了灭顶之灾。就拿希腊来说，这个超级文明圈的外围国家，被彻底打进了黑暗时代。他们本来是有文字的，现在连文字都给打没了，全希腊都找不出一个识字的人。

整个超级文明圈都陷入绝望。

除了乌加里特国王以外，肯定还有许多国王写了很多封求救信。你可以想象一下那个场景，信使们疯狂地跑来跑去，从一个王国跑到另一个王国，哀求人家派出援兵，但最终还是无用。这就像你打开收音机，听见每个电台都在叫："救命呀！救命呀！"又过了一会儿，所有电台都沉默了。

当时的场景就是这样恐怖。

东地中海周围硝烟四起，一片混乱，如同一个巨大的犯罪现场。那么凶手究竟是谁呢?

历史学家就像一群侦探，围绕这个犯罪现场反复研究。据受害者说，入侵者是从海上来的，所以历史学家就给凶手起了一个名字，叫"海上民族"。但海上民族不可能凭空从大海里冒出来，总得从某个地方过来吧，那到底是哪儿啊?

从各种线索推测，他们肯定来自文明世界的边缘。换句话说，他们来自文明世界和野蛮世界交界的地方。但具体位置，就没人能说得清了。

"海上民族"并不是一支精锐的入侵部队。相反，他们是一群扶老携幼的难民。他们似乎已经无路可退，所以才一波又一波地向文明地区挺进，想在这里找到一个新家园。

海上民族在逃避什么呢？我在上一章做过一个比喻，文明地区就像是点着灯光的地方，除此之外都是大片大片的黑暗。那么，在黑暗深处肯定发生了什么可怕的事情，所以这些海上民族才会拼死向外逃难。但到底是什么可怕事件，我们或许永远都不会知道了。黑暗把它遮蔽了。

当然，如果超级文明圈足够强大，还是可以挡住这些难民的。为什么没有挡住呢？人们为此找出了很多理由，其中有一件东西可能是最重要的。

这个东西就是铁。

我们日常生活中到处都可以碰到铁，觉得它再普通不过了。其实铁的出现是很晚的事情。人们很早就会冶炼青铜，但不会炼铁。铁矿石到处都是，比铜矿石多得多，问题是它的冶炼过程很麻烦。

首先，铁的熔点高。铜的熔点是 1083 摄氏度，铁的熔点却是 1538 摄氏度。普通的火炉达不到这个温度。想从铁矿石里提炼铁，必须得先发明鼓风机。此外，纯铁太软，没法用，必须往里面掺入碳。碳掺少了，铁就软，碳掺多了，铁就脆，所以必须不多不少。控制这个比例相当麻烦，需要经过长期的摸索。

所以人们首先进入的是青铜时代。直到公元前 1200 年左右，人类才开始学会炼铁，而这个时间正是海上民族发动入侵的前夜。

铁能改变整个世界。它最大的优点就是便宜，谁都用得起。农民有了铁锄头，伐木工有了铁斧子。森林被砍倒了，变成农田；坚硬的土地原来种不了庄稼，现在也种上了。于是，文明世界可以向外迅速扩张，小小的青铜文明变成了大大的铁器文明。

长远来看，铁当然是个非常好的东西。但是从短期来看，它却引发了一场灾难。铁便宜，武器也就跟着便宜。以前用青铜武器的时候，杀人是很费钱的事情，富裕的国家当然就有优势。现在这个优势被拉平了。富人能杀人，穷人一样能杀人。海上民族挥舞着便宜的铁制武器，向超级文明圈发动了进攻。

说到这儿，关于杀死青铜时代文明的凶手，我们已经能够拼凑出一些信息了。不过内容很少，只有这么点儿。

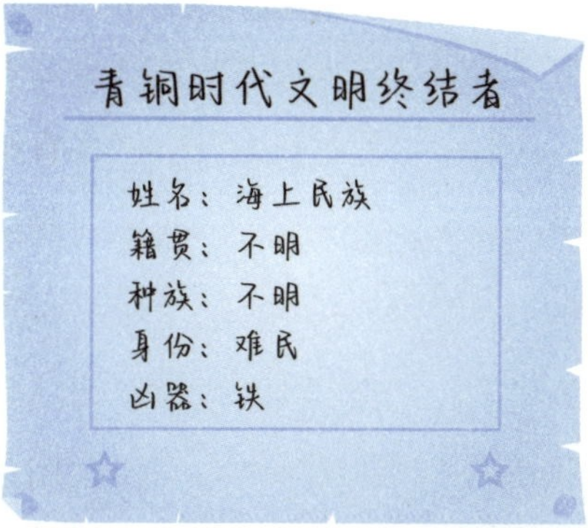

技术革命总是这样。长远来看，是一件天大的好事，可是刚出现的时候，往往对某些人更有利，而对另一些人不那么有利。这样一来，世界格局就会出现大洗牌，而大洗牌的过程往往就是一场灾难。

青铜文明世界的终结就是这样一场灾难。国家崩溃，城市被废弃，人口大量减少，工艺品水平急剧下降，文明的灯火渐渐熄灭，一切似乎都进入了冬眠状态。

等它重新活过来的时候，首先苏醒的是一头怪兽。

小结

公元前1200年左右，海上民族开始一波又一波地对东地中海文明地区发动进攻。赫梯帝国彻底灭亡，埃及王朝一蹶不振，很多小王国也消失了。东地中海的青铜时代宣告终结，继之而来的是铁器时代。历史就此掀开了新的一页。

14

两千多年前的希特勒

恐怖电影里经常会有这样的桥段：

一个红红火火的小镇，人们在这里安居乐业，白天工作、上学，晚上关起门来过自己的小日子。一切都很正常。可是有一天，灾难降临了。街道上笼罩着浓浓的黑雾，整个镇子变得鸦雀无声。一片黑暗，一片寂静。人们在恐惧中偷窥着窗外。过了很久很久，黑雾才渐渐消散，太阳升起来了。大家小心翼翼走上街头。就在这时，忽然从角落里冲出来一头可怕的野兽，满脸鲜血，见人就咬。大家高声尖叫，四处奔逃。不一会儿，镇子里就铺满了尸体。

恐怖片总是这么一惊一乍，对吧？可是地中海东部的历史还真有点像这种恐怖片。大约在公元前 1200 年，海上民族大规模入侵，很多国家都崩溃了。青铜时代的文明世界陷入了黑暗之中。等黑暗消退，从新的铁器时代里冲出一头怪兽。

这头怪兽的名字叫亚述帝国。

亚述的中心位于两河流域的上游，大致在现在伊拉克的北部。从地图上看，底格里斯河和幼发拉底河就像两根大铁钎子，上面插着三块烤肉。最下面一块是苏美尔，中间那块是汉穆拉比大王的巴比伦，最上面那一块就是亚述。

要说起来，亚述是个古老的国家，很久很久以前就存在。在青铜时代，它的命运起起落落，一会儿兴盛，一会儿衰落。但就连它最厉害的时候，也只是个二流角色。

亚述国王曾经给赫梯大王写过一封信，用亲热的口气说："啊，我亲爱的弟兄……"结果遭到赫梯大王一顿呵斥："谁和你是弟兄？难道咱俩是一个妈生的？小亚述，注意你的身份！"亚述国王热脸贴了个冷屁股。在人家看来，小亚述根本不配与赫梯帝国称兄道弟！

可是那场天翻地覆的大灾难给了亚述一个机会。其他国家还在一味悲叹的时候，亚述却领悟到了新时代的含义。铁，意味着更便宜的武器，更多的军队，更大规模的战争。青铜时代的军队最多只能有几万人，可是在铁的时代，军队可以有十万、几十万人！谁能顺应这个潮流，谁就会是赢家。

亚述决定紧紧抓住这次机会。

青铜时代结束后，是一段漫长的黑夜。环境太险恶了，亚述也在黑暗中沉默了三百年。到了公元前900年左右，亚述开始出击。这次，它的打法极其凶猛残酷，军队像排山倒海一样，摧垮了敌人。

打完一仗又一仗，最终，亚述建立起一个庞大的帝国，领土覆盖了现在的伊拉克、叙利亚、黎巴嫩、巴勒斯坦和埃及。是的，埃及也被它干掉了！法老像兔子一样逃窜，神庙里的所有财宝都被运回了亚述。

亚述变得这么厉害，是因为它发动了一场军事革命。其他国家的军队一般只有步兵和战车两个兵种，可是亚述又多出来两个兵种：骑兵和工兵。别人都是用马拉着战车打仗，亚述人却跳上了马背，直接开始冲锋。亚述的工兵也很厉害，可以架桥修路，保证军队快速移动。而且，亚述军队的规模非常大，人数超过了三十万。只有铁器时代才能武装这么大的一支军队。

周围的国家把亚述大军称为“霹雳”，因为它既快又狠，无人能挡。就算躲到城墙后面也没用，亚述人有云梯，可以攀爬城墙，还有巨大的攻城锤，可以撞碎城门。他们还会建造比城墙还高的塔楼，往里头射箭。很少有哪个城市能扛得住这样的猛攻。

亚述大军像风一样刮过来，一座座城市像秋天的叶子一样，纷纷坠落。

是不是听上去很酷？但也很残忍。亚述就像死神一样，走到哪里，哪里就会倒下大片尸体。他们一点怜悯之心都没有。有位亚述国王大吼大叫：“我制造了一场屠杀！我毁掉了一切，烧光了一切！”好像这是世界上最光荣的事情。他们还经常把整个民族从一个地方赶到另一个地方，甚至故意让他们挨饿。据说有几百万人就这样死掉了。

你肯定听说过希特勒，也听说过日本鬼子。亚述帝国就是两千多年前的希特勒，就是两千多年前的日本鬼子。

在当时，亚述帝国的残忍程度是前所未有的。我这么说，并不是要给大家制造一个印象，好像在亚述帝国出现以前，人们打仗都很文明。当然不是。以前人们打仗也很凶恶，但是害死人的规模远远没有这么大。亚述人把暴力程度给升级了。这就像校园里，孩子们打架都是拳打脚踢。可是有一天，某个坏孩子在打架的时候用上了木棍，我们就说校园暴力升级了。亚述就是那个坏孩子。

亚述周围的邻居都对它又恨又怕。帝国的首都名叫尼尼微，亚述大王觉得那是世界上最伟大的城市，可其他国家的人却管它叫“狮子的巢穴”。那确实是一个可怕的地方，国王的宫殿尤其可怕。

几个巨大的怪兽雕像看守着王宫的入口。这种怪兽叫“拉玛苏”，长着牛的身子，鸟的翅膀，人的脑袋，还有五条腿。它用冷漠威严的目光盯着来访者，仿佛随时可以把他们碾碎。光是穿过这些怪兽雕像就已经够吓人了，等你走进王宫里面，会看到更让你震惊的场面。

拉玛苏雕像

那里真的有很多很多狮子！不过都是死狮子。亚述国王最喜欢狩猎狮子，有位国王据说一辈子杀了920头狮子。他们用这些猎物来装饰自己的宫殿，所以在这里到处都能看到狮子皮、狮子头。

王宫的墙壁上刻着很多精致的浮雕。所有的浮雕几乎都差不多。你一路走过去，看到的就是杀狮子的浮雕、杀人的浮雕、杀狮子的浮雕、杀人的浮雕……没完没了的杀戮，没完没了的浮雕。在这里，只要你一睁眼，就能看见血淋淋的杀戮场面。

是不是有点吓人？吓人就对了。亚述国王把宫殿布置成这样，就是为了吓倒来访者。这是一种心理战。想想看，哪个来访的客人坐在这样的宫殿里吃饭，不会觉得心惊肉跳？那么等他回去以后，万一想造反，就会想到那些可怕的浮雕："嗯，还是老实点吧。不然的话，下一个浮雕里说不定就有我！"

亚述大王就住在这座可怕的宫殿里，就像狮王卧在自己的巢穴里，威风凛凛，目空一切。要说他有没有害怕的东西？其实也有。亚述大王特别害怕日食。

亚述人有个奇怪的想法，觉得天上一旦出现日食，国王就会驾崩。那怎么办呢？亚述大王也有一个解决办法。天上出现日食后，他就找一个倒霉蛋，给这人戴上王冠，穿上王袍，住在宫殿里，让所有人都管这个倒霉蛋叫大王。

这个假大王在宫殿里可以过一百天的国王瘾。等到第一百零一天，士兵们就会把他拖出宫殿弄死。然后，亚述国王重新登基，对神说："您看，您让亚述国王死，他已经死了。我是新国王，一切与我无关。"

这其实挺缺德的。

亚述是历史上第一个军国主义国家。所谓军国主义国家，并不是单纯地说这个国家爱打仗，而是说这个国家的一切，都是为了战争服务。老百姓生活得幸福不幸福？不重要。经济繁荣不繁荣？不重要。文化发达不发达？也不重要。国家存在的目的，就是不断打仗。国家就是军队，军队就是国家。

铁器时代开启了军国主义的大门。未来的世界上会出现很多军国主义国家，而亚述帝国是第一个。

这样的国家有个大问题，那就是停不下来。它必须不断打仗。不打仗了军队怎么办？军队没事干了国家怎么办？一开始，打仗是为了抢东西，抢领土，到后来，打仗本身就成了目的。这就像吸毒，沾染上以后就很难戒掉。军国主义国家都是一群瘾君子，只不过它们的毒品不是海洛因，而是战争。所以，别看它们威风凛凛，实际上走的是一条人类发展的死胡同。

打的仗越多，敌人也就越多。厉害的时候，别人都怕你，但是你可以厉害五十年、一百年，却不可能永远厉害。老虎还有打盹的时候呢，你总有虚弱的瞬间。而一旦你露出这个苗头，所有人都会一起扑上来弄死你。

亚述帝国就是这样。它称霸多年后，在一个关键时刻忽然虚弱了一下。有一天，它偶然丢掉了某个重要城市。这件事本来并不严重，丢掉了再占领回来就是了。但是周围的邻居都收到了一个信号：亚述衰落了！不管亚述是真衰落还是假衰落，反正邻居们都信了。它们知道，这个机会一旦错过，就再也没有机会了。

于是，周围的邻居组织了反亚述联军。亚述的力量比它们都强大，可还是被这突如其来的进攻给打蒙了。一切都那么措手不及。

公元前612年，亚述的首都尼尼微陷落。亚述帝国很快就灭亡了。

一群狼咬死了狮巢里的恶狮。

大家对亚述的仇恨太深了。他们把尼尼微一寸一寸地铲平，有人夸张地说，甚至没有两块砖能摞在一起。所有人听到这个消息后都鼓掌欢呼，无人为亚述哀悼。大家唯一的遗憾就是，它灭亡得太晚了。

这就是亚述帝国的下场。

小结

亚述帝国是铁器时代的第一个军国主义国家。它建立了一支强大的军队，征服了辽阔的国土。它非常残暴，并以自己的残暴为荣。最后，公元前612年，首都尼尼微被攻占，亚述帝国灭亡了。

15

黑猩猩战役

如果你打开一张世界地图，在地中海东岸仔细找，就会发现一个叫黎巴嫩的小国家。这个国家存在感不怎么强，你可能没怎么听说过。可是有一段时间，它在世界上的地位相当重要。那时候，它还不叫黎巴嫩，而叫腓尼基。在腓尼基，密密麻麻分布着许多城市，其中最大的一个叫作推罗。

推罗能够成为腓尼基的头号城市，跟一条狗有关。

是的，一条喜欢乱啃乱咬的狗。

这条狗生活在大约三千多年前，很喜欢独自在海边玩耍。推罗的海滩上有一种独特的海螺，非常坚硬，上面还长着很多凸起的刺。推罗城的狗一般不会去招惹这些硬邦邦的海螺。可是这条狗不一样，它有着强烈的好奇心。所以，它对着海螺又啃又咬，希望咬开壳子，看看里头藏着什么东西。这种海螺被攻击的时候，会分泌一种黏液。于是没过多久，这条狗的嘴巴就被黏液染成了又红又紫的颜色。

咬啊咬，啃啊啃，最后，狗狗发现海螺壳就是比牙硬，它的嘴巴火辣辣地疼。狗狗觉得自己干了件蠢事，就夹着尾巴跑回了家。

主人看到它的样子，大吃一惊。他蹲下来仔细打量狗嘴，越看越觉得它的颜色非常高贵。推罗城制作过很多件衣服，可没有哪件衣服有如此体面的颜色。

这是一张美丽动人的狗嘴！

这是一张走在时尚前沿的狗嘴！

这是一张引爆潮流的狗嘴！

狗主人仔细调查了这件事，发现用海螺可以制造出一种染料，把衣服染成漂亮的紫色。这一发现轰动了推罗城，也改变了这个城市的命运。推罗人大张旗鼓地开始生产这种染料。它风靡了地中海沿岸，换回大量的金钱，而这种特殊的紫色也被命名为“推罗紫”。

赫拉克勒斯的狗发现“推罗紫”

严格来说，推罗紫并不是真正的紫色。我们心目中的紫色是比较明亮的，就像紫罗兰花一样。推罗紫要更暗一些，也更红一些，有点像血流出来以后干掉的颜色。我这么说，你可能还是想象不出它到底什么样子，那就再精确一点。现代科学习惯用R（红）、G（绿）、B（蓝）三原色的组合来定义各种颜色，推罗紫的颜色就是RGB（102，2，60）。把这个数据输入电脑，就会看到它真实的样子。

我敢说，你看了以后肯定会失望。好像也就那么回事嘛。可是在古代，人们对推罗紫简直着了迷。他们觉得这种颜色最最高贵。有钱人都渴望弄几套这种颜色的衣服穿。

不过，这种染料非常贵。差不多一万个海螺才能制造出一克纯正的推罗紫染料，怎么能不贵呢？可是奢侈品这种东西，再贵也有人买。

推罗人为了赚钱，也付出了很高的代价。他们把整个城市都变臭了，因为制作推罗紫染料会严重污染空气。推罗人要把这种海螺放到缸里，让它腐烂。等腐烂到渗出黏液来，再咕嘟咕嘟地煮，中间还要加上各种配料。这种腐烂的臭味非常可怕，所以染料加工厂只能建在郊区。可就算这样，推罗城还是变得臭气熏天。据说，附近海面的船只从来不会迷路，闻着臭味就能摸回推罗城。

推罗城变富了，也变臭了。要是追根溯源的话，这些改变都离不开那条充满好奇心的狗。

这就是“推罗紫”的故事。上语文课的时候，老师都提问过：“这个故事反映了什么问题？传递了什么精神？”这样的提问真的很烦人，因为不是每个故事都必须有什么寓意的！但具体到这个故事，我必须承认，我确实希望通过它反映一个问题。

这个问题就是商业。

世界历史并非一场打打杀杀的游戏。就在亚述帝国四处打仗的时候，也有人在热火朝天地做生意。在做生意的过程中，他们不仅赚到了钱，也顺手把文明带到了遥远的地方。商人是历史上非常重要的一批人物，一点不比国王们逊色。而腓尼基人就是古代商人的代表。

他们从青铜时代就开始做生意，进入铁器时代后，腓尼基走上了事业的巅峰。亚述大王建立了自己的帝国，而腓尼基打造了自己的商业网。臭烘烘的推罗城成了地中海的商业中心。

腓尼基人是一群天生的商人。只要能赚到钱，他们什么都卖。推罗紫染料赚钱，他们就使劲煮海螺；雪松木赚钱，他们就使劲砍木头。腓尼基周围有片巨大的雪松林，结果被他们砍秃了。他们还在西班牙挖掘矿山，提炼白银。在那儿的原野上，他们留下了惊人的两千万吨矿渣。

腓尼基人不光出售自己的产品，还到处倒卖物资。他们的船只又高又壮，有个巨大的肚子，看上去很像漂在海上的一个个浴缸。腓尼基人开着“浴缸船”，到处倒卖粮食、橄榄油、象牙、黄金、珠宝，还有各种锅碗瓢盆，铺设了一张庞大的商业网。

做生意需要货栈码头，腓尼基人就沿着地中海一路建了好多小城市。倒不是要用这些城市作跳板，吞并领土，建立大腓尼基帝国——他们完全没有这个念头。帝国哪有钱实惠？他们就是单纯地想赚钱。这些城市就像一个个小灯泡，连成一长串，点亮了整个地中海。

光是地中海还不够，腓尼基人还冲出了地中海，来到大西洋。在当时的人看来，大西洋简直就是世界尽头，那里盘踞着很多妖怪和巨兽，会吞掉所有的航海者。可是腓尼基人并没有被吓倒。他们进行过一次伟大的探险，沿着非洲海岸一路南下，可能一直开到了赤道附近。腓尼基人为这次探险留下了一份报告，叫《汉诺历险记》。汉诺是这次探险活动的组织者，可以把他想象成两千五百年前的哥伦布。

根据这份报告的说法，汉诺带着六十艘船，沿着非洲海岸向南航行。他们越走越远，一路上见到很多鳄鱼、河马、香气扑鼻的树木，还有一些奇怪的穴居人，跑得几乎像马一样快。后来，船队绕过一个巨大的海湾，来到了一座小岛上。

岛上有片巨大的热带森林，白天非常安静，没有一点声音。船员就在岛上休息。可到了深夜，忽然爆发出巨大的声响，有人敲锣，有人打鼓，还有人吹笛子，整个森林都沸腾了。接着，岛上燃起熊熊大火，火焰直冲云霄。船员们吓坏了，赶紧跑回船上，夺路而逃。

他们沿着海岸线继续往南航行。走了整整四天，岸边一直是火光冲天。就好像有人把整个大陆给点着了似的。一边是蔚蓝的大海，一边是火红的陆地，船员们拼命往前冲，直到第五天才看不到火光。

过了几天，他们又来到另一座岛上。那里有很多黑猩猩，朝他们扔石头。腓尼基人从没见过这种动物，还以为是一群毛茸茸的野蛮人。双方狠狠地干了一架。腓尼基人被石头砸得鼻青脸肿，但最后还是大获全胜，抓了三个黑猩猩当俘虏。

结束了辉煌的“黑猩猩战役”后，腓尼基人粮食不够了，于是掉头返回老家，写下了这份报告。以前大家不太相信这份《汉诺历险记》，觉得是瞎编的。后来地理学家发现，我们冤枉了这些腓尼基人。报告里的很多细节相当准确，跟非洲的地理环境能对上，没去过的人是编不出来的。那么“黑猩猩战役”发生在哪儿呢？大约就在现在的加蓬，位于赤道附近。

这样看来，这些腓尼基人称得上是勇敢的英雄，但也是很贪财的英雄。他们漂洋过海不是为了探索地理知识，而是为了赚大钱。汉诺他们比较倒霉，没找到发财的门路，只找到一群黑猩猩，但是他们的本意就是要赚钱。

钱！钱！钱！听上去很俗气，没有“帝国”这样的词显得拉风。但实际上，钱是一种非常伟大的力量。它推动了生产，开辟了商业，把天南海北的人连在了一起，让文明有了前进的活力。

在金钱的推动下，腓尼基人成了探索新世界的排头兵，扩展文明边界的拓荒者。但是，他们有一个致命的弱点，就是不太会打仗。更要命的是，腓尼基紧挨着亚述帝国。财主隔壁住了个强盗，这可怎生是好？财主想来想去，只有一个办法，就是给强盗送钱：“我给你钱，你不要打我，好不好？”

亚述大王看了看这群财主，勉为其难地放下刀，说：“好吧。”

就这样，腓尼基老老实实地上贡，来换取自己的安全。金银财宝就像一条河流，源源不断地从地中海流向腓尼基，又从腓尼基流向亚述。

亚述大王把腓尼基当成一只会下金蛋的鹅。腓尼基也使劲儿给国王下蛋。但这并不是一个好的解决办法。亚述大王的胃口越来越大，鹅蛋越吃越不过瘾。最后，他干脆把腓尼基给占领了。黄金时代就此终结，腓尼基走向了衰落。亚述帝国灭亡以后，腓尼基不断地更换主人，一直到它消失在历史的尘埃里。

就这样，强盗终于掐死了商人。

不过腓尼基并没有全部沦陷。它有一个非常重要的海外殖民地，叫迦太基。迦太基远在非洲北部，所以躲过亚述的铁蹄，幸存了下来。

迦太基就像是腓尼基的女儿，她继承了母亲做生意的才能，同时也汲取了母亲惨死的教训，明白再多的财富也需要武力的保护，于是她建立起一个强大的商业帝国。后来，迦太基和罗马争夺霸权，那将是一段非常激烈的故事，这本书后面就会讲到的！

小结

腓尼基城邦是地中海的商业霸主。它的商业网络覆盖了整个地中海，极大地扩展了文明区域。腓尼基人还发起过对非洲的探险，最远可能达到了赤道附近的加蓬。但是后来，由于缺乏武力的保护，它被亚述帝国占领，最终走向衰亡。

16
一和多

亚述帝国代表着武器的力量；腓尼基代表了金钱的力量。在武器和金钱之外，还有一种非常重要的力量，那就是信仰。

武器可以强迫别人服从，金钱可以购买别人的服务，而信仰可以改变人们对世界的看法。

信仰是一种本能。在古代，没有任何一个民族不信神。无神论是很晚才出现的事情。那么人类为什么会有信仰呢？

这跟人类的好奇心有关。比如说天上打雷了，小狗只会吓得往窝里躲，可是人类就会追问一句："为什么？"现代的科学家可以这么解释："这是自然现象。天上的云是带电的，当电压太大的时候，电流就会穿透周围的空气，让它受热膨胀，于是就轰隆隆地打雷了。"

可是古代人不明白这个道理，却又必须找出一些答案。你不能说："打雷就是打雷，没有原因。"怎么可以没有原因呢，人类不能接受一个毫无道理的世界，那样的世界让人觉得不踏实。怎么办呢？最简单的办法就是想象天上有个神，掌管着打雷。他可能有个锤子，一敲锤子就打雷了。这样一来，世界就显得比较合理。

人们的好奇心得到了满足，也有了一种安全感。

打雷是因为有雷神,那下雨又是怎么回事呢？应该再有个雨神。就这样，人类想象出了很多的神。这就是所谓的多神教。

就像在咱们中国，管火的有火神，管水的有水神，管考试的有文曲星，管发财的有财神爷。玉皇大帝虽然地位最高，但并非至高无上的唯一神明。有的神更厉害，有的神没那么厉害，但他们都是神。对古代人来说，这是非常自然的一种想法。全世界各个民族基本都是这么想的。

但是到了两千多年前，情况发生了变化。一神教忽然出现了。

最早信奉一神教的是犹太人。

犹太人是个很不起眼的民族，又小又穷。他们的地理位置也很糟糕，正好位于一个十字路口上。以前赫梯和埃及打仗，要经过它；后来亚述和埃及打仗，也要经过它。一个弱小民族本来就够可怜的，而一个住在十字路口的弱小民族就更可怜了。南来北往的大车都要从它身上碾过去。

犹太人也有过一段稍微阔气点的日子。公元前1000年左右，大卫王建立了统一的犹太王朝，定都耶路撒冷城。后来米开朗基罗制作了一个非常著名的雕像《大卫》，你肯定在图片上见到过，雕刻的是个非常英俊健美的男子。但实际上，大卫王长什么样，并没有人知道。

大卫王死后，他的儿子所罗门继承了王位。所罗门的统治时期是犹太最鼎盛的时候，所以后人使劲吹捧他，说所罗门是世界上最聪明的人，财富也超过了世上任何一位国王。

关于他的聪慧，有个很著名的故事。两个女人带着一个婴儿找他打官司，她们都说婴儿是自己的。所罗门王沉思片刻，建议把孩子切成两半，一人带走一半。其中一个女人同意了，另一个女人说："啊，仁慈的大王，千万不要切开孩子，我宁肯让她带走这个婴儿！"所罗门王马上宣布了自己的判决："这位愿意放弃孩子的，才是婴儿的母亲。任何一位真正的母亲，都不会同意切开自己孩子的！"

所罗门的名声遍布四方，就连遥远的示巴女王也慕名前来。女王向所罗门提出了许多难题，所罗门都从容地一一解答。女王钦佩莫名，向他献上了无数的黄金、珠宝和香料。

后来，所罗门的故事越传越离奇，甚至连阿拉伯人也说所罗门法力无边，能够驱使妖魔鬼怪。在《一千零一夜》里有个著名的故事，叫《渔夫和魔鬼》。渔夫捡到一个瓶子，他打开瓶塞，里头跳出一个巨大的魔鬼。魔鬼说："我是一个无恶不作的凶神，所罗门大帝把我捉起来，扔进这个瓶子里，贴上了封印。啊，我再也不敢违抗所罗门大帝的旨意了！"

听上去，所罗门王真是太了不起了。可实际上呢？真相说起来颇为扫兴。所罗门最厉害的时候，也不过是一个小国家的小国王。跟周围的统治者比起来，他显得很寒酸。

比如说，犹太人的历史学家不停称赞他建造的神殿，好像那是世界上最豪华、最体面的建筑。实际上，所罗门神殿只有两百多平方米，还远没一个篮球场大呢。为了建神殿，所罗门甚至还把二十个村庄卖给了推罗城。伟大的所罗门大帝就是这么贫穷。而他的首都耶路撒冷，也不过是个荒凉地区的小城镇。所罗门王朝的光荣伟大，只存在于传说中。

可就算如此寒酸的黄金时代，也转瞬即逝。所罗门王并没有显示出什么聪明才智，他是个失败的统治者。在他去世后，国家马上就分裂了。一个小国家变成了两个小小国家。

然后，犹太人就进入了漫长而痛苦的衰落期，不断地被入侵。两个小王国先后被干掉。很多犹太人成为俘虏，被流放到巴比伦城。他们在那里待了五十多年才被放回去。这就是有名的“巴比伦之囚”。

巴比伦之囚

真是一段悲惨的历史！不过，这样的悲惨故事在世界史上有的是呀，犹太人有什么特殊之处呢？

他们确实很特殊，因为在这一连串的灾难里，他们产生了一个奇特的想法：全世界只有一个神，那就是上帝耶和华！

犹太人以前也随大流，认为世上存在很多神，耶和华只是其中比较重要的一位，就像希腊神话里的宙斯一样。这种想法跟别的民族没什么区别。思想的转折点发生在“巴比伦之囚”时期。那段日子他们过得很痛苦，老是思念家乡。就像他们在诗歌里写的：

我们在巴比伦的河边坐下，
一追想锡安就哭了。
我们把琴挂在那里的柳树上，
因为在那里，掳掠我们的要我们歌唱，
抢夺我们的要我们作乐，说：
“给我们唱一首锡安歌吧！”
我们怎能在外邦吟唱耶和华之歌？
耶路撒冷啊，我若忘记你，
情愿我的右手忘记技巧。
我若不纪念你，
若不看耶路撒冷过于我所最喜乐的，
情愿我的舌头贴于上膛。

在这种痛苦中，犹太人开始反思。问题到底出在哪里？在我们看来，就是打仗失败了呗！可是犹太人不这么想。他们思考的结果是：这不是军事问题，而是信仰问题！我们失败，不是因为弱小，而是因为我们背离了上帝。上帝是全世界唯一的神，他从众多的民族里选中了我们。我们是上帝的选民，却偏偏远离了他！所以我们受到了惩罚。

全世界只有一个上帝，而这个上帝特意选中了犹太人？

是的，犹太人就是这么想的。

基督教的《圣经》分成《旧约》和《新约》两部分。其中《旧约》也是犹太人的经书，你如果读读这本书，就会发现上帝对中国、印度、欧洲、美洲这些大地方毫无兴趣，一门心思就盯着犹太人住的那片地方，为这个小不点的民族劳心费力。

正因为上帝特别关怀犹太人，所以犹太人信仰多神教，才格外让他生气，降下的灾难也就特别沉重。就像妈妈打孩子的时候说："我打你，还不是为你好！别的小孩让我打，我还不打呢！"犹太人觉得就是这么个道理。

那么，他们怎样摆脱这些灾难呢？只有一个办法：坚定地相信上帝是全世界唯一的神。上帝不是众神之一，而是绝对的、至高的存在。

就这样，一神论诞生了。

现在世界上最大的两个宗教，一个是基督教，一个是伊斯兰教。它们的信徒加起来差不多有 40 亿。而它们都是一神教，也都是在犹太信仰的影响下产生的。

一神教可不仅仅是减少了神的数量，它带来了本质上的不同。比如说历史上的宗教战争就和一神教有关。信仰多神教的人当然也打仗，但不太会因为宗教问题打仗。比如我信玉皇大帝，你信宙斯，那有什么关系呢？我不会因此就去打你，逼着你跟我一块儿信玉皇大帝。多神教往往比较包容。我会觉得，我们这儿就是归玉皇大帝管，你们那儿可能就是归宙斯管，没必要争个你死我活。但如果我认为玉皇大帝是唯一的神，其他的神都是虚假的偶像，那咱们可能就会打起来。

另一方面，一神教也让人们对世界的看法更严肃。多神教在这方面就差一点。神一多，就会显得比较平凡。除了神通广大以外，好像跟凡人也没太大区别。这些神本身就是世界的一部分，所以没有办法给世界赋予某种意义。比如我问你："这个世界存在的目的是什么？"你肯定不会说："是为了荣耀玉皇大帝！"所以，信仰多神教的人，往往不相信世界有什么终极目标。他们觉得世界是不变的，或者是循环的。

可是信仰一神教的人就不一样了。这个世界当然有意义，上帝就是它的意义！宇宙就是一个大舞台，上帝就是总导演，我们就是里头的小演员。这场戏剧中间会有波折，但最终结局必定辉煌灿烂。这样一来，世界就不是循环的，而是朝着一个方向前进的。

所以，信仰一神教的民族，好像总在追求什么东西。他们活得比较累，比较严肃，精神总是有点紧张。

犹太人的改变非常重要，可在当时根本没人注意到这件事。大家的目光被一些轰轰烈烈的事吸引了。

一些非常轰轰烈烈的事！

小结

犹太人是一个很小的民族，它经历了短暂的繁荣期，然后就开始了漫长的衰落。后来，犹太王国被彻底征服，很多人被流放到了巴比伦城。在那里，他们的信仰经历了一次变化，一神教出现了。它深刻地影响了后来的历史。

17

我乃万王之王

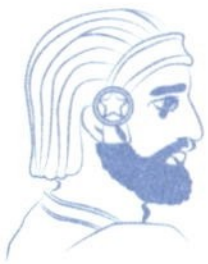

很久以前，有个叫希罗多德的人写过一本历史书，书名简单粗暴，就叫《历史》。希罗多德在《历史》里，记录了很多有趣的故事，其中有一个是这样的：

在公元前六世纪的时候，有个国家叫吕底亚，位于现在的土耳其西部。这个国家不太大，但非常富裕，因为它有一个很大的金矿，能生产很多金子，装满国王的宝库。吕底亚的国王觉得自己有这么多金子，真是天底下最幸福的人。

有一天，国王接待了一个非常聪明的智者。国王让他参观自己的宝库。等智者看完了，国王就问他："你不觉得我是天底下最幸福的人吗？"

智者摇了摇头，说："不！在这个世界上，一切事情都可能发生。神明经常给人一个幸福的幻影，随后却把他推向毁灭的深渊。就算你现在很幸福，以后也可能会碰到灾难。只要你还没有去世，我就没法确定你是不是幸福。"

国王哼了一声，就把他送走了。

过了几年，吕底亚旁边兴起了一个新的国家，叫波斯。波斯越来越强，吕底亚国王就打算先下手为强，把它干掉。但是能不能干掉人家呢？国王吃不准，就派人到太阳神的神庙里去请教。神庙的女巫给出了一句预言："如果你出兵攻打波斯，就能毁掉一个强大的国家。"

国王一听，非常高兴，马上派出军队进攻波斯。两个国家就打了起来。吕底亚的骑兵非常厉害。波斯人有点畏惧，就想出了一个计谋。他们知道马害怕骆驼，连闻到骆驼的味儿都受不了。于是波斯人就在军队的前面摆上了一支骆驼队。吕底亚的战马一看见骆驼，扭头就跑，结果军队吃了大败仗。到最后，国王也被俘虏了。

波斯的国王叫居鲁士。他下令把这个倒霉的俘虏捆在柴火垛上，要活活烧死他。这时吕底亚国王想起了那位智者的话，就深深地叹气，三次喊出了那位智者的名字。居鲁士就问他："你喊什么呢？"国王把智者的话重复了一遍，他说现在才明白那是至理名言。一个人只要还活着，就不知道会不会有灾难。

居鲁士听了以后非常感动，觉得这样的事情也可能发生在自己身上，就产生了同情心，饶了这个国王。

吕底亚国王获救以后，想起了女巫的预言，非常生气，派人到神庙去质问，说："你这预言是啥质量啊？不是说我一出兵就能毁灭一个强大的国家吗？那为什么我被捆上了柴火垛？"

女巫回答说："我确实说你一出兵，就能毁灭一个国家。可你并没有问我是哪个国家啊！这个国家说的就是你们吕底亚。看，你一出兵，强大的吕底亚就灭亡了，可见神是不会说谎的。可惜你当时没接着再问一句，你要是问了，我就告诉你了。”

国王如果足够聪明的话，就该上去打女巫一嘴巴，可是他非常老实，居然相信了这套说辞，挠挠头说：“这果然不是神的错误，而是我的错误！我少问了一句。”

这个故事有些地方可能是虚构的，但是这场大战确实发生过，波斯人也确实征服了吕底亚。那么，波斯人是从哪儿来的呢？

他们本来是个游牧部落，生活在伊朗高原上。据说，波斯人相信世界上有一个善神，代表光明，还有一个恶神，代表黑暗。我们这个世界就是善神和恶神战斗的场所。火是光明的象征，所以波斯人特别崇拜火，经常让火堆长年累月地燃烧着。他们的道德观念很朴素，教育小孩子的方法也很简单。据说波斯男孩只学三件事：骑马、射箭，还有不撒谎。至于女孩学什么，就没人知道了。

在很长的一段时间里，波斯人就像犹太人一样，是个默默无闻的小民族。可是在公元前559年，居鲁士当上了波斯国王。从那以后，情况忽然发生了变化。波斯开始了一场又一场的征服活动，一下子变得很强大。很少有哪个民族像波斯人这样，兴起得如此迅速。

居鲁士很快就统一了伊朗高原，然后又干掉了吕底亚。接着他又掉头南下，围攻巴比伦城。巴比伦城非常坚固，很难从正面打进去。但是有一条河穿城而过，居鲁士就偷偷筑起了堤坝，把河水排干，然后沿着河床进入了城市。

那天正好是节日，巴比伦人正组织欢庆。外面的居民都被俘虏了，市中心的老百姓还不知道，还在唱歌跳舞。这是因为巴比伦城实在太大了，消息一时半会儿都传不过来。

你还记得“巴比伦之囚”吗？犹太人就被关在这座城市里。居鲁士占领巴比伦以后，就释放了犹太人，让他们回了老家。

就这样，居鲁士打下来很多国家，几乎是战无不胜。他一生中只打过一次败仗，但这一次败仗要了他的命。那是在遥远的中亚，当地有一个强大的游牧部落。居鲁士向这个游牧部落发起进攻。这个部落的女王派儿子去迎战，结果被打得一败涂地。王子没有脸面去见母亲，就拔剑自杀了。

于是，女王愤怒地向居鲁士送了一个口信：“我以太阳神的名义发誓，不管居鲁士你多渴望鲜血，我都会让你把鲜血喝饱的！”双方展开了最后的决战。结果居鲁士战死沙场。女王制作了一个皮袋子，里面盛满了鲜血。然后，她把居鲁士的脑袋割下来，放到皮袋子里，说：“现在就让你喝血喝个够吧！”这就是居鲁士的下场。这倒印证了那位智者的话，一个人只要还活着，就不知道会不会碰到灾难。

对波斯来说，居鲁士之死只是一个短暂的挫折。它继续向外扩张。居鲁士是波斯帝国的第一个国王。第二个国王统治的时间很短。第三个国王叫大流士。在他统治的时候，波斯帝国达到了最大规模。它横跨亚洲、欧洲、非洲，从希腊边境一直延伸到印度边境。当年的亚述帝国已经非常大了，而波斯帝国几乎是它三倍那么大。在此之前，世界上还从没有过这么大的国家。

为什么到了公元前六世纪的时候，忽然出现了这么大的国家呢？你也许会说：“因为波斯人打仗厉害呗！”

不，并不是这么回事。

以前也有很多能打仗的民族，可都建立不了这么庞大的帝国，其中最重要的原因就是技术水平做不到。技术水平往往决定了国家的规模。为什么呢？我们可以举个简单的例子，比如道路。

要管理一个国家，必须得传递消息，运送军队。小国家还不要紧，大帝国怎么办？国家的边疆造反了，过了一年，首都才知道消息，然后又过了一年，军队才能运过去，那国家肯定就完蛋了。所以必须得修路。波斯人就修建了一个四通八达的公路网，其中最长的一条公路有两千七百公里，横贯整个帝国，上边设立 111 个驿站。它被称为“御道”。这样一来，信息畅通无阻，军队也能快速调动。

在青铜时代，到处是森林和沼泽，老百姓手里只有石头斧子，很难修路，光这一条就限制了国家的规模。所以，直到铁器时代，人类才迎来了巨型帝国。亚述帝国就像是做实验的排头兵，波斯帝国是第一个正式亮相的主角。在它之后，就接二连三地出现了好多个大帝国。

我们读历史的时候可能只注意那些显赫的大人物，不太注意底层的技术变化。因为那听上去不太有趣。但实际上，这些技术变化才是更重要的力量。

帝国有好有坏。亚述帝国就是坏帝国的典型。相比之下，波斯帝国就算一个好帝国。亚述人走到哪儿，杀到哪儿，而波斯人在征服的过程中，很少胡乱杀人放火。就连被征服的民族也觉得居鲁士比较仁慈。

波斯人把帝国划成了二十个省，每个省上缴固定的税收，打仗的时候再提供一支军队。只要完成这两个任务，其他的事情它就不怎么干预了。这是帝国从老百姓手里得到的东西。那么老百姓能从帝国得到什么呢？得到秩序和安全。帝国会制定法律，减少内战，老百姓太太平平过日子。

帝国就像是一场交易。老百姓服从大王，努力交税。反过来，帝国向老百姓提供秩序，带来安全。能做到这两点，收税又不太重，那就是好帝国，否则就是坏帝国。现代公民还希望国家发展经济啊，提供福利等等，古代老百姓的期望值可没这么高。

用这个标准看，波斯帝国就是个好帝国。它相当宽容，尊重各地的民族习惯，而且非常重视法律。据说，波斯人的法律从不更改，后来人们一提到什么不可逾越的事情，就说它像“波斯人的法律”一样。亚述帝国建立的过程非常艰难，要不断镇压各地的造反，而波斯帝国建立得很轻松，各地老百姓也不怎么反抗，这就是因为波斯人比较宽厚。

帝国很快就繁荣起来了。在大流士统治时期，它达到了巅峰状态。大流士的军队比哪个国王的都强，大流士的臣民比哪个国王的都多。他拥有最壮丽的都城、最豪华的宫殿。跟他一比，所罗门大帝就跟要饭的差不多。

大流士的钱多得花不完，他拿这些钱干了很多大工程，他甚至挖了一条 145 公里长的运河，沟通了地中海和红海。这是古代版的苏伊士运河！

大流士非常自豪。他在一处山崖上，刻下了自己的丰功伟绩。他宣称："我乃大流士，我乃伟大的王，万王之王，波斯之王，诸省之王。"

看吧，帝王都是骄傲的。骄傲的人往往也很贪婪。波斯帝国已经这么大了，大流士还是不满意。他展开地图，仔细观察还有什么地方可以吞并。这个时候，他想到了希腊。

希腊位于帝国的西边，只有巴掌那么大。但是它居然一直不服从波斯帝国，经常制造麻烦。这一次，大流士决定一劳永逸解决这个问题。希腊有很多个城邦，大流士向这些城邦派去了使节，要求它们献上两样礼物：水和土。

献上水和土，是臣服的象征。

使节们登上海船，前往希腊。而大流士坐在自己的黄金宫里，等候着消息。

小结

公元前六世纪，波斯人忽然在伊朗高原兴起。居鲁士开创了波斯帝国，而在大流士统治时期，帝国达到了极盛。波斯帝国跨越欧、亚、非三洲，极其辽阔。它预示着帝国时代的开始。

少年世界史

作者 _ 押沙龙

编辑 _ 杨珊珊　装帧设计 _ 朱大锤　插画绘制 _ 薛晓珑
主管 _ 周颖　技术编辑 _ 白咏明
责任印制 _ 梁拥军　出品人 _ 吴涛

营销团队 _ 魏洋 张艺千 礼佳怡

鸣谢（排名不分先后）

林柏墅 Freepik Vecteezy

果麦
www.goldmye.com

以 微 小 的 力 量 推 动 文 明

少年世界史

②

押沙龙——著

山東文藝出版社

果麦文化 出品

目录

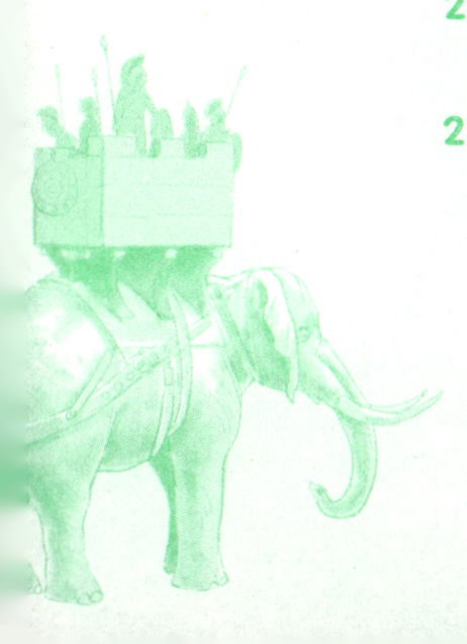

18

两只小老鼠

真的，希腊是个怪胎。

你看一下地图就知道，希腊非常小。可是这么小的希腊，却分裂成了几百个小国家。这些国家小成什么样子呢？在希腊，你午饭以后出去散步，一不小心就出国了。如果你一个劲儿往前走，一个下午你也许就能穿越三四个国家。

别看这些国家小，它们还都有自己的政府，自己的军队。有一次希腊打仗，有个叫迈锡尼的小国家就派出了一支军队。这个军队有多少人呢？八个人！波斯帝国打仗都是五万大军、十万大军，它是出动八人大军。这就像是玩具国家。

这些小国家其实就是一个城市，再加上周围的一片乡村。我们管这样的国家叫城邦。城邦本身并不罕见，一个文明在最早的时候，往往都是从城邦开始的，然后才建立领土国家。可问题是希腊人始终就停在这个阶段，坚决不肯再往前走了，因为他们认为这种小城邦是最完美的。

他们跟咱们中国人完全不一样。我们觉得大国气势磅礴，可是希腊人认为国家就该是小小的。我们觉得国家应该统一，可是希腊人坚定地认为希腊就应该四分五裂，绝对不能统一。

这是因为大家对国家的看法不同。在希腊人看来，国家的一草一木都要能看得见摸得着，公民要互相认识，国家领导人要出门就能碰见。在我们心目中，国家是个大大的、威严的东西，而在希腊人心目里，国家是个小小的、亲切的东西。我们追求的是大，而他们追求的是小。希腊就像是历史做的一个古怪实验，为的是让大家看看“小”里面能蕴藏多少力量。

希腊的城邦五花八门，就像一个万花筒，让人眼花缭乱。不过其中最重要的城邦只有两个：斯巴达和雅典。在希腊城邦里，它们是最大的。但说是最大，跟波斯帝国一比，真是小得不能再小。就拿雅典来说，波斯帝国的面积大约有550万平方公里，而雅典城邦只有大约2500平方公里，它的面积还不到波斯帝国的两千分之一。波斯如果是大象，那斯巴达和雅典只不过是耗子窝里的两只大老鼠。

雅典和斯巴达是两个完全不同的国家，一个就像充满好奇心的白鼠，一个就像凶狠好斗的黑鼠。

斯巴达就是那只黑鼠。在这里，所有人的生活目标好像就是为了打仗。他们打仗并不是为了扩张，要建立什么大斯巴达帝国。在这方面，他们是典型的希腊人，只想活在一个小小城邦里。但他们就是喜欢不断打仗。打仗是他们的生活方式。

斯巴达人是全希腊最有名的武士，因为他们从小到大，接受的都是最严格的军事训练。

这种训练过程相当残忍。比如说，小孩子一出生，就要接受检查，如果他有残疾，或者身体太虚弱，政府就会下命令把他扔掉。斯巴达附近有座山，山上有个很深的大裂缝。婴儿就被扔进这个大裂缝里，活活冻死饿死。

斯巴达的儿童到了七岁，就要搬到集体宿舍里去。在那里，他们要服从命令，锻炼身体，学习战争的各种技巧。老师对学生非常严厉，动不动就用皮鞭把他们抽得鲜血淋漓。挨打的孩子不能哭，更不能求饶，否则就会被说成懦夫，一辈子抬不起头来。

他们平时几乎赤身裸体，经常忍饥挨饿，睡觉的床上铺的不是褥子，而是一层带刺的芦苇。斯巴达人这么做，并不是为了虐待儿童，而是要让他们适应艰苦生活，这样在战争中就不会退缩。

斯巴达的学校还有一个奇怪的习惯，它居然训练小孩子偷东西。我们都知道偷东西是不对的，但是斯巴达人觉得这样能锻炼敏捷和机灵。谁如果在偷东西的时候被发现了，就会受到严厉惩罚，不是因为偷东西，而是因为偷得太笨！

偷狐狸的斯巴达小孩

据说有个孩子偷了一只小狐狸，藏在怀里用衣服兜住。小狐狸在他怀里是又抓又挠。他为了不被人发现，硬是一声不吭，最后肠子都被狐狸掏出来，当场死掉了。可他至死都没有发出一点声音。斯巴达人都认为这个孩子是个小英雄。

等孩子长大以后，斯巴达会安排给他各种任务，有时候还包括杀人。附近有一个地区被斯巴达征服了，斯巴达人怕他们造反，密切监视着他们。如果发现有人不安分，就会派年轻人在晚上过去把他们杀掉。如果年轻人顺利完成所有任务，才有资格成为斯巴达公民。

斯巴达公民之间非常平等。他们有国王，但是国王更像一个军事指挥官，平时没什么权力。国家大事都是由公民们共同决定。所有人都要在公共食堂吃饭，就连国王也不例外。大家吃的饭都一样，统统难吃得要命。斯巴达有一种特制的肉汤，拿猪血和猪肉混在一块儿煮，在全希腊是出了名的难喝。有个外国人尝了一口，就说：“我总算知道为什么斯巴达人都不怕死了。活着就要天天喝这种肉汤，死还有什么可怕的？”

斯巴达没有美食，也没有艺术，没有音乐，没有戏剧，没有一切让生活变得美好有趣的东西。他们有的只是勇敢、自尊、服从，还有对斯巴达狂热的爱。

在历史上，有很多人特别推崇斯巴达，觉得完美的国家就该是这个样子：整齐划一，又平等又爱国。实际上，那是非常可怕的状态，甚至有点邪恶。斯巴达把人的个性全都抹杀掉了，整个国家变得像一个大蚁穴。你愿意活得像一只蚂蚁吗——哪怕是很厉害、很能打的蚂蚁？

如果希腊城邦都像斯巴达，那这个文明在历史上不会留下什么痕迹。后来的人们只会指着废墟说："这里曾经有过一群很喜欢打仗的狠人。"但是希腊城邦并不都是这个样子，雅典就完全不同。

雅典人也很勇敢，但是他们的勇敢不是训练出来的，而是从自由里成长起来的。雅典人充满了好奇心，对一切美好事物都很感兴趣。他们喜欢海阔天空的哲学，喜欢优雅美丽的雕塑，也喜欢激动人心的戏剧。雅典人一点都不喜欢当蚂蚁，他们更喜欢成为独立思考的聪明人。

雅典在世界史上非常重要，后面马上就会讲到它的故事。现在，我们只需要记住一点，自由并没有让雅典人成为一盘散沙，而是让他们变得勇敢、爱国，而且擅长作战。

所以，不管雅典和斯巴达有多大的不同，在一件事上它们是一样的，那就是绝不轻易向人低头。

公元前 491 年，波斯国王大流士派出了使节，向希腊城邦索取水和土。很多城邦都老老实实交出了这两样东西。可是雅典人把波斯使节扔进了大海，说："海里有的是水和土，你自己去拿吧！"斯巴达人把波斯使节扔进了一口井里，说："井里头有的是水和土，你自己去拿吧！"

战争开始了。

小结

希腊有几百个城邦，其中最重要的两个城邦是斯巴达和雅典。它们代表着两种完全不同的精神。但是，它们都拒绝向波斯帝国臣服。波斯和希腊之间的战争就此开始。

19
一个国王高高坐在山顶

波斯帝国的军队开过来了。

公元前 490 年，大流士派出一支大军，从海上杀了过来。在雅典北方有一个叫作马拉松的平原。波斯军队就在那里登陆了。

雅典人被打了个措手不及，他们向斯巴达紧急求援。可是时间不够，斯巴达人来不及赶过来，他们只好自己去迎战。雅典做了全民总动员。所有公民只要有武器，都得上战场。这就是城邦的优势。它虽然小，但是国家和人民的联系特别紧密，关键时候能把所有的力气都使出来。

最后雅典凑出了一万军队，开往马拉松平原。

波斯军队人数是他们的好几倍，再说那可是横扫天下的波斯军团啊，一向没有敌手，所以大家都觉得小雅典要完蛋了。雅典人自己心里也没底，觉得凶多吉少。其实，雅典人有个很厉害的撒手锏，可连他们自己都没意识到这个撒手锏有多厉害。

这个撒手锏就是重装步兵组成的方阵。

雅典士兵打仗的时候，要携带全副装备。他们头戴青铜头盔，身上穿着护身甲，手里拿着大盾牌，还有一根 2.5 米的长矛。这一身装备加起来有七十斤重，所以他们才被称为重装步兵。

重装步兵单打独斗可不行，因为装备实在太笨重了。但是他们会紧紧站在一起，排成几排，像推土机一样轰隆隆往前推。从前面看过去，他们就像一面密不透风的盾牌墙，盾牌中间伸出来一根根的长矛。这种阵型都是长方形的，所以叫作方阵。

不光雅典人打仗用方阵，全希腊的城邦差不多都是这样的打法。这是希腊的土特产。波斯人以前也听说过希腊方阵，他们觉得这简直是太弱智了。一大群人挤在一起，伸着长矛，排着队往前走，把前面的一切东西统统戳死。这叫什么战术？

波斯人打起仗来就复杂得多，讲究配合，步兵骑兵弓箭兵，冲锋包抄伏击战，什么都会。打个比方，这就像波斯人会八卦掌、咏春拳、鸳鸯腿，而且十八般武艺样样精通。而希腊人就会一招直来直去的黑虎掏心。不管你用什么厉害招数打过来，他都是一招黑虎掏心。

听上去这很愚蠢，实际上这一招还真不好对付。在马拉松平原，雅典人一招黑虎掏心，就把波斯人打趴下了。希腊方阵轰隆隆地从两边往中间推，把波斯人结结实实地堵到角落里，连捅带砍，把他们打得落花流水。

这个结果让所有人都大吃一惊。

马拉松战役还留下了一个传说。据说打完仗以后，一个叫菲迪皮茨的人从战场一口气跑到雅典，把这个好消息报告给雅典人。他不间断地跑了 42 公里，结果到了雅典以后，他刚喊了一句“我们打赢了！”，就累得倒地而死。为了纪念这件事，人们才开始举办马拉松长跑比赛。

这场战役只是一个序幕。十年以后，波斯人卷土重来。这个时候，大流士已经死了，他的儿子薛西斯成了新的国王。薛西斯决定彻底征服整个希腊。

为了这次战争，整个波斯帝国都被发动起来了，远征军数量差不多有四十万人。在此之前，世界上还从没见过这么大的一支军队。波斯军大军从亚洲开到欧洲，中间要经过一个海峡。波斯人用绳子把六百多艘战船连起来，形成一座浮桥，军队就从这座桥上跨过大海。

渡海前，国王薛西斯坐在宝座上检阅了军队。人群挤满了原野，船只布满了海洋。国王忽然哭了起来。

大臣问他：“大王啊，您为什么流泪啊？”

薛西斯回答说：“我忽然觉得很悲伤。人的一生真是短暂啊。看这黑压压的人群！一百年以后，就没有一个人活着了。”

然后，他举起黄金做的酒杯，扔进大海，下令军队开拔。这是一幕很动人的场景。时光轮转，万物流变。人群与国王都化为尘土，留下的是一段不朽的传奇。

面对这支大军，很多希腊城邦都打算投降，可是雅典和斯巴达决定带头抵抗。他们联合了二十多个城邦，组成了一支希腊联军。

在波斯人进攻路线上，有一个很险要的关口，名叫温泉关。它左边是山，右边是海，易守难攻。希腊联军派出一支军队把守温泉关。这支军队有几千人，其中有三百名斯巴达最优秀的战士，带队的是斯巴达国王列奥尼达。

战斗在温泉关打响了。几千希腊人对抗几十万波斯大军。不过这里的地形很狭窄,希腊人组成紧密的方阵,死死堵住温泉关的入口。

薛西斯派人劝他们投降。他说:“我们射出的箭，可以把太阳都遮住！”

列奥尼达回答说:“那我们就可以在荫凉的地方战斗了。”

波斯军队不断发起冲锋，但每一次都失败了。他们怎么也突破不了前面的铜墙铁壁。最后薛西斯出动了波斯的精锐部队“不死军团”。所谓不死军团，并不是说里头的人不会死，而是说死一个，就马上补充一个，总人数始终保持在一万。这个军团是波斯军队里战斗力最强的，可就连他们也败退了下来。

薛西斯不知道该怎么办才好。这个时候，一个希腊叛徒报告说，附近有条小路，可以绕到温泉关的后面。于是，波斯人就连夜从小路包抄，准备从背面进攻希腊人。

列奥尼达听到消息，知道温泉关守不住了。他让大部队紧急撤退，只有少数志愿者留了下来，其中就包括三百名斯巴达战士。列奥尼达让留下的人吃了早饭。他说:“好好吃吧，晚上我们会在阴间聚餐。”

他们腹背受敌，坚持到了最后一刻。所有留下来的人都战死了。列奥尼达的头被砍下来，挂在温泉关上面。波斯军队在这颗头颅下面，穿过了温泉关。后来，希腊人在这里为死者立了墓碑，上面刻着一行字:“过客啊，去告诉斯巴达人，我们遵从他们的命令，在这里长眠。”

这就是历史上著名的温泉关战役。

拿下温泉关以后，波斯军队长驱直入，扑向雅典城。雅典人做了紧急疏散，妇女儿童转移到大后方，男人全都跳上战船，开到了海上。陆地上既然挡不住波斯人，他们就决定在海上打一场反击战。希腊联军把所有力量集中起来，凑了三百多艘船，其中有一半是雅典人的。

波斯舰队有八百艘战船。如果双方在开阔海面上作战，希腊人肯定不是对手。于是，他们就想办法把敌人引到一个海峡里。这个海峡叫萨拉米斯海峡，很狭窄，船多了就容易挤成一团。波斯舰队上钩了。它们傻乎乎地开进了海峡，准备全歼希腊舰队。薛西斯大王还在海边的高山上设了一个宝座，坐在上面观战。

这是一次前所未有的大海战。希腊人把所有的本钱都押上去了，如果打输了，只有死路一条。

萨拉米斯海战，希腊对战波斯

但是最后它居然打赢了！

在海战中，雅典人起了决定性作用。他们盯着波斯舰队的右侧猛打。这一侧的波斯战船被打垮了，开始逃跑。海峡很狭窄，它们这一逃跑就冲破了自己人的阵型。最后波斯战船挤在一起，乱成了一锅粥。希腊人砍瓜切菜一样，把它们给收拾了。战斗是在黎明时分打响的。等太阳下山的时候，波斯舰队被干掉了一半，剩下的也都溃不成军。坐在山顶上的薛西斯，一脸郁闷地离开了。

两千多年后，英国大诗人拜伦为此写过一首诗，里面是这么描写萨拉米斯大海战的：

一个国王高高坐在山顶，
眺望着海中的萨拉米斯湾。
千万只战船在山下停靠，
还有多少队伍全由他来掌管！
他在天亮时把他们数了又数，
但日落的时候他们又在何处？

这是一场决定性的战役，波斯海军被打垮了。希腊是个海洋国家，三面都是大海。没有了海军，波斯军队的交通线就会被掐断。不要说打仗，连吃饭都成问题。希腊人还威胁说要毁掉亚洲和欧洲之间的浮桥，彻底困死波斯人。薛西斯害怕了，他带着大部分军队撤退了。第二年，希腊联军把剩下的波斯军队也给解决掉了。

这场战争与众不同，它是两个文明之间的对决。希腊一旦输了，雅典这些城邦就会变成波斯统治下的普通城市。它们会享受和平，但也会丧失创造力。希腊文明会萎缩，甚至会消亡。而希腊文明要是消失了，就会导致复杂的连锁反应。

没有希腊文明，十六世纪还会有文艺复兴吗？多半不会有。

没有十六世纪的文艺复兴，十八世纪还会爆发科学革命吗？也许不会有。

没有十八世纪的科学革命，十九世纪还会出现工业革命吗？可能也不会有。

当然，不管有没有希腊文明，人类都会迈入现代社会，但是整个过程和时间就会有很大不同。那样一来，我们现在的世界也会发生极大的变化。所以，这不是一次普通的战争，而是历史上的一个关键点。它就像是一个奇迹，小小的希腊打败了波斯帝国。

希腊文明幸存了下来。

小结

波斯帝国向希腊发动了两次大规模入侵。雅典人在马拉松平原击败了第一次入侵。第二次入侵的规模更加庞大，希腊联军先是在温泉关组织战斗，接着又在萨拉米斯海战中摧毁了波斯舰队，最终打赢了这场战争。

20

雅小明和波小明

战争结束以后，希腊开始了一段非常光辉灿烂的时期，就好像积蓄多年的力量，忽然喷发了出来。

其实，世界历史上出现过很多次这样的怪事：某个小国家一直默默无闻，却猛然发射出耀眼的光芒，就好像天空中出现了一颗超新星。等到这股力量过去以后，它又变回灰扑扑的黯淡样子。

希腊文明爆发的中心是在雅典城。

在抵抗波斯人的战争中，雅典的功劳最大。马拉松战役是雅典打赢的；萨拉米斯海战的主力军也是雅典。所以战争结束后，雅典的威望非常高，成了希腊的老大。

论规模，雅典也是全希腊最大的。连城市带农村，加起来差不多有三十多万人！这个数字听上去是不是有点震撼？

让人震撼，不是因为它太大了，而是太小了。现在中国一个县城的人口，都比这多得多。可就是这个三十多万人的城邦，产生了很多伟大的东西，值得花两个章节来说一说。

先说雅典人的政治。

上一章说过，希腊和波斯的战争是两个文明的对决。如果波斯打赢了，雅典就会走上另一条道路。那么波斯的道路和雅典的道路有什么不同呢？

波斯是个非常大的帝国。可是，别看面积大，它的运转方式其实比较简单。整个帝国分成二十个省，每个老百姓都要听省长的，所有省长都要听波斯大王的。波斯大王有什么想法，就发布命令，一层一层地执行。谁也不许顶嘴，谁顶嘴杀谁的头。古代国家基本都是这么干的。埃及人都听法老的，波斯人都听大王的，中国人都听皇帝的，这很容易理解。

可是雅典人却偏偏不这么做，他们搞了一套民主制度。民主总是很麻烦的事情，比波斯大王一个人说了算要麻烦得多。所以别看雅典很小，它的制度却比波斯帝国更复杂。

雅典的最高领导不是国王，而是公民大会。有什么重大事情，雅典公民就聚在一起开大会。

波斯帝国要打希腊，国王下一道圣旨："朕要远征希腊！"大家就去打了。可在雅典，想打仗就得先开会。比如有人说："我们要远征波斯！"大家就要在公民大会上讨论："我们要不要远征波斯呢？"这时候就会有人出来发言："就咱们这点兵，要远征波斯，那是找死呀！"大家一辩论，发现："哎，这真的是找死！"最后就投票：不打了。

但也不能什么事儿都开大会，所以雅典还设了一个五百人委员会。这五百个人分成很多小组，有的管税收，有的管法律，有的管造船……那么这五百个人是怎么产生的呢？

靠抽签！

全体雅典公民都可以参加抽签，抽着谁是谁。今天你还在猪圈里养猪，忽然抽签抽着你了，你就扔下猪去管理国家大事。一年以后，期限到了，你放下国家大事，接着回去养猪。

五百人委员会负责做决定，下面还有六百名具体干活的官员。这些官员又是怎么产生的呢？也是靠一年一次的抽签！

当然，也有例外。比如说带兵打仗的将军就不能靠抽签。打仗的技术性太强了，万一抽签抽出个二百五来当将军，怎么办？那是要全军覆没的。所以将军是由公民大会投票选出来的。

另外，法院审案子也要抽签。从雅典公民里抽出几百个人，坐在法庭那儿旁听。听完了他们就投票，决定被告有罪还是没罪。大家在美国电影里经常看到陪审团审案子，差不多就是那个样子。雅典是陪审团制度的祖先。

这听上去相当复杂，一会儿五百人委员会，一会儿六百官员，一会儿将军，一会儿陪审团。但不管怎么说，雅典人管理国家主要就靠两种办法，一种是开会投票，一种是公民抽签。

当个波斯人，跟当个雅典人的感觉完全不一样。我们可以做个对比。学校课本里经常拿小明做例子，我们也拿小明做例子。一个小明

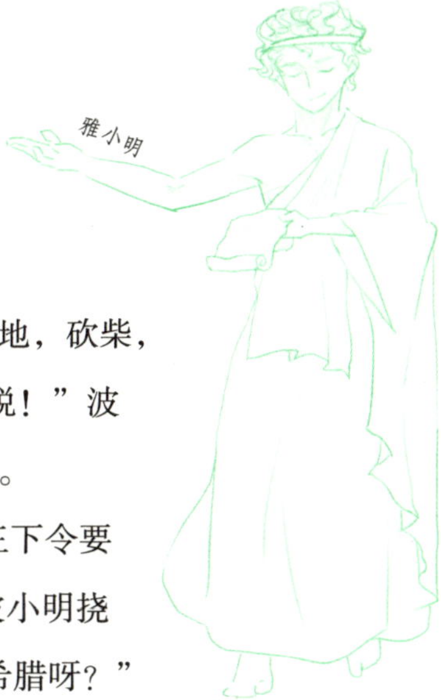

生活在波斯帝国，我们管他叫波小明。还有一个生活在雅典，我们管他叫雅小明。

农民波小明的生活非常简单。他就天天种地，砍柴，干活。每年都会有人到村口喊：“波小明，交税！”波小明是个老实人，乖乖地扛几麻袋粮食交上去。

有时候忽然有当官的过来，喊一句：“大王下令要打希腊！小明，你明天去给国王运粮食！”波小明挠着脑袋问：“希腊是什么东西呀？为什么要打希腊呀？”当官的会说：“希腊是个反贼！不听大王的话，所以大王他老人家要打希腊。你不用管这么多，只老老实实运粮食就行了！”波小明就说：“好。”

除了交税、运粮食这些事以外，波小明平时就关起门来过日子。国王离他很遥远，国家离他也很遥远。

可是雅小明的生活要热闹得多。雅小明平时在家养猪，闲的时候做陶器。赶上开公民大会的日子，雅小明早上起来给猪喂完食，就去开会。大家密密麻麻挤在一起，投票表决：“要不要跟斯巴达打仗啊？”有人上台发表演讲，双方开始辩论。小明听完了，投了反对票，然后回家吃饭。

过几天，传来消息。法院要审理案件，抽签抽中了雅小明。雅小明就放下泔水桶，来到法院，跟几百个人坐在一起审案子。

原告说：“你是个坏蛋，你有罪！”被告说：“这事儿不是我干的！我没罪！”双方开始辩论。雅小明听完了，觉得被告确实是个坏蛋，就投了有罪的票，然后回家接着喂猪。

等到年底，他又听到消息，说抽签抽中他了。明年他要参加税收委员会，管理国家税收。小明就拍拍小猪的脑袋，说："我一定好好干，把雅典城的税收足、收好！鞠躬尽瘁，死而后已。"

你看，波小明只要听话就行，雅小明就要操心各种各样的国家大事。老实说，这挺累人的。但是它有很大的好处。每个公民都受到国家的尊重，他们就更容易把国家的事当成自己的事。相比之下，波斯帝国的老百姓看上去规规矩矩，其实是一盘散沙。要是波斯大王在皇宫里被杀了，换上一个新的大王，波小明是一点也不在乎的。

你看完这些，是不是有点心里头打鼓："什么事都投票，让打铁的去审案子，养猪的去管税收，这玩意儿行得通吗？"很多历史学家也有过这种怀疑。但奇怪的是，它在雅典好像确实行得通。

雅典当然也闯过祸，有时候，雅小明们投票的时候一激动，不该打的仗就打了，不该做的事就做了。但是谁没闯过祸呢？波斯大王一激动，闯的祸更严重呀。相比之下，雅典运转得还算相当不错呢。不然的话，它又怎么会成为全希腊最繁荣的城邦呢？

但是，雅典的民主也有严重的缺点。

首先，它不公平。在雅典，只有男人才能参与管理国家。雅小明可以投票，但雅小红不行。这已经很不公平了，而且雅典还有很多奴隶，他们也被排除在外。当然了，所有古代社会都有奴隶，但问题是雅典的奴隶特别多，差不多每三四个人里面就有一个是奴隶。要是按照人口比例来算的话，波斯肯定没这么多奴隶。这是雅典黑暗的另一面。

而且雅典的民主制度还有一个大毛病。它只适合小国家，不适合大国家。就拿公民大会来说，如果国家就是一个城市，那还不要紧，雅小明放下猪就可以去投票，可如果雅典变得像波斯帝国一样大呢？那雅小明就会饿死在开会的路上。

其实也有一个解决办法，那就是选代表。国家大了，就让各地的公民选举自己的代表，让这些代表到首都去开会，这被称为“代议制”。现在的民主国家都是这么做的。但在雅典人的时代，还没有人发明代议制。而且就算发明出来了，雅典人也绝不肯那么干。他们觉得每个公民都应该直接管理国家，怎么能选代表呢？

这么一来，雅典被自己的制度给困住了，就像鱼被鱼缸困住了一样。它再也长不大了。

这就是雅典的民主。它并不完美，有很多问题，但是毕竟给人们指出了一种新的道路。国家并不需要一个大王，也能运转得很好。在当时，这条道路只是奇特的例外，可是在未来，它将是人类发展的方向。

在历史上，一个帝国灭亡，又一个帝国兴起，看上去轰轰烈烈。可实际上，它们往往就是单调的循环，如同驴子拉磨，转了一圈又一圈。发生在雅典的事情，虽然并不宏大，却比那些大帝国更有意义。

它是一种新的尝试，新的创造。这就像科学家做实验一样，就算这一次失败了，也孕育了未来成功的种子。

“新”比“大”更重要！

小结

雅典的政治制度和波斯帝国的完全不同。它采取直接民主制，由投票和抽签来决定国家大事。这种制度存在不少问题，但是它代表了一种新的方向，对未来世界具有重大意义。

21
毒死一个哲学家

我们都看电影，看电视，玩手机。可古代没有电，那雅典人平时看什么呢？

他们看戏剧。

雅典是全希腊的戏剧中心，就像现在的好莱坞。几乎所有的雅典人都热爱看戏剧，往往一看就是一整天。这种戏剧都是在很大的圆形剧场里演的，观众能有上万人。演员却最多只有三个。他们脸上都戴着面具，表示高兴就戴上一个喜气洋洋的面具，表示伤心就戴上一个愁眉苦脸的面具。在他们身后站着一个合唱队，根据剧情演唱曲子。

剧场太大了，为了让后排观众也能看明白，演员们都要大喊大叫，动作非常夸张。他们会在舞台上震耳欲聋地大喊："嘘！敌人已经过来了，我们不能大声说话，我们要保持——安——静！"

希腊人喜欢竞争，凡事都要分出个高低，所以他们才会发明奥林匹克运动会。在戏剧方面，他们也要搞比赛。每年，雅典都要挑出三个最优秀的剧作家。他们每人要写四出戏剧，演完以后观众投票，选出冠军、亚军来。对老百姓来说，这可是一年一度的大事。

有三位作家获奖次数最多，他们的名字是埃斯库罗斯、索福克勒斯和欧里庇得斯，后人把他们称为古希腊三大悲剧家。这些名字很拗口，但如果你能知道点他们的轶事，就会好记一些。

比如说埃斯库罗斯，他是个少见的倒霉蛋。他谢顶谢得很厉害，从上面看完全是光秃秃的。在埃斯库罗斯 81 岁的时候，他正在外面站着，天上飞过了一只老鹰，老鹰嘴里叼着一只抓来的乌龟。它想找个坚硬的岩石，把乌龟壳子砸开。它一低头，看见了埃斯库罗斯的光脑袋，以为是块大鹅卵石，就瞄准了把嘴巴一松，乌龟掉下来，把剧作家当场砸死了。埃斯库罗斯大概是历史上唯一被天降乌龟砸死的人。当然，这个说法过于戏剧性，未必是真的，很可能是对埃斯库罗斯墓前雕像的一种误解。

这三个作家写了很多戏剧,其中最有名的是索福克勒斯写的《俄狄浦斯王》。听了这个故事，你就会对希腊悲剧有个直观的印象。

在希腊有个城市，叫底比斯。底比斯王生了一个儿子。国王就去求神谕，推算孩子的未来。神谕非常可怕，说这孩子长大以后会杀父娶母。于是，国王让仆人把孩子扔到荒野里去。可是这个仆人不忍心，就把孩子带到了别的城市。那里的国王收养了这孩子，给他起名叫俄狄浦斯。

俄狄浦斯长大以后，也去求神谕算命。神谕还是一样："你会杀父娶母！"俄狄浦斯吓坏了。为了躲避可怕的命运，他逃离了自己的城邦。俄狄浦斯不知道自己是被收养的，他觉得这样一来，就不可能犯下杀父娶母的罪恶了。

可是，他越是逃避挣扎，越是陷进命运的罗网。在逃亡的路上，他和一个粗暴的老人发生争吵，失手杀了老人。后来他就到了底比斯城，那里正在发生一场灾难。有个狮身人面的女妖叫斯芬克斯，守在底比斯城的路口，给过路的人猜谜语：“有一种动物，早上四条腿，中午两条腿，晚上三条腿，那是什么呢？”没人能猜得出来，于是他们就被女妖吃掉了。

俄狄浦斯也遇到了女妖，他给出了正确答案：人。因为婴儿四肢在地上爬，成年人两条腿走路，老年人会拄根拐杖，算是三条腿。女妖听到答案以后，悲号一声，自杀了。

俄狄浦斯和斯芬克斯

底比斯人非常感激他，碰巧他们的国王最近又失踪了，于是俄狄浦斯就做了国王，还娶了前任国王的妻子。

实际上，俄狄浦斯失手杀掉的老人就是他的亲生父亲，他娶的妻子就是自己的母亲。杀父娶母的预言全部应验了。后来，底比斯发生了瘟疫，神谕说：“有人犯下了杀父娶母的罪恶，所以才引发了这场瘟疫。”俄狄浦斯展开调查，最后发现这个罪人就是自己。

俄狄浦斯崩溃了。他用针刺瞎了自己的双眼，离开底比斯，浪迹天涯。

《俄狄浦斯王》是希腊悲剧的一个代表。它讲述了人和命运的关系。人无法控制自己的命运，有时候命运会非常残酷。可是在任何情况下，人都可以保持自己的尊严。当俄狄浦斯自刺双目的时候，所有观众都会同情他，承认他是一个英雄。这就是悲剧的意义。单纯惨兮兮的故事不叫悲剧，只能叫惨剧。悲剧里一定要有人性的力量，要体现人的尊严。

雅典人写的这些悲剧激动人心，意义深刻。它们是非常宝贵的文化遗产，也是现代文学的一个重要源头。

除了文学之外，雅典还产生了伟大的哲学。

第一个重要的哲学家是苏格拉底。他扁鼻孔，大肚子，秃头，长得很丑，穿的衣服也破破烂烂。雅典人非常重视颜值，但是对苏格拉底却是例外。人们只要和苏格拉底聊一会儿天，就会忘掉他的丑陋，彻底地迷上他，觉得他是世界上最有智慧的人。

苏格拉底很喜欢和人聊天。他总是讨论一些很奇怪的问题。比如“什么是正义”，“什么才是勇敢”，“什么才是道德”。如果你给出一个答案，他就会接着这个答案往下问。就这样刨根究底，

不断地深入追问，问到最后，我们就会发现：很多大家以为是天经地义的事情，其实是靠不住的。

雅典哲学不是产生于一个个的大道理，而是产生于一个个的追问。这是一件非常奇特的事情，其他文明的哲学都不是这样。

我们可以做个假设，如果苏格拉底碰见孔子，会怎么样呢？

孔子说："学而时习之，不也很快乐吗？"弟子们听见了，就赶紧记下来："子曰：学而时习之，不也很快乐吗？"

如果苏格拉底坐在旁边，就会插嘴："什么叫快乐呢？"

孔子会回答："快乐还用说吗？就是心里头很愉快嘛。"

苏格拉底就会接着问："愉快就是好的吗？是不是所有的快乐都值得追求？抽烟可能也很快乐呀！"巴拉巴拉一大堆问题。

最后孔子上去给他一嘴巴："我叫你抬杠！"

其实这不是抬杠。对苏格拉底来说，这是严肃的思考。他不肯接受约定俗成的答案，就是要不停追问，一直追问到事情的源头。相比之下，孔子更重视常识，不会去钻这种牛角尖。不过，凡事往往有好的一面，也有坏的一面，这种钻牛角尖的精神也是如此。它可能会产生科学和理性，带我们前往知识的新天地。可一旦想歪了，钻牛角尖也可能会产生偏执和妄想，造成灾难。

苏格拉底如果生活在其他国家，会被当成神经病。但在雅典，他成了年轻人的偶像，非常有影响力。不过，正因为名气太大，所以苏格拉底最后倒霉了。他卷到了一些政治事件里面。雅典人怀疑他鼓动大家破坏民主政府，就把他抓起来了。

苏格拉底本来可以选择流放，但是他拒绝了，反而在法庭上大讲了一通哲学。结果法庭的审判员给惹火了，把他判了死刑。希腊有一种毒芹，熬出来的汁液可以杀人。苏格拉底喝下了毒芹汁。他死得很从容，临死前一刻还在和朋友讨论哲学问题。

苏格拉底虽然死了，但他的弟子里又出了一个叫柏拉图的大哲学家。柏拉图是西方哲学的奠基人，还写过一本《理想国》，建议成立一个由哲学家领导的国家。但是这样的国家至今也没有建成。

柏拉图的弟子里面，又出了一个叫亚里士多德的哲学家。他是一个有点呆板的老学究，说起话来一本正经，相信任何事情都要符合逻辑。逻辑，逻辑，一定要有逻辑！亚里士多德总是把它们挂在嘴上。

亚里士多德的知识超级渊博。从天文物理，到动物植物，到政治经济，什么他都研究。大问题就不用说了，他甚至还研究很多你想都没想过的小问题：

人为什么睡觉的时候不打喷嚏？

狗为什么从来不流鼻血？

为什么干无花果切开以后更好吃？

你肯定没想过这些问题。但是亚里士多德都想过了，而且都给出了自己的高见。他对任何事情都要琢磨一番，整个人简直就是一部会走路的百科全书。在未来的一千多年里，西方人差不多把亚里士多德当成真理的化身，就像古代中国人看待孔子一样。

文学和哲学，是雅典留给后人的两样最重要的财富。但是除此之外，它还制作了非常优美的雕塑，修建了非常漂亮的建筑。真的很难想象，这么小小的一个城邦，怎么能创造出这么多美好的东西。世世代代的人都在为雅典而惊叹。

但是，它的黄金时代很快就要过去了。

因为新的战争就要打响了。

小结

雅典人在文化方面取得了惊人的成就。他们创造了非常伟大的悲剧，其中最重要的是《俄狄浦斯王》。在哲学方面，雅典人的贡献更大。苏格拉底、柏拉图、亚里士多德这些思想家为西方哲学奠定了基础，他们的影响一直持续到了今天。

22

菠萝战争

雅典和斯巴达打起来了。

当年，它们曾联手作战，对抗波斯，算是用鲜血凝成的友谊。可还没过五十年，它们就互相打起来了！

战争的主要起因就是雅典快速崛起，斯巴达害怕了。

雅典和斯巴达本来是希腊双雄，势均力敌，形成了一种平衡。可现在雅典越来越强大，它组建了海军联盟，控制了希腊周围的海洋。一个国家忽然变强大，往往就是最危险的时刻，因为这会打破原来的平衡。就算它没打算侵略别人，邻居还是会害怕，想赶紧干点什么来阻止它。

斯巴达就出面来压制雅典。于是，希腊分裂成了两个阵营。雅典和斯巴达各自带领一群小喽啰，剑拔弩张地对峙。

一开始，雅典和斯巴达虽然互相恐吓，却并没决心开战。可是身边有了一群小喽啰之后，它们也就身不由己了。这就像黑社会的老大，下面小兄弟在外面惹了祸，老大都要出来做主。

斧头帮的弟兄找老大哭诉：“青龙帮的欺负我们！”老大能怎

么办？只能替小弟兄出头。不然人家凭什么跟着你混呢？本来不想太强硬，为了面子也得硬撑。

斧头帮的老大是这样，反过来，青龙帮的老大也一样骑虎难下。众目睽睽之下，谁也不敢服软，结果只能是往死里打。

雅典和斯巴达就是这个样子。一开始是恐惧，然后是对立，最后是失控。公元前431年，几个小城邦吵架，雅典和斯巴达都被卷了进去，战争爆发了。

这场战争被称为伯罗奔尼撒战争。伯罗奔尼撒是希腊的一个地名，念起来有点像绕口令。为了好记，我们可以把它称为“菠萝比你大战争”，或者简称“菠萝战争”。

菠萝战争的一方是斯巴达联盟，另一方是雅典联盟。斯巴达人是一帮长期训练出来的格斗狂人，在陆地上打仗几乎没有对手。雅典的陆军要差一些，但它的海军所向无敌。这两个对手，一个像狮子，一个像鳄鱼，该怎么打呢？

斯巴达每年都会派出一支大军，浩浩荡荡地杀到雅典，见房子就烧，见庄稼就砍。雅典人也不迎战，全体躲进城里，然后从后门派出海军，到斯巴达老家搞破坏。

这个场面有点搞笑。每年斯巴达陆军都堵在雅典家门口大喊大叫：“谁敢与我大战三百回合？”雅典海军则跑到斯巴达老家耀武扬威：“谁敢与我大战三百回合？”

这是菠萝战争的第一阶段。

在这个阶段，雅典忽然倒了一次大霉。雅典人都躲进城里，拥挤在一起，结果暴发了瘟疫。雅典人病死了将近三分之一。如果换成其他国家，遇到这样的打击，可能早就崩溃了。但是雅典就像打不死的蟑螂“小强”一样，硬是挺了过来，和斯巴达打成了平手。双方僵持住了，出现了一个短暂的和平时期。

可就在这个时候，雅典忽然制订了一个大计划。公元前415年，雅典的主力部队倾巢出动，远征西西里岛。西西里岛位于地中海的正中间，离雅典很远。那为什么要千里迢迢地去打人家呢？因为雅典觉得西西里岛资源很丰富，征服了这个地方，可以利用这些资源去打斯巴达。

这个念头真是太奇怪了。家门口还卧着一只狼呢，还有闲心从后门溜出去打熊！这真是一个大冒险。可是雅典人一直就是这样。他们当年在萨拉米斯海峡击败波斯帝国，靠的就是冒险。雅典人是天生的冒险家。

可是这次冒险失败了，而且失败得非常悲惨。

西西里的远征持续了两年。一开始，雅典人打得很顺利，但是他们没能速战速决。事情拖得越久，情况就越糟糕。

一开始，雅典人包围了西西里最大的城市。对方要求讲和，雅典人却喊打喊杀：“快投降！不投降就饿死你，打死你！”喊着喊着，他们发现自己慢慢地被反包围了，于是口气就软了：“这次就饶了你们！咱们讲和吧！”可是现在人家居然不肯讲和了。最后雅典人实在顶不住了：“我们什么都不要，跑了吧！”

本来雅典人还有机会跑出去。他们都已经准备好行装了，可是很不凑巧，天上出现了一次月食。雅典将军就找巫师占卜，巫师掐指一算：“月食乃是坏兆头！要撤退，也要等三九二十七天之后。”而愚蠢的将军居然同意了。雅典人原地等了二十七天。

等他们再想撤退的时候，敌人已经彻底封死了包围圈。雅典人只能死里求生，拼命杀出一条血路。最后一战打得很凄惨，到了后来已经不是战争，而是捕猎了。敌人是猎人，雅典军队就是猎物。他们没吃的，没喝的，一路狂奔，结果掉进了敌人的埋伏圈。

雅典人崩溃了。当敌人冲上来的时候，他们甚至连头都不抬，只顾趴到河边拼命喝水。

远征军全军覆没。很多雅典人被扔进一个采石场，他们在这里被慢慢饿死、冻死，最后差不多死光了。

对雅典来说，这是一次天大的灾难。主力军被全歼，海军也损失了一半，盟友也纷纷叛变，斯巴达趁机发动猛攻，大家都觉得雅典这一次肯定要完蛋。但是雅典真是生命力极其顽强。上次暴发

西西里战争，被围剿的雅典士兵

瘟疫，他们挺过来了，这次远征失败，他们又挺过来了。

雅典人把所有家底凑在一起，重建海军，继续作战，一打又是八九年，中间好几次把斯巴达打得想求和。如果单打独斗，雅典还真有可能获胜。但是斯巴达居然联合了波斯帝国，从外国人那里拿到很多钱。斯巴达用这笔钱也建立了一支强大海军。这下雅典人顶不住了。

公元前 405 年，双方在羊河进行了最后决战。结果，雅典舰队全军覆没，这下什么希望都没有了。不死的“小强”也终于被一巴掌拍死了。

第二年，雅典宣布投降。它的城墙被拆掉，所有海外领土都被夺走，以后不许建立海军。就这样，持续二十七年的菠萝战争结束了。

这场战争规模并不算特别大，但是它的意义很大。如果我们把希腊文明看成一个整体，那么菠萝战争就是一场残酷的内战。谁都没有从这次内战里占便宜。斯巴达打赢了，可它头脑简单，心胸狭隘，根本不知道怎么利用这场胜利。结果，它很快就有了新的敌人，新的战争。希腊人打来打去，漫无止境，最后大家一起衰落下去。

希腊人很聪明，也很有创造力，但是他们有一个致命的软肋，那就是太迷恋小小的城邦了。希腊人觉得最完美的国家就是城邦。所以他们无法统一起来。

在所有的城邦里，雅典心胸最开阔，它本来最有希望把整个希腊统一起来。可是就连雅典也不愿意这么做。它宁愿当希腊城邦里的老大，也不愿意成为希腊国的首都。对希腊人来说，城邦实在是太美好了，谁都舍不得放弃城邦。所以，希腊只能四分五裂，不断地打内战。

但是城邦实在太小了。它们自己不统一，就会被别人征服。希腊人以为打败波斯人以后，帝国就不再是什么威胁了。实际上，帝国时代刚刚拉开了序幕。希腊人在萨拉米斯海峡创造了奇迹，但奇迹怎么可能老是出现呢？

菠萝战争之后，希腊的命运就已经注定了。一群彼此仇恨、互相残杀的城邦是活不下去的。这群聪明的希腊人不是在打仗，而是在自杀。

希腊人写了那么多优秀的悲剧，但是菠萝战争就是他们创造的最大的一场悲剧！

小结

公元前 431 年，伯罗奔尼撒战争爆发。战争持续了二十七年，雅典最终战败。这次战争削弱了希腊的实力，导致了希腊文明的衰败。

23

骄傲的帅哥大帝

古代帝王们留下过很多肖像。在这些肖像里，他们总是让自己显得很威严，一脸严肃，留着大胡子，看着很像神气活现的大叔。不过有一个国王是例外。从肖像上看，他一头卷发，五官精致，长得很俊俏，有些人甚至说他长得像个女孩子。用现在的话说，这个人算是个典型的帅哥。

亚历山大大帝

这个标致的国王可比那些大叔型国王更厉害。他二十岁的时候，统治着一个小小的国家。等他三十二岁去世的时候，已经建立了一个超级大帝国，领土从欧洲一直延伸到阿富汗。在历代帝王里，这个人可以说是最传奇的一位。

他就是马其顿的亚历山大大帝。

马其顿在希腊的北边。这里的人受希腊文化影响很大，语言也相似，所以他们觉得自己跟希腊人差不多。但是希腊人可不这么想。他们觉得世界上只有两种人，一种是希腊人，一种是野蛮人，而马其顿人属于野蛮人。

可是希腊人现在非常虚弱，打不过马其顿人。亚历山大大帝的爸爸腓力二世非常厉害，把希腊人全都打败了。他既是马其顿国王，也是全希腊的霸主。

然后，他就死掉了。

亚历山大接替了爸爸的职位。他有一个非常宏大的梦想，想要征服波斯帝国。这听上去有点疯狂，是吧？可实际上，这个念头并不完全是妄想，因为亚历山大有一个非常厉害的武器，名叫马其顿方阵。

我们在前面讲过希腊的方阵，马其顿方阵就是它的升级版。马其顿方阵也把士兵排成好多列，手里也拿着长矛。希腊人的长矛有两米多，而马其顿人的长矛更是长得变态，差不多有四米，士兵必须用两只手拿着。这样一来，他们就只能把盾牌挂在脖子上。成千上万根长矛密密麻麻地从方阵里伸出去。从正面看上去，这就是一个长满了钉子的大推土机。它轰隆隆碾过去的时候，会把面前的东西都给摧毁掉。

但是这个推土机有一个缺点，就是太笨重了，所以它必须有骑兵的配合。骑兵先从两侧包抄，把敌人牵制住，然后马其顿方阵轰隆隆推过去，把敌人统统戳死。方阵凶狠，骑兵灵活，双剑合璧，

马其顿方阵

可以横行天下。

这种作战方法听上去有点怪，可谁也想不出破解之道。直到一百多年以后，罗马人才找到了对付方阵的办法。在此之前，马其顿方阵可以说无坚不摧，所向无敌。

亚历山大上台以后，先是挥师南下，把希腊人彻底打蔫。从此以后，希腊城邦的独立日子就永远结束了。接着，在公元前334年，亚历山大大帝横渡亚洲和欧洲之间的海峡，开始了大远征。

他的远征军还不到五万人。要征服波斯帝国，这个数字显得太少了。一开始，波斯大王也没有把它当回事。可是亚历山大大帝却自信心爆棚，坚信他要成就一番伟业。

在路上，他还有一件奇遇。某座神庙旁边有个古老的车辕，上面用很多条皮绳打了一个复杂的结。人们管它叫“戈尔迪之结”。据说，谁能够打开这个结，就能做亚洲之王。这可能是个根本就打不开的死结，亚历山大费了好半天劲儿，也没能解开。

这时，亚历山大思考了片刻，然后抽出宝剑，把绳结劈成两半。他说：“劈开就是解开！”然后，他就留下那群目瞪口呆的观众，扬长而去。这件事给后人留下了一个谚语“劈开戈尔迪结”，也就是咱们中国“快刀斩乱麻”的意思。

他和波斯军队开战了。第一次交手就打得很激烈。亚历山大跳上战马，亲自率领骑兵冲锋。他受了好几处伤，手里的长矛断了好几根，头盔也被敌人砍裂，但最后他还是赢得了胜利。波斯人损失了好几千军队，而马其顿人只损失了 115 个士兵。

亚历山大开始横扫波斯帝国。

一场战役接着一场战役，每次他总是能把敌人打得落花流水。这当然说明他很有军事才能，但是更重要的原因还是他拥有马其顿方阵。波斯人对付不了这种可怕的战争机器。

波斯大王终于感到害怕了。他带着一支大军御驾亲征，迎战亚历山大。

这位大王很聪明，他设计出一个非常巧妙的包围圈，亚历山大果然掉了进去，就像一头猎物掉进了一个陷阱。可是等大家要去杀死这个猎物的时候，都傻眼了。在绝对的力量面前，再巧妙的计谋也没有用处。

陷阱里的亚历山大又获胜了，把波斯大王打得一败涂地。波斯大王像只兔子一样逃跑了。他写了一封求和信，答应赔偿一大笔钱，再割让半个波斯帝国。亚历山大手下有一个叫帕曼纽的将军，他对亚历山大说:“如果我是你，我一定会接受的。”亚历山大回答说:“如果我是帕曼纽，那我也一定会接受的。”但他不是帕曼纽，而是心比天高的亚历山大，所以他断然拒绝了。

双方展开了最后的大决战。波斯国王不光召集了所有精锐部队，还研发了一种秘密武器“镰刀战车”。镰刀战车在轮子上固定了巨大的刀片。战车奔驰的时候，刀片上下翻飞，如同钢铁旋风，可以把一路上碰到的敌人都切成肉块。

战斗一打响，二百辆镰刀战车就冲向马其顿方阵。可是马其顿方阵训练得很好，马上闪出一个通道，把战车让开了。战车扑了个空，等它们费力地想掉头的时候，骑兵冲上来，三下五除二，就把镰刀战车全部歼灭了。

接着，小小的马其顿军团轻松地粉碎了波斯大军，就像一枚石子轻松地击碎了一个花瓶。波斯国王逃离了战场，一路狂奔。几个月以后，人们在一辆车里发现了这位国王。他身上被人捅了二十多个伤口，躺在那里奄奄一息。亚历山大赶过来见他，但是还没到地方，国王就死了。

就这样，波斯帝国灭亡了。这一年，亚历山大只有二十五岁。

二十五岁就征服一个大帝国！无论换上谁，都会感到骄傲，而亚历山大本来就是一个特别骄傲的人。他一直怀疑自己是天神宙斯的儿子，因为腓力爸爸看上去太平凡了，怎么能生出像他这么了不起的儿子？现在，亚历山大变得更骄傲了。

以前他和大家比较平等。马其顿人和希腊人很像，并不崇拜国王。在他们眼里，亚历山大不过是大家的首领而已，所以和他说话也随随便便。可现在，亚历山大不能容忍这样的事情了。

有位将军曾经在战场上救过他的命，算是他的救命恩人。有一次，亚历山大和他在宴会上吵了起来。亚历山大拿起苹果就朝他砸过去。周围的人赶紧劝解，把这个将军推出大门。可是过了一会儿，将军从另一个门又进来了。他一边走，一边大声说：“难道一个人可以霸占大家共同赢来的战利品吗？”

亚历山大抓起一根长矛刺过去，把他整个身体都刺穿了。杀人之后，亚历山大忽然醒悟过来，他倒转矛头，朝自己喉咙扎过去，但被随从死死地拦住。

亚历山大被自己干的事吓着了：“天啊！我居然杀掉了一个将军！还是自己的救命恩人！”他把自己关在屋子里，不肯吃饭也不肯喝水。后来有一个马屁精走进卧室，告诉他：“别犯傻了！杀了他就杀了吧。国王是超越法律之上的。这不是你自己要杀人，是神让你干的！”亚历山大这才一下子明白了，自己原来代表着神，可以随便杀人。

他不再是马其顿国王，而是至高无上的亚历山大大帝！

你看，暴君往往都是马屁精们教唆出来的。

亚历山大要求所有人都要向他跪拜。这是波斯帝国的传统，却不是马其顿的传统。他戴着华丽的王冠，披着国王的袍子，坐在宝座上，周围跪着一大群人。而他手下的老伙伴们看得目瞪口呆，觉得他们的首领已经被权力腐蚀了！

宝座上的亚历山大越来越骄傲。他觉得世界上没有他做不到的事。就连波斯帝国都太狭小了，他要继续征服，一直征服到天涯海角。

亚历山大接着向东方进发，一个国家一个国家地占领，一直推进到现在新疆的大门口。接着他又掉头南下，想要征服印度。当时印度有很多国家。亚历山大和其中的一个国王狠狠地打了一仗。印度国王甚至还出动了两百头大象。亚历山大的军队被大象吓得够呛，但最后还是勉强打赢了。

亚历山大是个浪漫的冒险家，他还要往前打，要征服一切未知的领土。这就太过分了。如果这样不停地打下去，他的军队会从地图上彻底消失。今天电视上也就会多出一种节目："朋友们，你可知道亚历山大大帝神秘消失之谜吗？他所向无敌的大军为什么会人间蒸发呢？"

好在军队拒绝服从命令。他们实在忍耐不住，逼着亚历山大撤军，回到了波斯。

如今，亚历山大统治着一个辽阔的大帝国。大家都觉得他是个神一样的帝王，他也觉得自己是个神。可是这个神干了这么多大事以后，却稀松平常地死掉了。关于亚历山大的死因，有很多种说法。很有可能他是被一只蚊子害死的。亚历山大视察工程的时候，这只蚊子悄悄叮了他一小口，把疟疾传给了他。然后，大帝就完蛋了。

临死前，人们问他："您的帝国要留给谁继承？"

亚历山大回答说："留给最强的人。"

这一年是公元前 323 年，亚历山大三十二岁。他是一个非常奇妙的人，像孩子一样富于幻想，又像自大狂一样骄傲，就像抽签一样，他被历史抽中了，去完成一项重要的使命。他终结了希腊的独立，但同时也开启了一个"希腊化时代"，把希腊文化散播到很远的地方。

如果说雅典鼎盛时期是希腊的黄金时代，那么亚历山大的新时代就是白银时代。它依然很漂亮，很聪颖，但是却少了那种勇敢的灵魂。

因为在黄金时代里，希腊人是自由的，而在白银时代，他们是国王的臣民。

小结

马其顿国王亚历山大挥师东征，不但征服了波斯帝国，还一直进军到印度北部。亚历山大很快就去世了，但是他将希腊文化传播到了广大地区，开启了"希腊化时代"。

24

我们测量太阳，我们撬动地球

亚历山大大帝刚刚去世，他手下的将领就开始瓜分他的帝国，建立了好多王国，其中最主要的是三大王国。它们一个在欧洲，一个在亚洲，一个在非洲。

在欧洲的，就是亚历山大的老家马其顿。

在非洲的，就是埃及。亚历山大的一个将军在那里建立了托勒密王朝。

在亚洲的，面积最大，包括波斯帝国的大部分。亚历山大的一个将军在那里建立了塞琉古王朝。

这是不是有点像中国的《三国演义》？东汉灭亡了，也是分裂成了三个国家。咱们中国那段历史被称为“三国时代”，而他们这段历史被称为“希腊化时代”。这三大王国都是马其顿人建立的，马其顿人跟希腊人本来就差不多，所以很多希腊人就跑到这里来了。他们走到哪儿，就把希腊文化带到哪儿。于是，这个时代才有了这么个名字。

希腊化时代有很多个帝王、很多个故事，但是它们都不值一提，真正值得讲的事情是什么？是它的科学。

希腊人以前有很好的哲学，很优美的剧本，很漂亮的建筑，但是科学并不特别突出。然后到了这个时代，科学忽然来了一次大爆发。这是人类历史上第一次科学大爆发，第二次就要等到一千多年后了。

科学大爆发的中心是在托勒密王朝（也就是埃及）首都亚历山大城。亚历山大大帝非常虚荣，特别喜欢用自己的名字来命名城市。当时地球上有好几十座亚历山大城，埃及这个是最大的。

亚历山大城有两个科学机构，第一个是大博物馆。大博物馆雇用了一千多名希腊学者，都是国王花大价钱请来的。这些学者领取很高的薪水，吃饭免费，住宿免费，还不用交税，而他们唯一的工作就是做研究。

亚历山大城的第二个科学机构是大图书馆。这里收藏了五十万卷图书。在当时，这可是一个骇人听闻的数字。那时候没有印刷术，这五十万卷书全是用手一个字一个字写出来的！

国王为了给大图书馆搜集图书，什么办法都想到了。亚历山大城是繁华的港口，外地来的船很多。只要一有船开进来，国王就派人上船搜书。所有罕见的书籍，都要送到大图书馆去抄录一份。看到这儿，你肯定以为他就是想抄一份吧？

不！他会把原书留在图书馆，只把抄本还给人家。这就是欺负人啊！

他还派人跑到世界各地去借书。他们在雅典交了一大笔押金，借到了一批珍贵的书稿。书到手以后，国王就耍赖，把它们统统送进大图书馆，只还回去抄件。雅典人暴跳如雷，把国王交的押金全部没收，但国王也不在乎。

国王花了大量的心血，费了无数的金钱，才建成了这座世界最大的图书馆。但是它的使用完全免费，对全世界开放。只要愿意，谁都可以进来看书，想看多久就看多久。

有了大博物馆和大图书馆，亚历山大城很快就成了学者的天堂。他们蜂拥而至，在这里查阅书籍，操作实验，讨论问题。所以，这里才能成为科学大爆发的中心。这次科学爆发的成果太多了，全部写出来会是很厚的一本书，我只能稍微举几个例子。

首先是欧几里得的《几何原本》。在中学时代曾残酷折磨我们的平面几何、立体几何，都源自这本书。

它可以说是古往今来最伟大的一本数学书，因为它第一次构建了完整的数学体系。“两点之间只能用一条直线连起来”“以任一点为圆心，任意长为半径，都可以画一个圆”，这听上去都很简单，连傻子都能理解。可是靠这么几条简单的公理和公设，欧几里得就撑起了一座壮丽的几何大厦，推导出无数复杂的定理。

《几何原本》是从人类智慧里绽放出的花朵，晶莹剔透，完美无瑕。我们可以这么说，至少在公元前的人类历史上，《几何原本》代表着数学的最高成就。当然，我知道你痛恨那些几何题目，但是你得承认它们确实很了不起——不然的话，你为什么做不出来呢？

在天文学方面，希腊化时代的成就也很惊人。希腊科学家不仅知道地球是圆的，甚至还计算出了地球的大小。现在我要让你想个办法计算地球的大小，你很可能会傻眼。可是一个叫埃拉托色尼的科学家，在两千两百多年前就想出了办法。

这个办法大致是这样的。他找了两个城市，经度大致相同，但一个在北边，一个在南边。在南边那个城市里，中午的太阳是直射的。在北边那个城市，中午的阳光却是斜着照过来的。为什么会有这个差别呢？因为太阳光是平行的，可地球却是圆的，存在着弯曲度。

假如这两个城市看太阳的角度差了一度，就说明地球在它们俩中间弯曲了一度。你只要把这两个城市的南北距离测量出来，再乘以 360，就是地球的周长了。埃拉托色尼计算出来的结果非常准，跟地球真实的周长比起来，误差不超过 1.4%。

不光这样，希腊科学家还测量了太阳到地球的距离，以及太阳的大小。他们的测量方法完全正确，但是实验设备太原始，所以数字并不准。但即便如此，他们也发现太阳比地球大得多。以前大家都认为太阳绕着地球转，可是，一个大球怎么会绕着小球转呢？这很不合理。所以，有位希腊科学家断定是地球绕着太

埃拉托色尼测量地球周长示意图

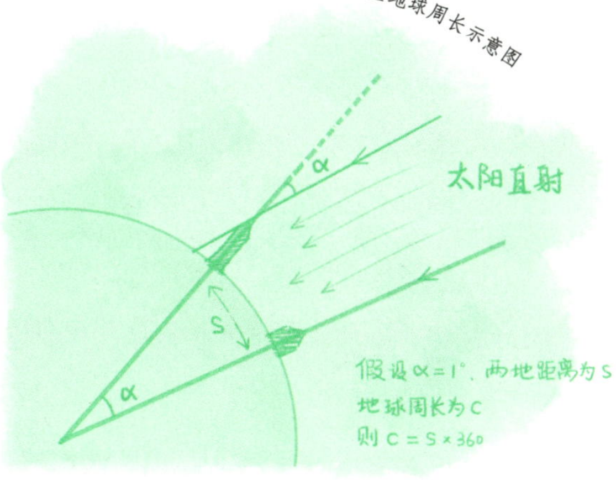

阳转。这比哥白尼的日心说要早一千七百多年。

除了天文学，这个时代的物理学也很厉害。

比如阿基米德就是一位伟大的物理学家。我们都听说过他发现浮力定律的故事。据说有位国王用黄金做了一个王冠，但他总怀疑工匠偷了他的金子，然后往王冠里掺了银子。可是怎么验证呢？谁也想不出好办法来。直到有一天，阿基米德躺在浴缸里洗澡的时候，忽然想出了办法。他激动得连衣服都忘了穿，光着屁股在大街上跑，一边跑一边喊："尤里卡！尤里卡！"意思就是"我明白了！我明白了！"

裸奔的阿基米德明白什么了呢？就是明白了浮力定律：一个物体受到的浮力，等于它排开的那部分水的重量。阿基米德利用这个定律检查了王冠，发现国王是对的，工匠确实偷了金子！

怎样利用浮力定律来解决这个问题呢？

你可能会说，把金冠和同样重量的金块放进水里，如果金冠掺了银子，密度就比较小，排出的水就比较多。错啦！首先，当时的技术条件很难测量出这么微小的水量差别。其次，这个方法跟浮力定律毫无关系。只要知道体积和密度的关系，谁都能想到这个办法，不需要明白浮力定律。那么，阿基米德到底用了什么办法呢？原始资料并无记载。最可能的一种办法，就是用一个天平，一边悬挂金冠，一边悬挂同样重量的金块。然后把两边的物体同时浸入水中，金冠如果掺了银子，它的体积比较大，受到的浮力也比较大，那么天平就会失衡。

阿基米德还发现了杠杆定律。通过杠杆，一个力量可以被放大。阿基米德说过一句豪言壮语：“给我一个支点，我能翘起地球！”这个说法对不对呢？理论上是对的。以地球重量六十万亿吨、阿基米德体重六十公斤计，如果宇宙里真有个支点，又有一个极其长的杠杆，那么阿基米德确实可以翘起地球，只不过，阿基米德把杠杆推动十亿公里，地球才会翘起一毫米。

阿基米德还发明过很多机器，比如有一种螺旋状的水泵，可以把水从低的地方抽到高的地方。不过这都不算厉害，最厉害的是有个叫希罗的家伙发明了蒸汽机。那个装置古里古怪，就像小孩玩的风车，但它确实是蒸汽机，跟瓦特蒸汽机的原理是一样的。

这是一个科技感爆棚的年代。可是，这些科学发现对社会有用吗？总的来说，没什么用。

这次科学大爆发只是在学者小圈子里面，对外界没多少影响。国王和贵族出于好奇心，可能会到博物馆来参观一下，但谁也不会太当真。大家看了希罗的蒸汽机，也就看成一个有趣的玩具，没人觉得它能干什么正经事。其实不光是希罗蒸汽机，就连大博物馆和大图书馆，对于国王来说，也无非是昂贵的玩具而已。

科学出现了一次大爆发，但整个社会毫无反应，全然沉默。听上去好像很奇怪。我们总觉得科学一进步，整个社会就会跟着进步。

其实那可不一定。科学确实应该跑在社会的前面。可如果它一个劲儿往前跑，社会的其他方面跟不上，科学就变成了单纯的智力游戏。

这次科学大爆发就是如此。这些希腊学者很聪明，但却没有真的改变什么东西。时间一长，不少发现甚至被人遗忘了。只能说，他们为未来的时代留下了一些种子，不过是非常非常遥远的未来时代……

而这些学者自身所处的时代正在衰落。别看希腊文明扩展到了很远的地方，别看它来了一次科学大爆发，实际上它在枯萎。

希腊文明是由城邦养育出来的，性格上勇敢，精神上自由，政治上狭隘。它天生就不适合由一个国王来统治。从当亚历山大大帝建立帝国的那一刻起，它的脊梁骨就被打断了。自由没有了，勇气也没有了，只剩下一股聪明劲儿。可是一个文明光靠聪明劲儿，又能走多远呢？

科学拯救不了它。未来不属于这个希腊化的世界。

小结

“希腊化时代”出现过一次科学大爆发。这次爆发以埃及的亚历山大城为中心，产生了很多超前的科学成果，可是这些成果对社会的影响很小。最终，希腊化世界还是走向了衰落。

25
菩提树、魔王和莲花

我们讲了很多关于希腊的故事。现在我们要离开希腊，看看另一块地方发生了什么事。

你还记得印度的故事吧？古老的印度河流域文明崩溃了，雅利安人来到了这里，建立了一堆小国家，搞出了种姓制度，还发展了非常深奥的婆罗门宗教。讲到这儿，我就跑去讲别的事情去了。没办法，世界历史就是这样，它有很多条线索并行发展，所以我们要不断跳来跳去。

那么，在印度后来又发生了什么呢？

后来，印度出现了一个伟大的人物，名叫释迦牟尼。

释迦牟尼就是我们熟知的如来佛。我们在电视剧里都见过如来佛，坐在莲花宝座上，金光护体，法力无边。历史上的释迦牟尼并不是这样的。他不是神，而是一个伟大的思想者。他经历了非常痛苦的思想斗争，最后找到了生命的意义，同时也改变了人类的历史。

释迦牟尼大约出生于公元前563年，跟中国的孔子差不多同一个时代。那个时候印度非常混乱。我们不太清楚到底发生了什么，但肯定出了很严重的问题，因为当时整个社会都骚动不安，出现了很多宗教派别。

就在这个大环境下，释迦牟尼出生了。“释迦牟尼”其实是个称号，意思是“释迦族的圣人”，他的真名叫乔达摩·悉达多。

乔达摩的爸爸号称“净饭王”（不是说他能把饭吃光的意思！而是形容他很白净，很纯洁），管理着喜马拉雅山脚下的一个小国家。但他很可能只是一个部族领导，而不是真正意义上的国王。乔达摩一出生，就有预言家给他算命，说他长大以后会离家出走，成为一个最有智慧的人。

净饭王听了以后非常担心，于是就很细心地照料小乔达摩，让他享受荣华富贵，还把人间丑恶的一面藏起来，不让他看到。爸爸净饭王觉得这样一来，儿子就会留恋这种生活。

就这样，乔达摩无忧无虑地长大了。他吃最好的食物，穿最好的衣服，有三座宫殿，还有很多仆人伺候他。成年后，乔达摩娶了自己美丽的表妹。在别人眼里，乔达摩非常幸福。但不知道为什么，乔达摩并不快乐，经常陷入苦恼之中。他的生活虽然很安逸，可是缺乏真正的意义。眼前的世界好像有一种不真实的感觉，就像是假的。

有一次，他驾车出游，给他赶车的人叫车匿。乔达摩看到一个老人，满头白发，弯腰驼背。车匿告诉他说：“这就是衰老。我们每个人都会衰老，这就是生活的道路。”

接着，他们又看到一个病人，不断呻吟，非常痛苦。车匿说：“这就是疾病。我们每个人都会生病，这就是生活的道路。”

他们又看到一具尸体。车匿告诉他说：“这就是死亡。我们每个人都会死亡，这就是生活的道路。”

最后，他们又看到一个修行者。他穿着朴素的衣服，拿着碗沿街乞讨。车匿告诉他说：“这是出家修行的人。他们解脱了人生的种种束缚。”

乔达摩回到了家，开始了长久的思考。这时，消息传来，妻子为他生下了一个男孩。乔达摩回答说：“这又是一个要解开的束缚。”

在一个夜晚，他悄悄走进卧室。妻子和孩子正在睡觉。他静静地看了他们一会儿，然后转身离开。乔达摩跳上马车，向野外奔驰。等天亮的时候，他已经离开了自己的国家。他抽出宝剑，削掉了头发，扔掉了一切装饰品。这时，前方来了一个衣衫褴褛的人，乔达摩和他交换了衣服。

就这样，乔达摩成了一个修行者。

他漫游了很多地方，拜访了很多智者，自己还收了五个弟子。但是，他依旧没有找到人生的答案。

当时印度流行苦修。有的修行者躺在荆棘丛里一动不动；有的赤身裸体在森林里游荡；还有的故意用火灼烧自己。他们想用这种办法来寻求真理。这是多么奇怪的想法！可是乔达摩也这么做了。他故意让自己挨饿，坚持了整整六年。结果他的肚子彻底凹进去了，肋骨一根根都看得见，精神也萎靡不振。

他的名气越来越大。大家都在说：“有一个伟大的修行者叫乔达摩，把自己都快饿死了，这多让人感动啊！”

可是乔达摩自己却产生了怀疑：“这种苦修真的有用吗？”终于有一天他想明白了，苦修只是自我感动，并没有任何意义。追寻智慧需要健全的身体。乔达摩来到河里，洗掉了六年间积下的泥垢，喝下了别人送给他的牛奶。五个弟子见到这个场面，非常吃惊：“师父贪恋享受，师父居然洗澡，还喝牛奶！哎呀呀，乔达摩堕落了！”

他们扭过头，离开了乔达摩。

现在乔达摩孤身一人。他找到了一棵菩提树，坐在下面发誓说：“如果我不能找到真理，就绝不再站起来！”于是，他在树下开始了沉思冥想。

在传说中，他沉思了七天七夜。魔王害怕他成佛，就带着魔军向他进攻。魔王向他射出三支利箭，乔达摩一动不动，三支箭跌落

释迦牟尼在菩提树下悟道

在地，变成了莲花。恶龙向他扑来，火焰冲天，震动山谷，而乔达摩依旧毫发无伤。

实际上，魔王和恶龙都是象征，隐喻着乔达摩内心的冲突。乔达摩一个人静静坐在菩提树下，心中却进行着激烈的战斗。最后，他终于找到了自己的答案。所有的困惑都消失了。他站起身来，成了释迦牟尼佛。

这里说的佛，并不是《西游记》里的那种神佛，这个词的本义是“觉悟者”。在三十五岁那年，乔达摩觉悟了。

释迦牟尼找到了那五名弟子，和他们辩论了五天五夜。最后他们都拜倒在释迦牟尼脚下，说你就是佛。就这样，释迦牟尼开始传道，向大家讲述他领悟到的真理。

四十五年间，释迦牟尼走遍了恒河两岸，收了很多门徒。最后在八十岁的时候，他安详地躺在两棵娑罗树的中间，去世了。

后人给释迦牟尼添上了很多神奇的故事，让他有了无边的法力。但如果从原始记录看的话，他和我们普通人一样，也经历过很多痛苦。在他晚年的时候，他的儿子病死了，一位弟子被人活活打死了，自己的祖国也灭亡了。这都是生活带给他的痛苦。他不是有求必应的神人，而是人间的一位导师。

释迦牟尼的思想，有一些很容易理解。比如他说众生平等，最低贱的贱民，和最高贵的婆罗门都是平等的。这些话，你肯定能理解，也会赞成。但是他的另一些思想则非常复杂。比如人生为什么会痛苦呢？释迦牟尼认为，这主要因为人们心中总有一个“我”的概念。我要这样，我要那样。老是我我我。这样一来，人就会变得贪婪愚昧，陷入一种叫作“无明”的状态。

释迦牟尼告诉弟子们，你们要破除掉“自我”这个概念。“我”是虚幻的。世界上根本没有一个不变的“我”。不光“我”是虚幻的，外部的整个世界也是虚幻的。“一切有为法，如梦幻泡影，如露亦如电，应作如是观”，世上的一切都像梦一样，像露水一样，像影子一样，都是虚幻的。

在这个虚幻的世界里，你要坚持做正确的事情。释迦牟尼把这些正确的事情称为“八正道”。只有这样，你才能摆脱烦恼，摆脱“无明”。释迦牟尼受婆罗门教的影响，也相信世上有生死轮回。他认为只有觉悟的人才能够脱离生死轮回，进入一种不可思议的神秘境界。这种境界被称为涅槃。

这些说法不太像宗教，更像一种哲学。宗教都崇拜神，祈祷神的保佑。可是在释迦牟尼的教导里，没有神的位置。他说，谁能救你呢？只有你自己能救自己。你内心一旦觉悟，就得救了。

佛教里有神吗？

严格来说，佛教里没有神。所谓“天人”也只是六界的一种，而“佛”只是觉悟者和引导者。大乘佛教把“佛”做了一定的神化，但是他依旧不是神。从这个角度看，佛教是一种无神论的宗教。

释迦牟尼的教导流行开以后，大家就给它增加了很多宗教性的东西，开始修建寺庙，烧香拜佛。于是，佛教就出现了。可是在释迦牟尼活着的时候，一切并不是这样。他如果看到现在的寺庙，一定会非常吃惊。

佛教对那些苦恼和不幸的人，具有强大的吸引力。所以，它传播到了许多国家，中国、日本、韩国、东南亚、斯里兰卡都有很多佛教徒。佛教有不同的派别，但不管哪个派别，它们的说法都围绕着释迦牟尼的教导。

这个孤独的思考者手中没有武器，身后没有军队，但他对世界的影响，比亚历山大大帝还要深远。

有的时候，思想比武力更强大。

小结

释迦牟尼是印度的一位修行者。他的教导后来发展成佛教，传播到了亚洲的很多国家。

26

轮子总是围着轴心转

就在释迦牟尼传授佛法的时候，孔子也正在教导自己的学生。

孔子跟释迦牟尼一样，也生活在一个混乱的时代。还记得吧？我们在前面讲过周朝的建立。周朝的统治者叫“王”，但是周王并不直接管理整个国家。他封了很多诸侯，每个诸侯都管理一个小国家，然后向周王进贡。所以，周朝虽然大，但比较松散，并不是亚述、波斯那样的帝国。

周朝兴盛了好几百年，然后就瓦解了。各个诸侯国再也不把周王放在眼里，它们开始互相打来打去。在中国历史上，这被称为“春秋时代”。

孔子就生活在春秋时代，但他对这个时代很不满意！

他希望回到以前的时代，大家都听周王的话，一切都井井有条。于是，孔子周游列国，想要推行他的理想。

他不停地从这个国家跑到那个国家，四处漂泊，也四处碰壁。君主们都不买他的账。有一次，孔子和他的学生们连饭都吃不上了，差点活活饿死。孔子非常失望，说：“我不是犀牛，也不是老虎，

却在荒野中疲于奔命。难道是我错了吗？我怎么会落到这个地步啊？”

最后，孔子回到故乡，埋头整理书籍，教育学生，几年之后他就去世了。

孔子这一生，并没有做成轰轰烈烈的大事业。可是在他去世后，名声却越来越大。最后，人们把他说成至高无上的圣人，是“大成至圣先师”，就连皇帝也要向他祭拜。

为什么会这样呢？

这是因为孔子开创了儒家。单凭这一点，他就是中国古代历史上最重要的人。而且不仅是中国，就连日本、韩国、越南这些国家，也都笼罩在他的影响之下。

孔子的言论被收录在《论语》这本书里。这是弟子们记下来的一本“老师语录”。孔子随口说点什么，弟子们就都记录下来。所以《论语》里有些话说得很有哲理，有些话则有点没头没脑。

比如孔子说：“学而时习之，不也很快乐吗？”弟子们就恭恭敬敬地记录：“子曰：学而时习之，不也很快乐吗？”

孔子看见徒弟大白天睡觉，就生气骂人：“烂木头雕不出花儿来！”弟子们也恭恭敬敬地记录：“子曰：烂木头雕不出花儿来！”

从《论语》里，我们能看出孔子的主要思想。孔子非常现实，对鬼神毫无兴趣，也不喜欢苏格拉底式的思辨。他主要关心两件事情：秩序和道德。

春秋时代太混乱，把孔子给吓着了，所以他把维持秩序当成头等大事。他觉得每个人在什么位置，就要按什么规矩做事。君主要像个君主，大臣要像个大臣，爸爸要像个爸爸，儿子要像个儿子，不能乱套。孔子把这一整套规矩称为“礼”。

现在我们说到“礼”这个字，好像就是有礼貌，不随地吐痰，给老人让座什么的。但是孔子的“礼”并不这么简单。它有等级，有高低贵贱，是社会秩序的象征。

但是光有秩序还不够，因为秩序也可能是坏的呢，所以还需要有道德。孔子认为道德的核心是“仁”。到底什么是仁呢？总的来说，“仁”就是仁爱。国家要仁爱地对待百姓，百姓要仁爱地对待邻居。强者不能欺负弱者。孔子说：“己所不欲，勿施于人。”你不希望别人这么对待你，那你就不要这么对待别人。这是非常了不起的一个说法。

释迦牟尼认为人需要从苦恼中解脱。可是在孔子看来，人类并没有什么根本性的苦恼。你只要完善自己的道德，成为一个君子，就会活得很充实。胡思乱想别的，没有意义。孔子的教导都很简单，听上去就像大白话，没有什么需要苦思冥想的地方。但是这些话脚踏实地、合情合理，很有感染力。

孔子的思想成了中国文化的一种底色。它有点保守，少了一点想象力，但是它也很现实很稳重，凡事不走极端。中国文明能从不中断地延续到今天，跟孔子多少有点关系。如果古代的中国人信奉了一种比较激烈的学说，结果可能就不一样了。

当时中国还有很多其他流派。比如说墨家。它主张“兼爱”，要求没有差别地爱每一个人。这听上去当然很高尚，可是爱怎么可能没有差别呢？你会像爱父母一样，爱学校的门卫张大爷吗？这不符合人类本能。

后来还出现了法家。它认为所有人都是潜在的坏蛋，必须用严刑峻法来让他们乖乖听话，这样国家才能稳定繁荣。

此外还有道家、名家、纵横家等等。

后来人们说这段时期是“百家争鸣”，而最终的胜利者是儒家。

百家在争鸣的时候，国家之间也在打仗。中国分裂成了很多国家。它们就像大鱼吃小鱼一样，彼此吞噬。最后只剩下七条大鱼，它们分别是齐、楚、燕、韩、赵、魏、秦，总称为“战国七雄”。

战国七雄里，最强大也最野蛮的是秦国。它不断向外扩张。在公元前 221 年，它终于灭掉了所有国家，统一了中国，秦王嬴政成了秦始皇。

如果说，中国古代历史上最重要的人物是孔子，那排在第二位的就是秦始皇。他统一了文字、货币和度量衡，还在中国北方修建了长城。而且，秦始皇彻底改变了以前的制度，把权力集中在自己手里。中国成了一个真正的帝国。

这一段故事讲完了。

可是，你不觉得奇怪吗？孔子、秦始皇这些最重要的人物为什么都出现在这个时期？难道以后的中国人都没他们厉害吗？

并不是这样。

孔子、秦始皇他们重要，并不是因为他们本身有多厉害，而是因为他们生活在一个特别特别重要的时期。

这就像人生一样。我们的人生很漫长，但是重要的关键点可能只有几个。比如说结婚就是一个关键点。你选择和谁结婚，会影响到你整个后半生的幸福。这个选择比你选择早餐吃什么要重要得多。

历史也是如此，它也存在着关键点。孔子和秦始皇就出现在一个关键点上。以前的道路已经走到尽头，我们需要选择未来的道路。在做选择的那一刻，一切似乎都有可能。可是一旦跨过这个关键点，尘埃落定，就很难再改变了。所以，在这个关键点上，人物和事件的重要性都会被放大。

中国后来出过很多思想家。有些思想家可能比孔子更聪明，但是他们都没有孔子重要。

中国后来也出过很多皇帝。有些皇帝可能比秦始皇更能干，但是他们也都没有秦始皇重要。

这是因为他们都走在孔子、秦始皇开创的道路上。

好吧，这个问题我们可以这么解释。但是如果我们仔细回忆一下前面的内容，会发现另一件怪事。这件怪事和时间有关。

犹太人什么时候确立的一神教？大约公元前五到六世纪。

希腊人什么时候创立的希腊哲学？公元前五到六世纪。

释迦牟尼什么时候开创的佛教？公元前五到六世纪。

孔子什么时候开创的儒家？公元前五到六世纪。

这么多重大的文化事件都发生在这个时候，不是一件大大的怪事吗？历史学家也觉得奇怪，就给这个时代起了一个名字，叫“轴心时代”。轴心就是车轮的中心。车轮围着轴心转，未来的时代也围着轴心时代转，所以这个时代特别重要。

可是，这些文明为什么会在同一时间开启轴心时代呢？它们之间并没有直接联系，谁规定的这个时间呢？没有人知道准确的答案。我们只能说，世界历史经常会有一种神秘的“同时性”。相隔万里的文明会在同一个时间，不约而同地发生类似的事情。在后面的章节里，还能碰到这样的“同时性”。

你也许还是会追问：可到底是为什么呢？

那我来告诉你吧：

我——不——知——道！

小结

周朝衰落后，中国经过了一段漫长的混乱期。这个时期出现了“百家争鸣”，产生了很多思想家，其中最重要的一位就是孔子。公元前221年，秦始皇统一六国，中国走向统一。

27

小口小口地啃掉一只靴子

从这一章开始，我要讲一讲罗马的故事。

亚历山大大帝征服的时候，一直是往东打。如果他往西打呢？那他会大大地失望！

东方是文明的大本营，那里有繁荣的城市、华丽的宫殿、堆满珍宝的仓库。可是西方显得很荒蛮，到处是大片大片的森林，贫穷落后的村民，再加上一些灰扑扑的城镇。

如果亚历山大一直往西打，就会来到意大利。在那里他会碰上一个不太起眼的城邦，那就是罗马。它看上去既平凡又朴素，就算征服了也没多少油水。打一个穷光蛋有什么意思？亚历山大对罗马一定没什么兴趣。

如果有人告诉他说，罗马日后会成长为一个囊括地中海的帝国，亚历山大肯定会大吃一惊。在那个时候，没有任何人想到会有这样的事情！

意大利的形状像只靴子，在靴子的腰部有一条小小的台伯河，河流旁边有几座小小的山丘，山丘上有一个小小的罗马。谁也不会把它和“伟大”这个词儿联系起来。

罗马是个古老的城邦，在很长一段时间里，它都被外国国王统治着。在公元前 509 年，罗马爆发了起义，把国王赶走了，建立了一个共和国。但是这个共和国看上去非常普通，一点都不起眼。

罗马人看上去也没什么了不起。他们视野狭隘、土头土脑，对优美的艺术、深刻的思想都毫无兴趣。他们既没有希腊人灿烂夺目的才智，也没有中国人恢宏大气的风采。如果雅典的那些聪明人见到罗马人，只会把他们当成一群毫无希望的土包子。

在罗马共和国刚建立的时候，如果让大家来押宝谁会成为地中海的主人，头号候选人肯定是希腊，然后是波斯，然后是迦太基，然后是……反正不会是罗马！要是下赌注的话，一赔一百，也不会有人押罗马。

那么罗马是怎么咸鱼翻身的呢？他们当然有自己的优势。

首先，罗马人很勇敢！

他们有很多关于勇敢的故事。比如说有一次罗马和敌人打仗，一位勇士混进敌人的营地，想要刺杀对方的国王，结果失手被擒。敌人把他抓起来，带到国王面前。他大义凛然地说：“罗马已经有三百个青年做好了准备，按照抽签顺序一个一个来刺杀你，我是第一个。”

然后他大喊一声：“只有胆小鬼才会爱惜自己的肉体！”说完就把右手放在火焰上，直到彻底烧焦。对方的国王非常感动，说：“如果我的手下都像你这样就好了！”然后就把他释放了。

这个故事不是很合乎人体生理学。如果你有兴趣的话，可以去看看李维的《罗马史》第二卷。

每个民族都有自己心爱的故事。埃及人最心爱的故事是什么呢？是老年人给年轻人讲做人的大道理。希腊人最心爱的故事是什么呢？是大英雄怎么完成种种业绩，光荣归来。而罗马人最心爱的故事，就是讲人们怎么为国家而死。

但是，光靠勇敢是不够的。很多民族同样勇敢，看见敌人也是高喊着“杀呀！冲呀！”，然后就完蛋了。好在罗马人还有更重要的优势——他们拥有政治智慧。

罗马人懂得妥协的艺术。就像所有民族一样，罗马人也有内斗。在这种内斗里，人们要懂得什么时候做妥协。有时候跟斗争比起来，妥协需要更高的智慧。罗马人就很擅长妥协。既然大家都是罗马人，那就不做你死我活的斗争。他们总是能够找到一个方案，让双方都能勉强接受。

经过这样一次次妥协，罗马建立了一个复杂的制度。聪明的精英掌握更大的权力，但是普通老百姓又可以对他们进行制约。

罗马并不是波斯那样的独裁国家。在波斯帝国，国王说什么就是什么，可是在罗马，没有任何人能为所欲为。但罗马也不是雅典那样的民主国家。在雅典，普通老百姓凑在一起，就能决定一切国家大事。可是在罗马，老百姓没有这么大的权力。

它是一个混合型的国家。

统治这个国家的不是国王，也不是老百姓，而是法律。罗马人非常尊重法律。国家内部一旦有了矛盾，最后往往都要颁布一条新法律。法律一颁布，这个事情就算解决了，因为大家都会老老实实去执行法律。

懂得妥协、尊重法律，听上去好像很简单，实际上这可是非常了不起的事情。聪明的希腊人就始终没有学会这两件事。所以，罗马是一个非常有政治智慧的民族！

有了勇气和政治智慧，罗马就成了最顽强的国家。挫折吓不倒它，灾难也压不垮它。如果把国家当成运动员的话，罗马就像一个长跑冠军。它的爆发力并不好，如果只跑一百米，它是跑不赢的。可如果跑到五千米、一万米，那最后的胜利者就是它。

所以，猜也能猜得到，罗马的兴起是个非常缓慢的过程。亚历山大大帝用了几年的时间就打下一个大帝国，可是罗马人建立帝国却用了几百年的时间。罗马很有耐心，它一小口一小口地啃，不急不躁，细嚼慢咽。到了公元前三世纪的时候，它差不多把整个意大利半岛都给吃掉了。

小罗马变成了意大利的主人。这个时候，再也没有人敢瞧不起它了。

但是，罗马也不能再小口啃下去了。因为意大利已经被啃光了，而意大利之外则站着一个啃不动的庞然大物。

这个庞然大物叫迦太基。

你还记得吗？我在《黑猩猩战役》里讲到过它。腓尼基人在非洲北部建立过一个殖民地，叫迦太基。后来腓尼基被亚述帝国吞并，迦太基因为离得远，躲过了一劫。

如今时过境迁，迦太基已经成了一个商业帝国，控制着地中海沿岸的广阔土地。它有很多商船，这些商船帮迦太基赚了很多钱，然后迦太基又用这些钱雇用了很多军队。有钱，有船，有军队，所以迦太基非常强大。

现在，这个强大的迦太基堵在了罗马的家门口。两个强国虎视眈眈地对峙着。空气里充满紧张的气氛。双方都有点大干一场的架势。

但是它们真的想打仗吗？

并不怎么想打。

我们可能会觉得，大国开战都是深思熟虑的结果，其实并非如此。很多战争都是一次次意外积累起来的。罗马和迦太基并不怎么乐意开战。因为它们都知道，这场战争肯定很残酷，一不小心自己就会完蛋。

但是，它们都有点身不由己。大家还记得《菠萝战争》吗？雅典和斯巴达也不太想打仗，但是恐惧导致对立，对立导致失控，最终双方被逼到了死角，一切都变得不可收拾。

现在这套逻辑又开始发挥作用了。罗马和迦太基也一步步地走向决裂。最后，它们甚至还没完全搞明白怎么回事，战争就已经开始了。

小结

开始的时候，罗马只是一个不起眼的小城邦。但是它凭借着爱国勇气和政治智慧，用了几百年的时间，基本统一了整个意大利半岛。

28

迦太基必须毁灭！

看上去，迦太基很可能会打赢这场战争。

迦太基在地中海南岸，罗马在地中海北岸。它们要打仗，就得在海上打。迦太基是个海洋国家，有一支非常强大的舰队。可是罗马根本就没有舰队。罗马人以种地为生，一群农民要舰队干什么？

一直到战争都打起来了，罗马人才忽然想起来：“我们应该有一支舰队！”

说干就干，他们马上就开始造舰队。可他们连战船什么样都搞不太清楚，怎么造呢？

好在罗马人是一群天生的工程师。他们跟希腊人可不一样。希腊人就像一群文艺青年，喜欢写诗看戏，思考人生。而罗马人就像一群理工男，对这些东西一窍不通，但是动手能力很强，擅长解决实际问题，所以造舰队这件事儿难不倒他们。

有一艘迦太基战船碰巧搁浅在海滩上。罗马人把它抢过来以后，比着样子，乒乒乓乓很快造出一支舰队来。但他们毕竟是新手，造出的战船性能不够好。再说了，罗马人划船的本领也不怎么样。这样拼凑出来的海军能行吗?

没过多久，双方就在海上遇见了。迦太基舰队一看:“哇，这哪里是海军？简直就是一群坐着轮椅的残疾人！”他们高高兴兴地冲上去了。

结果就在这个时候，出了一件奇怪的事情。罗马战船忽然伸出一个长长的吊桥，“咔嗒”一声，就把迦太基的船给钩住了。迦太基战船没法动弹。罗马人顺着吊桥冲过来，把敌人杀个精光。

迦太基人被惊呆了：怎么可以这样打海战呢?

可是罗马人就是这样打海战!

这个吊桥是罗马工程师的新发明，名叫“乌鸦”，专门用来对付敌人的战船。这个东西原理很简单，操作也不复杂，可迦太基人就是想不出对付它的办法。从那以后，迦太基舰队就一次一次被打败。

每次开战，迦太基舰队都轻盈灵巧，姿势优美，如同一个武功高强的剑客。而罗马舰队总是一瘸一拐地走过来，放下乌鸦，“咔嗒”一声钩住敌人的船，然后冲过去杀掉敌人。

就这样一个小发明，几乎把迦太基舰队弄崩溃了。

但是乌鸦也有乌鸦的问题。它太重了，战船安装乌鸦以后，很难保持平衡。所以罗马舰队一遇到风浪，就很容易沉到海里去。

于是，这就形成了一种“石头剪刀布”的游戏：

罗马舰队能打败迦太基舰队，迦太基舰队能打败海浪，海浪能打败罗马舰队。

这样一来，谁也不能快速取胜，战争一打就是二十多年。

打着打着，罗马作为长跑冠军的优势就显露出来了。它特别有韧劲，损失一百艘战船就再造一百艘，损失一万人就再补充一万人。必要的时候，所有公民都可以上战场。

可是迦太基就不行。它主要使用雇佣军。雇佣军是花钱买来的军队，他们打起仗比较专业，但实在太贵了。迦太基就算再富裕，钱也有花光的一天。

最后，迦太基终于顶不住了。它承认失败，签订了屈辱的条约，向罗马割让大片领土，还要支付赔款。罗马和迦太基的第一次战争结束了。

但是这次战争没有解决根本问题，反而种下了仇恨的种子。迦太基并没有被彻底打倒，它时时刻刻都忘不了复仇。双方刚刚喘了一口气，第二次战争就爆发了，那是在公元前 218 年。

这次战争和上次完全不同，因为迦太基出了一个军事天才，他叫汉尼拔。这个人就像亚历山大大帝、凯撒、拿破仑一样，是战神级的人物。

汉尼拔对罗马充满了刻骨的仇恨。在他还是个小孩子的时候，汉尼拔的爸爸就把他带到神庙，让他在神的面前发誓永远与罗马为敌。汉尼拔确实做到了这一点。

汉尼拔有一个非常宏大的计划。这个计划听上去多少有点疯狂。他没有从正面进攻罗马，而是从西班牙出发，绕了一个大圈，兜到了罗马的背后，也就是那个“靴子”的顶端。那里有高耸入云的阿尔卑斯山，非常陡峭，上面还覆盖着厚厚的冰雪。罗马人根本不相信汉尼拔会从这儿过来，因为只有疯子才会干这样的事。

可是汉尼拔的军队真的翻过了阿尔卑斯山，而且——他们还带着三十七头大象！你能想象大象爬雪山吗？这是一群多么可怜的大象啊。可最后它们还是哆哆嗦嗦地完成了任务。

罗马人一直以为敌人会从前面来，谁知道敌人却出现在了背后。他们大吃一惊，马上集中兵力迎战汉尼拔。双方在一个叫坎尼的地

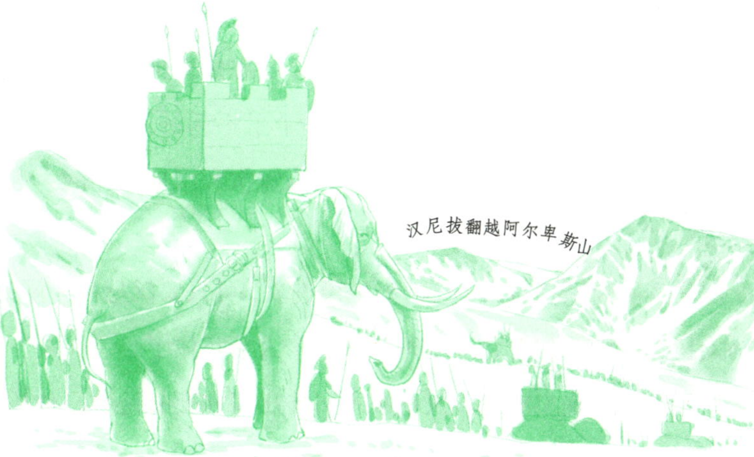

汉尼拔翻越阿尔卑斯山

方展开决战。这次战役在历史上赫赫有名。一直到今天，很多军事学校还在课堂上学习这场战役，因为它打得非常高明。

汉尼拔的士兵比敌人少得多，但是他用了一个巧妙的办法，把敌人困在一个包围圈里。罗马人挤在了一起，连挥动武器的空间都没有，人数再多也没用。当时的场面相当恐怖。很多罗马士兵甚至拼命挖地洞，想把身子埋进土里逃命，结果活活被闷死。情况真是绝望极了。

一个下午的时间，罗马主力军全部被歼灭。据说，光是从尸体上摘下的金戒指，就堆成了一座小山。

这个消息传来，罗马人简直五雷轰顶。敌人打到了家门口，主力军又完蛋了。现在看来，好像只有求和这一条路了。

可是罗马人并没有这么干。他们榨干了所有资源，就连奴隶也都编入军队，最后凑出了一支新的大军。罗马的态度非常坚定：无论如何，绝不求和！

汉尼拔犹豫了。他不敢直捣罗马城，还想接着把罗马军队骗出来消灭掉。可是，罗马人现在树立了一个了不起的原则："不和汉尼拔作战！坚决不和汉尼拔作战！"因为每次和汉尼拔作战，都会吃败仗。

罗马人不断骚扰敌人，发动小规模进攻，可只要汉尼拔一露面，罗马人扭头就跑。你看，一个国家被一个人给吓住了。

但是这一招确实有效。汉尼拔不可能出现在所有地方。他跑到东边，西边就会出事；跑到西边，东边又会出事。你总听说过"按下葫芦浮起瓢”这个成语吧？汉尼拔就是这个样子。他空有一身本领，也施展不开。战争又变成了一场漫长的消耗战。

罗马人的长跑技能又发挥出来了。短跑冠军汉尼拔，渐渐被长跑冠军罗马落在了后面。

十几年下来，汉尼拔被拖得筋疲力尽。罗马人觉得时机成熟了。公元前 202 年，他们派出远征军，跨海进攻迦太基，直抄汉尼拔的老窝。汉尼拔没办法，慌慌张张从意大利赶回老家。

结果在家门口，他打了人生中第一次真正的败仗，汉尼拔的军队全军覆没。

迦太基没有罗马的韧劲儿，它爽快地投降了，放弃了所有海外领土，交出了自己的舰队。汉尼拔只好亡命天涯，逃到了东方，最后在那里服毒自杀。就这样，第二次战争结束了。

战争虽然结束了，但仇恨并没有结束。罗马人实在太痛恨迦太基了。虽然迦太基已经被彻底打蔫了，他们还是不想放过它。比如有一位罗马大人物，他每次开会的时候，不管谈的什么八竿子打不着的事儿，最后总要高喊上一句：“迦太基必须毁灭！”

——城市的街道应该拓宽了。迦太基必须毁灭！

——乱扔垃圾要处以罚款。迦太基必须毁灭！

——我身体不舒服，明天请一天假。迦太基必须毁灭！

然后迦太基就真的毁灭了。罗马人随便找了个借口，和迦太基打了第三次战争。他们把迦太基夷为平地。这还不算，罗马人还把废墟彻底犁了一遍，然后在上面撒了一层盐。他们要让迦太基永远、永远地消失。

有必要吗?

根本没有这个必要。罗马人这么干，就是出于赤裸裸的仇恨。经过这三次战争，罗马人变了。他们变得更凶狠，更贪婪，也更强大。

罗马人终于锻炼出来一支战无不胜的军队。现在就算汉尼拔复活，恐怕也对付不了罗马军队了。

你可能会以为罗马士兵都很强壮。不，他们个子不高，而且常年吃素，很少吃肉，所以肌肉也不是特别发达。要是单打独斗的话，他们未必很厉害。但是他们聚在一起，就变得所向无敌。

这是因为罗马人的战术非常科学，纪律非常严格。什么时候往前冲，什么时候往后撤，谁在前，谁在后，先用什么武器，后用什么武器，一切都井井有条，就像一台上了发条的机器。

这台战争机器厉害极了。迦太基灭亡以后，再也没有谁能挡得住罗马人了。他们走出意大利，昂首阔步地向外扩张，谁也不是他们的对手，就连亚历山大大帝留下的马其顿方阵也不灵光了。罗马军队像斧子一样，活生生劈开方阵，把敌人打得一败涂地。

所有国家都怕罗马怕得要命。大家还记得塞琉古王国吗？亚历山大留下的三大王国里，塞琉古是最大的一个。可是在罗马人面前，塞琉古的国王就像一个被老师训斥的小学生。

有一次，他和别的国家打仗。罗马派了一个使节，命令他马上撤军。国王说：“可是军队已经开战了，我没有办法马上撤军。让我想一想。”

罗马使节就拿起手杖，绕着国王画了一个圈儿，说："那你就站在这个圈子里想。想好之前不许走出圈子！"

一个大国的国王，就那么老老实实地站在圈子里，一动也不敢动。最后国王说："我想好了，马上撤军！"

罗马使节说："好，现在你可以从圈子里出来了。"

看，罗马就是这么骄横！

胜利者总是能得到很多很多财富。罗马人也是这样。本来罗马人是一群非常朴素的农夫，吃黑面包，喝大麦粥，穿粗布衣。可现在他们从各地搜刮到了大量财富。有一次他们打完仗，把抢来的银子放在大筐里。光是这些筐子就要三千个壮汉扛着，才能运进罗马城。

就这样，罗马人发财了。

然后，灾难也降临了。

小结

罗马和迦太基进行了三次激烈的战争，最终迦太基彻底失败。罗马共和国自此再无对手，成为整个地中海世界的霸主。

29

凯撒抢到了桃子

如果把五个猴子关进一个大铁笼子里，会发生什么事情呢？

可能什么也不会发生。它们会安安静静待在笼子里，晒太阳，捉虱子，睡觉。

但如果在这个时候，你忽然把一个水蜜桃扔进笼子里呢？

它们会不会心平气和地分掉这个桃子呢？你吃一口，我吃一口，猴猴有份，和谐欢乐？真实情况不会是这样。猴子们会争先恐后地扑向桃子，互相推搡，撕咬，龇牙咧嘴吓唬对方。最后，一只最强壮、最机灵的猴子会抢到桃子。其他四只猴子则鼻青脸肿，满脸羡慕地看着它。

罗马共和国后来的故事，就有点像铁笼子里的这一幕。

我们都是从动物进化过来的，身上保留了很多动物本能。罗马人当然比猴子要聪明能干，但是那种撕咬争抢的原始本能，还是深深刻在他们的基因里。

不过，猴子争抢的是水蜜桃，而罗马人争抢的是钱和权。

打倒迦太基之前，罗马人没有什么钱，也就没有太多好争抢的东西。可现在他们强大了，征服了很多国家，有了数不清的钱。这就像往铁笼子里扔进一个又红又大的水蜜桃，争抢马上就开始了。

如果在雅典那样的民主城邦，也许可以比较合理地分配这笔财富。可是在罗马，门儿都没有！它虽然是个共和国，但是并不平等。谁有权力，谁就能抢到一大笔钱，谁没有权力，那就只能受穷。

前面说过，罗马人懂得妥协的艺术。可是面对如此诱人的财富，大家都忘了妥协。谁有权力谁就拼命捞钱，能捞到多少就捞多少，不要管别人怎么想！罗马富豪们过上了非常奢侈的生活，他们住最豪华的别墅，穿最华丽的衣服，吃最昂贵的食物。据说在他们的餐桌上，一条鱼的价格比一头牛还贵！可是最底层的罗马人，却连自己的土地都保不住，只能四处流浪。

就这样，社会被撕裂了。

这样就会天下大乱吗？那倒也不一定，因为还有法律。只要罗马人继续尊重法律，那么情况再糟糕也有个限度。可是，罗马人被钱刺激得两眼通红，最后连法律也给扔掉了。

这件事发生在公元前 133 年。一位叫格拉古的政治家想要发起一场改革，把财富分配得更公平一些。在共和国的早期，这种改革是很常见的事情。有时候改革行得通，有时候行不通，但不管怎么样，最后都是通过法律来解决问题。可是现在不行了。

罗马最有权力的政府机构叫元老院，就像现在的议会。元老院的成员被称为元老。这群元老非常痛恨格拉古的改革。他们大喊大叫，散布谣言说：“格拉古要发动政变！他要推翻共和国，自己当国王！”最后他们居然冲进会议厅，围住格拉古，用板凳腿把他活活给砸死了。元老变成了一群暴徒和流氓。

不光格拉古被打死了，在一片混乱中，总共死了三百多人。他们的尸体统统被扔进了河里。

这是从来没有过的可怕事情。法律被彻底践踏了。

罗马是一个共和国。共和国的力量就在于它的法律。为什么老百姓凑在一起投票，就能决定谁能当官儿？为什么元老院下一道命令，所有军队都会服从？就是因为大家服从法律。现在元老院自己带头不尊重法律，青天白日地拿板凳腿把别人活活砸死，那别人凭什么服从你？

一旦法律说了不算，武力就会说了算。

从格拉古被打死以后，罗马的局势就逐渐失控。妥协精神消失了，对法律的尊重也消失了，人们越来越习惯用武力解决问题。谁的武力最强呢？当然是带兵打仗的将军。元老们能用板凳腿砸死人，将军就可以用刀剑来杀人。

有一个词儿你肯定听说过，叫“军阀混战”。此后的几十年里，罗马就经常发生军阀混战。不过，混战归混战，罗马军队还是天下无敌。别看它内部经常打成一锅粥，但是对外扩张的步伐从来没有停止。

罗马的领土越来越多，但是内部却越来越乱。共和国面临一场巨大的危机。现在的问题是：它会活下去，还是会死掉呢？

最后答案揭晓了。

凯撒大帝

罗马出现了一个大人物，把共和国给干掉了。这个人就是大名鼎鼎的凯撒大帝。

凯撒是个野心勃勃的人，很喜欢出风头。年轻的时候，他就显得与众不同。在他二十五岁那年，凯撒出海旅行，被海盗绑架了。海盗索要二十泰伦作赎金。泰伦是罗马的一种货币单位，二十泰伦是很大的一笔钱。凯撒却说：“笑话！难道我凯撒就值这点钱？我的赎金至少应该是五十泰伦！”海盗觉得碰上了一个二百五，当然很开心。

凯撒派人去准备钱。等赎金的这段时间里，凯撒和海盗们相处得很融洽，还经常给他们朗诵自己写的诗歌。和海盗聊天的时候，凯撒说：“你们放了我以后，我会把你们全都抓起来吊死！”海盗们听了哈哈大笑，以为这是开玩笑。

等 50 泰伦的赎金送到，海盗释放了凯撒。凯撒一上岸，就召集一帮人马，杀回海上，把这些海盗全抓起来处死了。

后来，凯撒成了高卢总督。高卢大致就是现在的法国。罗马只征服了高卢的一个小角落，在那儿建了一个省，凯撒就当了这个省的总督。凯撒上任以后，用了八年的时间，把整个高卢都占领了。

征服高卢以后，凯撒调转枪口，率军进攻罗马。

罗马城北边有一条名叫卢比孔的小河。按照当时的规定，将军要是带军队跨过这条河，就算叛国。凯撒也有点胆怯，他在河边犹豫了一阵，盯着河水发呆。最后他心一横，说："骰子已经掷出去了！"意思是说这就像一场赌博，既然开了头就不能停，一切听天由命吧！

说完这句话，凯撒就渡过小河，冲向罗马。

罗马城里有一位威名赫赫的将领，名叫庞培。他立下过很多战功，被认为是共和国的战神。庞培和凯撒本来是朋友，可现在他们成了不共戴天的仇人。两人进行了大决战，结果昔日的战神宣告陨落，新的战神冉冉升起。

凯撒大获全胜，庞培只好逃亡。凯撒带着军队在后面追。庞培跑到哪儿，凯撒就追到哪儿。最后庞培死在了埃及，这场内战才宣告结束。

凯撒心满意足地返回罗马城，当上了共和国的独裁者。

这就是故事的梗概。

历史学家们觉得这个故事辉煌壮丽，非常了不起。他们写了很多书来赞美凯撒，说他如何高尚，如何智慧，这些战争又是如何激动人心。凯撒头上有了一层英雄的光圈，好像他是古代历史上最伟大的人物。

其实这都是幻觉。

凯撒是一个有能力的野心家，如此而已。他一点儿都谈不上高尚。相反，凯撒是个相当狠毒冷酷的人。据说在征服高卢的时候，凯撒杀死了上百万高卢人。这个数字肯定是夸大的，但凯撒也确实搞了很多次大屠杀。就算按照当时的标准，这么干也是挺狠毒的。

凯撒也没有“改造罗马”的远大理想。他无非就是想称王称霸，让所有人都害怕他，服从他。他觉得这样很过瘾。历史上有许多这样能干的野心家。跟他们比起来，凯撒并没有太特殊的地方。

历史学家崇拜凯撒，其实就像有些孩子会盲目崇拜小霸王一样：“哇！这个大哥看着好酷啊，想打谁就打谁！看，他还有文身呢！”

如果我们冷静地看待凯撒的故事，就会发现它和猴子抢桃子没有本质区别。一群猴子打架，总是会出现一个最强壮的猴王。一群罗马军阀开战，最后也总是会出现一个最厉害的强者。这没有什么了不起的地方。

凯撒抢到了罗马，那下一步怎么办呢？

他有两个选择。

第一个选择是拯救共和国，改造政府，修订法律，重建共和国的威信。这么干确实很困难，但并非完全做不到。

第二个选择是终结共和国，自己当皇帝。

你猜凯撒会选哪个呢？当然是第二个！猴子抢到桃子就要吃掉，凯撒抢到共和国当然也要吃掉。

凯撒表面上还在装腔作势。有的马屁精称他为“皇帝陛下”，凯撒谦虚地说：“不不不！我不是皇帝陛下，我只是凯撒而已。”实际上谁都知道，他正在积极准备当皇帝。不出意外的话，他很快就会如愿以偿。

可是在最后关头，事情出现了差错。

公元前 44 年的一天，凯撒走进元老院。十多个人忽然把他团团围住，然后抽出匕首，向他猛刺。凯撒想跑，可已经来不及了。他开始还拼命还击，后来干脆拿衣服蒙住脸，放弃了抵抗。凯撒满身是血地死了，身上留下了二十三处伤口。

凯撒死了，但是共和国也没有得救，因为凯撒已经把共和国的架子给拆掉了。他的养子屋大维继承了他的事业。公元前 27 年，屋大维开创了罗马帝国。

屋大维打仗也许不如凯撒，但是在政治方面却更加聪明。他害怕刺激大家，所以并不说自己是皇帝。屋大维挑了一个很低调的词儿，叫“第一公民”，可实际上，他就是罗马的第一个皇帝。

罗马共和国完蛋了。它经受住了外敌的考验，哪怕汉尼拔打到了家门口，共和国也从未动摇。可是它却没能经受住内斗的考验。

在古代，维持一个共和国很麻烦，维持一个帝国就比较容易，这就像让一群猴子平心静气地分桃子很困难，但找出一个猴王来独占桃子却比较容易。所以，共和国最终变成了帝国，罗马变成了一座猴山。

这不是什么进步，而是一场历史的悲剧。

小结

罗马通过征服得到了巨大的财富，但是这些财富带来了混乱。凯撒在混乱中崛起，成为罗马的主人。公元前44年，他被人刺杀，但是共和国依旧没能摆脱灭亡的命运。罗马最终成为一个帝国。

30
公元元年的世界

我们的故事推进到了一个重要的时间节点——公元元年。在前面的章节里，我总是说这件事发生在公元前多少多少年。从现在开始，我就会说公元多少多少年了。

公元元年发生什么重大事情了吗？其实也没有。基督徒曾经相信耶稣出生在这一年，所以才选这一年作为公元元年。可是，后来人们发现搞错了。耶稣并不是出生在公元元年，而是在公元前 4 年。这件事从头到尾就是一个大乌龙。

在历史上，公元元年是普普通通的一年，非常平淡。甚至可以说，世界在这一年喘了口气，休息放松了一下。

不过，正好趁世界休息放松的时候，我们停下来审视一下它的样子。

在公元元年的地球上，我们一眼扫过去，就会看到两个超级大帝国。一个在东方，就是中国的汉朝。一个在西方，就是罗马帝国。这两个国家的个头几乎一样大，人口数量也差不多。如果我们找一个天平，把汉朝和罗马放到它的两头，就会发现天平基本是平衡的。

就让我们从东方开始，先看一看我们的汉朝。

秦始皇的帝国早就灭亡了。经过一场混战，刘邦建立了汉王朝。“汉族”这个名称，就是从这里起源的。

从空中看的话，汉朝是黄色的。它的中心位于黄河流域，这里到处是一大片一大片的黄土地。黄土地上有很多城市，其中最大的一座叫长安。

以前，长安只是一个不起眼的小镇子。皇帝刘邦说：“这里要有一个大城市！这里要变成我的首都！”然后，哗啦一下，这里就变出了一个长安城。

汉朝和唐朝的首都都是长安。可是这两个长安完全不一样。唐朝的长安横平竖直，就像一个大棋盘，上面密密麻麻布满了居民区，很有生活气息。

可是汉朝的长安没有那么多居民区。这里主要是宫殿，非常非常大的宫殿。你去过北京故宫吧？故宫已经很大了，可是汉朝的皇宫还要大得多。长安有五座最主要的宫殿——长乐，未央，桂宫，明光，北宫——其中光是未央宫就有七个故宫那么大，长乐宫有八个故宫那么大！谁也不知道汉朝皇帝为什么需要这么大的宫殿，从这个宫走到那个宫很辛苦的。

也许汉朝人就是喜欢“大”的东西。唐朝是华丽的，宋朝是优雅的，而汉朝是恢宏大气的。它身体里充满了活力，渴望向外边扩展。

汉朝在北方打败了匈奴人，在南方发动了大规模移民，在西方开拓了丝绸之路。就这样，它成了一个极其辽阔的帝国。

在这个大帝国里，人们遵守同样的法律，使用同样的文字，而且同样尊崇孔子的教导。正是从汉朝开始，中国成了一个真正的整体。从此以后，一个王朝灭亡了，就会有新的王朝重新统一中国。它总是会从分裂走向统一，这就像一个大活人，你不可能把他拆成好几块。

这是我们的汉朝。从汉朝往西南方向走，就会来到印度，一个充满沉思和冥想的土地。

印度以前是四分五裂的，可是在公元前四世纪的时候，印度出现了第一个大帝国，它被称为孔雀王朝。这个名字听上去又浪漫又拉风，它是怎么来的呢？据说这跟王朝创始者旃陀罗笈多（这真是一个难念的名字！）有关。他们家原来是孔雀饲养员，所以王朝才有了这么个名字。

你肯定还记得亚历山大远征印度的故事吧！年轻的旃陀罗笈多曾经见过亚历山大，被那种皇家派深深地打动。他下了决心："我以后也要这样神气！"等亚历山大回老家以后，他就起兵造反，赶走马其顿人，建立了孔雀王朝。

孔雀大王旃陀罗笈多是个非常奇怪的人。他后来信奉一种独特的宗教（耆那教），对尘世越来越厌倦。到了晚年的时候，他把国家交给了儿子，自己穿上破衣服四处流浪。最后，他躲进了一个神圣的洞穴，在那里不吃不喝地祈祷，居然把自己活活饿死了！

一个国王把自己活活饿死！可能只有在印度，才会出这样的事情吧。

旃陀罗笈多的孙子阿育王，是孔雀王朝最著名的国王。他征服了很多领土，把疆域扩展到了几乎整个印度。但是在他视察战场的时候，看到被烧毁的村庄，还有遍地的尸体，阿育王的心灵深受震动。回去以后，他皈依了佛教，坚决反对战争。

阿育王在全国各地竖起了几十根巨大的石柱。他在上面刻下了很多文字，表达了自己的忏悔，宣布再也不打仗了。他要建设一个和平繁荣的国家。据说在晚年，阿育王散尽了家财。临死的时候，他手中只剩下半颗杧果，但是心中充满了喜乐。

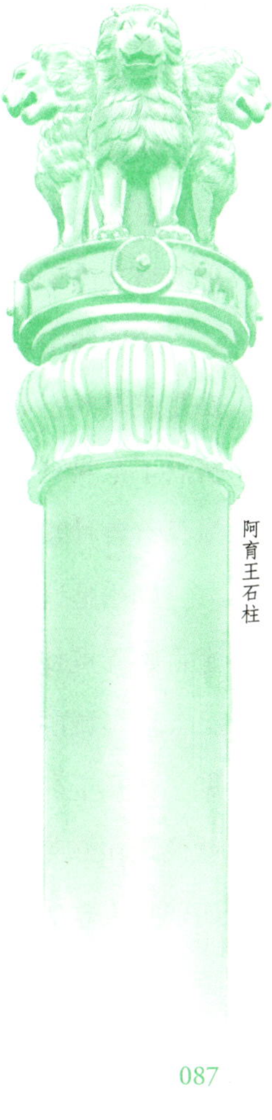
阿育王石柱

历史上有很多胜利的征服者，可是像这样为胜利而忏悔的国王，却只有阿育王一个。阿育王统治下的印度，非常的富裕昌盛。可是在他去世之后，孔雀王朝还是走向衰败。

在公元元年的时候，印度又是一大堆四分五裂的国家，互相打来打去。只有阿育王留下的那些石柱，还在提醒大家这里曾出现过一个伟大的国王。

从印度再往西走，就会来到现在的伊朗，这里是波斯帝国的老家。在公元元年的时候，这里有一个叫作帕提亚的王国。这个王国是一群游牧民族建立起来的。它文化落后，但是很能打仗。帕提亚骑兵甚至打败过罗马人呢。这个王国就像一座堤坝，挡住了罗马帝国的扩张。

帕提亚人非常非常喜欢马。他们干什么事情都离不开马，打仗是在马上，办公是在马上，做生意也是在马上。就连两个朋友在街上遇见，也都要先骑上马再聊天，因为他们觉得站着说话不舒服。在帕提亚，只有奴隶才会步行走路。

印度的帝国被称为孔雀王朝，帕提亚就可以被称为马王朝。有位帕提亚国王被人们赶下了台，其中的一个理由就是：他居然不喜欢马！

从这个马的王朝再往西走，就是罗马帝国了。

汉朝是黄色的，而罗马帝国是蓝色的。它包围着地中海，就像把大海吃进了肚子里，所以整个帝国都染上了海洋的蓝色。

帝国的中心是在罗马城。这个城市和长安完全是两个风格。长安是庄重的，而罗马是喧闹的。这里的街道歪七扭八，高低起伏，挤满了乱哄哄的人群。他们从来不会觉得生活沉闷无聊，因为城市里总有各种娱乐节目。

娱乐是这里的头等大事，就连皇帝也经常挖空心思地琢磨：“给老百姓弄点什么新鲜乐子呢？”

罗马城的娱乐有时候规模大得吓人。皇帝曾专门挖了一个人工湖，让几千名士兵开着战船，在湖里面给人们表演打仗。那个场面就像现在好莱坞的大片，但是好莱坞电影的特技是用电脑合成的，而罗马人看的却是真实的场面。

不过，最受欢迎的娱乐还是角斗。

这是一种非常残酷的表演，有点像古代版的“大逃杀游戏”。参加这种游戏的选手被称为角斗士。

有的时候，他们会和猛兽对打。狮子、老虎从笼子里冲出来，扑向手持武器的角斗士。角斗士要么杀死猛兽，要么被它们咬死。

有的时候，他们会分成不同的组，依次对打。有的角斗士拿着剑和盾牌，有的则拿着网和三叉戟。失败者需要接受观众的裁决。如果观众的裁决是：“杀了他！”胜利者就会把他当场杀掉。工作人员就拿铁钩子把尸体拉出去，扔在一边。

听上去非常恐怖，但并非所有的角斗士都是奴隶，还有很多自由人志愿报名呢！因为罗马人对这种比赛非常痴迷，优秀的角斗士可以大出风头，就像现在的电影明星一样。不过，出名的代价往往是死亡。很少有人能熬过十场比赛。

雅典人热衷于看戏剧，而罗马人热衷于看角斗，这可能就是文

角斗士

明性格的差异吧！

当然，这并不是说罗马帝国一团漆黑。历史上很少有全好或者全坏的东西。罗马帝国有很多值得称赞的地方。它有很精密的法律，非常宽阔的道路，还有很多很多漂亮的城市，每个城市里面还都有华丽的公共浴池。罗马市民非常爱洗澡，没事儿了就泡在浴池里。

在当时，他们可能是全世界最干净的一群人。

公元元年的罗马帝国，是个充满活力的地方。它还能兴盛好多好多年！

你看，这就是最主要的一些国家。东边是汉朝，西边是罗马，中间夹着印度和帕提亚。其他的小王国、小部落我们就不能一一讲到了。

公元元年的世界，再……

不对，等一等！还有美洲呢？

我们差点把它给忘了！

在《小小的青铜世界》里，我提到了公元前十三世纪的美洲，那里出现了喜欢制造石头大脑袋的奥尔梅克文明。那么，后来又发生了什么事情呢？

并没有发生太多事情，至少我们知道的不多。这里没有亚历山大大帝、释迦牟尼、孔子那样的人物。实际上，截止到公元元年，整个美洲甚至还没有一个能留下名字的历史人物。

这时，奥尔梅克文明已经彻底没落，玛雅文明才刚刚萌芽。这是一段青黄不接的时期。但是，有件事还是值得一提——美洲出现了第一座大都市。如果你穿越到公元元年的中美洲，就会看到这座城市。

它名叫特奥蒂瓦坎（又是一个非常难念的名字！），就算按照欧亚大陆的标准，它也是一座相当雄伟漂亮的城市。因为它实在太雄伟了，后来美洲人把它称为“神的住所”，认为神明们就诞生在这里。

按照他们的神话传说，上一个宇宙崩溃以后，时间之轮重新启动。旧神们聚集在特奥蒂瓦坎，创建新的宇宙。他们一个个跳入烈火之中。烈焰飞腾，旧神死亡，新神升起。第一个出现的太阳，第二个出现的是月亮。

在特奥蒂瓦坎，有一条六公里长的“亡灵之路”，在这条大路上能看到两座高大的金字塔，一座是太阳金字塔，一座是月亮金字塔。它们就是为了纪念新宇宙的诞生。这两座金字塔和埃及金字塔不一样。它们是阶梯形状的，但是依旧非常壮观威严。

这座漂亮的城市延续了很长时间。大约在中国的唐朝，它渐渐衰落，成了一座废墟。但是它也有自己的继承人，那就是阿兹特克文明。

是的，请记住：

制造石头脑袋的奥尔梅克人，催生了玛雅文明。

修建亡灵之路和金字塔的特奥蒂瓦坎人，催生了阿兹特克文明。

玛雅和阿兹特克，我在后面都会讲到的。

好了，公元元年的世界，再见。让我们接着回到罗马的故事。

小结

本章对公元元年的世界做了一个简单的回顾。当时世界上有两个最鼎盛的国家：东方的汉朝和西方的罗马帝国。印度的孔雀王朝已经崩溃，美洲的奥尔梅克文明也没落了，但是美洲出现了第一座大都市：特奥蒂瓦坎。

31

被钉上十字架的人

罗马第二个皇帝在位的时候，发生了一件事。

在罗马帝国的偏远角落，有一个无业游民被指控煽动叛乱，最后被处以死刑。

在当时的人们看来，这是一件微不足道的小事，罗马皇帝甚至根本不知道有这档子事。但是在几百年之后，它变成了划时代的大事件。整个帝国都来纪念这位死者，把他尊奉为救世主。

这个人名叫耶稣。耶稣是犹太人。我们在《一和多》里讲过犹太人的历史。他们创立了一神教，认为世界上只有耶和华一个神，而犹太人是神的选民。犹太人是又贫穷又弱小的民族，罗马人没费多少力气，就把他们征服了。

耶稣出生在一个很普通的家庭里。他的爸爸是个木匠，耶稣长大以后也成了一个木匠。在三十岁之前，耶稣没有做过任何重要的事情。在大家眼里，他就是一个很平凡的人。

但是这只是表面现象。在耶稣的内心深处，始终翻滚着一些波澜壮阔的东西。

耶稣有点像释迦牟尼。他们一个是木匠，一个是王子，但是心灵上有很多共同的地方。他们对现实世界都不满意，都想追求真理，探索一些最根本的东西。

释迦牟尼曾经四处流浪，寻求解脱。耶稣也是这样。据说他曾经一个人到沙漠里待了四十天，在那里静静思考。《圣经》里把这段经历说得很神奇。据说魔鬼到沙漠里来引诱他说："你是上帝的儿子，你一定能把石头变成食物，你试试吧？"耶稣拒绝了。

魔鬼又劝耶稣从神殿上跳下来，说："你是上帝的儿子，你一定会安然无恙。"耶稣又拒绝了，说："我们不能试探上帝。"

最后魔鬼把耶稣领到一座最高的山上，给他看世界上的一切国家，告诉他说："你只要向我下拜，我就把这些国家都赏赐给你。"耶稣又拒绝了魔鬼的诱惑，说："我只能向上帝下拜。"

耶稣拒绝了魔鬼的诱惑

当然，这些传说只是一种象征，没有人知道耶稣在沙漠里到底思考了什么。但是从那之后，他的内心世界有了一次巨大变化。从沙漠里回来不久，他就站到山顶，向大家做演讲，这就是著名的“登山宝训”。

耶稣说：“虚心的人有福了，因为天国是他们的；悲伤的人有福了，因为他们必得安慰。怜悯人的人有福了，因为他们必然得到怜悯。”

他又说：“你们要做世上的光，你们要做世上的盐。”做世上的光，就是要用自己照亮这个世界。做世上的盐，就是让这个世界因为你而有味道。

具体怎么做呢？耶稣说：“你们要爱上帝，也要爱别人。不光要爱对你们好的人，也要爱你们的仇敌。”

在当时的人们看来，耶稣这些话非常奇怪。犹太人崇拜的上帝，又公正又严厉，像一个威严的父亲。而耶稣口中的上帝，却带着更多的温柔和仁慈。

耶稣开始向大家传道。他走遍了犹太的各个城镇，向大家讲述他心中的真理。这些话后来被收录在《圣经》的福音书里面。所谓“福音”，就是好消息的意思。

耶稣的有些话说得非常动人。比如他曾经对弟子们说：

“未来有一天，上帝的儿子会来审判大家。他让好人站在右边，说：‘你们可以进入天国，享受永远的幸福，因为我饿了，你们给我吃的；我渴了，你们给我喝的；我赤身露体的时候，你们给我穿

的；我病了，你们照顾我；我在监狱里的时候，你们来看望我。’

“这些人很吃惊地说：‘我们什么时候为您做过这些事啊？’

“上帝的儿子回答说：‘每个人都是我的弟兄，你们做到我最小最卑微的一个弟兄身上，就是做在我的身上。’

“然后他又对左边的人说：‘你们离开我，到地狱里去吧。因为我饿了，你们不给我吃的；我渴了，你们不给我喝的；我病了，你们不来照顾我；我坐牢的时候，你们不来看望我。’

“这些人就说：‘主啊，我们什么时候这么做过啊？’

“上帝的儿子就会回答说：‘这些事情，你们不做在我最小的弟兄身上，就是不做在我的身上。’”

在他眼里，所有人都是上帝的孩子。我们应该爱他们，不管他们是贫穷还是富有，是成功还是失败。这是一种非常伟大的思想，我想释迦牟尼听到这些话也是会赞同的。

但是犹太祭司却很讨厌耶稣。

耶稣的想法是从犹太教里长出来的，但是他改变了很多内容。

首先，耶稣改变了上帝的形象。

其次，耶稣把人和上帝的关系也改变了。犹太教是个集体性的宗教，上帝关心的是“犹太人”这个整体。耶稣的宗教却是个人化的。你就是你，跟民族没有关系。不论你属于哪个民族，在上帝眼里都一样的。

犹太祭司们绝对不赞成这样的改变。后来，耶稣来到了耶路撒冷，那是犹太祭司的大本营。祭司们想要杀死他。耶稣有一个叫作犹大的弟子。他收了三十块银币，出卖了老师的住处，因此犹大也就成了历史上最著名的大叛徒。

祭司们赶来捉拿耶稣。耶稣知道了这件事，他觉得这是上帝给他安排的使命。他想要逃走，但又不愿意违背使命，因此陷入痛苦之中。

在其他宗教创始人的故事里，主人公总是神通广大，安定从容。可是耶稣却充满了各种各样的内心挣扎。所以读耶稣的故事，就有点像读希腊人创作的伟大悲剧。

到了晚上，耶稣对弟子说："我的心痛苦得快要死了。"然后他就一个人走到园子里，伏在地上祈祷说："上帝啊，要是可以的话，请你把这个杯子从我嘴边拿开，不要让我喝下这杯苦酒。但是不要照我的意思，要照你的意思。"

他回到屋子里，看到弟子们都睡着了，就一个人又回到园子里，祈祷说："如果我不得不喝下这杯苦酒，那就愿你的旨意成全吧。"

说完，他就平静下来，等着别人来捉他。

犹太祭司们拿着刀来了，他们把耶稣带到罗马总督那里，说他煽动老百姓造反。罗马总督让人用鞭子抽了他，然后判处他十字架之刑。

那是一种酷刑，用钉子把人的手、脚钉在两块交叉的木头上，让他慢慢地死掉。耶路撒冷有个叫作"髑髅地"的刑场。罗马人在那里竖起三个十字架，耶稣被钉在中间，旁边是两个强盗。

耶稣苦苦忍受了六个小时。最后，他大喊了一句："以利，以利！拉马撒巴各大尼！”意思就是“上帝啊！上帝啊！你为什么离弃我！”说完，他就死了。

后来的基督徒们对这句话做了很多的解释。我不知道哪种解释是对的，但是无论如何，当时耶稣的内心一定非常痛苦。

这就是耶稣的一生。

在当时，他是一个默默无闻的人，追随者也很少。但是没过多久，奇怪的事情发生了。人们开始传说他是救世主，是上帝的儿子。人类身上有深深的罪恶，所以上帝把他的儿子派到人间，被钉上十字架，好替人类赎清罪恶。在世界末日的时候，耶稣会再次降临人世，审判一切的活人和死人。

就这样，基督教诞生了，“基督”就是“救世主”的意思。

它是从犹太教发展出来的，可是和犹太教又截然不同。犹太教只局限在自己的民族内部，基督教却在整个罗马帝国流传开来。

皇帝们很不喜欢这个新宗教。把一个死刑犯说成救世主，皇帝们觉得这简直是发疯！而且基督徒们还说别的神都是假的，这也让皇帝们非常恼火。所以他们时不时地迫害基督徒，有时候甚至会把基督徒们扔给野兽吃掉。可是，基督徒们还是不肯放弃信仰。他们躲了起来，悄悄地在地下室里举行仪式，赞美上帝和耶稣。

对罗马皇帝来说，基督教是个让人头疼的大麻烦。他们从没料到，有一天未来的皇帝也会对耶稣下拜。

不过那是很久以后的事情了。在此之前，我们先来看看这些罗马皇帝吧！

小结

耶稣是犹太的一位传道者。他被罗马人钉上了十字架，但是他的教导却逐渐传播开来，演变成了后来的基督教。耶稣本人也被信徒们奉为上帝之子、人们的救世主。

32

坏皇帝的好国家，好皇帝的坏国家

帝国总是要有一个皇帝。遇上好皇帝，国家就会昌盛，遇上坏皇帝，国家就会衰败。

几乎所有的历史书上都会这么说。

可是这个说法很有问题！

罗马帝国建立在公元前 27 年，在此之后它兴旺了两百多年。这段时间里，它既强大又富裕。后来的人们回忆起来，都说那是罗马帝国的黄金时代。既然这样，它肯定是碰到一连串好皇帝喽？

其实完全不是这么回事。这二百多年里，罗马总共出了十五位皇帝。其中有好皇帝，也有坏皇帝。

我们先说说坏皇帝。所有坏皇帝里面，最坏的一个就是尼禄。

尼禄简直坏透了。想想看，他把自己的老师都给杀了。他的老师名叫塞涅卡，是个非常有名的哲学家。这位老师一边教他知识，一边帮他治理国家，全心全意地辅佐他。可是尼禄怎么报答他的呢？他下了一道圣旨，命令老师自杀。塞涅卡只好割腕，但他岁数太大了，血流量不够，一时死不了。于是老爷子只好躺进蒸汽浴室里，活活把自己闷死了。

这还不算，尼禄甚至杀掉了自己的母亲。尼禄的母亲控制欲比较强，喜欢对他指手画脚。尼禄越来越讨厌自己的母亲。一开始，他派人把母亲坐的船偷偷凿了个洞，想让她在海里淹死。可是老太后是名游泳健将，居然逃到岸上，湿淋淋地回到自己的宫殿。

尼禄索性派出杀手，结果她的性命。尼禄的母亲一见杀手，就知道是儿子派来的。她指着自己的肚子说："往这里扎吧！我就是从这里把尼禄生下来的！"刚说完，她就被刺出许多窟窿。

尼禄也害死了自己的妻子。他的妻子很美丽，尼禄非常喜欢她。可是有一次两人发生了争吵，尼禄就朝妻子的肚子一脚踢过去。妻子正怀着孕，结果被活活踢死了。尼禄对此伤心不已，后来他发现有个男孩长得很像死去的妻子。你猜他做了什么？他把男孩阉割掉，然后两个人举办了婚礼！尼禄用妻子的名字来称呼这个男孩。

这真是疯狂。

杀害老师，杀害母亲，杀害妻子，尼禄看上去似乎毫无人性。但他却偏偏是个文艺青年。他喜欢写诗，喜欢弹琴，尤其喜欢唱歌。他觉得自己是个天才歌唱家，有一副上天赐予的动人歌喉，所以他非常注意保护嗓子，甚至连苹果、梨子这样带核的水果都不敢吃，唯恐扎到自己的声带。

当时罗马流行唱歌比赛，尼禄身为皇帝，居然也报名参加比赛。演唱结束后，他也跟其他参赛选手一样，怀抱竖琴，单膝跪地，等着裁判评分。裁判们吓得几乎要昏厥，哆哆嗦嗦地给皇帝打出了最高分。

光是参加比赛还不过瘾，尼禄又组办个人巡回演唱会。他用一年多的时间在希腊转悠了一圈，到处开演唱会。皇帝要开演唱会，没人敢不来。所有人都老老实实坐在那里，欣赏皇帝的歌喉。结果有些孕妇甚至把孩子都生在剧院里头了，因为皇帝下了命令，演唱会结束前，谁也不许退场！

巡回演唱会结束后，尼禄皇帝回到了罗马。他搞了一次盛大的凯旋仪式。上千人举着皇帝的演唱会海报，还有获得的各种奖品，浩浩荡荡开进了罗马城。市民们一起鼓掌，庆祝皇帝成了演艺圈的巨星。

在尼禄当皇帝的时候，罗马城发生了一次严重火灾。大火持续了一个多礼拜，把半个城市都烧掉了。人们都在交头接耳，说尼禄想要创作一部悲剧《特洛伊城的陷落》，但是没有灵感。他想看看烈火中的城市到底是什么样子，所以才派人纵火焚城。据说大火烧起来的时候，尼禄站在高塔上，一边欣赏火景，一边弹琴唱歌。

实际上，火并不是尼禄放的。不过火灾以后，他确实趁机占了一大块废墟，在上面修建了一座黄金宫。这座宫殿巨大而豪华，餐厅里甚至装着能旋转的象牙天花板，上面设有很多洞隙，可以洒落香水和玫瑰花。

市民们无家可归，皇帝却穷奢极欲，大家当然很气愤，所以才会流传尼禄焚城的谣言。尼禄听到谣言后，觉得很委屈。为了证明自己的清白，尼禄索性抓了好几百个基督徒，诬陷他们是纵火犯。

当时大家都觉得基督徒是一群怪人。一旦出了问题，怪人最容易被当成替罪羊。于是，尼禄挖空心思地折磨死他们。有人被绑到柱子上活活烧死，有人被迫披上兽皮，被扔进狮子笼。尼禄很喜欢欣赏这些场面，受害者的惨叫声让他心花怒放。

尼禄当了十四年皇帝。然后，人们开始造反。

起义者发表一份公告，列举了尼禄的种种罪行。尼禄仔细读了这份公告。上面说他是暴君，他没有反应；说他杀害母亲，他没有反应；说他杀害妻子，他也没有反应。

但这份公告最后说尼禄弹琴老跑调，他一下子激动起来了。对于一个文艺青年来说，这是最大的侮辱！一连好几天，尼禄都抱着琴找人诉苦："你听听看，我弹琴哪里跑调了？"

最后，尼禄走投无路，只好拔剑自杀。他拿着剑，比画来比画去，就是下不去手。一个仆人帮助了他，把剑推进尼禄的脖子里。他蹬蹬腿，死掉了。

尼禄就是这样一个又残暴又可笑的皇帝。他就像是一个历史标本，向大家展示权力能把人腐蚀成什么样子。

可是罗马帝国也有非常好的皇帝，比如马可·奥勒留。

马可是皇帝界的劳模。他当了十九年皇帝，从来就没有享受过舒服日子，每天不是处理文件，就是带兵打仗，要么就是四处巡查，日子过得比地主家的长工还累。

马可皇帝身体比较弱，动不动就胸口疼、胃疼，可他还是日复一日地从清晨工作到深夜。身体实在顶不住了，他就吃一种含有鸦片成分的药。他知道这种药对身体不好，但为了工作，只能硬着头皮去吃。

在生活上，他不追求任何享受，吃得简单，穿得朴素，对妻子也非常忠实。作为皇帝，他必须出席一些娱乐场合，观看比赛或者表演。可马可连这点时间都舍不得浪费。他总是随身带着一本书。别人看演出，他就低着头看书、做笔记。他的日常生活，除了学习，就是工作。

怎么评价他呢？你知道课本里的小明吧，小刚、小强总是调皮捣蛋犯错误，而小明永远积极向上，一身正气。面对小明，小刚、小强最后总是惭愧地低下了头。

马可·奥勒留就是皇帝界的小明。

马可的精神也非常崇高，他是一个业余的哲学家，写过一本名叫《沉思录》的哲学书。他写这本书并不是为了出版，而是写给自己看的心灵日记，后来偶然流传了下来。

罗马皇帝马克·奥勒留

所有读过这本书的人都交口称赞，说这真是一本伟大的书，每一页都是那么的深沉，那么的高尚。

我可以摘录几句给你看看：

任何一件不好的事，都可以因为你勇敢承担而变成好事。

做你灵魂的主宰，肉体上的事情，不管是愉快的还是痛苦的，都不要被它们所骚扰。

如果你根据正确的原则没有做成一切事时，不要厌恶，不要沮丧，也不要不满；而是在你失败时又再回去从头做起。

看上去这是不是一本非常了不起，但你又绝不会去读的书？是的，有点沉闷，就像课本里的小明一样。但我们必须承认，作者真的是一个大大的好人。

马可皇帝确实把自己当成国家的公仆，责任心爆棚。在他心中，人生就是一场无休无止的工作。何谈享受？责任就是一切！在历史上所有的皇帝里，马可·奥勒留可能是最无私、最高尚的一位。

听我介绍完了马可皇帝，你肯定会觉得，罗马人真有福气，摊上了这么好的一个皇帝！在他统治的时候，罗马人一定过上了幸福的生活。

事实恰恰相反。马可当皇帝的时候，罗马人的生活要比尼禄时代苦得多，国家越来越穷，灾难越来越多。

这并不是因为马可皇帝无能，实际上他相当能干，可是他处于一个不幸的时代。就算皇帝也很难扭转时代的力量。

坏蛋尼禄当皇帝时，罗马帝国正处在上升阶段，国势兴旺，经济繁荣。他再昏庸无能、再滥杀无辜，国家还是兴旺，经济还是繁荣。

马可·奥勒留呢？在他当皇帝的时候，罗马帝国碰上了一大堆倒霉事，一会儿是战争，一会儿是洪水，一会儿是地震。从东方还传来了一场大瘟疫，夺去了上百万人的生命。尼禄再滥杀，也不可能杀掉这么多人啊。

帝国就像一个人，总是会从健壮走向衰老。尼禄遇到了罗马帝国的青春时代，而马可遇到了它的衰老期。

中国唐代诗人罗隐写过一句诗："时来天地皆同力，运去英雄不自由。"说的就是这个道理。个人的力量其实很有限，即便他是皇帝，也是如此。时代的浪潮比他要强大得多。

所以马可是个不快乐的皇帝，《沉思录》也是充满挫折感的一本书，它不停地谈论怎么面对失败，怎么面对痛苦。马可是一个好人，好人碰上坏时代，往往就会痛苦。作为皇帝，他觉得自己有责任去改变这个时代，但他又做不到，所以他才会写下这样一本《沉思录》。在他去世以后，罗马帝国就开始了漫长的衰落。

小结

罗马帝国有过很多皇帝，其中有尼禄这样的坏皇帝，也有马可·奥勒留这样的好皇帝。但是皇帝的好坏并不能决定国家的命运，罗马帝国还是渐渐走向了衰落。

33

就像叶子渐渐枯黄……

罗马帝国衰落了。

可到底什么是“衰落”？

衰落不是某个明确的灾难。某人走着走着，忽然被车撞死了，我们不会说这个人“衰落”了。衰落是一个缓慢的过程，就像钢铁在空气里慢慢地生锈，叶子在秋天里慢慢地枯黄。

罗马帝国的衰落就非常非常缓慢，整个过程持续了将近三百年。

在这三百年里，它可不是像石头落下那样，直线下坠。罗马帝国更像一只没长好翅膀的小鸟从鸟窝掉下来。它在空中拼命扭动，忽高忽低，一会儿眼看就要落地，一会儿又挣扎着扇动翅膀，好像真的要飞上天空，一直折腾到最后筋疲力尽，掉在地上摔死。

这个过程真是曲折复杂。如果我把罗马帝国的衰亡故事全部讲出来，一百页纸也不够。所以，我只能勾画一个极其粗略的轮廓。

一开始，问题好像出在皇帝的宝座上。

皇帝驾崩，野心家们争抢皇位，谁也不服谁，结果天下大乱。如果你经常看电视剧或者穿越小说的话，对这种情节应该很熟悉。

有好一阵，罗马帝国的情形就是如此，上演一幕又一幕的皇位争夺战。

最荒唐的时候，罗马城的禁卫军居然拍卖过皇位！

我们听说过拍卖字画，拍卖别墅，可什么时候听说过拍卖皇位的？然而在罗马帝国，真的发生过这样的事情。

当时两个大财主都想当皇帝，禁卫军干脆就让他们俩竞价。谁给的钱多，谁就是皇帝。他们两个就你追我赶。你报一个价，我报一个价。价格越报越高，最后一锤定音，岁数更大的那位财主成功了！这个六十一岁的老头送给禁卫军一大笔钱，当上了皇帝。

可惜他只当了六十六天皇帝，就被推翻了。临死前，他还在喊："你们不能这样！这个皇帝可是我公平交易买来的！"喊完，他就被砍头了。

在五十年里，罗马出了二十六个皇帝，其中绝大部分皇帝最后都死于非命。时间一长，老百姓也就习惯了，都跟着形势随风倒。每过几年，就会上演一出这样的戏剧：

哎呀不好，李四这个逆贼带兵造反！张三皇上要御驾亲征了。

张三皇上肯定旗开得胜，马到成功，铲除这些叛贼！

张三皇上和李四逆贼打起来了！张三皇上好威风！李四这个逆贼绝不会有好下场！

哎呀不好，张三怎么不行了？

啊，张三这个暴君被打死了！

我早就说过张三这个人渣绝不会有好下场，李四皇上万岁！

哎呀不好，王五这个逆贼带兵造反……

这场大混乱出现在公元第三世纪，所以被称为罗马帝国的“三世纪危机”。皇帝越来越多，社会越来越乱，帝国看上去快要完蛋了。

可是罗马帝国非常顽强。它就像那只从鸟巢掉下来的小鸟，使劲扇动翅膀，又勉强飞了起来。帝国一连出了好几个能干的皇帝，打败了张三李四王五赵二麻子，统一了国家，把局势稳定住了。

他们很骄傲地说：“危机结束了，罗马帝国迎来了复兴！”

既然帝国复兴，那么一切就好起来了吧？可是也没有。罗马帝国还是千疮百孔，一大堆问题。国外的入侵越来越多，军队越来越费钱，贸易越来越少，老百姓越来越穷。它再也没能回到以前的黄金时代。

这时，大家才明白，那场争夺皇位的危机只是表面现象，并不是真正的原因。深层问题比这要复杂得多！

如果你腿扭着了，问医生：“我哪儿有问题啊？”医生会说：“你的腿有问题。”

如果你嗓子发炎了，问医生：“我哪儿有问题啊？”医生会说：“你的嗓子有问题。”

可是如果罗马帝国去看病，问医生：“我哪儿有问题啊？”医生会说：“你啊，哪儿都有问题！”

这就是它衰老了。一旦衰老，各种毛病都出来了。

帝国特别容易衰老，这一点和共和国不同。共和国也许会闯祸，也许会混乱，但它比较容易保持活力，一直过得热热闹闹。帝国就是另一个样子了。既然所有的事情都由皇帝做主，人们就容易冷漠，觉得自己就是个打酱油的，国家大事跟我没关系。有好事了，我接着；有坏事了，我忍着。这么想的人多了，帝国也就衰老了。

不过，在漫长的衰老期，罗马帝国还是干了两件大事。

第一件事，它把家给分了。

有位罗马皇帝觉得国家太大了，事情太多了，一个人管不过来。他就拿来地图，在中间画了条线，像切蛋糕似的把一个罗马切成了两个罗马。

其中一个叫西罗马帝国，包括现在的英国、法国、西班牙、意大利等等国家。

另一个叫东罗马帝国，包括现在的埃及、叙利亚、土耳其、希腊等等国家。

这两个罗马帝国，都有各自的首都，各自的皇帝，各自的政府，但又都承认自己是“大罗马帝国”的一部分。

那这次划分谁占便宜了呢？大家可能会觉得是西罗马帝国。英国、法国、西班牙、意大利，一听就荣华富贵。可那是现在！退回到罗马帝国的时代，这些都是落后地区，土耳其、埃及、叙利亚才是老牌的发达地区。在这本书里，我这才第一次提到英国，可是埃及我已经提到过无数次了。这就说明它们的发展程度是不一样的。

西罗马帝国穷，东罗马帝国富，这个差别很重要。所以我们后面就会看到，当大灾难降临的时候，西罗马帝国灭亡了，而东罗马帝国却活了下来，而且比它的兄弟多活了将近一千年！

如果不分家呢？可能两个都活不下来吧。面临恶劣形势，兄弟分家，各寻生路，也许是个迫不得已的好选择。

罗马帝国干的第二件大事更重要——它皈依了基督教。

在公元四世纪初，罗马帝国出了一个皇帝，叫君士坦丁大帝。凡是叫“大帝”的，肯定都很厉害。你看，从来就没有人管溥仪叫“溥仪大帝”，或者管尼禄叫“尼禄大帝”。君士坦丁大帝当然也很厉害，他是罗马帝国后期最著名的皇帝。

君士坦丁大帝打了很多胜仗，不过差不多都被大家忘光了。可他在罗马城外的米尔潘桥打的那场仗，却被后人反复地提起。其实，这次战役本身没什么了不起。可在开战之前，发生了一件怪事。

当时，君士坦丁正骑马站在桥头，他忽然抬头一看，只见天上浮现一个巨大的十字架，十字架上还刻着一行字：

以此为证，汝将征服。

结果他真的大获全胜，征服了敌人。

十字架是基督教的象征，君士坦丁大帝相信这是耶稣在保佑他。于是，在公元313年，他颁布了著名的《米兰敕令》，宣布基督教是合法宗教，谁也不许迫害。后来，君士坦丁大帝在临终前，又接受洗礼，正式成为基督徒。

君士坦丁大帝颁布《米兰敕令》

可是这里有一个问题：天上浮现一个自带标语的十字架，这能是真的吗？

你可以相信，也可以不相信，反正我不相信。

君士坦丁大帝也许确实信仰基督教。我承认，有这个可能。但是他大张旗鼓地力挺基督教，肯定也有政治上的目的。

罗马帝国不断碰到大麻烦，老百姓也都人心惶惶，一盘散沙。君士坦丁需要一种精神力量，把这个国家凝聚起来。这就像一个盘子碎了，需要用胶水把它粘起来一样。

在君士坦丁看来，基督教就是这个胶水。

“如果所有人都信仰同一个上帝，肯定会更团结一些吧？就算他们不愿为帝国作战，至少也会心甘情愿为上帝作战吧！”君士坦丁很可能就是这么想的。

如果君士坦丁不这么想，基督教的命运会是什么样呢？

不好说。

基督教一直被迫害，但也一直默默地成长。在君士坦丁大帝发布《米兰敕令》的时候，差不多每十个罗马人里有一个是基督徒。百分之十，这个比例说大不大，说小不小，所以前景很难预测。说起来，它还真的有那么一点可能会消亡呢。

想想看，如果基督教消亡了，那会是什么样儿呢？那就没有教堂，没有神父，没有圣诞节，没有后面的一连串历史事件。西方的小朋友不是到教堂，向上帝祈祷；而是到神庙里，向大神奥丁和雷神托尔祈祷！

那会是多么奇特的一个世界。

但是这样的世界并没有出现。君士坦丁大帝皈依了基督教，后面一个个皇帝也都跟着皈依了基督教。最后，整个罗马帝国的人也都有样学样，皈依了基督教。看来，皇帝想要干掉一个宗教，很困难；但如果想推广一个宗教，相对就比较容易。

基督教并没有能拯救罗马帝国，罗马帝国该灭亡还是要灭亡。但是，帝国灭亡以后，轮到基督教发挥作用了。它把废墟里的人们勉强黏合了起来，形成了一个新的社会——西方基督教社会。

打个比方的话，罗马帝国就像一个垂死的爸爸，在病床前把孩子托付给了自己的朋友——基督教。然后基督教把这个哇哇啼哭的孤儿抚养长大，成了现在的西方社会。

当然，这个比喻只是帮你理解这件事情的意义，它并不是特别准确，因为皇帝们可不知道自己正在做“托孤”的事情！

他们甚至根本不知道帝国快要死了。

小结

罗马帝国经历了充满动荡的“三世纪危机”。从这场危机中走出来以后，它做了两件大事。第一件，罗马帝国被分割成了东罗马帝国和西罗马帝国。第二件，罗马帝国皈依了基督教。

34

黑洞大喷发

我们前面讲了很多文明，中国、印度、波斯、希腊、罗马等等。如果把这些文明在地图上串起来，就会连成一条从东到西的长带子。在这条长带子里，有足够的降水，适合农业，所以古代文明都在这个区域里。

在这条带子的北方，还有一条和它平行的带子。这条带子也是从东到西，从蒙古一直延伸到欧洲的匈牙利。这条长带子里，到处是一望无际的大草原，里面住着很多游牧民族。

他们没有农业，没有城市，也没有文字。所以对于外边的人来说，这条带子里的世界就像一个神秘的黑洞，谁也搞不清楚里面到底发生了什么。但是每隔几百年，从这个黑洞里就会忽然喷射出一大群骑着马的战士，进攻文明地带。他们人数虽然少，但是骁勇善战，来去如风，相当恐怖。

总的来说，这个草原地带有三个喷射口。

东边的喷射口：位于中国的长城一线，主要针对咱们中国。

中间的喷射口：大致在现在的阿富汗，主要对付印度和伊朗。

西边的喷射口：位于东欧大草原，主要针对西方世界。

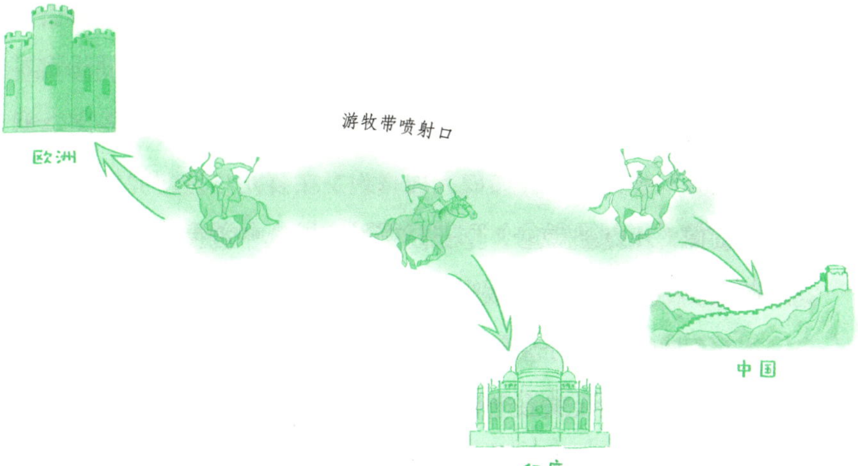

在公元四世纪后期，一群骑着马的武士从西边的喷射口冲出来了。他们被称为“匈人”。

匈人冲出来以后……等一等！为什么说是“匈人”，不说“匈奴人”？

你可能听到过这样一种说法：汉朝和北方的匈奴人进行过很多年的战争，尤其是汉武帝的时候，双方打得极其惨烈。最后，匈奴人失败了。他们被汉朝从东往西撵，最后一路跑到了西方，冲垮了罗马帝国。也就是说，咱们中国人的手下败将灭掉了罗马帝国。

这个说法很有趣，但是，它很可能是不对的。

“匈人”和“匈奴人”虽然都带一个“匈”字，但并不是一回事。跟匈奴人比起来，匈人更野蛮，也更古怪。据说他们把鲜肉夹在大腿和马背之间，焐热了以后就拿出来生吃。他们还喜欢用热铁在脸上烫下深深的烙印，这样就不会长出胡子来。孩子出生以后，父母还会用布紧紧缠住他们的脑袋，让他们的头骨变得又细又长，就像一个西葫芦。

跟汉朝打交道的匈奴人，肯定不是这个样子。

而且时间也对不上。匈奴人被打跑是在公元一世纪，而匈人出现在四世纪，中间差着三百年呢。所以，它们名字虽然像，但并不是一回事。

那么匈人来自哪儿呢？

有一个关于匈人的古老传说，据说匈人一直生活在大草原深处，根本不知道外面是什么样子。有一天，几个猎手追逐一只母鹿。母鹿不停地跑，一直跑出了大草原，跟在后面的猎手才大吃一惊：原来外面还有这么美丽富饶的天地！他们回去告诉了自己的同胞，于是匈人才走出了大草原。

走出大草原以后，匈人并没有直接进攻罗马帝国，因为中间还隔着日耳曼人呢。什么是日耳曼人呢？

总的来说，日耳曼人是印欧人的一个分支（你还记得印欧人吗？不记得的话，请翻到《鄙视你，你是脚丫子变的》这一章）。但它下面又包括一大堆民族。后来这些民族分布到了欧洲各地。现在的英国人、德国人、瑞典人等等，都可以算是他们的后裔。

但是再重复一遍：这只是很笼统的说法。实际情况比这要复杂得多。因为一旦牵涉到种族，就永远是一笔糊涂账！

反正不管怎么样，日耳曼人倒霉了。匈人走出大草原以后，先把他们痛打了一顿。

匈人打仗有个独特的优势，就是他们的弓箭特别厉害。别的游牧民族用的弓都是七八十厘米长，可是匈人使用的弓却差不多有一米五，跟人的个头儿差不多。骑在马上怎么用这么长的弓呢？太不方便了。所以匈人还有一个诀窍，他们的弓不是上下对称的，而是上面长，下面短，这样在马上就可以使用了。如此长的弓，射出的箭格外有力，隔着很远就能洞穿盔甲。

日耳曼人从没见过这么狠的打法。他们习惯用斧子和剑对着砍。可现在匈人根本不用靠近，远远地就能用箭一个个射死他们。等他们抡着斧子冲上前，对方又骑着马跑开了。几场战役打下来，日耳曼人很快就被杀得尸横遍野。

他们吓坏了，只能转过身拼命逃跑，离这些可怕的匈人越远越好。就这样，他们冲进了罗马帝国。

你在《动物世界》里看到过这样的场景吧？一群狮子去抓斑马，斑马成群结队地逃跑，掀起满天尘土，形成一股势不可当的洪流，这个时候，谁要是挡在斑马前面，就会被活活踩死。

匈人是狮子，日耳曼人是斑马，而罗马帝国就是被踩死的那个人。

罗马帝国也想拼命阻挡这些日耳曼人。如果在以前的黄金时代，它也许能挡得住，可现在它没有这么强大的力量了。很快，日耳曼人就突破了防线，从四面八方涌进了罗马帝国。

他们人数越来越多，进攻也越来越深入，结果在公元 410 年，发生了一件骇人听闻的事情：罗马城居然被他们攻陷了！

一支日耳曼部落毫不费力地攻入了罗马城，洗劫了这座城市。不过，据说他们态度非常友善。他们总是拿着刀剑，客客气气地问：“请问，我能把您家值钱的东西统统都拿走吗？不好意思，您如果说不行的话，我也许会轻轻地砍您一刀。”这种文明礼貌的态度让罗马市民大为感动。

这件事震动了整个帝国。罗马城当时已经不再是帝国首都，皇帝也搬走了。但它依旧被看作是神圣的城市。罗马城居然被一小撮蛮族给占领了！这简直违反宇宙的运行规则。很多人都开始一本正经地讨论起世界末日了。他们觉得既然这样的怪事都会发生，说明天使很快就会吹响末日的号角，耶稣就要下凡审判人类了。

据说，只有一个人不把它当回事，那就是西罗马帝国的皇帝陛下。

这个皇帝是个无能的昏君。他最大的嗜好就是养鸡，还给最喜欢的那只鸡起了个了不起的名字，叫罗马。小鸡罗马生病了，皇帝一直忧心忡忡。结果这天，有人慌慌张张跑来报告：“陛下，大事不好了，罗马完了！”

皇帝一听，脸都白了：“啊？！小鸡死了？可刚才我还给它喂过食儿呢！”

报信的说：“小鸡？什么小鸡？我是说罗马城完了！敌人攻陷了罗马城！”

皇帝长出了一口气：“谢天谢地，我还以为是小鸡死了呢！”

这个故事也许是人们编造出来的，但至少说明了一件事：罗马人对自己的皇帝很不满意！

从此之后，情况越来越糟。很多日耳曼的部落都涌入西罗马帝国。有的占了北非，有的占了西班牙，有的占了法国的一大块，你分一块，我分一块，差不多把土地给瓜分光了。

西罗马帝国越来越消沉。这就像人得绝症的时候，到底能活多久，往往要看病人的生存意愿有多强。西罗马帝国好像丧失了活下去的意志。它有一个省份叫不列颠，也就是现在的英国。罗马皇帝干脆主动把它放弃了。他写信说："现在情况太糟糕了！我没时间管你们，干脆你们独立吧！祝你们好运！"就这样，英国只好一脸悲伤地独立了。

但是西罗马帝国也打过一次大仗，那是和匈人打的。

因为匈人追过来了！

日耳曼人在前面跑，他们在后面追，结果也跟着冲进了西罗马帝国。他们的首领叫阿提拉，人称"上帝之鞭"，意思是说他是上帝的一条鞭子，专门用来抽打这个世界。

"上帝之鞭"匈人阿提拉

阿提拉是个矮个子，小眼睛，大脑袋，看上去其貌不扬。但是所有人都害怕他，说凡是被他马蹄踏过的地方，连青草都不会长出来。这么说当然有点夸张，但是阿提拉的军队确实极其凶残，所到之处都化为一片废墟。

西罗马帝国原来觉得日耳曼人已经够坏了，经常骂他们是“野蛮人”。可是看到匈人以后，才知道日耳曼人实在太文明、太高雅了。就算帝国要死，也不能死在这帮匈人手里！

于是，西罗马帝国和日耳曼人携起手来，组成了一支超级联军。公元 451 年，这支联军和阿提拉在沙隆平原展开大决战。结果阿提拉被击败了。他以前从来没有失败过，现在有点接受不了现实，差点拔剑自杀。

匈人撤退了。不久之后，阿提拉忽然暴毙，而且死法非常奇特。他娶了一个妻子，在婚礼上喝得烂醉如泥。结果第二天早上，大家发现阿提拉死了，嘴里、鼻子里到处都是血，新娘坐在旁边，已经吓得说不出话来。看起来，他可能是喝酒喝得太多，血管爆裂而亡。

他死后，匈人四分五裂，很快就退出了历史舞台。大草原平静了下来，又恢复成了一个黑洞。

沙隆战役是西罗马帝国最后的辉煌一战。然后，它就安安静静地走向死亡。

公元 476 年，最后一个皇帝被废黜，西罗马帝国正式灭亡了。

这个时候，东罗马帝国还活着。可是历史学家们觉得那已经不是真正的罗马帝国了。他们说：真正的罗马帝国在公元 476 年死了！

小结

公元四世纪，匈人冲出草原深处，向西方发动进攻。这一入侵引发连锁反应，导致了日耳曼人大量涌向罗马帝国。经过漫长而痛苦的挣扎，西罗马帝国灭亡了。东罗马帝国幸存了下来。

罗马文明小传

罗马的故事占了好几章的篇幅。为了防止你看着后面的，忘了前面的，我在这里做一个简单的小结。

一开始，罗马只是一个小小的共和国。它有一种比较平衡的政治制度，还有一套科学的作战方法，所以它渐渐变得强大起来。首先，它把意大利半岛统一起来，接着它和迦太基人狠狠地打了三次战争。迦太基的名将汉尼拔差点把罗马干掉，但最后罗马人还是获胜了。消灭迦太基以后，它成了地中海的主人。

罗马共和国知道怎么获胜，可是不知道怎么面对这种胜利。太多的财富涌了进来，引发了激烈的争抢。于是，共和国垮台了。它总共活了 482 年（公元前 509 年—公元前 27 年）。

共和国变成了帝国，所有权力都集中到皇帝手里。人们得到了秩序，但失去了自由。罗马帝国出现过尼禄那样的坏皇帝，也出现过马可·奥勒留那样的好皇帝。但不管好皇帝还是坏皇帝，都没能阻止帝国渐渐地衰老。罗马帝国繁荣了两百多年，然后就开始走下坡路。在最后的日子里，罗马帝国皈依了基督教，同时也分裂成了东、西两个国家。

然后，匈人出现了。日耳曼人被他们驱赶着冲进了边境，你一块，我一块，把西罗马帝国撕成了碎片。

帝国活了 503 年（公元前 27 年—公元 476 年）。

35

四个伙伴去露营

我不是说过，大草原有三个喷射口吗？匈人是从最西边的喷射口出来的，还有两个喷射口呢。它们也没闲着。

所以，在罗马帝国倒霉的时候，中国和印度也倒霉了。

先说咱们中国。

中国的这段历史特别乱，我给你简单地梳理一下。汉朝灭亡以后，中国进入了三国时期。魏国、蜀国、吴国三足鼎立，争夺天下。《三国演义》写的就是这段故事，你肯定听说过。但是有件事情你多半不知道，那就是这条故事线跟罗马的故事线很像。

我们在前一章提到了罗马的“三世纪危机”，一大群军阀打来打去，争抢皇位。中国的“三国时代”（公元 220 年—280 年）跟罗马的“三世纪危机”（公元 235 年—284 年）在时间上相当吻合。

这是一种巧合吗？好吧，就算是吧，那我们再看后面的故事。

罗马出了几个能干的皇帝，结束了三世纪危机，稳定住了帝国。但是后来游牧民族开始入侵，引发日耳曼人大迁徙。最后，罗马帝国分裂成了东、西两块，西罗马帝国灭亡了，东罗马帝国活了下来。

中国也出了几个能干的皇帝，结束了三国时代，建立了统一的晋朝。但是没过多久，外来民族开始大规模进犯，国家再次陷入大动荡。最后，中国分裂成了两块。北方被游牧民族占领，南方建立了汉族王朝。

是不是就像同一个故事的两个版本？

但是，故事的结局不一样。

罗马帝国分裂就永远分裂了，西方进入了漫长的中世纪，遍地都是小王国，可是在公元 581 年，隋朝重新统一中国。接着，就迎来了大唐王朝，那是中国历史上又一个光辉灿烂的时代。

画成图表的话就是这个样子：

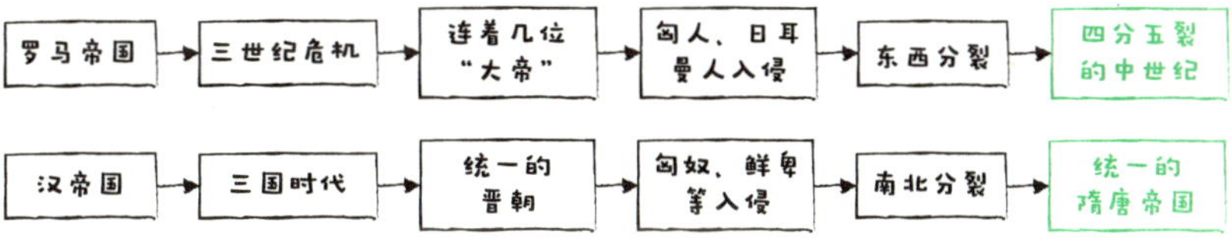

一东一西的两大帝国，几乎按照同一个神秘的节奏起伏，这是不是非常、非常的奇怪？

可是，它们的最终结局为什么又不一样呢？

它们结局的不同，当然有很多原因，但有一个因素非常重要，那就是罗马帝国和汉朝背后的文明不一样。

中国在欧亚大陆的东边，被沙漠、草原和海洋包围着。它跟其他文明虽然有交流，但总的来说还是独立发展的。所以汉朝背后只有一个文明：中国文明。

而罗马帝国的情况就复杂多了。它统治下的埃及，背后是古老的埃及文明；它统治下的希腊，背后是希腊文明；它统治下的土耳其，背后是赫梯文明；它统治下的叙利亚，背后是两河流域文明。就连它统治下的法国、英国，背后也都有自己独特的一套文化。

它就是一个大拼盘！

罗马帝国的武力就像一条铁链，把这些地区捆在了一起。一旦这条铁链断了，这些地区就“哗啦”一声，四分五裂，再也回不到原来的样子。所以，汉朝崩溃了还有唐朝，而罗马帝国崩溃了，就再没有第二个罗马帝国了。

中国就说到这里，再来看看印度。它正对着大草原中间的喷射口，所以也难逃一劫。

当时，统治印度的是笈多王朝。“笈多”听上去很古怪，但在印度是个很常见的名字。大家还记得吗？当年的孔雀大王就叫旃陀罗笈多。

笈多王朝是印度历史上的一个黄金时代。它留下很多宝贵的遗产。比如说咱们算数时用的“阿拉伯数字”，就跟它有关。

“阿拉伯数字”其实是印度人发明的，阿拉伯人只是帮忙传播了它。在笈多王朝时期，印度人做了一个重要改进，给这套数字增加了“0”这个符号。从此以后，“阿拉伯数字”才算彻底完善。

大家可能觉得 0 没有什么了不起。但是在历史上，很多民族都没有这个概念。比如古希腊人虽然很聪明，算数、几何，样样精通，但他们就不能理解 0。

你要是在课堂上问希腊小朋友：“小明有两个苹果，然后小明送给小红两个苹果，请问小明还有几个苹果？”正确答案当然是：小明还有 0 个苹果。

可希腊小朋友就会纳闷：“没有苹果就是没有苹果，怎么叫还有 0 个苹果呢？这不是胡说八道吗！”

很多人第一次看到阿拉伯数字，都感到非常吃惊：“居然有人可以有 0 个苹果！”而且拿任何一个数字去除以 0，结果就会是荒谬的无穷大。所以，他们觉得 0 这个符号是魔鬼发明出来的，称它为魔鬼符号。

笈多王朝在文学方面也很了不起。当时的人们把印度神话整理成了两部长篇史诗：《摩诃婆罗多》和《罗摩衍那》。《摩诃婆罗多》讲述了远古的一场战争，篇幅大得吓死人。现在中国已经有了全译本，整套书有五百万字，4300 页！另一首史诗《罗摩衍那》要短一些，主要讲了王子、公主和猴子的故事。猴子名叫哈奴曼，手拿一根虎头如意金棍，能腾云驾雾，上天入地，还会各种变化。

除此之外，笈多王朝还留下了很多优美的戏剧，有人说这些戏剧几乎和希腊悲剧一样好。它还产生了非常美丽的图画和雕刻，而且医学也很发达。据说笈多的医生甚至会做整形手术。你的鼻子要是掉下来，他们马上就能给你重新装上。

总之，这是一个相当繁荣的国家。可是大约在西罗马帝国即将灭亡的时候，它也倒霉了。一支神秘的游牧民族开始向它发起进攻。这些人被称为“白匈奴”，从这个名字推测起来，他们也许皮肤比较白吧。但是他们和匈奴有什么关系呢？那就没人能说得清了。

在白匈奴一次又一次进攻下，笈多王朝崩溃了。印度再次变为一堆小国，社会动荡，经济衰退，到处是一片萧条的景象。印度的一个黄金时代就此结束。

所以你看，大约在两三百年里，大草原的三个喷射口全部猛烈开启。中国、罗马、印度这三个最大的文明体都遭到了灭顶之灾。

这让人想起什么来了呢？

——公元前 1200 年左右的海上民族大入侵。

海上民族大入侵是文明世界的第一次大灾难，它结束了青铜时代。这次游牧民族大入侵则是文明世界的第二次大灾难，它也结束了一个时代，人们把这个时代称为“古典文明时代”。

这个时代大约从铁器时代开始，一直延续到这次游牧民族大入侵。波斯帝国、希腊城邦、罗马共和国和罗马帝国、中国的秦汉帝国、印度的孔雀王朝和笈多王朝，以及释迦牟尼、孔子、耶稣，都属于这个时代。

古典文明时代比青铜时代更加伟大壮丽。在这个时期，无论是中国、希腊，还是罗马，都有了自己独特的文明个性。当然，每个文明里都有千千万万人，我们不能把他们一概而论，但是大致来说，我们还是能够看到一些共同点。

就拿罗马人来说吧，他们性格严肃，略显死板，不像希腊人那么生机勃勃，也不像中国人那样恢宏厚重，更不像印度人那样富于幻想，但是他们擅长解决实际问题，做起事来有条不紊，就像是一群天生的工程师。

在那个时代，他们的公路可能是全世界最坚固的，他们的法律可能是全世界最精密的，他们的军队可能是世界上最训练有素的。他们就是一群技术小能手，擅长解决一切实际问题。

但是他们缺乏想象力，对世界也没有足够的好奇心。所以，罗马文明显得既伟大，又冷酷。它有头脑的力量，但缺少心灵的力量。所以，他们才会一边编写世界上最精密的法律，一边高高兴兴地观看角斗士互相屠杀。

我们可以拿这几个文明打个比方。

有一天，希腊、中国、印度、罗马四个小伙伴一起去露营。他们躺在草地上，仰望天空。

小希腊会说："啊！你看宇宙多么辽阔，多么神秘！天上的那些星星到底是什么呢？你说它们距离咱们有多远呢？它们为什么这样转动呢？你们难道就不好奇吗？"说完这话，小希腊拿起草棍开始在地上画示意图。

小中国会说："啊！你看天空覆盖着我们，大地支撑着我们。我们小朋友要学习天空的精神，自强不息，还要学习大地的精神，坚韧不拔。我们要做好孩子。”说完这话，小中国凝神望向了远处的山峦。

小印度会说：“啊！我感到星空中有一种神秘的力量。它肯定是世界的本源，是精神的归宿。我们来源于它，最后也要融合于它。那样我们就能摆脱人间的一切苦恼！”说完这话，小印度盘腿打了个莲花座。

这个时候小罗马说话了：“我觉得吧，从云层的形状看，不出两个小时就会下雨。我们应该尽快把帐篷扎起来，最好再用一尺长的钉子把四个角固定起来，这样，就算刮了七级风，我们的帐篷也不会被吹走。”说完这话，小罗马开始在工具箱里找锤子。

这真是迥然不同的四个小朋友。但是，正因为他们性格如此不同，世界才会显得丰富多彩。如果所有的文明都一模一样，那不就太枯燥了吗？

小结

游牧民族在中国和印度两个方向也发动了入侵。西晋王朝被摧毁，中国进入了几百年的动荡分裂时期。印度的笈多王朝在游牧民族的打击下，也走向了崩溃。中国、罗马、印度三大文明体都遭遇巨大灾难。

少年世界史

作者 _ 押沙龙

编辑 _ 杨珊珊　装帧设计 _ 朱大锤　插画绘制 _ 薛晓珑
主管 _ 周颖　技术编辑 _ 白咏明
责任印制 _ 梁拥军　出品人 _ 吴涛

营销团队 _ 魏洋 张艺千 礼佳怡

鸣谢（排名不分先后）

林柏墅 Freepik Vecteezy

果麦
www.goldmye.com

以 微 小 的 力 量 推 动 文 明

少年世界史

③

押沙龙——著

山東文藝出版社

果麦文化 出品

目录

36

鬼城与废土

在文明世界的第二次大灾难里，最惨的可能就是欧洲西部地区了，也就是现在的英国、法国、意大利、西班牙这些地方。

在好莱坞电影里，有一种类别叫“废土电影”。它专门讲浩劫之后的世界。浩劫也许是核战争，也许是大瘟疫。总之，文明崩溃了，人们在废墟上挣扎求生。钢筋水泥的高楼大厦旁边，游荡着一群破衣烂衫的野蛮人。文明时代留下的汽车，堆积在路边，锈成了一团团废铁。野草在体育场上疯长，图书馆里布满了青苔。人们为了一块面包打得头破血流。暴徒们在街头横冲直撞，杀人放火。一片非常可怕的景象。

罗马帝国灭亡后的西欧，就像是真人版的废土电影。这里的文明程度本来挺高的，跟中国、印度差不多并驾齐驱。可现在，它被彻底打回到了野蛮状态。

罗马人曾经建立了很多漂亮的城市，里面有公共浴室，有竞技场，有图书馆，还有巨大的水渠，把远方的水引到城市里来。现在它们大部分都荒废了，沦为一座座废墟。就连辉煌灿烂的罗马城，现在也是一片萧条，只有两三万人住在这里。这个城市太巨大了，这点人口甚至还填不满它的一个角落，所以到处都显得空空荡荡，如同一座鬼城。

人们逃到了乡村，有的甚至躲进了森林，过着又脏又穷的生活。每当他们路过往日城市的废墟，就会感叹说："哎呀，以前曾有过一个多么美好的黄金时代啊！"

在这个新世界里，最可怕的是暴徒。一旦秩序瓦解了，就会出现各种各样的暴徒。他们杀人、抢劫，无恶不作。大家没有办法安心种田，不敢出门旅行，无法随便做生意。这样一来，经济当然就会崩溃掉。可以说，他们是一切的罪魁祸首。

要结束这样的动荡混乱，古代人有个常见的办法，那就是出来一个最厉害的大暴徒，把其他的暴徒都打趴下。然后，他来给大家定规矩。抢劫变成了剥削，暴徒变成了国王，社会也就安定下来了。我们在历史书上读到的那些开国皇帝,其实很多都是这样的大暴徒。

可是，当时在西欧至少有两百多个大暴徒，或者说是两百多个国王。他们互相打来打去，谁也不能完全控制局面。

这两百多个国王里,有的人统治的领土跟现在一个镇长差不多。国王之间的战争就像村庄的械斗。但也有比较强大的国王，其中最强的一个叫克洛维。他是法兰克人的首领。

法兰克人是日耳曼人的一个分支。你应该知道，法国的真正名字叫法兰西。法兰西、法兰克，听上去是不是很像？这就是因为法兰西的原型就是法兰克王国。

克洛维非常坏，抢劫、绑架、撒谎、骗人，什么坏事都干。别人跟他聊天一定要特别小心，因为他喜欢在聊天的时候，乘人不备，忽然一斧子劈开对方的脑袋。

他杀过很多人，不过他最喜欢杀自己的亲戚，因为他担心亲戚们会分他的财产。克洛维几乎把亲戚都杀光了。在举办宴会的时候，他痛哭流涕地说："啊，我真可怜啊！我的亲人都死了！以后还有谁帮我呢？"

克洛维一边抹眼泪，一直拿眼睛在人群里偷偷打量，看有没有哪个亲戚还活着，要是有的话得赶紧杀掉。

克洛维就是这样一个坏蛋。可是没有关系，其他国王基本也都是坏蛋。如果克洛维能够打败所有其他的坏蛋，那他就会变成伟大的帝王，给人们带来秩序。让克洛维这样的恶棍来统治大家，当然让人心里不太舒服。但是，唉，人在乱世不能太挑剔！大部分时候，坏秩序总比完全没有秩序要好。

克洛维确实取得了一些成功。他使用了各种卑鄙手段，建立了法兰克王国。在这个王国里，大家的生活稍微安定了那么一点点——但也只是一点点，因为这个王国运转得很差劲。有人曾为这个王国写了一本历史书，它读起来就像一本恐怖小说。后来，法兰克国王的权力越来越小，强盗们又开始拦路抢劫，杀人放火。国家再次陷入混乱。

在罗马帝国灭亡以后的两三百年里，西欧就是这样一团糟。后来人们把这段日子称为"黑暗时代"。当然，你也可以把它叫作"废土时代”。

不过，黑暗时代也不是一团漆黑。当时也有一种把人们团结起来的力量，那就是基督教。

罗马帝国临死前皈依了基督教。日耳曼人闯进来以后，不知不觉受到了影响。就拿那位克洛维国王来说，他本来信奉别的教派，可是他娶了一位信基督教的妻子。太太天天在他耳朵边唠叨：“你应该信仰上帝！你信的那些神不怎么样，神通一点都不广大，上帝比他们厉害多了！亲爱的，听我的话，信仰上帝吧！”

终于有一天，克洛维带着手下三千名战士一起改信了基督教，他的太太总算满意了。

最后，所有的日耳曼人都皈依了基督教。这成了西欧人的身份象征。你是基督徒，我也是基督徒，大家都是基督徒。只有这一点能把大家联系起来。就这样，一个“西方基督教社会”就这么产生了。

在那个时期，基督教会建立了很多修道院，其中最有名的就是本笃修道院。本笃是一个意大利人，他为修道院订立了一套规矩，凡是按这套规矩运转的修道院，都被称为本笃修道院。

本笃定的规矩里，最重要的有三条：

一、不许有私人财产。

二、不许结婚。

三、服从上级命令。

听上去有点霸道，可是在那么恶劣的环境里，不这么做的话，修道院就很难存活。在本笃修道院里，所有人都要劳动。有力气的人去开荒，有文化的人去抄书，有技术的人去当工匠。大家生活得非常朴素，但都能吃得饱穿得暖。他们开垦荒地，种出了很多粮食。而且修道院还接待过路的旅客，提供住宿和食物。

外面的世界一片混乱，到处是灾难和饥荒。这些修道院就像沙漠里的绿洲，为人们提供了避难所。

除此之外，修道院还做了一件非常重要的事情，它们保留了文化的种子。在黑暗时代里，大家的文化水平一落千丈，就连国王和贵族基本也都是文盲。没有人对书感兴趣——除了这些修道院。它们四处搜集古代的书稿，把它们一本本抄录下来。在每个修道院里，几乎都有一个专门的“誊抄室”用来抄写书籍。

在罗马帝国时期，人们可以从埃及购买莎草纸，可现在没有了，修士们就把书籍抄写在羊皮纸上。这种纸是用羊皮或者小牛皮做的，价格非常贵。所以修士们抄书的时候特别珍惜，还经常在文字旁边画一些装饰性图案，比如小鸟、花朵、天使、葡萄藤。

古代羊皮书画片

他们抄写的书籍都色彩鲜艳，非常漂亮，就像精美的工艺品。

在那个年代，能活下来就很不容易了，可还有一批人天天在羊皮纸上抄书，想把知识抢救下来。这确实是非常伟大的事情！

不过，他们毕竟生活在黑暗时代，知识水平是很低的。就算当时最有文化的人，写出来的文章也很差劲。希腊、罗马时代的知识分子看了这些文章，肯定会笑掉大牙。

当时有一本很著名的书，记录了本笃修道院创始人的生平。这本书记录了很多稀奇古怪的事情：

有个筛子破了，本笃对着筛子做祈祷，结果筛子自己一下就好了。有个人的镰刀从柄上脱落，掉到水里去了。本笃把镰刀柄伸到水里，这个镰刀就马上浮出水面，自动地接到柄上去了。

一群邪恶的修道士想害死本笃，递给他一杯毒酒。本笃在酒杯口上画了一个十字，酒杯当场碎裂。还有个坏蛋送给本笃一个有毒的面包，结果有只乌鸦马上飞来，把毒面包叼走，扔到没有人烟的地方。所有的阴谋都被识破了，那个坏蛋最后遭到了可耻的下场。他正在睡觉的时候，天花板忽然掉下来把他砸死了。

整本书到处都是这些异想天开的故事，就像是一本地摊读物。可它的作者是谁呢？伟大的罗马教皇，整个西方基督教的首领。这个教皇曾经在修道院里学习了很多年，还被公认为学识渊博的大知识分子呢。唉，黑暗时代的人们就是这个水平！

不过就算这样，基督教会还是保存下来一些知识，而且还努力把它们传授给下一代。他们开办了学校，招收了很多学生。有一位修道院院长名叫阿尔昆，他还为学生专门编写了数学课本，里面收录了不少有趣的题目。

比如这道“过河问题”：一个猎人随身带着一只羊、一只狼、一棵大白菜。猎人要过河，可是船太小，除了猎人自己以外，只能装下一样东西。如果他留下狼和羊，狼就会吃了羊；如果他留下羊和白菜，那么羊就会吃了白菜。猎人该怎么做，才能把这三样东西都运到河对岸呢？

这个题目你肯定听说过。其实它还有一个升级版：爸爸妈妈带着两个孩子过河。这四个人都会划船，可是船太小，只能要么装一个成年人，要么装两个孩子。那么这一家人怎么过河呢？

这些题目在智力小测验里经常会出现，可谁能想到它们是在黑暗时代的修道院里编出来的呢？

其实黑暗时代的基督教也有很多问题，它经常会表现得太迷信、太狂热，有时候修道院甚至会把古代珍贵的文献擦掉，好在这些羊皮纸上抄写《圣经》。他们犯过错误，很多很多的错误，但是他们终究保留住了一点文明的火苗。

这个火苗很微弱，只能照亮一小片地方，可是只要有火苗，就有希望。终究有一天，这团火会再次燃烧起来。

那时，黑暗时代会被光明照亮。

小结

西罗马帝国灭亡后，欧洲西部进入了黑暗时代。在帝国的废墟上，出现了很多小王国，其中最强大的是法兰克王国。与此同时，基督教会建立了很多修道院，多少保留了一些文明的火种。

37

大沙漠里的先知

就在西欧陷入黑暗时代的时候，东方的沙漠里忽然出了一件大事。

在历史上，有些事情是日积月累逐渐发生的，比如罗马帝国的崩溃就属于这种情况。但也有的事情毫无征兆，忽然爆发，让所有人都大吃一惊。

这种爆发性事件就跟地震一样，影响力的级别有大有小。打个比方，如果亚历山大大帝远征算是八级地震，那么现在我要讲的这件大事至少是九级！它的影响实在太大了，一直贯穿到了今天的世界。

这件大事发生在亚洲西部的阿拉伯半岛上。

我在前面没怎么提到过这个半岛，因为它一直默默无闻，很不起眼。阿拉伯半岛非常大，和印度的面积差不多，可是人口很少。因为这里大部分地区都是沙漠，干燥酷热，有的地方甚至一连几年都不会下一滴雨。中午的时候，这里只有毒辣的太阳，灼热的沙子，还有偶尔从洞穴里钻出来的刺尾蜥。如果你在这儿迷路，几乎必死无疑，不是被晒死，就是被活活渴死。

但即便在沙漠里，也有一块块的绿洲，里面有水，有草，还生长着很多枣椰树。人们在一些比较大的绿洲上建立了城市。商人们骑着骆驼，沿着这些城市贩卖货物，其中最宝贵的货物是乳香和没药。它们都是香喷喷的黄色颗粒，可以当香料用，半岛外面的有钱人非常喜欢它们，所以阿拉伯商人赚到了很多财富。绿洲城市也繁荣起来了。

在所有的绿洲城市里，麦加是最重要的一座。穆罕默德就出生在这里。他是个孤儿，靠着亲戚们照顾才长大成人。他替人放过羊，也帮人做过生意，去过阿拉伯半岛的很多地方。年轻时候的穆罕默德面貌英俊，聪明伶俐，很讨人喜欢。

在二十五岁那年，他和一个有钱的寡妇结了婚。两个人感情非常好。穆罕默德直到晚年还在深情地回忆她："当别人都怀疑我的时候，只有她信任我。当别人都离我而去的时候，只有她安慰我。再没有比她更好的女人了。"而那个时候，她已经去世很久了。

穆罕默德婚后的生活幸福而平静，波澜不惊。可是在他四十岁的时候，一切忽然变了。

麦加城北面有个名叫"希拉"的山洞。穆罕默德有个习惯，每年他都会到希拉山洞里住上一些日子，在里面沉思默想，调整一下心情。他年年如此，从没遇到什么特殊的事情。可就在四十岁那年，穆罕默德在山洞里听见了一个奇怪的声音。

这个声音对他喊："你把它读出来！"接着，山洞里出现一个闪闪发光的形象。

穆罕默德非常害怕，说："读什么？我不会！"

这团光亮忽然紧紧抱住了他，抱得是那么紧，让他喘不上气来。过了一会儿，这团光亮放开了他，第二次说：“你把它读出来！”穆罕默德还是说：“我不会！”就这样重复了三次。

最后这个声音说：“你要以真主的名义，把它读出来！真主曾经用血块创造了人类。你要去宣读，真主是最尊严的！”

穆罕默德从洞里跑了出来，这个时候，空中传来一阵轰鸣：“不要害怕！我是天使加百列！”

穆罕默德跌跌撞撞地跑回了家，脸色苍白，浑身发抖。妻子把他用毛毯紧紧裹住，不停地安慰他。一直到第二天，穆罕默德才恢复了平静。

在山洞里到底发生了什么？后来人们有很多种解释。但无论如何，这件事改变了穆罕默德的人生。他认为自己受到了命令，必须向人们传达安拉的话。在阿拉伯语里，安拉就是上帝的意思。他服从了命令，创立了一个新的宗教——伊斯兰教。信仰这种宗教的人，被称为穆斯林。

后来，人们把穆罕默德传达的话记录下来，形成了《古兰经》。它是全世界穆斯林的最高经典，就像基督徒的《圣经》一样。

一开始，穆罕默德传教并不顺利。阿拉伯人以前信奉多神教，穆罕默德却说世界上只有一个安拉，那些神都是虚假的。很多人都不愿意接受，而麦加城的贵族尤其不愿意接受。

麦加城有一座古老的神庙，名叫克尔白，意思就是“方形的房子”，因为这个神庙的长宽高都差不多。克尔白里供奉着一块黑石，据说这块石头是从天上掉下来的，带有一种神奇的魔力。还有人说，这块石头本来是白色的，但是人间的罪恶太多了，所以它渐渐变成了黑石。麦加人在黑石周围竖立了很多神像，向它们祈祷。

克尔白的名声越来越大，阿拉伯半岛的人都到这里来朝拜。来了当然就会消费，麦加城的贵族从中赚了很多钱，现在他们担心穆罕默德会把这一切搞乱。如果这些神是假的，大家都不来了，贵族们到哪里去赚钱呢？

终于有一天晚上，他们动手了。这些人趁着夜色包围了穆罕默德的房子，打算等天一亮就冲进去杀死他。但是穆罕默德翻过后墙，在黑夜中逃走了。他骑着骆驼，穿过大沙漠，来到附近的一座绿洲城市，名叫麦地那。

穆罕默德的逃亡发生在公元 622 年。穆斯林非常重视这件事，所以公元 622 年也就成了伊斯兰教纪年的元年。

麦加人不喜欢穆罕默德，但麦地那人却兴高采烈地迎接他。每一个人都想给他提供住宿。穆罕默德没有办法，就宣布说他的骆驼停在谁家门口，他就住在谁家。他也真的这么做了。没过多久，这个城市就皈依了伊斯兰教，穆罕默德成了他们的首领。

接着，穆罕默德开始拿起武器，指挥作战。穆罕默德和耶稣不同，他不仅是传道的先知，也是执剑的先知。他打了很多次战争，力量越来越强大。八年之后，他率领着一万名战士杀回了老家。

麦加城的贵族投降了。穆罕默德把克尔白里面的神像全部拆除，只留下黑石，因为他认为这块黑石确实是神圣的。

一旦占领麦加，后面的事情就比较容易了。没过多久，周围的部落都来拜见穆罕默德，接受他的领导。穆罕默德向他们要求了五件事：

你们要承认安拉是唯一的神，穆罕默德是他的使者。

你们每天都要朝着麦加城的方向祈祷五次。

你们每年在斋月的时候，白天都不能进食。

你们必须向穷人施舍财物。

如果条件允许，你们应该至少到麦加朝圣一次。

这五件事被称为穆斯林的“五功”。这些部落接受了这些要求，变成了穆斯林。阿拉伯半岛本来四分五裂，有一大堆互相打仗的小部落。现在，穆罕默德把它统一起来了。

但是对穆罕默德来说，阿拉伯半岛还是太狭小了，他希望把伊斯兰教传播到更远的地方。

在半岛的北面有两个大帝国。一个是东罗马帝国，它从那场末日灾难里幸存下来。另一个叫萨珊帝国，位于伊朗高原。古代人把这片地方叫作波斯，所以它也可以称为新的波斯帝国。

有一年，这两个帝国的统治者都收到了一封信。信是大沙漠里寄出来的，署名是“安拉的使者穆罕默德”。信的大致内容是：“你要承认安拉是唯一的神，穆罕默德是他的使者。否则的话，你会倒霉的！”

东罗马帝国的皇帝没有回应，可能是觉得整件事太莫名其妙了。可是萨珊皇帝的脾气很大，读信后大发雷霆：“一个穷乡僻壤里的乡巴佬，居然敢这样跟伟大的皇帝讲话！”

他把信撕成碎片，让送信的人赶紧滚。

穆罕默德听到消息以后，非常生气。他在沙漠里叫道：“啊，安拉！那就这样吧。请你把他的帝国夺走吧！”

萨珊皇帝的帝国后来真的被夺走了，可是穆罕默德没有机会目睹此事了。回到麦加两年以后，他得了一场重病。穆罕默德知道自己时间不多了，就最后一次走上讲台，向大家提问：“这里有被我伤害过的人吗？如果有，请他站出来告诉我吧。”

没有人回答。

他又问：“我欠你们任何人的钱吗？如果有，也请他站出来告诉我。”

这时人群里有个声音说，穆罕默德欠了他三块银币。

穆罕默德把钱还给了他，并且向他感谢说：“现在还钱，要比最后审判日的时候还钱好得多。”

然后，他就回到家里，去世了。

伊斯兰教认为安拉派出过很多伟大的先知，耶稣就是其中一位。但穆罕默德与众不同，他是“封印先知”，也就是最后一位先知。在他之后，安拉不会再派遣任何先知了。

即便你不是穆斯林，也会承认穆罕默德是一位超级重要的人物。无论是佛教，还是基督教，它们的兴起都有一个漫长的过程，可是穆罕默德却带着伊斯兰教忽然闯入历史。出现得极其突然，兴起得也极其迅速。

在他有生之年里，伊斯兰教就已经统一了阿拉伯半岛，接着它还会像旋风一样横扫大片领土。而时至今日，全世界已经有了十几亿穆斯林。

穆罕默德的一生，确实是大历史里的大事件！

小结

公元七世纪，穆罕默德创立了伊斯兰教，信奉唯一的真主安拉。他占领麦加城，基本统一了阿拉伯半岛。伊斯兰教作为一种强大的力量，开始登上历史舞台。

38

哈里发和《一千零一夜》

建立阿拉伯帝国就像一出戏剧，穆罕默德是它的总导演。可是，这出戏剧还没有来得及演出，导演就去世了。但是没关系。穆罕默德已经给这出戏剧搭好了框架，写好了剧本。所以无论如何，它还是会正常上演。

穆罕默德去世后没多久，阿拉伯大军就从沙漠里冲了出来，向各个方向进行扩张。人们都被惊呆了，因为他们从来没关注过那个方向。是啊，谁会关注荒凉的沙漠呢？阿拉伯军队就像是从天上掉下来的一样。

他们有的骑骆驼，有的骑马，来去如风，打起仗一点都不怕死。很快，他们就占领了大片的地区，就连威风凛凛的萨珊帝国也没能挡住他们的进攻。

穆罕默德祈祷的事情终于成真，萨珊皇帝的帝国被夺走了。

可是阿拉伯人没有停下脚步，继续向外扩张。整个过程就像吹气球。他们呼呼地一阵猛打猛攻，帝国就变大一圈。然后他们会歇上一二十年，喘口气，再一阵猛打猛攻，帝国再变大一圈。不到一百年的时间里，阿拉伯帝国已经膨胀成了超级大气球。

它横跨三个大洲，从阿富汗一直延伸到西班牙。论起面积来，它比整个欧洲都要大。本来它还想变得更大，可有三支力量把它给堵住了。

第一支力量是法国的锤子。

阿拉伯人打下西班牙以后，想把法国也干掉。如果这件事成功了，那现在的欧洲可能就属于伊斯兰教世界了。欧洲的小朋友就不会去教堂，而是要去清真寺了。可是法国出了一个很厉害的将领。因为他力气特别大，所以人们把他叫作“铁锤查理”。查理一锤子下去，把阿拉伯军队打退了。就这样，阿拉伯人往西扩张的路就被堵死了。

第二支力量是希腊的火。

阿拉伯人挥师北上，攻占了东罗马帝国一半的领土。剩下的那一半也很危险，就连首都也被团团包围了。可最后，东罗马帝国侥幸活了下来，它能幸存，是靠一种叫作“希腊火”的秘密武器。

这种火很奇怪。一般的火放到水里就熄灭了，可是希腊火遇到水，反而烧得更厉害。它的配方已经失传了，现代专家推测它可能是从石油里提炼出来的。这种秘密武器把阿拉伯舰队烧个精光，一下子救了东罗马帝国。结果，往北方的扩张道路也被堵住了。

第三支力量就是唐朝的铁骑。

咱们的唐朝和阿拉伯帝国打了好几次仗，其中规模最大的一次叫怛罗斯战役。在这次战役里，唐朝不幸失败，但是阿拉伯人也损失惨重。后来，双方都意识到对方太强大了。一个是狮子，一个是老虎，打到最后只会两败俱伤，于是它们就保持了安全的距离。于是，往东方的扩张道路也被堵住了。

顺便说一下，怛罗斯战役有一个很重要的后果。阿拉伯人抓了不少唐朝俘虏，这些俘虏里有人会造纸。于是，中国的造纸术就传播到了阿拉伯，后来又通过阿拉伯传播到了西方。这件事对历史的影响大极了。

阿拉伯人的扩张总算停下来了。可就算这样，它也实在太大了，而且它的形状也不均匀，南北太短，东西太长。它从东到西的直线距离有七千公里！可在古代，没有谁能管理一个七千公里长的国家。

你可以想象一下，假如有一个身高两公里的巨人，他走着走着，忽然看到地上有一个大铁钉，他会怎么做呢？他的大脑马上会给脚丫子下指令："不要踩上去！"可如果巨人的神经传输速度跟咱们一样，那就完蛋了。

命令沿着神经走啊走啊，要走半分钟才送到地方。神经对脚丫子说："脑袋让我给捎句话，地上有钉子，你可别踩上去啊。"

这个时候，脚丫子只会翻个白眼："你现在才说？我已经被戳了个大洞了！"

你看，身体太大了就来不及反应，这样的巨人是活不下去的。

阿拉伯帝国就像这个巨人。它的信息、物资、军队都跑不了那么快，大脑也就没法管理这么大的一个身体。所以，阿拉伯帝国扩张到极限以后，就裂开了。既然它是一个东西长、南北短的长条，当然就沿着东西方向裂开：西边一个西班牙的伍麦叶王朝，中间一个埃及的法蒂玛王朝，东边一个巴格达的阿拔斯王朝。东边的那个最大也最重要，所以人们继续称它为“阿拉伯帝国”，而给其他两个国家起了别的名字。

不过这种断裂并不重要。重要的是什么呢？是阿拉伯人创建了一个很大的伊斯兰教世界。比如说埃及、叙利亚这些地方，本来是罗马帝国的一部分，信奉基督教，现在却皈依了伊斯兰教。帝国来了又去，宗教的改变却往往是永久性的。现在世界上有十几亿穆斯林，要是追溯起来，就跟这次大扩张有直接关系。

不过这样一来，它也跟西方基督教世界结了仇。宗教上的这种对立，跟国家矛盾还不一样。国家矛盾随着形势的变化而变化，今天是敌人，明天可能是朋友。可宗教上的对立却很难调和。所以，伊斯兰国家和西方基督教国家斗争了上千年，深深地影响到了世界的历史。

关于它们两个的斗争，后面还会讲到，现在还是让我们接着看看阿拉伯帝国吧。

大约从公元 750 年开始，阿拉伯帝国进入了一个特别繁荣的时期。在当时的地球上，只有唐朝能和它并驾齐驱。以前最强大的是汉朝和罗马，现在最强大的是唐朝和阿拉伯。不管怎么变化，咱们中国总是能占一席之地。

阿拉伯帝国的首都在巴格达，也是现在伊拉克的首都。这是一个非常美丽而富裕的城市。它的样子有点怪，是个很标准的圆形，看上去就像摆在平原上的一个大圆盘。

圆形的巴格达

如果你仔细盯着这个圆盘，就会看到密密麻麻的房子，热热闹闹的市场，还有非常漂亮的宫殿。王宫的绿色屋顶高达四十米，相当于现在的十几层楼，极其壮观。这里还有很多清真寺，它们都有一个洋葱式的圆顶，角上还有高高的宣礼塔。每天到了固定时间，就会有人站在宣礼塔上大声提醒人们向安拉祈祷。

这些建筑都有复杂的装饰画，但是伊斯兰教曾有一个规定，不许画人物，也不许画动物。所以阿拉伯的图画上只有植物，或者一些美丽的线条，这就形成了独特的阿拉伯艺术。

阿拉伯帝国的统治者就住在巴格达，他被称为“哈里发”，意思就是“穆罕默德的继承人”。他既是国家元首，也是宗教领袖，地位至高无上。人们甚至说他是“安拉在地上的影子”。阿拉伯有过很多哈里发，其中最有名的一个叫哈伦。在他的统治下，帝国达到了鼎盛。

如果你读过《一千零一夜》，那你对他肯定会有点印象。在这些故事里，他总是带着宰相微服私访，看见好人就给他们赏赐，看见坏人就砍他们的脑袋。有的时候，哈伦还会和人们开玩笑。

有个“梦中哈里发”的故事是这么说的：

有一天，哈伦在街头遇到一位年轻人，被邀请到对方家里做客。在吃饭的时候，这位年轻人发牢骚说：“我要是哈里发就好了！那我就要好好惩罚一下隔壁的四个老头。他们经常羞辱我，实在太坏了！”

哈伦听到这话，就把麻药掺在酒里，递给年轻人喝。年轻人喝完就昏睡过去。哈伦让手下把他抬进宫殿，穿上哈里发的衣服，然后交代周围的人要配合演出。

第二天，年轻人醒来后，发现自己成了哈里发。周围的人都向他磕头，说：“哈里发万岁！”

年轻人迷惑了。他仔细思考了一番，觉得自己本来就是哈里发。那段普通人的生涯，只是自己做的一场梦。现在这一切才是真的。于是他下令，把那四个老头抓来，每人痛打一顿鞭子，带出去游街示众。

年轻人过了一天的瘾，然后就睡着了。哈伦让人把他抬回自己的家。年轻人一觉醒来，又变回了巴格达的小市民。他坐在床上，严重地怀疑人生：“我这一辈子，到底是小市民做梦变成了哈里发呢，还是哈里发做梦变成了小市民呢？”

其实不仅这位年轻人陷入了梦幻，整个巴格达都像是一个梦幻里的城市。辉煌的宫殿，威严的清真寺，巨大的图书馆，成群的骆驼队，还有夜间在街头游荡的哈里发，一切都充满了神奇的色彩……

在这段繁荣的日子里，阿拉伯人创造了灿烂的文明。总的来说，阿拉伯文明原创性并不太强，但是它非常善于学习。这跟它的地理位置很有关系。阿拉伯帝国位于欧亚大陆的中间，周围环绕着好几个文明，所以学习起来特别方便。

阿拉伯人从中国学会了造纸和造火药，从印度学会了种棉花和“阿拉伯数字”，从希腊学会了科学和哲学。他们把这些东西混合起来，形成了自己的文明，就像把不同的饮料放在一起，调成一杯风味独特的鸡尾酒。

穆罕默德说过一句话：“学问虽远在中国，亦当求之。”在阿拉伯半岛的人看来，中国是远得没边的地方，可是为了追求知识，就算是去中国也不嫌远。阿拉伯人曾经是非常好的学生！

而当他们变得保守狭隘的时候，帝国也就衰落了。

小结

穆罕默德去世后，阿拉伯人向外猛烈扩张，建立了空前辽阔的阿拉伯帝国。伊斯兰教也广泛传播开来。在公元八世纪，阿拉伯帝国达到极盛，它的首都巴格达成了《一千零一夜》里描述的梦幻之城。

39

一个贫穷的大帝

当哈伦在巴格达游荡的时候，欧洲也出了一个非常有名的统治者。大家称他为查理曼，“曼”是伟大的意思，所以查理曼其实也就是查理大帝。

就像哈伦一样，查理曼也留下了很多传说。讲故事的人说他活了二百多岁，留着长长的白胡子。他手下有十二个伟大的圣骑士，其中既有战无不胜的武士，也有神通广大的魔法师。

查理曼本人拥有一把神奇的宝剑。这把宝剑有很多名字，叫作欢乐之剑、黄金之剑、地球之剑。它是用最锋利的钢铁铸成的，一天能变化出三十种颜色。如果把宝剑高高举起，它能发出比太阳更耀眼的光芒，甚至可以照瞎敌人的双眼。而且谁佩戴上这把宝剑，就会百毒不侵。

当然了，这都是胡说。

查理曼是法兰克的国王。上一章里我们提到了铁锤查理，他打败了入侵的阿拉伯人。查理曼就是铁锤的孙子。

查理曼是个大个子，身高将近一米九，圆圆的脑袋，大大的鼻子，挺着将军肚，看上去相当威风。他很懂得享受生活，喜欢吃烤肉，喜欢游泳，喜欢听音乐，也喜欢说话。有时候他会像唐僧一样，唠唠叨叨说个没完。别人很委婉地说："陛下说话实在太流利了，流利得都有点听不过来了。"

他喜欢学习知识，对数学和天文学都很有兴趣。可是他不会写字。他倒是经常练习，睡觉的时候甚至把写字板放在枕头底下，但还是没学会。这是因为他起步太晚了。那个时候，西方非常落后，绝大部分人都是文盲。大家普遍觉得写字没有用，所以查理曼当王子的时候，就没有人教他写字。等他长大了再想学，就有点来不及了。

虽然查理曼不会写字，你也不要觉得他是个笨蛋。实际上查理曼非常聪明。他会说好几种语言，通晓多种知识，还很会治理国家。不过他最擅长的事情，还是打仗。

查理曼特别喜欢打仗。每年春天，他都会把将军们召集起来，讨论今年去攻打谁。他打仗就像农民种地一样。农民可能今年种小麦，明年种土豆，但总要种点什么。查理曼也是如此。他可能今年打张三，明年打李四，但总要找个人打一打，否则就觉得这一年荒废了。

他最大的敌人是撒克逊人。撒克逊是个强大的部落，位于现在的德国。查理曼用了十几年的时间，一点点征服了撒克逊人。撒克逊人本来信仰多神教，可是查理曼给他们两个选择：要么皈依基督教，要么被杀头。最多的时候，查理曼曾经一天杀掉了 4500 个撒克逊人。就这样，他把基督教扩展到了德国的腹地。

但是，耶稣如果见到这个场面，肯定不会同意查理曼这么做！

查理曼打仗很少失败。这并不是因为他有十二圣骑士，或者有什么欢愉之剑，真正的原因是他拥有一种新型的军队，那就是重装骑兵。

在前面的章节里，我讲到过重装步兵。希腊方阵和马其顿方阵里，都是重装步兵。他们穿戴着沉重的铠甲，手里端着长矛，排成密集的阵型往前推进。重装骑兵也是身披重铠，手持长矛，成群结队地推进。只是他们骑在马上，人马合一，冲击力就增大了好多倍。

成百上千的骑兵排着阵型，端着长矛，风驰电掣地冲过来，这是一种非常恐怖的力量。敌人的阵线往往一下子就被撕裂了。所以，查理曼才能老打胜仗。

但是，这里有一个问题：为什么查理曼有重装骑兵，而以前的君主就没有呢？凯撒就从没用过重装骑兵，难道查理曼比凯撒更聪明吗？

倒不是因为查理曼更聪明，而是因为他掌握了一个小发明，那就是马镫。

一个小发明：马镫

人骑马的时候，两只脚要踩在马镫子里，才能坐得稳。否则的话，就只能靠两条腿使劲夹住马肚子，这样当然很吃力，而且不稳当。如果骑马射箭还不要紧，要是端着长矛，全速冲锋的话，没有马镫就很危险了。别人拿盾牌一挡，骑手就很容易从马上撞下来。

要解决这个问题，人们想到的第一个办法是加高马鞍。马鞍的两端高高翘起，挡住骑手的肚皮和屁股，这样就不太容易掉下来。但光靠马鞍还是不够，因为人在马上还是会左右摇晃。而且马鞍太高了，骑手就不容易跨上马背。最后，人们发明了马镫，才彻底解决了这个问题。

马镫出现得很晚。下次你看电视剧《三国演义》的时候，可以留心观察一下，如果关羽的赤兔马配着马镫，那就是错误的，因为在三国时代，马镫还没有被发明出来呢。

发明马镫的是中国人。我们都知道中国有四大发明，其实马镫也是一个非常重要的发明，影响力可以排在第五位。

在公元八世纪，马镫传到了欧洲西部。法兰克王国利用这个发明，组建了重装骑兵，用它来冲锋陷阵。这件事被称为“骑兵革命”。

我们都知道，只有非常大的事情，才会被称为“革命”。而对于欧洲人来说，这确实是一件可以被称为“革命”的大事！

因为它产生了骑士。

你肯定读过关于骑士、公主、喷火龙之类的故事。骑士是欧洲中世纪的象征。可是没有马镫，就没有骑兵革命，没有骑兵革命，也就没有骑士。

马镫是一个改变历史的发明。它对中国的影响没有那么大，因为中国人虽然发明了马镫，却不太喜欢重装骑兵的打法。可是它对西方社会的影响真是大极了。

查理曼利用他的新型军队打了很多胜仗，结果他的领土越来越大。最后，**查理曼的帝国≈法国＋德国＋意大利。**

在罗马帝国灭亡以后，欧洲还没有出现过这么大的国家。大家都觉得查理曼太伟大了。原来他只是一个国王，现在应该再升一级！

公元800年的圣诞节，查理曼到教堂祈祷。这时，教皇忽然给他戴上了一顶皇冠，宣布他是罗马皇帝。查理曼当时有点吃惊，但他还是接受了这个称号。

看到这儿，你可能会觉得奇怪，罗马帝国早就灭亡了呀，查理曼怎么会是罗马皇帝呢？这是因为大家希望查理曼能够恢复罗马帝国，带领大家回到以前的黄金时代。

他的名声传到了很远的地方。就连阿拉伯的哈伦也希望和他交朋友。哈伦给他送了很多礼物，其中有一座用水来驱动的钟表。每到十二点，就会有十二个雕刻的小骑兵从钟表窗户里跳出来巡游一圈。看到的人无不大吃一惊。

不过最让大家震惊的，还是哈伦送来的大象。西方人已经好几百年没见过这种神奇的动物了。他们说："大象太宝贵了，哈里发只有这一头大象，现在给我们的皇帝送来了！"其实哈伦有很多头大象。只能说，贫穷限制了西方人的想象力。

西方人确实很穷。查理曼统治着一个贫穷的帝国。别看那些传奇故事里怎么吹嘘，实际上呢？跟阿拉伯帝国或者大唐王朝比起来，这个国家就像一个要饭的。查理曼的首都只有两三千人口，其实就是个大村庄。查理曼的皇宫也只是一个乡间别墅的规模。

查理曼没有多少钱。因为这儿的经济太落后了，交易大多是以物易物。我给你一筐鸡蛋，你给我一只小猪。这个过程不需要钱，所以大家也都没什么钱。大家都没钱，查理曼当然也就跟着没钱。他可能有很多小猪和鸡蛋，但是没有钱。

当一个没钱的皇帝是很难的。你可以想象一下，假如你是查理曼，手下将军打了胜仗，你该怎么奖励他？如果你有钱，就会说："我赏你一万两银子！"可你没钱。你要是说："我赏你十万个鸡蛋！"将军会说："吃不了！"

怎么办呢？你只能赏给他土地。

于是，查理曼把很多土地赏赐出去了。可是土地是有限的，一旦停止扩张，皇帝手里的土地就会越赏赐越少。手里的土地越少，对将军们的控制能力也就越弱。时间长了，国家就会变成一盘散沙。

所以说，人穷了总是会碰到很多麻烦，就算皇帝也不例外。如果查理曼超有钱，他的帝国一定会稳定得多。

公元814年，查理曼去世了。他留下了一份长长的遗嘱。在文件里，查理曼详细交代了怎么分配自己的财产。就连毛毯、窗帘、床罩，他也都仔细地写到遗嘱里头。中国皇帝要是见了这份遗嘱，能笑掉大牙。你能想象康熙皇帝在遗嘱里说"乾清宫的毛毯要留给三阿哥，养心殿的床罩要留给五阿哥"吗？

穷皇帝是让人心酸的。

查理曼的遗嘱清楚不过地展示了帝国的贫穷。十多年后，这个贫穷的帝国就解体了。

查理曼帝国是欧洲最大的巨型国家。它就像是一次大胆的试验，试试看能不能恢复罗马帝国。当时人们都这么希望，查理曼自己也有这个野心。可是他失败了。

没有人能恢复罗马帝国。

欧洲注定是一堆四分五裂的小国家。一直到今天，它依旧如此。

小结

欧洲的查理曼四处征伐，建立了一个庞大的帝国。但是这个帝国的物质基础薄弱，相当贫穷。查理曼去世以后，国家很快就走向了没落。就这样，重建罗马帝国的尝试失败了。

40
满载死亡的龙船

在欧洲北部，生活着一群维京人。

“维京”是什么意思呢？没有人准确地知道，但大家都用这个神秘的词来称呼他们。维京人的领地包括今天的瑞典、挪威和丹麦。现在它们都是发达国家，繁荣富裕，可是在一千多年前，这里却是蛮荒之地。

它就像阿拉伯沙漠的镜像。阿拉伯沙漠是黄沙，这里则是白雪；阿拉伯沙漠是酷热，这里则是严寒。

沿海的平原还好一些，一旦深入内地就是寒冷的荒野。在漫长的冬天里，狂风呼啸，雪花纷飞，一片冰霜世界。有的地方甚至一连几个月都看不到太阳，到处是沉沉的黑暗。

严酷的环境培育出强悍的人，强悍的人又编出了壮烈的神话。

要理解这帮维京人，不如先看看他们的神话。世界上的各个民族都有自己的神话，可是北欧神话绝对算是独树一帜。它的故事单独拿出一篇来看，都显得有点幼稚，远远比不上希腊神话。可如果把它们拼在一起，整体效果就非常震撼。换句话说，北欧神话的细节一般，但结构设定很了不起。

如果你看过电影《魔戒》，对北欧神话就会有点印象，因为《魔戒》里的巨人、精灵、矮人，都是从北欧神话里复制来的。

据说从远古时代起，就有一棵巨大的白蜡树，名叫尤克特拉希尔，翻译过来的话，就是宇宙之树。这棵树支撑着整个宇宙的重量，树干贯穿九个世界，包括巨人世界、精灵世界、矮人世界、亡灵世界、火焰世界、冰霜世界等等。我们人类世界也是其中之一，被称为“中庭”，也就是《魔戒》里说的中土世界。

在中庭之上，有一个神的世界，其中的主神名叫奥丁，地位就像希腊神话里的宙斯。他手持一根带有魔力的长矛，只要投掷出去，就绝不会射偏。奥丁身边跟着两匹巨大的狼，肩膀上停着两只乌鸦。这两只乌鸦一只名叫思想，一只名叫记忆。它们每天都飞到各界搜集情报，然后向奥丁汇报。

北欧神话中的主神奥丁

宇宙树旁边有个智慧泉。谁喝了这里的泉水，就能洞察万物的奥秘。一个可怕的巨人看守着智慧泉，任何人要喝泉水，都要付出代价，哪怕是神也不例外。奥丁挖下自己的一只眼睛送给巨人，才换到了一口泉水。喝完水以后，奥丁陷入忧愁，因为他看清了宇宙的结局。

一条毒龙在不断啃啮宇宙树的树根。一旦树根被啃断，尤克特拉希尔就会枯萎，整个宇宙就会灭亡。奥丁这些天神也会迎来自己的末日。这个末日被称为“诸神的黄昏”。

宇宙的命运无法更改，只能勇敢面对。奥丁开始为最后的决战做准备。

诸神的黄昏终于到来。巨大的恶狼吞掉了太阳和月亮；盘绕世界的大蛇掀起滔天巨浪；巨人和妖魔联合起来，进攻神的王国。神殿的五百四十座大门全部打开，所有神灵都拿起武器，投入战斗。

最后，奥丁被恶狼吞进了肚子。烈火贯穿天地，宇宙树被烧成灰烬，九个世界都同归于尽。

只有一小部分生命能逃过这场灾难。他们会建立一个新的宇宙。在这个新宇宙的中心，有一棵小树苗。这棵树苗渐渐长大，最后成为新的宇宙之树。于是，万物进入了下一个循环。

真是很奇怪的神话。

可能只有在北欧这片土地上，人们才会编出这样的神话吧，既粗犷又勇敢，还有点阴沉沉的。维京人就像他们的神话一样强悍，活要活得风风光光，死要死得轰轰烈烈。

所以，这个小小的民族才把世界搅得翻天覆地。

维京人有点像阿拉伯人。他们也是躲在恶劣环境里，一直默默无闻地生活。然后忽然从那里冲了出来。要说起时间，大约是在公元 800 年。

维京人首先进攻英国。他们开着海盗船，拿着大斧子，一上岸就杀人放火。英国沿海一片混乱，就连伦敦城都被他们占领了。当时英国有好几个国王，其中有一位被维京人生擒活捉，用非常残酷的手法折磨死了。这种刑罚叫“血鹰”，细节我就不告诉你了，省得吓着你。

等到查理曼去世以后，维京人转头猛烈进攻欧洲大陆。他们沿着海岸线烧杀抢掠，有一年还逆流而上，把帝国的首都洗劫一空。维京人的进攻范围越来越大，形成了一个巨大的扇面，覆盖了整个欧洲。他们的船队甚至还穿过地中海，洗劫了非洲沿岸。

这些家伙的首领被称为国王，其实他们的身份就跟海盗头子差不多。你听听他们的名字就知道了，什么“蓝牙哈罗德”“血斧埃里克”“无骨人伊瓦尔”“老家伙格尔木”，还有“臭屁爱斯泰因”。一听就不是什么正经人。

在当时，没有人能对付这些海盗。他们一路烧杀抢掠，如入无人之境。所过之处，到处是火焰、废墟，还有尸体。

维京人这么厉害，跟他们使用的战船有关。维京战船又细又长，造型优雅，看上去就像是一件艺术品。由于它的船头往往做成龙首的样子，所以也被称为龙船。

龙船最大的特点就是轻盈。船身轻，吃水就浅，所以哪里都能去。它既可以横穿大海，也可以漂过小河沟。只要水深超过一米，就没问题。所以维京人才能来去如风，神出鬼没，让人防不胜防。

但是坐在这种船上可一点都不舒服。为了减轻重量，龙船的甲板都是露天的，就像现在的敞篷小轿车一样。碰到恶劣天气，船员只能忍受风吹雨打。浪头稍微大一点，船甚至会翻，非常危险。但是维京人一点都不怕死，他们硬是靠这种露天船，横行大江大海。

维京人的龙船

他们就像大草原上的游牧民族，海洋就是他们的草原，龙船就是他们的战马。

维京人在陆地上同样勇敢。有时候他们勇敢得有点过分，显得像群疯子。维京有一种“狂暴战士”。他们打仗的时候会进入一种癫狂状态。他们披着熊皮或者狼皮，幻想自己成了一只动物，在战场上口吐白沫，像野兽一样嚎叫，用牙使劲咬自己的盾牌边儿。一旦开战，他们抡起大斧，见什么就砍什么，有时候连自己人都砍。

他们为什么会是这个样子呢?

据说，他们在打仗前，会吃一种有毒的蘑菇。吃完蘑菇以后，人就会进入迷幻状态，所以才会变得如此狂暴。

欧洲人对这些维京海盗怕得要死。优雅的龙船一旦出现在海面上，就意味着死神来临。有的村庄望见龙船的身影，大家甚至会集体自杀，省得忍受痛苦。

听我说完这些，你肯定觉得维京海盗真是一帮坏蛋。没错，他们确实干了很多坏事，算得上是坏蛋。但他们也不是一无是处。维京人身上也有闪光点，那就是他们的冒险精神。

他们好像随时愿意跳上小船，远赴天涯海角。维京龙船几乎驰过了欧洲的每一片海洋，每一条大河。除了抢劫，他们也会顺手做生意，需要的时候甚至还会建立城市。所以维京人建立了很大的贸易网，从北欧一直延伸到了阿拉伯。冰天雪地的北方和酷热难当的沙漠，就这样连接起来了。

他们还驾船来到了大西洋深处，占领了冰岛和格陵兰，最后甚至跑到了美洲大陆。我们都说哥伦布发现新大陆，其实维京人发现新大陆，比哥伦布要早了五百年。他们到了一个叫作“文兰”的地方。考古学家认为，文兰位于加拿大的纽芬兰岛。

在那里，他们碰见了当地的土著人。他们给人家起了一个缺德的名字，叫“斯克林斯”，意思就是“贱人”或者“丑人”。不过维京人嘴一直这么损，他们管自己的国王还叫“臭屁”呢，所以这也没什么奇怪的。他们和“贱人”做了一些生意，用铁器交换毛皮。但后来爆发了冲突，维京人觉得没什么意思，就扬帆远去，放弃了这个据点。

这是旧大陆和新大陆的第一次接触。双方擦肩而过，都没太当回事。下次再见面，就要等到哥伦布了。

维京海盗入侵的浪潮持续了两百多年，最后渐渐平息下来。他们一开始是海盗，抢完就走，后来就渐渐定居下来，和当地人发生融合。随着时间流逝，他们扔下船桨，拿起锄头，成了当地的普通老百姓。

世界上最强大的力量不是刀剑，而是时间。时间可以磨掉仇恨，也可以把海盗变成平民。原来英国村民看见龙船就魂飞魄散，可是他们的孙子的孙子，就会和维京邻居交上好朋友。

历史往往就是这样。不管怎样的血海深仇，也会被岁月冲刷掉。人类是善忘的，但也许正因为这样，人类才能不断向前看。

维京人数量太少，终于被淹没在欧洲人的汪洋大海里。他们抛弃了奥丁，皈依了基督教。宇宙之树、诸神的黄昏，也慢慢被遗忘了。如果不是碰巧有几本书把它们记录下来，人们甚至不知道还曾有过这样的神话。

那么一切都恢复原样了吗？一切都毫无变化吗？

当然不是！

维京人把冒险精神注入到了西方文明的心灵里。西方文明对远方、对大海开始有了一种向往。现在它还太穷，太落后，这种向往只能埋在心里，可是一旦有机会，它就会爆发出来。

维京海盗种下了大航海时代的种子。

哲学家尼采说过一句话："那些杀不死我的，就会让我更加强大。"对西方文明来说，维京的龙船就像是一次血的洗礼。它没有被龙船杀死，而是走出了低谷，开始变得强大。

小结

北欧的维京人是一个强悍的民族，在公元800年前后，他们开始驾驶着龙船，四处袭击和劫掠。他们甚至穿越大西洋，到达了美洲。最后，他们逐渐在欧洲各地定居下来，信奉了基督教。

41

皇帝和教皇谁更大

罗马帝国崩塌了。

废土时代的强盗消失了。

阿拉伯人敲打了一阵大门，转身离开了。

查理曼的帝国像流星一样，来了又去了。

维京海盗船烧杀抢掠了两百年，渐渐不见了。

最后，在公元 1000 年左右，一个新欧洲出现了。

这个欧洲还是很穷、很落后，但是它恢复了活力，在阳光下舒展开身体，就像一个冬眠的蛇终于苏醒过来。

在新欧洲，冒出了很多很多石头建筑，它们叫作城堡。欧洲人迷恋上了城堡，前前后后他们最少修建过好几万个城堡。有的城堡很小，就是个破破烂烂的石头堆，有的却非常宏大，能装好几千人。

在迪士尼电影里，城堡总是很漂亮很浪漫，里面住着滑稽的国王、英俊的王子、美丽的公主，大家整天忙着谈恋爱。实际上根本不是这么回事。城堡一点都不浪漫，它就是一个打仗用的堡垒。

城堡都有笨重的石墙，很多城堡的石墙有三四米那么厚，简直就像铜墙铁壁一样。城堡外面还经常环绕着护城河，这样一来敌人就更难进攻了。城堡里头有几十米高的塔楼，士兵们站在塔楼上瞭望外面，方圆几十里都看得一清二楚。

一旦看到有敌人过来，瞭望者会吹响号角。士兵们拉起城堡的吊桥，紧闭大门。等敌人靠近城堡，他们会从城楼上放箭。敌人要是敢爬城墙的话，他们还会扔石头砸他们，或者把沥青烧得融化了，一桶一桶地往下浇。有的时候，他们还会朝敌人泼滚烫的大粪。真的是大粪！也许是想把敌人熏死吧。

城堡里头住着贵族，他们手下往往有很多骑士。这些骑士从小就接受训练，学习骑马和格斗，长大以后他们还要参加竞技大会，锻炼武艺。最后这些骑士就成了一帮英俊潇洒、温文有礼的绅士……不，那是电影给我们的幻觉！实际上，他们最后就成了一帮凶狠的职业杀手。

骑士们并没有我们想的那么文雅。当然，也许有那么几个文雅的，但大部分都是一些凶狠的粗坯。不过他们确实很能打仗。在战场上，他们戴着头盔，披着铠甲，整个人被钢铁包裹着，就像一个

全副武装的骑士

人形的小坦克。一旦冲锋的号角吹响，这些骑士端着长枪，催动战马，靠冲力把对手打翻在地。

这跟我们想象中的战斗不一样。你看《三国演义》里，武将打仗会使出很多招数，你一刀，我一枪，大战上百回合。其实战场上作战不是这样的。就拿骑士来说，他们动作很简单，硬碰硬地一冲，雷霆闪电一般，战斗就结束了。但这些简单动作需要很多年的反复训练。面对骑士的全速冲锋，你要使一招什么“青龙摆尾”“海底捞月”，那就是找死。

当然，贵族老爷也不是天天打仗。平时他们在城堡里过着悠闲的日子。不过，你可不要以为城堡是个很舒适的地方。那里阴暗、潮湿，而且肮脏，到处是老鼠和跳蚤。就算白雪公主住在里面，也要拼命挠痒痒。

到了晚上，城堡大厅里倒是非常热闹，这里经常举行宴会。昏暗火光下，人声嘈杂，小丑在讲笑话，游吟诗人在歌唱英雄故事，贵族老爷切开一块块的肉，用手抓着吃，吃剩的骨头就随手扔给餐桌下的狗。吃完饭以后，他们还会舔手指头，这样就省得洗手了。

总之，跟迪士尼电影里的城堡生活不太一样。电影里的公主和王子从来不舔手指头。

阿拉伯人没有城堡，印度人没有城堡，咱们中国人也没有城堡，为什么偏偏欧洲有这么多城堡呢？

这跟它的制度有关系。欧洲人实行“封建制度”。这里说的封建制度，跟我们习惯说的“封建社会”不一样。我们说的封建社会，大多是说地主老财剥削农民。但欧洲的封建制度说的是分封土地的办法。

封建制度的直接原因还是穷。我在《一个贫穷的大帝》里说过，查理曼太穷了，没有金银财宝赏赐给手下，只能赏赐土地。现在的欧洲国王也是这样，他们把土地一块块地分封出去，时间久了，就有了封建制度。

在封建制度下，国王把土地分给大贵族，大贵族再把土地分给小贵族。分到最后，每个贵族都有自己的领地。他们会在自己的领地上修建城堡。小贵族盖小城堡，大贵族盖大城堡，国王盖超级无敌大城堡。

当然，这些领地也不是白给的。我封给你土地，你就要向我效忠。一旦爆发战争，你要带兵过来助战。

比方说，国王要打仗了，就找那些大贵族说："你的领地是我赏赐的，现在你要来助战！"大贵族点头答应，然后去找小贵族说："你的领地是我赏赐的，现在你要来助战！"小贵族点头答应，然后去找小小贵族，也是这么说。

最后，大贵族带着小贵族，小贵族带着小小贵族，一起来为国王作战。

这是一种契约关系。下级当然要忠诚，但这种忠诚是有条件的。你封给我土地，我才对你效忠。这就像签了一份合同。既然是合同，双方都要受到约束。于是，这就形成了一种所谓的"契约精神"。契约精神非常重要，现代人开公司、做生意，都需要这种精神。它是现代文明的一根重要支柱。

欧洲确实贫穷落后，但正因为它的贫穷落后，反而阴差阳错地产生了一种和现代文明类似的精神。如果它非常富裕，国王们有足够的财富赏赐手下，也许就不会有什么契约精神了。

既然是契约关系，欧洲的国王就不能随心所欲。

在中国，皇帝下一道圣旨："朕赐你一死！"那没什么好说的，这个人就得乖乖抹脖子。

可是在欧洲，国王和贵族之间是契约关系，他不能平白无故杀掉对方。国王如果向大贵族下一道圣旨："我赐你一死！"这个贵族可能只会回答两个字："放屁！"然后他就会钻进城堡，拉起吊桥，准备跟国王对着干。其他的贵族也会在旁边喊："快来看啊！国王欺负人了！"

所以，当欧洲的国王，是很受限制的。

除此之外，还有一个力量在限制国王，那就是宗教。我们中国人要理解这一点，多少有点困难。因为在中国历史上，宗教从来没有强大到能和皇上对抗。少林寺的老方丈要是敢跑到皇帝面前胡说八道，皇上一发脾气，"朕赐你一死！"，老方丈就完了。

可是欧洲的情况不同。在当时，它的整个社会都围着基督教转。每个人都要去教堂祈祷，每个人都相信天堂和地狱，每个人临死前都要做忏悔。大家生活里可以没有国王，但绝对不能没有教会。所以，宗教的力量有时比君主的力量还强大。

欧洲有一个"神圣罗马帝国"。它其实就是现在的德国，跟罗马毫无关系。但大家都崇拜古代的罗马帝国，所以它也就自称是罗马帝国，在前面还加上“神圣”两个字。又神圣，又罗马，又帝国，非常拉风。别人的君主是国王，它的君主是皇帝，在欧洲地位最高。

公元 1075 年，它的皇帝亨利四世和教皇闹别扭了。教皇是基督教会的最高领袖，皇帝是欧洲的最高君主，两个人相比，谁的地位更高呢？

皇帝说：“我是皇帝，全欧洲当然我最大！”

教皇说：“我是教皇，是上帝在人间的代表，所有君主都应该亲吻我的脚！小亨利，来亲吧！”

两人最终决裂。亨利四世下了一道命令：“我废除他的教皇职位！”教皇也下了一道命令：“我废除他的皇帝职位！”

结果怎么样呢？

别看皇帝有军队，教皇没有军队，可最后胜利的是教皇。宗教打败了君主。皇帝众叛亲离，走投无路，只好翻山越岭去找教皇。

教皇住在一个叫卡诺莎的城堡里。皇帝孤单单地来到城堡门口。当时正是冬天，他穿着粗布衣服，光着脚，站在雪地里，谦卑地说：“我错了！我错了！我要向教皇忏悔！”

教皇扬扬得意，让皇帝在雪地里站了三天，最后才原谅了他。

这件事给欧洲人留下一则谚语，谁干了错事，要请求别人原谅，就说“到卡诺莎去吧”！

既然这样，教皇就至高无上了？

不，他也不行。在卡诺莎城堡里扬扬得意的教皇，也因为得罪的人太多，后来被赶下了台，在一个小城镇里孤独地死掉了。

在欧洲，大家互相制衡，没有谁能说一不二。它的权力系统就像蜘蛛网一样，错综复杂。而且还不是一张蜘蛛网，而是好几张蜘蛛网叠在一起。基督教会有一套蜘蛛网，国王贵族有一套蜘蛛网，大家后面还会看到，商业城市也有自己的一套蜘蛛网。权力被切割、切割、再切割，谁也不能把权力抓在自己一个人手里。

我们会觉得这样好乱啊！

确实有点乱。

我们总觉得“乱”是个不好的词。每个妈妈都教训过自己的孩子：“你的房间怎么这么乱，快点收拾干净！”可是在历史上，乱不一定是坏事。彻底的混乱当然是一场灾难，看看欧洲的废土时代就知道了。可是彻底的整齐也不见得就好，就像古埃及，所有人都听法老的，一切都规规矩矩，连画画也都只画侧脸，可是那样就会僵化掉。

欧洲的权力关系“乱”，所以才产生了很多缝隙。新生事物就从这些缝隙里成长起来。要是小欧洲的妈妈也这么教训他：“你的房间怎么这么乱？又是城堡又是领地的。去，拿把扫帚把它扫干净！”小欧洲拿起扫帚，把房间扫得干干净净，所有的蜘蛛网都给扫掉，所有的老鼠洞都给堵死，那会怎么样呢？

那样，他可能就没机会在这个房间里策划大航海，发明蒸汽机了。这个房间就会变成一个普普通通的帝国。像这样的帝国，在历史上一抓一大把，再多一个出来又有什么意思呢？

小结

公元1000年左右，欧洲开始复苏。这个新欧洲实行“封建制度”，对土地进行分封，国王和贵族之间存在一种契约关系。教会也拥有相当大的权力。所以，欧洲的权力系统错综复杂，没有谁能够大权独揽。

42

十字军东征

耶稣死在耶路撒冷。

耶路撒冷本来只是一个破破烂烂的小城，可因为这件事，它成了基督教的第一圣城。人们相信那里是世界的中心，人间的乐园，到处流淌着牛奶和蜂蜜。到世界末日的那一天，耶稣还会再次降临耶路撒冷。总之，这里神圣极了！

可是阿拉伯帝国兴起之后，取得了耶路撒冷的控制权。基督徒到耶路撒冷朝圣的时候，有时还会受到一些羞辱。

这件事成了西方基督徒心里的一道伤疤。

以前他们太弱小，没办法。可现在他们熬过了废土时代，熬过了维京入侵，已经渐渐强大起来了。于是，他们想起了这道伤疤。西方人越想越生气，心头燃起了愤怒的火苗。

在公元 1095 年，罗马教皇站了出来，把小火苗点燃成了熊熊大火。

这个教皇名叫乌尔班二世（可不是让皇帝在雪地里忏悔的那位）。他召集了一次露天大会。教皇站在原野上，对着密密麻麻的人群喊道：“基督徒们不要再互相打仗了！耶路撒冷是大地的中心，比一切土地都肥沃，是充满幸福的乐土。你们应该联合起来，向东方出发，夺回耶稣的坟墓。不要犹豫，这是神的旨意！”

大家被这篇演讲打动了。他们跪在地上，泪流满面地喊：“这是神的旨意！这是神的旨意！”

教皇的这篇演讲四处传播开来，大家好像一下子着了魔。有的人卖掉珠宝，有的人卖掉土地，有的贵族干脆把自己的城堡都卖掉了。卖的钱都拿来买武器装备，好参加远征军。有位将领正围攻一座城市，听说这件事，马上宣布基督徒不打基督徒，全体撤军，参加前往耶路撒冷的远征。

没过多久，就组建了好几支远征军。因为他们衣服上都绣着十字架，所以被称为十字军。想要参加十字军的人实在太多，有人甚至连妻子孩子都不要了，离家出走前去参战。这种热情把教皇都给吓着了。他后来下了一道命令：“没有妻子的同意，丈夫不许偷偷参加十字军！”

一个游牧部落可以发动远征，一个帝国也可以发动远征，可是这么多不同国家、不同民族的人，忽然自发地跑到几千公里外进行远征，这是历史上从未有过的怪事。

很多远征军是想到东方发财，还有些人想死后上天堂，但并不全是如此。他们心里有一种激情，就好像一个孩子老是被人欺负，忽然间，他积压已久的愤怒爆发出来，挥着两个小拳头冲上去找人拼命。确实，西方基督教社会被压抑得太久了。现在，它要把情绪发泄出来。

所以，大家都显得很冲动。整个十字军东征都有点疯疯癫癫的感觉。

最早上路的，是一大群农民。成千上万的农民凑在一起，连武器都没有，扛着锄头就去解放耶路撒冷了。他们根本搞不清楚地理位置，每到一个城市就要问："这是耶路撒冷吗？"别人总是回答说："不是。"他们就接着往前走。

结果他们走到半路上就全部灭亡了。

在他们之后，是正规的十字军。他们人数有好几万，其中有很多精锐骑士，来自英国、法国、德国、意大利等不同国家。这些人

十字军远征

沿着地中海，一路向东横扫过去。

当时阿拉伯帝国已经衰落，沿途是好几个独立的伊斯兰国家。一开始，它们被打了个措手不及，丢盔卸甲。可很快它们就反应过来，知道这是一场你死我活的战斗。它们集中全部力量进行反攻，结果把十字军围困在一座城市里。

十字军的粮食吃光了，很多士兵都饿死了，马也只剩下了两百匹，不少骑士只能骑着驴打仗。而城外是穆斯林军队的汪洋大海，根本无法计数。

这真是一个让人绝望的场景，十字军眼看就要全体覆灭。

可就在这个时候，有人忽然报喜："我们挖出了朗基努斯之枪！"

什么是朗基努斯之枪呢？

据说耶稣被钉在十字架上的时候，有个叫朗基努斯的士兵拿长枪捅了一下耶稣的肋骨。耶稣的血涌出来，染红了这支枪。这支枪沾了耶稣的血，所以有神圣的魔力。谁拿着，谁就能战无不胜。

十字军一下子沸腾了。他们又是哭又是笑，神枪在手，天下我有。十字军打开城门，像疯子一样冲出去。穆斯林大军都被惊呆了，谁也不知道这帮人怎么会忽然这么厉害。

大获全胜以后，十字军做了个调查，发现这个枪是假的。

啊，十字军就是这么疯疯癫癫。他们打了胜仗以后，一路挺进，攻占了耶路撒冷。然后，他们就在城里大开杀戒。只要不是基督徒，统统杀掉。杀到后来，据说街上的鲜血都能淹没人的膝盖。战争中经常会有残酷的屠杀，但是十字军的这次屠杀不光是残酷，还有一点疯人院的感觉。

等疯狂劲儿过去以后，十字军在东方建立了耶路撒冷王国。

这是第一次十字军东征。

为什么说第一次呢？因为一共有九次十字军东征，断断续续打了差不多两百年。耶路撒冷王国孤零零地悬在东方，周围都是穆斯林，所以它经常遭到进攻。西方基督徒只能一次次地组织东征，跑去抢救它。

最大的一次救援是第三次十字军东征。

当时东方出了一个了不起的人物，名叫萨拉丁。他统一了众多伊斯兰教国家，建立了强大的王朝。萨拉丁向耶路撒冷王国发起进攻，活捉了它的国王。消息传到欧洲，大家马上组织了第三次十字军东征。

远征军的首领是三个显赫的君主，一个是神圣罗马帝国皇帝，一个是法国国王，一个是英国国王。一个皇帝加上两个国王，听上去简直就是个梦幻组合。可是远征军运气很不好。刚到东方，皇帝骑马过河，居然掉水里淹死了。他的军队就转头回国了。法国国王跟英国国王吵了一架，也带队回国了。最后就剩下英国国王。

这个国王名叫理查，外号“狮心王”，意思就是说他的心像狮子一样勇敢。他这个人非常奇怪，不像一个现实中的国王，而像是从电影里跳出来的浪漫骑士。只有古怪的十字军时代，才会出现这么古怪的国王。

他为了组织十字军，把英国的钱几乎都榨干了。他甚至说："要是有人出得起钱，我会把首都伦敦都卖给他。"

耶路撒冷离英国有好几千公里，他这么干的目的是什么？好像也没有什么明确目的，狮心王就是觉得这样很拉风，很伟大。

他率领一支孤军，去挑战萨拉丁。不过狮心王理查打仗确实很厉害，在那个时代可说独一无二。萨拉丁埋伏下好几万骑兵，布置了一个天罗地网。理查掉进了埋伏，但是他来了个绝地反击。狮心王理查亲自带队冲锋，所向披靡，冲出包围圈，把萨拉丁打得一败涂地。

萨拉丁心胸很大。他被打败以后并没有生气，反而觉得狮心王理查是个英雄，对他很尊敬。理查骑的马死了，萨拉丁送给他一匹最好的骏马。理查发高烧，萨拉丁就送给他冰雪来降温。两个人表现得都很有骑士风度，有点英雄惜英雄的感觉。

但是狮心王最后还是没有成功。萨拉丁在战场上打不赢他，就把周围的村庄破坏掉，制造了一片焦土。狮心王理查就像当年的汉尼拔一样，他赢得了很多次战斗，但渐渐输掉了战争。东方太辽阔，而穆斯林大军又太多。最后，他实在没办法，就和萨拉丁签订了一份和约。然后，他就扬帆启程，返回欧洲。

十字军东征本来就有点异想天开。耶路撒冷王国离欧洲太远，周围又都是穆斯林，它随时处在危险之中。只要西方基督徒不来救助，它就很难活下来。

于是，耶路撒冷王国不停地喊救命，喊了差不多两百年。到了最后，欧洲人也被折腾累了。第一次十字军东征的时候，大家都很激动。可到后来，一说发动十字军东征，大家的反应就是："啊？怎么又要来一次？都多少次了？还有完没完？"

一共东征了九次。

如果我把每一次东征的故事都讲一遍，那就太长，也太枯燥了。你只需要知道一件事，那就是这些东征都没有实现它原本的目的。到第十次的时候，耶路撒冷王国又对着大海喊："救命呀！救命呀！"可就算它扯破喉咙，也没人来了。公元 1291 年，王国的最后一个城市也沦陷了。十字军东征就此宣告结束。

十字军东征听上去像是一个浪漫传奇，其实它非常凶残。很多十字军死在战场上，更多的人死在了远征的路上。而他们也杀害了许许多多无辜的人。就连那个很有骑士派头的狮心王，也曾下令杀掉好几千战俘。浪漫的背后，其实是疯狂和血腥。

那么它产生什么结果了呢？

欧洲人打开了眼界。当时的伊斯兰教世界比西方更发达，十字军就像一帮进城的乡巴佬，觉得眼前的东西是那么的五光十色。他们带回了美丽的丝绸，味美多汁的桃子，馥郁芬芳的香料。更重要的是，他们还带回了书籍。不少古希腊的著作在西方已经失传了，现在它们又回到了西方。没有这些书籍，也许就不会有未来的文艺复兴。

西方人还明白了一件事，那就是穆斯林太强大了，往那里扩张是行不通的。通往未来的道路不在东方大陆。

那么在哪儿呢？渐渐地，他们把目光投向了海洋。

这就是十字军东征给他们上的宝贵一课。

小结

西方基督教世界向耶路撒冷发动了十字军东征，先后共九次，持续了将近两百年。东征最后以失败告终，但是它打开了西方人的视野，让他们看到了更广阔的天地。

43

小红帽的世界

所有讲世界史的书都会提到“中世纪”这个词。

中世纪是对欧洲来说的，中国可没有什么中世纪。欧洲的中世纪大约从西罗马帝国灭亡开始，一直延续到了十五世纪末期。为了方便，你可以大致把它记为公元 500 年到公元 1500 年。

这差不多是一千年。对应到中国的历史，欧洲中世纪开始的时候，隋朝还没有建立。等它结束的时候，明朝已经过了一半了。这真是很漫长的一段时间！

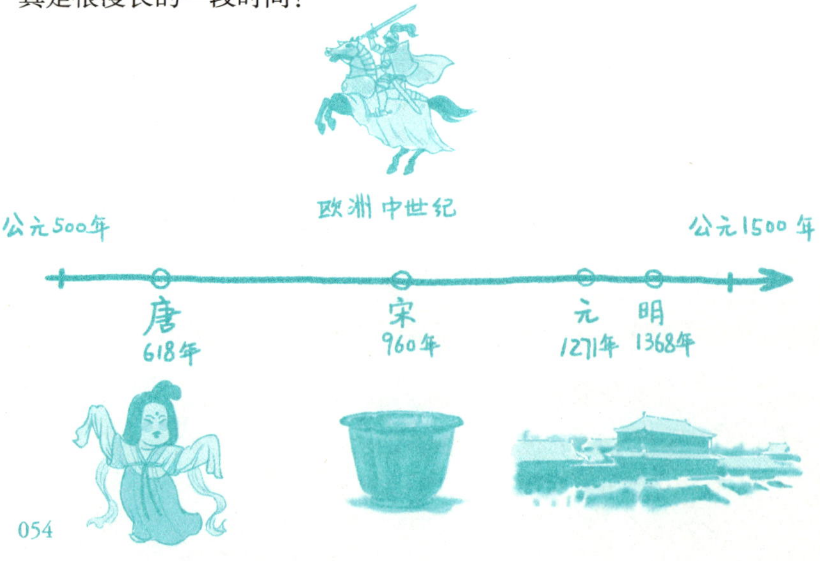

以前，人们总是把中世纪说得非常黑暗，没有一点儿光明。这是因为它运气不好，夹在两个时代中间。在它之前，是希腊、罗马时代；在它之后，是文艺复兴的时代。这两个时代都很辉煌，所以中世纪就显得像一个大断层，各个方面都糟透了。

可实际上，并不是这么回事。中世纪的一千年可以平分成两段。前五百年，它确实很糟糕。可是在后五百年，它从低谷里爬了出来，不再是一团漆黑。相反，它也有不少闪光点。文艺复兴、大航海时代、资本主义革命，并不是一夜之间从天上掉下来的。它们都是中世纪发展的结果。

所以，我们不能把中世纪一棍子打死，说成“黑暗愚昧”。那么，它到底是什么样子呢?

说实话，你绝不会喜欢它!

从外表看，中世纪的欧洲确实又破烂又荒凉。你肯定看过《格林童话》，那我告诉你，中世纪的欧洲就有点像《格林童话》里的世界。当然，魔法城堡、七里靴、水晶鞋都是假的，可故事的背景却是真实的。

小红帽去看外婆，路上会碰见大灰狼，这在中世纪一点都不奇怪。很多乡村都孤零零地位于森林边缘，野狼经常会闯到村子里去，咬死牲畜，甚至会叼走小孩。小红帽在乡间道路上，确实有可能碰见吃人的大灰狼。

汉塞尔和格莱特的家里没有食物了，爸爸就把他们扔到大森林里，让他们自生自灭。他们在森林里碰到邪恶的女巫，最后他们打败了女巫，过上了幸福的生活。在中世纪的时候，饥荒很常见。一旦没了食物，有的孩子确实会被遗弃！

《格林童话》里有很多很多强盗，一个人走路永远是危险的。在中世纪的欧洲，情况确实也是这样。稍微偏僻一点的地方，就可能隐藏着拦路抢劫的强盗。行路者经常遭他们的毒手。

总之，那是一个相当严酷的时代。如果你坐着时光机器回到中世纪，你看不到浪漫的公主、英俊的王子、温文尔雅的骑士。相反，你会看到很多可怕的事情。

到了中世纪后期，欧洲繁荣起来了，出现了很多城市。可是跟中国比起来，这些城市还是很差劲。这里没有辉煌的宫殿，美丽的花园，优雅的诗歌，也没有那么多精致的奢侈品。

有一位叫马可·波罗的威尼斯商人，他曾经来到中国旅行。威尼斯已经是欧洲最繁华的城市了，可等他到了中国，还是被惊呆了。在他看来，这里就像一个富庶的人间天堂。

回到欧洲以后，他出版了一本《马可·波罗游记》。在这本书里，他忍不住吹了一些牛。但是从那么遥远的地方回来，向一群土包子讲述见闻的时候，谁又能忍得住一点牛皮不吹呢？换上你，你也会吹点小牛的！不过他说的大部分内容是真实的。然而大家都不相信马可·波罗，还给他起了个外号，叫“百万先生”，因为他一提到中国的财富，就会用到很大的数字。在欧洲人看来，世界上不可能有这么繁华富裕的地方。

跟中国比起来，欧洲的城市大多都破破烂烂，污秽不堪。就拿巴黎来说吧，那可是法国的首都，可是大街上到处都是粪便，还有猪。有位法国小王子甚至被一头猪给害死了！他骑着马逛街的时候，一头黑猪从路边的粪堆里跳出来，把马绊了一跤，结果小王子就给摔死了。你能想象中国的皇太子被黑猪惊驾吗?

不过欧洲的城市虽然破烂肮脏，但它们也有一种宝贵的财富，那就是自治。

中国的城市都有衙门。大城市有大衙门，小城市有小衙门。每个衙门里头，都坐着皇帝派来的官员。城市里的事情都要由这位官员做主，商人见了他还要磕头："小民参见青天大老爷！"我们在电视上经常看到这样的镜头。

可是欧洲的城市没有这样的衙门。它们自己管理自己，就像古代的城邦一样。法庭、政府、港口，都是它们自己的。

其实一开始的时候，它们也不是自治的。国王把土地分封给贵族老爷。贵族老爷住在城堡里头，周围的城市就归他管。可是时间一长，这些城市就会派代表到城堡里面谈判。

这些代表说："老爷啊，我们想送您一千个金币。"

贵族老爷只会花钱，不会赚钱，所以永远是缺钱的。听到这话，他当然非常开心："你们真是我忠心的仆人，快把金币拿来吧！"

代表说："但是有个小小的条件，就是您得给我们签个合同，合同里要写清楚，以后我们会定期给您钱，但是您不能再干涉我们的事情了。我们要自己管理自己。这叫自治！"

说完，他们就会摇晃装满金币的袋子："一千枚金币哟！花起来可爽了！”

什么自治不自治，听上去虚无缥缈，远远没有钱看起来实在。所以贵族老爷自然就会上钩，快快乐乐地签订合同。

等到第二年，贵族老爷如果翻脸不认账，撕毁合同，那他就会发现大事不妙。这个城市居然花钱雇用了一帮士兵，关上城市大门，不许他再进来！或者更糟糕，这个城市里的商人集体搬家，投靠另一个贵族老爷去了。

于是，他不得不低头，承认这个城市的自治。否则的话，以后他可能一分钱都拿不到了。

这种合同就被称为“特许令”，很多城市都获得了这样的特许令。它们能成功，主要是因为在欧洲，谁都没有绝对的权力。一切都是可以讨价还价的。如果一切都是国王说了算，那花再多的钱也买不来自治权。

有了自治权，城市就不一样了。跟巴格达、长安比起来，它们显得很小。可它们是历史上的新事物。新事物开始的时候总是很弱小的。就像在恐龙时代，哺乳动物也都是可怜巴巴的小东西，可是它们在进化道路上找到了新的方向。

在中世纪，不仅城市有自治权，就连大学也有自治权。当然，它们不能说基督教的坏话，不然会被狠狠地收拾。但是总的来说，它们可以自己管理自己。如果大学对环境不满意，甚至会整体搬迁到另外的城市。所以，城市里的长官也不敢随便欺负它们。

中世纪欧洲有很多大学。比如现在的牛津大学、剑桥大学、巴黎大学，都是在中世纪的时候建立的。它们教授神学、法律、修辞、几何、医学等等课程。用现代眼光看，课程的知识水平很低。有时教授还会提出一些奇怪的题目，比如说，一个针尖上能站几个天使呀？天堂里有没有粪便呀？

但是这些教授也有让人钦佩的地方。他们非常重视理性，相信逻辑的力量，有时候甚至到了狂热的地步——他们想用逻辑来推导一切事物！

比如有一位学者想用逻辑来证明上帝必然存在。上帝存在还需要证明吗？你信仰他就是了嘛。谁也没想过用逻辑来证明玉皇大帝的存在啊。可是学者认为，一切真理都应该是符合逻辑的。他一环套一环地向前推导，最终提出了五大理由。这就像我们做几何证明题的时候，给出五个解题方法一样。

我们可能觉得他们研究的题目很无聊，但是这种精神是了不起的。他们今天可以用逻辑来思考上帝，以后就可以用它来思考科学。这就是未来进步的种子。

中世纪的欧洲就是这么奇怪！有的地方它显得很原始，有的地方又显得很现代。

我们有一个根深蒂固的观念，觉得中世纪的欧洲是“落后”的，然后不知道怎么回事，它在近代忽然变得“先进”了。学渣变成了学霸，跑到大家前面去了。

其实不是这样的。

各个文明并不是在一条笔直的道路上赛跑。谁跑在前面，谁跑在后面，我们能看得一清二楚。实际上，它们走的道路是不一样的。有的在爬山，有的在涉水；有的在山地，有的在平原。

很多时候，我们确实能看出谁更“先进”，比如咱们的唐朝当然比欧洲的废土时代要先进。可是到中世纪后期，就很难这么比较了。打个比方，唐朝就像初中生，废土时代的欧洲就像幼儿园的孩子，初中生当然比幼儿园的宝宝要高明。可是到了中世纪后期，它们两个就像高中的文科生和理科生，一个擅长做作文，一个擅长做数学题。这就很难分出绝对的高下了。

我们只能说，它们走上了不同的道路，而不同的道路通向不同的未来。

小结

中世纪的欧洲看上去肮脏破烂，远没有东方繁荣富庶，但是它拥有一种奇特的活力。它有的地方显得很原始，有的地方又显得很现代。

44
另一个平行宇宙

欧洲的故事已经讲了很多了，现在来看看美洲吧！

在哥伦布发现新大陆以前，世界历史是两个完全隔绝的舞台。它的主要舞台在东半球，中国、印度、罗马、希腊都在这里，轰轰烈烈，非常热闹。除此之外，它还有一个比较次要的舞台，那就是西半球的美洲大陆。

这两个舞台被汪洋大海隔开了，只有维京人曾经串场，从主舞台跑到次舞台看了一眼，然后就回去了。除此之外，这两个舞台再没有任何联系。它们就像两个平行宇宙，各自发展。

如果世界上真有上帝，那整个事情就像他做的一个实验，他特意把人类分成两拨，彻底隔绝起来，然后看看最后会有什么不同。

其实一开始，两个舞台的大致剧情还是一样的。欧亚大陆发动农业革命，美洲也发动了农业革命。不过我们种的是麦子、稻米，而他们种的是玉米、土豆。在农业革命之后，美洲人也建立了城市，修建了神庙，产生了国王，互相打仗。这和我们以前讲的那些古代文明，也差不了多少。

这说明什么呢?

这也许说明，人类本性就是如此。无论在世界的哪个角落，只要时间到了，大家总会搞出这套东西来。但是，这些文明的框架虽然一样，但个性却完全不同。我们看待美洲文明，有点像看哈哈镜，虽然也能认出自己的样子，但身体的比例却显得有点怪。

玛雅文明就是这样的一个哈哈镜。

大家还记得奥尔梅克人吗？就是那帮爱造石头大脑袋的家伙。玛雅文明就是他们的继承人。它位于中美洲的尤卡坦半岛上。你对这个地名可能没什么概念，那么你总知道恐龙大灭绝吧？六千五百万年前，一个小行星砸到了地球上，导致了恐龙灭绝。这个小行星落地的位置，就在尤卡坦半岛上。

其实按道理来说，这里根本就不该出现古代文明，因为它大部分都是热带雨林地区。古老文明一般都出现在大河流域，苏美尔文明、埃及文明、中国文明，都是这样。而玛雅人却偏偏选择了热带雨林。

这里到处都是浓郁的绿色植物，金刚鹦鹉在树枝上大喊大叫，蜘蛛猴在树藤上荡来荡去，树丛里藏着美洲虎，草地里躲着蜈蚣和响尾蛇，一切都显得如此的荒蛮。玛雅人烧掉了树木，铲掉了藤蔓，排干了沼泽，种上了庄稼，硬是在这里建立了一个文明。

整个古代历史上，只有玛雅文明位于热带雨林地区。它完全是独一无二的。

玛雅文明有个很长的发展过程。大约从公元 250 年开始，它进

入了一个特别繁荣的时期。这里出现了很多城市，其中最大的城市可能有十万人口。这个数字听着并不大，但是大家可以对比一下，马可·波罗的老家威尼斯也不过只有十来万人。在浓密的热带雨林里头，忽然冒出来一个威尼斯那么大的城市，这是非常壮观的景象。

这些城市里有很多了不起的建筑，比如著名的玛雅金字塔。这种金字塔是阶梯形的，人们可以踩着台阶，走到顶上的神庙里去。它没有埃及金字塔那么大，但是外观非常漂亮，设计得也极其巧妙。

库库尔坎金字塔就是一个例子。它的底角雕着两个很大的蛇头。每到春分和秋分的时候，太阳光投下的阴影，正好把蛇头连接起来，起起伏伏，就像一条巨蛇从神庙里爬出来一样。玛雅人认为这是“幻象蛇”，可以跨越整个宇宙。库库尔坎金字塔还有奇妙的音效功能。如果你站在金字塔下面用力拍手掌，经过声波的反射，你会听到大鸟的鸣叫声。你走在台阶上的时候，脚步声还会转变成雨滴的声音。

这种效果是巧合呢，还是玛雅人故意设计出来的？不知道。但无论如何，玛雅人确实非常聪明。比如，他们独立发明了“0”这个符号。我在前面讲过，印度人创造出了 0，结果被西方人说成是魔鬼符号。可是玛雅人发明它，比印度人还要早了一千年！

玛雅人的天文学也极其发达。一大帮祭司每天都在仰着脖子观察天空，对日月星辰的运行规律了如指掌。他们计算出一年的时间长度是 365.242 天，比实际长度只差 17 秒。而现在通用历法呢？跟实际长度差了 26 秒。也就是说，玛雅历法比我们今天用的历法还更准一点呢。

玛雅人对推算历法非常着迷，他们最长的历法周期是六千三百万年。六千三百万年！谁也不知道玛雅人为什么要推算这么长的日期。可能只有很聪明的人才会想得这么长远吧。

玛雅人有很多创造发明，如果光看这些发明，你会觉得它非常优秀，玛雅人真是了不起。可是，这些东西只是一层薄薄的面纱。如果你把这个面纱撕下来，就会发现后面藏着一张扭曲的脸。

玛雅文明发展得很不均衡。它有大型城市，有数学，有天文学，还有极其复杂的象形文字。但是，它的物质基础非常落后。玛雅文明基本停留在石器时代。在后期，它确实会冶炼铜，但是数量相当稀少，就是用来做一些礼仪性的装饰品。平时玛雅人用的工具就是木棍和石头。他们的武器也是大棍子，上面镶嵌着锋利的黑曜石。

美洲没有牛、马这样的大型牲畜，所以玛雅文明也没有使用轮子，运输东西只能靠人来扛。

不管玛雅文明把历法算得有多准，本质上它就是一个石器时代的原始文明。它的技术水平比欧亚大陆落后了差不多四千年。

原始的石器文明，却有这么复杂的文化！这就像是一个头重脚轻的怪物，瘦瘦的两条腿上，撑着一个大大的脑袋，很不正常。

玛雅文明确实给人一种走火入魔的感觉。你可以看一下玛雅人的雕刻，还有他们的象形文字。它们都很精致漂亮，但同时也很诡异。上面有无数的圆圈和波纹，一直盯着看的话，不单会头晕，甚至还会发作密集恐惧症。

玛雅浮雕上的象形文字

玛雅人诡异的地方还有很多。比如他们发明了一种体育比赛，很像现代的足球。运动员要把一个橡胶球投进圆环里面去。比赛过程中，不能用手和脚，只能用膝盖、胳膊，或者屁股。球非常重，砸到脸上的话很容易毁容。但最恐怖的是，比赛输掉的一方会被杀掉祭神。球场旁边竖着一个架子，专门用来放人脑袋。

玛雅人认为世界上有很多神。神都喜欢鲜血，要是不经常杀一些人献给神，他们就会惩罚这个世界。所以，玛雅人动不动就要抓一些人来杀掉。我们前面讲的金字塔，其实就是大型杀人中心。

我这么一说，你是不是就觉得鸟鸣和雨滴声也没那么美妙了？

很多古老文明都有杀人祭神的行为，但很少有像玛雅文明这么狂热的。它热衷于流血牺牲，就连国王也难以幸免。

玛雅有很多国王。他们的名字稀奇古怪，比如“十八兔”“美洲虎的爪子”，或者“吸烟的青蛙”，听着很像童话故事里的人物。这些国王权力很大，但是他们也要定期地忍受折磨。每过一段时间，玛雅人就会举办祭神仪式。在仪式上，国王要拿刀子刺破自己最敏感的部位，流很多的血。王后也很惨。有一块浮雕上记录了当时的场景。王后刺穿了自己的舌头，然后把一根绳子穿进去，上下拉动。

想想就让人毛骨悚然。

玛雅文明有非常恐怖的一面。这就好像是有人在夜里做了一场噩梦，醒过来以后就沉迷在这场噩梦里，不断地去重复噩梦里的场景。于是，整个世界好像都蒙上了一层红色的鲜血。

为什么会这样呢？也许是因为玛雅文明承受的压力太大了。它的物质基础太脆弱，精神世界又太复杂，结果就出现了走火入魔的症状。玛雅人拼命在热带雨林里建立大城市，拼命推算谁也用不上的六千三百万年大历法，拼命去折磨身体来讨好天上的神仙。这一切都好像是在钻牛角尖。

大约在公元 900 年的时候，玛雅文明的黄金时代结束了。它的人口急剧下降，很多城市神秘地消失了。浓密的树林和藤蔓覆盖住了雄伟的金字塔。纪念碑上长出了厚厚的青苔。很久以后，欧洲探险家来到这里，他们看到了大金字塔，就去问当地人：“这是谁修建的？”

当地人早就不记得古老的文明了。他们摇摇头说:“是魔鬼修建的。”

玛雅文明为什么崩溃?也许是因为战争,也许是因为气候变化,也许是因为他们没有保护好环境。但是总的来说,还是玛雅文明把一切都弄得太紧张了。

就像一个人给玩具上发条,使劲拧,使劲拧,发条越拧越紧,最后你会听到“啪”的一声。

发条断了。

小结

中美洲的玛雅文明兴盛了好几百年。它拥有繁荣的城市,宏伟的神庙,还有极其复杂的天文历法。但是它的物质基础非常落后,停留在石器时代。公元900年左右,它走向了衰落,很多城市神秘地消失了。

45

手托金球的国王

除了美洲之外，世界历史还有一个巨大的边缘地带，那就是撒哈拉沙漠以南的非洲。

非洲被撒哈拉大沙漠分割成一南一北两大块儿。北边这一块儿生活的主要是白人。从历史上看，它跟南边的非洲关系不大，反而跟欧亚大陆是一个整体。我们以前讲的埃及、迦太基，都位于这里。它一点都不边缘。

撒哈拉沙漠以南的非洲就是另一个样子。这里的居民以黑人为主，跟欧亚大陆联系也比较少。

说起撒哈拉沙漠以南的非洲，很多人脑子里会有这样一个刻板的场景：

啊！无边无际的辽阔土地上，生活着一群淳朴的非洲黑人。他们热爱和平，无忧无虑，过着幸福的生活。忽然有一天，一群万恶的殖民者来到这里，抢走他们的土地，抓走他们的家人，把他们的生活带进了无底的深渊。

实际上，这个场景并不真实。西方殖民者当然是一群坏蛋，给非洲人带来巨大灾难。但是在他们到来之前，这里也并不是一片祥和。它跟世界上其他地区一样，也充满了各种变化和斗争。

现在，我们看非洲黑人好像长得都差不多。其实以前并不是这样的。如果你在几千年前来到这里，就会看到另外一个场面。比如说，你在非洲的森林里，会遇到很多小矮人。这些矮人被称为俾格米人，他们皮肤不怎么黑，有点偏红色。成年俾格米男人的平均身高只有一米四多，就像十来岁的孩子。

这些矮人曾经数量众多，分布广泛，非洲中部几乎都是他们的天下。可是现在他们已经相当少见，因为北方的班图人把他们都赶走了。

班图人是典型的黑人。跟俾格米人比起来，他们距离撒哈拉大沙漠更近，所以能够从欧亚大陆那里学到一些技能。在非洲，谁能够跟欧亚大陆取得联系，就能在竞争中占上风。班图人就是这样。他们掌握了两个非常重要的技术，一个是种地，一个是炼铁。在我们看来，这两个技术好像没什么了不起，但实际上，它们给班图人提供了巨大的优势。

班图人努力向外扩张，但是他们能往哪个方向扩张呢？北边的邻居离欧亚大陆更近，比班图人更先进，当然不好招惹。于是班图人选择了南下，俾格米人就成了牺牲品。

俾格米人不会种地，也不会炼铁，只会使用小小的弓箭，哪里斗得过班图人呢？班图人扛着锄头和铁斧子过来，大喊一声：

“把土地交出来！”

这些俾格米人也大喊一声：

“好的！”

然后就躲进了偏僻的森林里，不敢出来和班图人对抗。可就算这样，班图人还经常跑进森林，把他们抓出来当奴隶。时间一长，俾格米人的数量就变得很少了。

班图人用了一两千年的时间，把赤道以南的非洲几乎全占领了。这就是非洲历史上著名的“班图人大扩张”。

班图人为什么能够成功，俾格米人为什么会失败？这可不是因为班图人个子更高，主要还是因为地理位置。如果他们的地理位置掉个个儿，俾格米人会更早学到先进的技术，历史上也就不会有“班图人大扩张”，而是“俾格米人大扩张”，赤道以南的非洲很可能就是这些矮人的天下。

不过，最发达的地区还是在非洲西部。那里靠近撒哈拉大沙漠的边缘。人们只要骑着骆驼，穿越大沙漠，就能和欧亚大陆的文明取得联系。所以，那里的黑人见多识广，比班图人还要厉害。

当俾格米人还在森林狩猎的时候，这里已经建立好几个帝国了。在这些帝国里，最强大的一个叫马里。马里帝国有金矿，而且是全世界最大的金矿。矿工从金矿里提炼出很多金粉，这些金粉又可以融化成金块。马里国王下了一道命令，所有的金块都是他的，老百姓只能保留金粉。所以，国王就拥有了很多金块，据说有的像岩石一样大。

马里虽然盛产黄金，却不产盐。大家会觉得：“盐有什么稀奇？”

可是每个人都要吃盐，不吃盐就会生病。所以，阿拉伯的商人就穿越撒哈拉大沙漠，用食盐来交换这里的黄金。除了黄金以外，他们还购买这里的象牙和奴隶。阿拉伯人觉得黑人又高大，又壮实，很喜欢把他们买来做奴隶。

就这样，马里国王有了很多很多的黄金，也有了很多很多的盐。

阿拉伯人想要黄金，就要来找他："求求你，给我点黄金吧！"

马里人想要吃盐，也要来找他："求求你，给我点盐吧！"

于是，国王有了很大的权力。老百姓都非常害怕他。国王要是对谁说话，这个人就要抓起一把黄土，撒到自己的头上。这意思就是说："啊！尊敬的国王陛下，我在您面前就像尘土一样卑贱。"有人拜见国王的时候，还会随身扛着一大筐土。国王一边说话，他们一边往自己头上撒土。所以，国王的王宫里，总是尘土飞扬，很容易眯眼睛。

马里国王不仅从阿拉伯人那里得到了盐，还得到了宗教和文化。国王们皈依了伊斯兰教，成了虔诚的穆斯林。他们在城市里修建了很多清真寺，还有很大的图书馆。

马里最辉煌的一座城市叫廷巴克图。它的名声传到了很远的地方。在大家心目中，廷巴克图是一座神话般的黄金城，充满了魔法和奥秘，几乎不属于这个世界。在英语里，如果想表达"我不想被别人打扰"，就可以说"我搬到廷巴克图去了！"就算在今天，还有很多人不相信廷巴克图真的存在。其实它当然存在！而且非常的美丽，拥有很多古老的图书馆。

在公元1325年，出了一件轰动世界的大事。一个叫穆萨的马里国王带着好几千人，穿过撒哈拉大沙漠，前往麦加城朝圣。他身边跟着五百个奴隶，每个奴隶都拿着一根黄金做的棍子。在他身后，还跟着一百头骆驼，每头骆驼背上都驮着几百斤重的金子。

在穆萨经过的地方，人们都被他的排场惊呆了，谁也搞不明白，他怎么会有这么多的黄金。有一位阿拉伯国王很好奇，就问穆萨："您的金子都是哪儿来的？"

穆萨信口开河地说："金子在我们国家一点不稀奇。我们有一种植物。春天一下雨，这种植物就开花。一开花，它的根就变成了黄金。你们这儿只会种庄稼，我们却种植黄金！"

穆萨大手大脚，随手乱送黄金，结果走到哪里，哪里的金价就暴跌，好多年都恢复不到原来的价格。经过这次炫富之后，穆萨成了传奇人物，所有人都知道"黄金大王穆萨"。

1375年《加泰罗尼亚地图》中手托金球的穆萨

不光阿拉伯人知道他，就连欧洲人也都知道了。有位法国人绘制了一张世界地图，在非洲的位置特意画了一个手托金球的黑人国王，旁边有一行说明文字：“此人叫穆萨。他是全世界最富有、最高贵的国王。”现在我们会觉得非洲是贫穷的地方，可谁能想到，在几百年前，人们会觉得这儿的国王是全世界最富有的人呢？

马里帝国后来渐渐衰落，被一个新兴的帝国取代了。这个新国家叫桑海。它跟马里帝国一样，也是卖黄金、象牙、奴隶，靠着撒哈拉大沙漠里的骆驼商队发财致富。

可到了最后，大沙漠里忽然冲出来一帮凶神恶煞，灭亡了桑海帝国。这是因为欧亚大陆发生了一次武器革命，人们开始使用火枪。桑海帝国隔着一个大沙漠，学习起来就慢。结果还没等它学会，阿拉伯人就杀了过来。这就像当年的班图农民打俾格米人一样，没有什么悬念。阿拉伯人的火枪一阵轰鸣，桑海帝国灭亡了。

帝国时代就这么宣告结束。不过帝国虽然没了，这里的文明并没有终结。在桑海帝国的废墟上，又出现了几十个小王国，依旧生生不息。

从这些故事里，能发现一个规律。欧亚大陆是文明的主要舞台，跟它距离的远近，往往决定了一个地区的命运。非洲腹地很不幸，被撒哈拉大沙漠隔开了，所以它的发展水平就有点落后，而且离欧亚大陆越远，就越落后。马里人能创立大帝国，班图人能够炼铁拓荒，而矮人族就只能在森林里狩猎。

美洲的运气比非洲更坏。它和欧亚大陆隔绝得更加彻底，技术上也就更加落后。就拿玛雅文明来说吧，看上去它好像很神奇，其实它比非洲脆弱得多。撒哈拉沙漠以南的非洲已经进入铁器时代了，玛雅人还在使用石器呢。所以，等欧洲人坐船过来的时候，看似壮观的美洲文明，哗啦一下子就垮掉了，而且再也没能爬起来。

所以说，位置往往决定了命运。与世隔绝是一种诅咒。和外部交流也许会带来灾难，但如果没有交流，最终只会带来更大的灾难。

小结

跟欧亚大陆的文明比起来，撒哈拉沙漠以南的非洲相对落后。但是它也拥有自己的帝国，马里帝国就拥有大量金矿，声名远播。它的国王甚至被称为世界上最富有的国王。

46

华丽的王朝，优雅的王朝

马里大王穆萨虽然有很多金块，但他并不真的是世界上最富有的统治者。最富有的帝王在哪儿呢？

在咱们中国。

在欧洲中世纪的时期，全世界最繁荣、最富裕的国家就是中国。在这一章，我们就来简单地看一下这些年里，中国发生了什么。

经过两三百年的分裂以后，隋朝统一了中国。但它是个短命王朝，刚传到第二个皇帝就完蛋了。紧接着，李渊建立了唐朝。

唐朝是中国最开放、最灿烂的一个王朝。它的领土大极了。在最鼎盛的时候，它向北囊括了贝加尔湖，向西一直延伸到中亚的咸海。周围的国家都对它非常崇敬，纷纷向它派遣朝贡的使节。在唐朝首都长安城里，住着几十个国家的外交官。王维写过一句著名的诗：“九天阊阖开宫殿，万国衣冠拜冕旒。”说的就是当时的情景。

长安城是一座国际化的大都市。在这里，你能看到穿着皮裘的突厥人，戴着耳环的印度人，戴着皮帽子的中亚人，深目高鼻的波斯人，裹着头巾的阿拉伯人，还有来自朝鲜和日本的留学生。

大家还记得波斯的萨珊帝国吗？它被阿拉伯人灭掉以后，末代王子逃到了唐朝，最后在长安去世了。想想看，长安城里居然埋葬着波斯王子！我们总以为古代中国是个封闭的国家，其实完全不是这么回事。这里简直就是亚洲民族的大熔炉。

唐朝人对外来的东西一点都不排斥。他们戴突厥传来的帽子，听中亚传来的音乐，玩波斯传来的波罗球（那是一种骑在马上打的球，至于规则嘛，我也不知道），心态非常多元化。在长安，什么样的宗教都有，佛教、伊斯兰教、犹太教、拜火教，甚至还有基督教。

唐朝人并不在乎什么东西是“唐朝的”，什么东西又是“外国的”，只要感兴趣，他们都会兼收并蓄。只有真正强大的国家，才会有这样的自信。

唐朝人喜欢享受生活，热爱华丽漂亮的东西。他们性格随随便便，对事情并不太较真，所以唐朝有许多伟大的诗人，却没有什么深刻的思想家。打个比方的话，唐朝就像一个爱玩爱闹、喜欢炫耀的大孩子。它觉得生活太有意思了，犯不着活得那么严肃。

唐朝之后是宋朝。宋朝的领土比唐朝要小得多，心胸也要小得多。它对外界的事物充满了疑虑，总觉得到处都有危险。在它的眼里，只有中国的文化才是最好的。

跟唐朝相比，宋朝变得相当内向。

但是，宋朝也有自己的优点。它非常的富裕，也非常的繁荣。如果你是个普通老百姓的话，生活在宋朝要比生活在唐朝更幸福。在当时整个地球上，宋朝人的生活可能是最好的。它的科技和文化也很发达。有位著名的历史学家陈寅恪甚至说：“华夏民族之文化，历数千载之演进，而造极于赵宋之世。”也就是说，宋朝是中国传统文化的巅峰。这么说也许有点夸张，但宋朝确实是一个相当文明的时代。

宋朝文化最大的特点是优雅。如果说唐朝是中国最华丽的王朝，那宋朝就是最优雅的王朝。宋词优雅极了，每一首宋词简直就像一件艺术品。宋朝的花鸟画优雅极了，每一笔都细腻得无懈可击。宋朝的瓷器也优雅极了，后来人们几乎再也造不出这么精致的瓷器了。

但是，宋朝似乎优雅得有点过头了。看宋朝的东西看多了，会觉得它们有点拘谨，少了一点唐朝那种大开大合的架势。

也许，这就是不同的时代气质吧。

宋徽宗《瑞鹤图》大概长这样

在唐宋时期，还出现了一个非常重要的东西，那就是科举制。

我们看电影和电视剧，都很熟悉这样的情节：一个穷书生参加考试，当上了状元，马上就咸鱼翻身，坐轿子，当大官，走上人生巅峰。古代人说这是“朝为田舍郎，暮登天子堂”，早上还在种地，晚上可能就成了高级官员。这就是科举制的力量。

我们不觉得这有什么奇怪。可是放到世界历史上，这真是一件大大的怪事。无论在欧洲、印度，还是阿拉伯，都没有这样的制度。欧洲人第一次听说科举制的时候，都相当吃惊：“考几次试、写几篇文章就能当官，这怎么可能呢？”

科举制对中国的影响非常大。其他文明要治理国家，要么依靠贵族，要么依靠祭司。可是中国通过科举制，可以从民间选拔大量的文官。皇帝就利用这些文官治理国家。于是，贵族就靠边站了。中国成了一个几乎没有贵族的社会。

在欧洲，贵族的后代还是贵族，农民的儿子还是农民。但是在中国，身份是可以变化的。这当然是一件大大的好事。

但是，没有了贵族，也就没有人能和皇帝对抗。在以前的王朝，还经常会有政变。有时候，大臣或者太监甚至会谋杀皇帝。可是从宋朝以后，中国就再没有这样的事情了。无论大臣、太监有多大的权力，只要皇帝一声令下，他们就会掉脑袋。整个国家，没有任何人能挑战皇帝的地位。

好在宋朝的皇帝并不残暴。他们有一个传统，那就是尊重舆论，尊重大臣。宋朝第一个皇帝赵匡胤就曾经问自己的宰相：“在这个世界上，什么东西最大？”

这个宰相思考了一会儿，说：“在这个世界上，道理最大，谁都要讲理。”

赵匡胤觉得这个回答非常好。

所以在宋朝，皇帝并不那么可怕，人们甚至可以和他争论。宋朝有一个著名的大臣，叫包拯，也就是戏剧里那位铁面无私的“黑脸包公”。现实中的包拯确实很耿直。当时的皇帝宋仁宗有个宠妃，她的伯父是个无能的家伙，皇帝却让他当了大官。包拯就不停地上奏章，要求罢免他。

皇帝不同意包拯的要求。两个人就在朝堂上争论起来了。包拯越说越激动了，干脆冲到皇帝面前，连比画带喊，居然喷了皇帝一脸的唾沫星子。

如果换成任何一个别的朝代，这都是“大不敬”，要杀头的。可包拯生活在宋朝。皇帝只能气愤地抹了一把脸，扭头回宫。后来他考虑再三，还是大致同意了包拯的要求。

这就是宋朝。它的皇权虽然强大，但还没有露出狰狞的面孔。到了明朝、清朝，皇权才会变得血腥恐怖。

总的来说，这是一个文明而仁慈的王朝，但是它有个很大的弱点，就是不太会打仗。唐朝非常强盛，周围的邻居都惧怕它，可是宋朝却总是被北方的游牧民族欺负。到了公元 1127 年的时候，出现了一个天大的灾难。新兴的女真族建立了金朝，挥师南下，居然在这一年攻占了宋朝的首都，把皇帝和太上皇都给抓走了。

皇帝的弟弟赵构逃跑到了江南，在杭州建立了南宋。当时出现了四大将领，被称为“中兴四将”，其中最著名的一个将领就是岳飞。这些将领奋力作战，总算打退了金朝的进攻，保住了半壁江山。但是赵构却对岳飞起了疑心，最终捏造罪名杀掉了他。

很多人以为赵构是个糊涂的昏君，真正的坏事都是秦桧策划的。实际上完全不是这样。宋朝确实有昏君，但绝不是赵构。一个真正的昏君绝不可能熬过这场大灾难，建立稳定的南宋王朝。赵构极其聪明，也很有能力，但同时也非常自私和猜忌。

他才是杀害岳飞的真正主谋，而秦桧只是帮凶。

但无论如何，南宋存活了下来。它延续了以往的传统，还是那么精致优雅。它的首都杭州变成了世界上最漂亮的城市。这也是一座喧闹的不夜城，一天二十四小时都有做生意的人。每天晚上，杭州街头都是火树银花，熙熙攘攘。到了凌晨一两点，游人才开始减少，而三四点钟一到，热闹的早市就又开张了。整个杭州就没有入睡的时候。

这样的夜生活跟现代大都市几乎没有区别。

而且，杭州还有美丽无比的西湖。在青山绿堤的环绕下，西湖宛若仙界珍珠、人间天堂。南宋诗人杨万里曾经为它写下这样的诗歌：

毕竟西湖六月中，风光不与四时同。

接天莲叶无穷碧，映日荷花别样红。

南宋的有钱人在西湖边修建了豪华的别墅，日夜笙歌，过着神仙一样的生活。跟他们一比，欧洲贵族过的日子太粗糙也太野蛮了。生活就像一场美梦，他们永远也不想从这场美梦里醒过来。

但是，这一切忽然中止了。

在北方高原上出现了一个强大的力量，它比当年的女真人还要恐怖。这个力量将要横扫大半个欧亚大陆，而南宋也在劫难逃。

蒙古人要来了。

小结

中国经历了恢宏灿烂的唐王朝、优雅文明的宋王朝。在好几个世纪里，它都是世界上最繁荣富庶的地方。

47

大风暴

蒙古人的首领是铁木真。

蒙古人是游牧民族，生活在蒙古高原上。他们四分五裂，默默无闻，每年还要向金朝进贡，谁也不觉得这群人能干出什么惊天动地的大事情来。可是铁木真改变了这个状况。

铁木真生来就有点与众不同。在他还是个小不点的时候，爸爸带着他到一位部落首领家里做客。这位首领一眼就看出铁木真会变成一个大人物。他对铁木真的爸爸说："你儿子的眼中有火，脸上有光。"

这位首领曾经梦见过一只白色的猎鹰抓着太阳和月亮，向他飞来。他认为，铁木真就是梦中的那只猎鹰。

不过铁木真的童年很凄惨。他的父亲被人毒死了，母亲一个人抚养他长大。整个蒙古乱得一塌糊涂，大家互相打来打去，小铁木真只能东躲西藏，受了很多苦。

长大以后，他好不容易娶了个媳妇。可他带着媳妇回家的时候，路上忽然有人拿着弓箭冲过去，大喊一声："呔！你的媳妇是我的！”就把铁木真的媳妇给抢走了。当时的蒙古就是这么无法无天。

在这样的环境里，只有强者才能生存。铁木真明白这个道理，所以他就拼命变成一个强者。他身边渐渐有了一些追随者，而且还交了一个最好的朋友，名叫札木合。他们俩结拜成了兄弟。札木合陪着铁木真一起，杀到敌人那里，抢回了铁木真的妻子。

这本来是一份很动人的友谊。可到了后来，两个人还是闹翻了。铁木真和札木合都是英雄，而蒙古高原不能同时容下两个英雄。他们越来越强大，都拥有了自己的军队，都想成为蒙古的霸主。于是，两个兄弟反目成仇，开始了漫长的厮杀。

有一天，铁木真抓住了札木合。

铁木真说："你是我最好的朋友，从危险中救过我好几次。把不愉快的事儿都忘掉，让我们和好吧！"

可是事情走到这一步，两个人都没法回头了。札木合说："我活下来，只会让你寝食难安，我将会是你衣领上的虱子，衣襟内的刺。铁木真，你还是杀了我吧，但是请不要让我流血。"按照当时蒙古人的信仰，人如果流血而死，灵魂会跟着血一起跑掉，所以扎木合才会提出这个要求。于是，铁木真让人活活闷死了札木合。

两个好朋友，到头来竟是这样的结局。

杀了札木合之后，铁木真很快就统一了蒙古高原。公元1206年，各个部落召开大会，拥戴铁木真做他们的首领，称他为"成吉思汗"。游牧民族把首领叫作"汗"，成吉思汗的意思就是"拥有四海的大汗”。当年的预言变成了现实。

接着，成吉思汗就启动了蒙古人的大征服时代。

游牧民族如果经历了长期混乱，忽然统一起来，就很喜欢跑出去打仗。因为他们在混乱时期，打来打去打习惯了，忽然之间统一起来，大家不能再互相打了，怎么办呢？那就只好出去攻打别的国家。

蒙古铁骑像洪水一样冲向四面八方。以前，他们都是关起门来自己打，打仗水平到底有多厉害呢，谁也不知道。现在他们跑到外面一打仗，居然是天下无敌。成吉思汗对这个结果可能都有点小意外：“哇！外面这些家伙居然这么废柴！”

蒙古骑兵真是厉害得邪门，没有任何人打得过他们。可为什么会这样呢？

历史学家找到了很多理由。比方说蒙古骑兵打法灵活，总是先用一波又一波的箭雨削弱敌人。敌人冲过来，他们就撤；敌人停下来，他们就射。整个过程就像打猎一样，让猎物一点一点流血，等猎物血流得差不多，才冲上去做最后一击。

蒙古骑兵速度也很快。每个人都随身带着好几匹马，马跑累了就换一匹，就这样不停地跑，来去如风，神出鬼没。此外，他们还有很多优点，善于学习、纪律性强等等。

可是，以前的游牧民族也喜欢远远地射箭呀，速度也很快呀，也很守纪律呀。为什么他们就没有蒙古人这么能打?

我们可能会猜测，蒙古人发明了什么秘密武器，或者发明了什么新的打仗方式。可实际上他们并没有发明这些东西。蒙古人只是把游牧民族的传统作战方式发挥到了极致。换句话说，他们不是发明家，而是学霸。

公元 1227 年，成吉思汗去世了。可大征服并没有停止，成吉思汗的儿孙们接着向外扩张。

在南方，他们征服了整个中国。金朝首先被干掉了，然后轮到了南宋。大臣陆秀夫背着八岁的小皇帝跳海自杀，宋朝彻底灭亡。

在西方，他们出动了两支远征军。

第一支远征军对付的是基督教世界。他们横扫俄罗斯，一路上经过的城市，只要不投降，统统干掉。征服俄罗斯以后，接着往欧洲打。欧洲人组织了一支联军，在波兰狙击蒙古，结果也被统统干掉。据说，光是割下来的耳朵就装了九个大麻袋。蒙古军队接着进攻匈牙利，把匈牙利的军队也统统干掉。

总之，一路上就是不停地干掉、干掉、干掉。眼看他们下一步就会干掉整个欧洲。可就在这个关键时刻，蒙古人忽然调转马头，一窝蜂地回去了。因为蒙古的大汗使劲喝酒，把自己喝死了。蒙古大军急着回老家看看谁是新的大汗。

欧洲人死里逃生，被吓出了一身冷汗。

第二支远征军主要收拾伊斯兰教世界。他们先是横扫中亚，拿下了伊朗高原。当时，伊朗高原上有一个暗杀团，有点像现在的恐怖组织。它的第一任教主被称为“山中老人”，训练了一大堆刺客。这些刺客会化妆、会整容，暗杀了无数的大人物。不少国王害怕被刺杀，都向他们进贡。这个暗杀团兴盛了两百年，他们在高山上修建了堡垒，号称“鹰巢”，谁都不敢惹他们。

可是现在蒙古人来了，他们根本不吃这一套。在绝对的力量面前，什么暗杀、整容，都是雕虫小技，毫无用处。蒙古骑兵攻破了鹰巢，杀掉了他们的教主，把暗杀团连根铲除。

接着，蒙古远征军又攻占了巴格达城，最后一任哈里发被生擒活捉。蒙古人把他裹在一个毛毯里，用马活活踩死。阿拉伯帝国就这样灭亡了。

几十年下来，蒙古人打下了一个超级大的国家，从太平洋一直延伸到地中海，比以前任何一个国家都要大得多。谁也没法管理这么大的国家，所以它很快就分裂成了五部分，包括帝国的主体元朝，和所谓的“四大汗国”。具体是哪四大呢？

金帐汗国：位于现在的俄国。

察合台汗国：位于现在的中亚。

伊尔汗国：大致就是原来的阿拉伯帝国。

窝阔台汗国：位于中亚地区，较早被元朝与察合台汗国吞并。

从地图上看，蒙古帝国真的是很壮观。有的人看到这样的场面，就会热血澎湃：“啊！蒙古帝国真威风呀！”

如果你生活在那个时代，可绝对不会觉得蒙古帝国拉风，你只会觉得恐怖。因为蒙古军队很野蛮，所过之处尸横遍野。他们打下一座城市以后，动不动就把城里的人全部杀光，将城市夷为平地。成吉思汗征服中国北方的时候，甚至曾经打算把这里的居民都杀掉，把农田变成大牧场。后来他的大臣替他算了一笔账，说让这些人活下来交税，比把他们杀掉更划算，成吉思汗才放弃了这个打算。

想想看，这是多么可怕的念头！

在整个蒙古大征服的过程中，死掉的人不是几百万，而是几千万。这个数字实在太过惊人。有人做科学调查的时候发现，蒙古大征服减少了大量人口，导致欧亚大陆的森林变多了，碳排放量减少了七亿吨。

如果你是当时的老百姓，还会觉得这一切很拉风吗？我们都是普通人，现在是普通人，如果出生在古代多半也是普通老百姓。那些征服者们打天下的时候，随手杀掉的就是我们这些普通人。一个普通人为这样的征服叫好，是可耻的。

蒙古帝国并不持久。蒙古人征服了大片土地以后，变得没有那么凶狠，但也变得没有那么能打了。这一点也不奇怪，所有的游牧民族胜利以后，都会发生这样的变化。首领们住进了宫殿，穿上了丝绸衣服，吃上了山珍海味。他们对生活心满意足，也就不那么愿意再打仗了。这个时候，他们应该转变成国家的管理者。可是，蒙古征服者只擅长打仗，不擅长管理。等到他们打仗也不怎么灵光的时候，帝国也就瓦解了。

在前面的章节里，我说过文明世界曾经发生过两次全球性大灾难，第一次是公元前 1200 年左右的海上民族大入侵，第二次是古典文明时期的游牧民族大入侵。现在，文明世界碰到了第三次大灾难，那就是蒙古人的大征服。

当然，这场大灾难也不是一团漆黑。任何事件只要大到一定程度，影响都是很复杂的，蒙古大征服也产生了一些积极的东西。

以前欧亚大陆上有很多国家，人们要从这头跑到那头很不容易。现在蒙古人建立了大帝国，只要他们同意，大家就可以自由旅行。大家还记得马可·波罗吧？他就是拿着蒙古大汗忽必烈的令牌，在欧亚大陆畅通无阻。旅行便利了，商品和知识都比较容易传播开来。所以，蒙古征服者就像是“全球化时代”的先驱。

那么他们自己知道这一点吗？他们当然不知道！他们当时想的就是征服和劫掠。创造历史的人，往往根本不知道自己在创造历史。

不过，还是要提醒你一件事，如果你要穿越的话，千万不要穿越到蒙古大征服时代的亚洲。你很容易被杀掉的！就算你的死有助于开启“全球化时代”，你肯定也不会开心的。

小结

公元十三世纪，成吉思汗统一了蒙古高原。接着，蒙古人席卷欧亚大陆，建立了巨无霸一般的超级帝国。对当时的很多国家来说，这都是一场可怕的灭顶之灾。

48

大地变得空空荡荡

蒙古铁骑杀了很多人，但在这个世界上，能够杀人可不仅仅是军队。有时候，很小很小的东西也会杀人，而且能杀死很多很多人。

比如说细菌。

在亚洲中部的戈壁沙漠里，生活着一大群黑鼠。这些小家伙是一群很不起眼的东西。在它们身上寄居着更不起眼的跳蚤。而在这些跳蚤身上，又寄居着一帮特别、特别不起眼的细菌。

在某一天，一些黑鼠搬家了。它们离开了戈壁，迈开四条小腿，向远方流窜。

老鼠搬家是常见的事情，可是这次搬家却不一样，它引发了一场可怕的大灾难。欧洲人运气一直很好，躲过了蒙古大入侵，可这次老鼠一搬家，他们就在劫难逃了。

公元 1347 年，有十二艘商船从东方来到意大利的一座港口。港口的管理员到船上一看，吓了一大跳。甲板上横七竖八，躺着很多死掉的水手。活着的那些水手，大多也都奄奄一息，谁也说不清楚到底发生了什么。管理员犹豫了一下，最后还是同意让这些水手上岸。

结果，这些水手把死神一块儿带上岸了。

没过几天，港口就开始不停地死人。有的人是在胳肢窝或者大腿根附近长一个肿块，有鸡蛋那么大，然后就开始发高烧，呕吐，很快就死掉。还有一些人剧烈地咳嗽，身上长出一块块的黑斑，发烧，吐血，也是很快就死掉。他们死的时候非常痛苦，整个人也变得很臭。据说，就连他们流出来的血液和汗水都是臭的。

这种病特别容易传染，而且一旦染上，几乎必死无疑。一般来说，致死率达到 2%、3% 的传染病就已经能引发大恐慌了。可是这种病的致死率差不多是 90%！这真是一种超级恐怖的传染病。后来，人们就给这种病起了一个可怕的名字：黑死病。

有的医生去给病人看病，一下子就被传染上，病人还没死，医生反倒先死了。还有人生了病，亲戚朋友来探望他，坐了一屋子。这一屋子人回去以后，几天之内全部死光光。

黑死病在意大利登陆，然后就开始迅速传播开来。西班牙、法国、德国、英国、俄国……一个个都倒下了。从地图上看，这就像有人在意大利的某个角落滴了一滴墨汁，然后这个墨汁就越染越大，最后把整个欧洲地图都染黑了。

只要开一个口子，黑死病就会钻进来。就连冰天雪地的北欧，也没能幸免于难。有一艘英国船漂荡在海面上，船上装满了羊毛，可是所有的船员都死了。这是一艘“鬼船”。北欧人发现了这艘鬼船，就把它拖到了自己的港口，结果挪威、瑞典这些国家，一下子就沦陷了。

面对黑死病，人们几乎无处躲藏。

有一大群瑞典人为了逃避黑死病，跑到了深山老林，在那里建立了一个小镇，与世隔绝地生活。几年以后，人们偶然发现了这个小镇。镇上的人已经全都病死了，只剩下一个小女孩。这个小女孩在大森林里游荡，变得像野生动物一样。人们给这个女孩起名叫“瑞普”，意思就是“野鸟”。后来人们重建了镇子，小女孩成了贵族，因为她是镇子里资格最老的居民。

黑死病既杀死穷人，也杀死富人。贫民窟里的流浪汉会死，宫殿里的贵族也一样会死。有位英国小公主要出嫁，国王派了一支船队送小公主。这支队伍非常奢华，装满了各种各样的宝贝。光是公主的珠宝和服装，就塞满了整整一条大船。其中最昂贵的是大婚礼服，居然用了一百五十米的金丝锦缎。这么长的礼服，该怎么穿到小公主身上去呢？小公主走路的时候要怎么拐弯呢？上厕所又该怎么办呢？

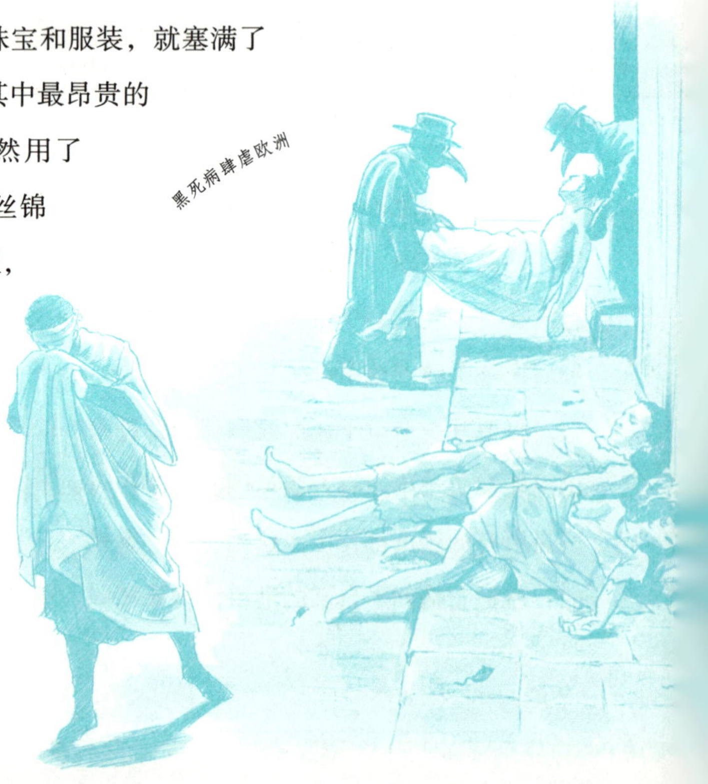

可是我们不用为此操心了，因为小公主根本没有机会穿上这件结婚礼服。

船队开到一半，停靠一个港口歇歇脚。港口的市长慌慌张张赶来，劝说他们不要停留，因为这里正爆发一场超级瘟疫。可是小公主他们嗤之以鼻，快快乐乐地住进了一座豪华的王家城堡。结果没过几天，小公主就在城堡里暴毙，随从也死得七零八落。船队只好开回英国。他们一走，当地人害怕传染，干脆把整个港口都给烧掉了。

人们想出好多办法来对付黑死病：躲起来不见人，随身携带香粉，喝各种各样的药水，不吃鱼和鸡蛋……有人甚至坚持晚上趴着睡觉，他们觉得这样一来，毒气就不会从鼻孔飘进身体。可这些办法都不顶用，人们还是大批大批死去。

于是，大家聚集在一起，举行盛大的仪式，恳求上帝怜悯："仁慈的上帝啊！可怜可怜我们吧！仁慈的上帝啊，停止可怕的瘟疫吧！"可这样聚在一起，人们死得更快，有位主教在游行中甚至一头栽倒，当场死亡。后来教皇下了一道命令，禁止任何集会！必须尽可能保持隔离！

人们知道这是一种传染病，必须把病人隔离开。一旦哪儿出现了黑死病，政府往往就会把它封锁起来，不许人们进出。这些措施非常正确，可惜效果不大，人们还是纷纷倒毙。

这简直就像恐怖电影里的情景。城市一片荒凉，大街上空空荡荡。农村里到处是没人照看的牲口，旁边倒着横七竖八的尸体。很多人看到这个场景，都觉得世界末日就要到了，一切都要终结了。

但是一切并没有终结。

黑死病的高峰期有三四年，然后它渐渐平息了下来。后来它又卷土重来过一两次，但都没第一次那么可怕。人们渐渐获得免疫力，死的人越来越少，最后世界终于恢复了平静。

黑死病到底是怎么回事呢？

现在看来，它应该由鼠疫杆菌引起的。在中亚荒漠里有一些黑鼠，它们身上寄生着某种跳蚤，而这些跳蚤体内就含有鼠疫杆菌。这些鼠疫杆菌可能已经存在了很多很多年了，可是并没有进入人类世界。后来由于某种神秘的原因，有些黑鼠从荒漠迁徙到了有人烟的地方。于是，灾难就爆发了。跳蚤咬人的时候，会把鼠疫杆菌吐在人的血液里。这种细菌进入人体后，会不断繁殖，最后把人害死。

如果这件事发生在几百年前，也许问题还没这么严重。可是蒙古大入侵以后，欧亚大陆的交通变得方便了，商队和货船可以畅通无阻，老鼠和跳蚤也就跟着畅通无阻。“全球化时代”带来的并不都是好事，它确实把知识和商品传播到世界各地，但也把鼠疫杆菌传播到了世界各地。

黑死病几乎遍布了整个欧亚大陆。比如中国、印度都被黑死病打击过，但是，欧洲的情况似乎最严重。在四年之内，有一半的欧洲人都死掉了！没有人知道为什么会这样，也许是因为欧洲的跳蚤更多，也许是因为欧洲人对这种疾病的免疫力更低。

当时，欧洲正处于中世纪的鼎盛时期，人口非常稠密。可是黑死病一来，拥挤的欧洲一下子变成了空空荡荡的欧洲。这当然是个超级、超级、超级大的灾难。但是就像我在上一章说的那样，事情一旦大到了一定程度，影响都是很复杂的。黑死病对欧洲的影响就很复杂。

死掉的人当然很可怜，但是活下来的人却变富了。一下子死了这么多人，活人就显得很宝贵。以前贵族老爷不拿农民当回事，农民要苦苦哀求："求求老爷，您怎么对待我都可以，但请给我一块土地耕种吧！"可现在呢，很多土地都没人耕种，贵族老爷反过来还得求农民："求求你们，快到我这里来种地吧！"

在很多地方，人们工资增长了，也变得更加自由了。

欧洲人对世界的看法，也发生了巨大的改变。因为眼前的一切实在太可怕了。你可以想象一下：本来一切都好好的，忽然之间，班级里的小朋友少了一半，办公室里的人少了一半，四周的邻居也少了一半。这会是多么可怕的感觉！经历过这样的打击，大家当然会追问一句：为什么？

他们不知道什么叫"鼠疫杆菌"，他们只是觉得，这个世界肯定出了问题。教皇不是代表上帝吗，他对这场灾难怎么毫无办法？贵族老爷不是很厉害吗，他们怎么也说死就死呢？

一定有什么地方不对头。

就这样，欧洲人渐渐有了一种怀疑的精神。

怀疑，往往就预示着改变。要是大家对什么都不怀疑，觉得一切都很合理，那这个世界是不会变化的。正是因为有了怀疑，才会推动大家去改变世界。经历了黑死病之后，欧洲再也回不到以前的样子了。它必须改变。

中世纪就要结束了。

小结

公元十四世纪，黑死病肆虐欧亚大陆，其中欧洲受到的打击最为严重。四年之内，几乎有一半的欧洲人都死掉了。

49
打了一百年

头条特大新闻：

爱国市民王建国近日与美国总统爱女喜结良缘，双方将举办盛大婚礼。同时，纽约市将作为总统爱女嫁妆的一部分并入我国！

这样的新闻像不像疯子写的？

确实很疯狂，结一次婚，纽约就变成咱们的了，天底下哪有这样的好事？可是在几百年前的欧洲，这样的新闻就一点都不奇怪。现在每个国家的领土都很神圣，可在中世纪的欧洲，领土可以送来送去。公主结婚，就可能带走一块领土作嫁妆。

今天你是法国人，明天小法公主和小英王子一结婚，你也许就变成英国人了。所以，人们的国家观念很薄弱。国家有点像国王的私人财产，领土争端就像侄子大爷、姑舅表姨之间的财产纠纷。

十四世纪的时候，英国和法国就因此吵起架来。

英国国王说：“我不光要当英国国王，还要当法国国王！”

法国国王说：“你想得美！”

是啊，英国国王凭什么想得这么美，觉得自己还能当法国的国王呢？

这是因为他们有亲戚关系。上一个法国国王死了，没有留下后代。法国人就找到了老国王的堂兄，让他继承王位。可是英国国王不干了，他说：“不对！我是你们老国王的外甥，血缘关系更近，所以继承王位的应该是我！”

到底是外甥亲，还是堂哥亲？听上去这是一个无聊的问题。可是在那个时候，它可是非常严肃，牵涉到一个大国的归属问题。

法国人不愿意让英国国王统治自己，他们表示更喜欢堂哥，不喜欢外甥。英国国王勃然大怒，坚持要捍卫外甥的权利。于是，在公元 1337 年，战争爆发了。英国国王带着一支军队，杀进法国。

打仗并不稀奇，可是这场战争与众不同，它前前后后打了 116 年！后来人们把它简称为“百年战争”。英国国王发动的战争，一直要到他孙子的孙子当国王的时候，才彻底结束。

这也太漫长了！

在一开始的时候，没有人料到战争会持续这么久。大家都觉得法国很快就能打赢。

现在我们会觉得英国和法国差不多。可是在百年战争的时候，法国比英国大得多，人口是它的四倍，而且它还拥有欧洲最厉害的骑士军团。他们骑在高头大马上，挥舞着长矛和宝剑，威风凛凛。

而英国士兵大部分都是普通农民，怎么打得过他们呢？

可是英国也有自己的撒手锏，那就是长弓手。他们使用一种特制的长弓。大家还记得匈人的弓吗？（不记得的话，请翻到《黑洞大喷发》那一章！）匈人的弓已经很长了，英国人的长弓比他们的还长，足足有1.8米！

长弓制作起来很麻烦。工匠们要选择特殊的紫杉木，再让它一点一点地变形。至少要花四五年的时间，才能造出一把长弓。它也很难拉开，弓箭手必须经过特殊训练，不断地练习，拉呀拉呀拉。最后，所有长弓手的骨头都是畸形的！当时在全世界，只有英国人会使用这种武器。

长弓非常厉害！它射出去的箭，能轻松地洞穿骑士的铠甲。有位骑士就被长弓手射了一箭，这支箭贯穿了他腿上的锁子甲，接着又穿透了他的大腿，然后又穿透了马鞍，最后又深深扎进马肚子，把马给射死了。这是多么可怕的力量啊。

而且它的发射速度还超级快。一个熟练的长弓手，一分钟能射出去十多支箭。打仗的时候，万箭齐发，铺天盖地，就像一场暴风雨。

长弓手没有蒙古骑兵灵活，但是他们的射程更远，力量也更狠。碰上这帮长弓手，法国骑士死定了。可是开战的时候，人们不知道这一点，就连英国人自己也不知道。

法国国王召集了全国最精锐的骑士，浩浩荡荡杀向英国人。有一支英军就被他们堵住了。这支军队的首领是爱德华王子，因为他总穿着一身黑色盔甲，所以也被称为“黑王子”。黑王子就跟当年的狮心王查理一样，是个军事天才，不过他还是被敌人的阵势给吓着了。天啊！那么多军队，那么多骑士！黑王子顿时觉得走投无路。

他恳求法国国王：“别打了！放我们一条生路吧！”

法国国王得意扬扬，摇头说：“不行不行，你必须投降！”

黑王子说：“只要放我一条生路，我马上回英国，七年之内不再打仗！”

法国国王还是摇头说：“不行不行！你就得投降！”

黑王子没办法，只好心惊胆战地上了战场，然后心惊胆战地把敌人全部歼灭，还活捉了法国国王。这就是历史上著名的普瓦提埃战役。战役结束以后，黑王子自己也大吃一惊：法国的骑士老爷居然这么不堪一击！

其实这不是法国骑士不行，而是全世界的骑士都不行了。那套打法过时了。现在有了英国的长弓，再过些年还会出现更厉害的火炮，骑士们的黄金时代已经过去了。

在普瓦提埃战役以后，英国人还打了很多次胜仗，长弓手经常把法国军队打得抱头鼠窜，可是他们就是没有办法征服法国，因为法国太大了，而英国又太穷了，派不出太多军队。一个有耐力，一个有爆发力。就这样，它们打呀打呀，打呀打呀，打了很多很多年。有时候它们会停战一阵子，然后接着打。父亲这一代打完了，儿子这一代接着打，儿子这一代打完了，孙子这一代接着打……

这是一场多么无聊的战争啊！

后来，英国使出了吃奶的力气，把所有军队集中起来，发动了一次大进攻。法国一败涂地，首都巴黎也沦陷了，大半个国家也被占领了。这下法国看上去真的要完蛋了。

但在这个黑暗时刻里，法国人涌现出了一种强烈的爱国热情。就像我在前面说的，中世纪的时候，人们今天是法国人，明天可能就是英国人，大家对国家的概念很模糊。可现在不同了，几十年来，英国士兵一直在法国烧杀抢掠，法国老百姓越来越恨英国，而越恨英国，也就越爱法国。

在历史上，往往就是这样。爱自己的国家，往往跟恨别的国家有关。太平年代，大家对国家并不怎么关注。有了敌人，爱国情绪才会高涨。所以，以前没有真正的“法国”，是百年战争的火焰产生了“法国”。

而“法国”在一个小姑娘身上体现出来了。

这个小姑娘名叫贞德。她的故事非常奇怪，简直是一个真正的传奇。贞德是个十七岁的农村牧羊女。有一天，她在森林里散步，眼前忽然出现了美丽的天使。天使告诉她：“你要指挥军队，去拯救法国！这是你的任务！”这多半是一种精神上的幻觉。有的历史学家甚至一本正经地说，贞德肯定是喝了未经消毒的牛奶，得了结核病，才会产生这样的幻觉。

但无论如何，贞德相信这是命运的召唤。她骑上一匹马，去找法国的皇太子。为了考验她，太子故意穿上普通人的衣服，躲在人群里。结果贞德一眼就从人群里认出了他。贞德毫不犹豫地向他走去，说："太子啊，我是上帝派来帮助你的。"

太子被惊呆了，真的把军队交给了她。

把军队交给一个十七岁的小姑娘，这简直就是瞎胡闹。可谁能想到，这次冒险居然成功了！这确实是一件大大的怪事。

英国大军正在包围法国重镇奥尔良。贞德率军直奔奥尔良，对英国军队发起进攻。她身先士卒，冲在了第一线。一支箭射中她肩膀，她把箭拔出来继续战斗。接着，她又被敌人从城墙上打了下来，差点摔死。贞德从地上爬起来，高声大喊："同胞们，冲啊！上帝已经把英国人交到我们手里了！"

就这样，贞德打败了英

国人，还俘虏了他们的指挥官。奥尔良城得救了！多少年来，这是法国人的第一次大胜仗。

整个法国都沸腾了。人们都说上帝派一个圣女来帮助法国了。大家士气高涨，在贞德的带领下，一口气又打了好几场胜仗。战争局面被扭转过来了。

可就在这个时候，贞德出事了。

她带着一支小分队出征，结果遭到了伏击。贞德带着部队向附近的城镇撤退。可是等他们赶到那里的时候，守城的军官害怕英军跟着冲进来，居然下令关闭城门，拉起吊桥！贞德无处可退，最后被敌人活捉，送到了英国。

英国人说贞德肯定是个女巫，不然的话，一个小姑娘怎么会如此厉害？他们组织了一次审判，说："你不认罪，我们就要烧死你！"

贞德害怕了，签了认罪书，被判处终身监禁。

可没过多久，她就后悔了。英国人试探她，留给她一套男人作战时的衣服，贞德兴奋起来，穿上了这套衣服。英国人大喊大叫："看啊，她的认罪是假的！她就是个女巫！"

于是，贞德被绑在柱子上，活活烧死了。她死的时候很痛苦，最后大喊了一声："耶稣啊！"然后就沉默了。旁边有个英国士兵说："哎呀，我们干了一件糊涂事，我们烧死了一位圣女！"

他说得对。后来，这个小姑娘确实被封为圣女贞德。

贞德虽然死了，但是她鼓舞了法国人的勇气。法国人团结起来，为贞德而战，也为法国而战。他们改变了古老的骑士战术，甚至学会了使用火炮。长弓在火炮面前，显得没那么好使了。英国人节节败退，到了公元 1453 年，他们终于被赶走了。

到头来，英国人什么好处也没有捞着。

打了一百多年，最后居然是这个结果。英国还是英国，法国还是法国，这场仗不是白打了吗？

不！这场战争也产生了新的东西，那就是现代国家。在欧洲，人们第一次有了民族英雄，第一次有了爱国热情，第一次觉得国家是一个整体。以前，如果你问一个法国人，“你是谁啊？”他第一反应就是说：“我是基督徒。”可是现在，他会回答：“我是法国人。”中世纪的欧洲历史是王朝的历史，可以后它就会变成国家的历史。

可惜新的国家是在战争和仇恨里成长起来的。这是一件不幸的事情，也是一个不好的兆头！

小结

为了争夺王朝继承权，英国和法国打了一百多年的战争。最后，英国人被赶出了法国领土。在这场战争里，法国出现了一位民族英雄：贞德。

50

用最大的炮轰最坚固的墙

大家还记得百年战争是哪一年结束的吗？

上一页刚刚说过，是公元 1453 年！

就在这一年，除了百年战争结束以外，还发生了一件惊天动地的大事：君士坦丁堡沦陷了。

君士坦丁堡是东罗马帝国的首都。等一等……什么是东罗马帝国？你很可能已经忘掉了！世界历史实在是千头万绪啊。我再提醒一下，当年罗马帝国分裂成了两个国家，西罗马帝国灭亡了，而东罗马帝国幸存下来。它像老乌龟一样长寿，熬过了一次又一次的灾难，活了上千年。

但是这只乌龟越来越虚弱，从大帝国变成小帝国，从小帝国变成小小帝国。最后，它的领土差不多就剩下一个首都，出了首都大门，走不了几步就是外国。如果把它看成一个人的话，那它的整个身子都被切掉了，就剩下一个大脑袋。

这个大脑袋就是君士坦丁堡。

君士坦丁堡的地理位置非常重要。小小的海峡隔开了欧洲和亚洲，君士坦丁堡就坐落在海峡边上，隔着海水眺望亚洲。它就像是欧洲的一扇大门，只有打开了这扇大门，才能进入欧洲的心脏地带。当年阿拉伯帝国就曾拼命敲打这扇大门，最后无功而返。

因为君士坦丁堡很难攻下来！要攻打它有两个办法，第一个办法是从海上进攻。君士坦丁堡侧面有一个海湾，叫金角湾。敌人可以把船开进金角湾，从海上进攻君士坦丁堡。但是君士坦丁堡人用一根非常粗的铁链子把金角湾给锁起来了。舰队根本开不进去。这条路就被堵死了。

剩下的一个办法就是从陆上进攻。可是那里有一道超级无敌大城墙，这道城墙由石灰岩打造，分为三层，牢不可破。全世界恐怕都很难找到这么坚固的墙。在一千年的历史中，还从没有人能从正面攻下这道城墙。敌人用攻城锤撞过它，用投石机砸过它，可它始终纹丝不动。人们都说这个城墙会永远立在那里，一直到世界末日。

所以，从海上进攻不行，从陆地进攻也不行，君士坦丁堡就是一扇被焊死的大门。

可是在 1453 年的时候，情况不同了。

阿拉伯帝国早已灰飞烟灭，在蒙古人留下的废墟上，崛起了一个新的伊斯兰教帝国——奥斯曼（核心部分位于现在的土耳其）。

奥斯曼没有阿拉伯帝国那么大，但是打起仗来更加凶狠，而且还有最重要的一点：它是一个火药帝国。

“火药帝国”是一个新事物，它意味着从冷兵器时代进入了火药时代，士兵不再光使用大刀长矛，也用上了火枪和大炮。

火药最早是咱们中国人发明的。不过，这个发明其实是个意外。发明者的本意是想炼丹药，吃下去以后长生不老。他们往炉子里放进去各种稀奇古怪的原料，结果有时会莫名其妙地爆炸，把人炸得鼻青脸肿，房倒屋塌。当然，没有哪个炼丹家故意想搞出爆炸来！对他们来说，这是一场意外事故。但是歪打正着，人们就这样碰巧学会了制造火药。

火药渐渐传播开来，人们用它来制造火枪和火炮。一开始的时候，这些武器威力不大，跟往人群里扔爆竹差不多。但是到了十五世纪的时候，它们已经变得比较厉害了，成了真正的大杀器。于是，火药帝国出现了。

奥斯曼就属于第一批火药帝国。现在，君士坦丁堡要经受火药的考验了。

奥斯曼帝国的首领不叫国王，也不叫皇帝，而叫苏丹。奥斯曼苏丹穆罕默德二世御驾亲征，带领十万大军包围君士坦丁堡。君士坦丁堡城里只有八千名士兵，但是大家并不是特别担心，因为有一条大铁链，还有一道城墙。靠这两样法宝，他们觉得可以守住这座城市。

铁链确实发挥了作用。奥斯曼舰队全力往金角湾里冲，却始终冲不开这条铁链。怎么办呢？穆罕默德二世想出了一个疯狂的计谋既然冲不破铁链，那就把舰队从陆地上拉过去，绕开这个大铁链。

他们真的就这么干了。整整一支舰队被拉到陆地上，兜了一个大圈子，翻山越岭，绕开了这条铁链子。你什么时候见过在山巅上的舰队？可是奥斯曼人真的让舰队爬过了高山，从铁链后面进入了金角湾。

君士坦丁堡的人简直惊呆了。就像变魔术一样，海湾里忽然冒出一大支舰队来！大铁链子一下子失效了。

海洋防线被突破了，好在还有陆地上的那道高墙。

面对城墙，奥斯曼人就没有什么迂回绕道的妙计了。他们想出了一个最粗暴、最直接的办法：既然这是世界上最坚固的城墙，那我们就用世界上最巨大的火炮来轰它！

奥斯曼苏丹下令建造超级大炮。一个叫乌尔班的工程师，为他制造了这门大炮，所以这门大炮也被称为“乌尔班大炮”。要知道，乌尔班可是个基督徒。帮着信奉伊斯兰教的奥斯曼，去攻打信奉基督教的东罗马帝国，这可是要下地狱的。可是有了足够的金钱，地狱似乎也没那么可怕了。乌尔班顺利地造出了这门超级大炮。

乌尔班大炮看上去确实惊人，它的炮口大得可以让一个人手脚并用地钻进去，简直就像一个大嘴巴怪兽。开炮的时候，爆炸声惊天动地。半吨重的石头炮弹被抛射到三里之外，在地上砸出一个两米的大坑。苏丹看了以后非常高兴，赏给乌尔班一大笔钱。

大炮实在太大了，怎么运到战场上去呢？

奥斯曼人找了一百多头牛来拉，还派了两百人在旁边扶着这个大炮。就这样，一边修路一边拉大炮，费了极大的力气才把它运到君士坦丁堡城墙下。

旧时代最坚固的墙和新时代最巨大的炮，虎视眈眈地对峙着。

“轰”的一声巨响，硝烟弥漫。

君士坦丁堡城墙似乎晃悠了一下。但是等硝烟散尽，人们看到它还是好端端地站在那里，只在边缘上出现了一个小缺口。这道城墙确实是工程上的奇迹，换上别的城墙，可能早就粉身碎骨了。

但即便如此，城里的人也是心惊肉跳。这样一炮一炮轰下去，城墙必然被攻破。好在乌尔班大炮有个弱点，它的冲击力太大，炮管很容易发热，所以每次发射后必须等它冷却下来，不然的话炮管会炸裂。所以，它一天只能发射七颗炮弹。这就给了君士坦丁堡守军喘息之机。他们乘着间隙，拼命地用石头、木头去堵塞缺口。要是这门大炮一天能发射一百次，那君士坦丁堡早就完了。

战争进入了争分夺秒的对拼阶段。

奥斯曼人从海洋和陆地两方面同时进攻。一群小型火炮配合乌尔班大炮，轮番轰击君士坦丁堡城墙。守军用一切手段死守战线，开枪放箭，修补城墙。东罗马帝国的皇帝也亲自披挂铠甲，战斗在第一线。

在七个星期的战斗中，城墙一段一段地坍塌，工事变得千疮百孔，防守越来越困难。不管君士坦丁堡的战士如何勇敢，这座城市的陷落也是迟早的事情了。石墙和火炮的对决里，最终胜利的还是火炮。

在轰隆隆的炮声中，市民们聚集在索菲亚大教堂里，举行了最后一次宗教仪式。他们知道末日就要到来，所有人都哭成一片。皇帝走了出来，向人群鞠躬，感谢大家的英勇付出。

第二天，城市沦陷了。

奥斯曼人发起了最后的总攻，乌尔班大炮再次发起轰击，海洋和陆地同时爆发战斗。双方拼死厮杀，城墙下堆满了尸体。君士坦丁堡越来越支撑不住了。这时，有一件偶然出现的小事，加速了它的沦陷。

君士坦丁堡城墙拐角处有一扇很小的城门，士兵有时会乘夜从这里出去偷袭敌人。但是这一天，有个马虎鬼忘了关上这道门。它就那么敞开着。守军们都爬上城墙作战，谁也没有注意到这个疏忽。

几十个奥斯曼士兵稀里糊涂地走进这道小门。他们一边走，一边诧异："怎么回事？咱们就这么进来了？会不会是陷阱？"等他们弄清楚状况，就赶紧爬上城墙，把奥斯曼军旗插在城楼上。

君士坦丁堡围城战

然后呢?

有一个流传很广的故事，说这面军旗一下子决定君士坦丁堡的命运。守军看到城楼上的奥斯曼军旗，马上就崩溃了。这个说法是不对的。这件事确实引发了恐慌，但城墙还是能守住的。可就在这时，碰巧发生了另一件事，负责防守的司令官受了重伤，被人从城墙上抬了下去。

这两件事搅在一起，把恐慌一下子放大了。

人们开始大喊:“不好了！敌人打进来了！司令官也逃跑了！”守军纷纷跑下城墙，像没头苍蝇一样乱撞。东罗马帝国皇帝挥舞宝剑，拼命阻挡汹涌的人流，但是毫无作用。最后他冲向敌军，英勇地战死沙场。

城市沦陷了。奥斯曼人在君士坦丁堡烧杀抢掠了三天，大部分市民都被卖为奴隶。君士坦丁堡变成了奥斯曼帝国的首都，金碧辉煌的索菲亚大教堂也被改成了清真寺。

东罗马帝国就此灭亡。

这件事发生在公元 1453 年，很多人都认为它标志着欧洲中世纪的终结。这样也确实比较好记。你看，公元 476 年，西罗马帝国灭亡，欧洲中世纪开始；公元 1453 年，东罗马帝国灭亡，欧洲中世纪结束。

除了好记之外，这一年也确实是个历史的分水岭。君士坦丁堡的陷落，标志着欧洲被彻底封锁了。蒙古大入侵打通了欧亚大陆的交通线，现在奥斯曼帝国横在东方和西方之间，把交通线又给掐死了。奥斯曼帝国是基督教世界的头号敌人，要通过它前往东方？门儿都没有。

这一百多年欧洲人真是很惨。他们经历了黑死病、经历了百年战争，现在又被奥斯曼帝国死死地锁住了大门。

怎么办？

他们产生了一个非常大胆的念头：开辟一条新的道路，从海上绕过奥斯曼帝国，前往东方！

是不是有点像奥斯曼苏丹搬运舰队到金角湾？冲不过去的时候，就绕过去。

就这样，大航海时代到来了。

小结

奥斯曼帝国兴起后，对东罗马帝国发起进攻。公元1453年，首都君士坦丁堡沦陷，持续一千多年的东罗马帝国彻底灭亡。很多人都认为这件事标志着欧洲中世纪的结束。

51
世界上最大的一只死耗子

可能每个孩子都因为算错题目被骂过。犯错当然是不好的。可事情也并非总是如此。这一章的主人公就因为算错答案，才成就了一番大事业。如果他把结果算对了，那一切都不会发生了。

这件事发生在大航海时代。

从十五世纪开始，欧洲出现了很多航海家。他们探索辽阔的海洋，发现了很多陌生的土地。因此，这个时期就被称为大航海时代，也叫地理大发现时代。

大航海的领头羊是个不起眼的国家，叫葡萄牙。葡萄牙又小又穷，人口连一百万都不到。但它很有冒险精神，一心想要靠做生意发大财。

它最想做的是胡椒生意。今天的我们不会觉得胡椒有什么了不起，可是在那个时候，情况完全不是这样。欧洲人对胡椒非常着迷，疯狂地想要吃胡椒。可是欧洲偏偏不出产胡椒，必须从亚洲进口。自从奥斯曼帝国崛起以后，通往亚洲的道路被切断了，胡椒变得非常昂贵。在当地卖一块钱的胡椒，在欧洲就能卖五十块钱，利润高得吓人。

葡萄牙决心找到一条海上道路，绕开奥斯曼帝国，直奔胡椒产地。它的具体做法就是沿着大西洋一路往南，绕着非洲最南端兜一个大圈子，到达亚洲。我这么说好像很容易，可在那个时候，谁也没有可靠的世界地图，大家连非洲是什么形状都说不清楚，只能摸索着往前走。

这有点像玩电脑游戏。开局的时候，地图上总是黑乎乎的一大片，玩家只能碰运气，把地图一点点地点亮。在这个游戏里，葡萄牙是个骨灰级玩家。它用了几十年的时间，去点亮海洋地图，实现欧亚大迂回。

最终，一个叫达伽马的航海家绕过非洲，来到了印度。从那以后，葡萄牙人就把一船又一船的胡椒拉回欧洲，发了大财。

西班牙是葡萄牙的邻居。它看到这些胡椒船和大金币，不由得怦然心动。但自己比葡萄牙晚了一步，该怎么奋起直追呢？有人想出一个不走寻常路的办法：既然亚洲在东方，那我们就到西边去找它！

这个念头跟地球的形状有关。

有个流传很久的谣言，说欧洲人以为大地是平的，一直往西走就会从大地的边缘掉下去。这种说法并不正确。中世纪的欧洲人在不少方面都落后，但是他们确实知道大地是一个圆球。他们是古希腊文明的孩子，古希腊人知道，所以他们也知道。

既然地球是圆的，往东走能到亚洲，那往西走当然也能到亚洲，说不定还能抄近路呢！

这个主意是一个叫哥伦布的人想出来的。他并不是西班牙人，而是意大利人。哥布伦想出这个主意以后，去过很多国家寻求支持。可是大家都不理他。最后他找到了西班牙女王。

西班牙女王请了好几位学者，来评估这个计划。这些专家都摇头说："哥伦布这是异想天开，根本就做不到！"但是女王想来想去，还是给了哥伦布一笔钱，让他去探险。

这听上去是不是像一个老套的励志故事？一个人发现了真理，但是却不被世俗所理解。专家们陈腐守旧、故步自封，而哥伦布不畏艰险，不怕嘲笑，最终取得了伟大的成功。

实际上压根不是这么回事。那些专家是对的，而哥伦布是错的！

哥伦布把地球的大小搞错了。古代科学家计算过地球的尺寸，得出的结果相当准确。哥伦布读过这些资料，但是他弄错了里面的长度单位。结果，他把地球的尺寸算小了！他以为往西走三千多公里，就会来到中国。实际上是两万公里！

当时，全世界没有任何一条船能在海里连续航行两万公里。女王请来的那些专家知道哥伦布搞错了，也指出了他的错误，可是哥伦布偏偏不信。

也就是说，哥伦布根本没有掌握什么真理。他错误地提出一个计划，西班牙女王错误地批准了这个计划。

公元 1492 年，哥伦布带着三条船出发了。这支小船队开进了波涛汹涌的大西洋。专家们感叹说："亚洲比哥伦布想的要远得多。

真是可怜呀！他们都会淹死的。”

按照道理来说，这些专家是对的，哥伦布确实应该淹死在大西洋里。可是这些专家们没听说过中国的一句谚语：“瞎猫撞着死耗子。”谁能想到，在亚洲和西班牙之间，并不是一片汪洋大海，中间还隔着一个美洲呢！

哥伦布这只瞎猫，撞着了全世界最大的一只死耗子。

哥伦布非常勇敢，非常坚韧不拔，同时，也非常不老实。在整个航行过程中，他都在弄虚作假。招募船员的时候，哥布伦装出一副很神秘的样子，暗示他有一套秘密航海图。只要按照这套航海图走，就一定能到亚洲。哥伦布压低嗓门说：“这是国家机密，不方便透露给你们，你们心里有数就行了！”

其实哪有什么秘密航海图？就是骗大家来报名。好多人都上当了。

大家高高兴兴地启航。但是等船队在大西洋里航行了一个多月，船员渐渐有点害怕了。他们发现哥伦布好像没有什么航海图，也不知道亚洲到底在哪儿。船队在大海里越开越远，大家开始犯嘀咕了。

为了平息恐慌，哥伦布又开始弄虚作假。他篡改航海日记，大大缩短了航行距离，让大家以为离家没那么远，随时可以返航。可是人们还是越来越担心。小船被苍茫大海包围着，一天又一天过去了，前方始终看不见陆地。

万一东西吃完了怎么办？万一水喝光了怎么办？更可怕的是：万一永远都走不到头该怎么办？

有的船员开始私下商量：“要不干脆把哥伦布抓起来，扔进海里，然后咱们掉头回家？”船队里弥漫着暴动的气息，事情已经到了危急关头。可哥伦布是个天生的福将。就在这个时候，他们忽然在海里发现了一些漂浮的树枝。

有树枝，就说明离陆地不远了！人们心头又燃起了希望。

果然，一天清晨，有个水手忽然大叫了起来：“陆地！陆地！”

陆地终于出现在地平线上。

整个船队都沸腾了。这个水手尤其高兴，因为在出发的时候，西班牙女王曾经许诺，谁能第一个看见陆地，就能赢得一大笔奖金。这个水手要获奖了！他后半辈子要吃喝不愁了！

谁知道就在这个时候，哥伦布忽然跳出来截和。他听到消息以后，激动地跪在地上感谢上帝。然后，他站起身来向大家宣布：“兄弟们，朋友们，实际上第一个发现陆地的，不是这位水手，而是我！敝人昨天晚上就发现那个地方有火光了，只是忘了告诉你们！”

大家目瞪口呆。

船队司令和水手抢奖金，这种事儿也只有哥伦布能干得出来。结果，这笔奖金果真归了哥伦布。

这件事儿弄得大家挺不愉快。不过没过多久，他们心情就变好了，因为眼前的这片陆地实在是个好地方，气候温暖，草木丰润，几乎就像人间天堂。这里到处是挺拔的棕榈树、鲜艳的鹦鹉、美丽的沙滩，还有一群光屁股的人在走来走去……

可是，等一等！这些光屁股的人是从哪儿来的？这里不是亚洲吗？马可·波罗去过亚洲，那里的人都是穿衣服的呀。

哥伦布看见这些光屁股，也有点吃惊，但他还是断定这是印度东部的一个小岛。至于印度人为什么会光屁股，这个确实不好解释……不过先不管它了，反正这里就是印度，往北走应该就是中国。

他还管这些人叫“印第安人”，就是印度人的意思。这个叫法当然是错误的，但是它流行开了，后来人们也就管美洲的原住民叫“印第安人”。

几个月后，哥伦布顺利返航，宣布他发现了通往东方的新航线。整个西班牙都轰动了。很多人沿着这条新航线，来到了传说中的东方。可奇怪的是，这里并没有巨大的城市、威严的皇帝，只有小木屋和破草棚。难道马可·波罗回国以后，东方衰落成这个样子了？

但是哥伦布一口咬定：“这里就是亚洲！”其实，他可能是在装糊涂。他害怕说这里不是亚洲，会让大家失望。那么这里到底是哪儿呢？当然是美洲了。具体地说，哥伦布到达的是加勒比海的一些岛屿，跨过这些岛屿就是美洲大陆。

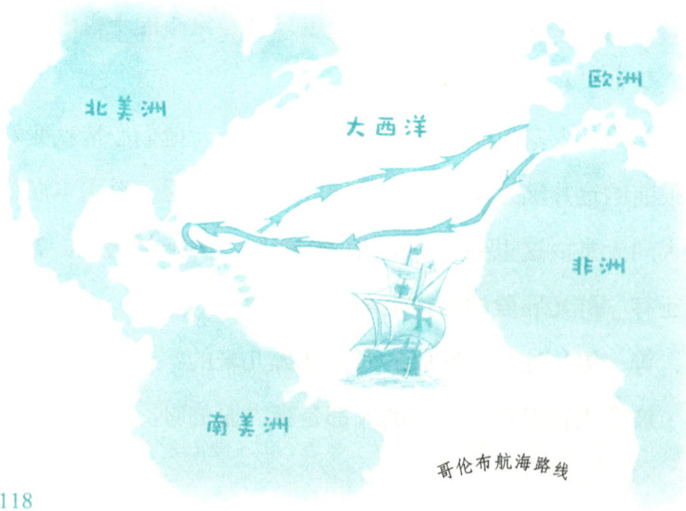

哥伦布航海路线

这比发现一条通往亚洲的航线要重要得多！黄金会有的，白银会有的，等他们深入到美洲大陆，就会发现那里有庞大的帝国，还有难以想象的巨大财富。

但更重要的不是黄金和白银，而是这片大陆本身。

哥伦布的发现改变了世界面貌，整个美洲都落入了西方文明手中。大家可以想象一下，如果是中国人发现新大陆，并且到那里去殖民呢？那就不会有美国，不会有加拿大，也不会有拉丁美洲。整个西半球都会属于说汉语的东方文明。这种变化简直会大得不可思议。

但实际上，这种情况不太会发生。首先，太平洋比大西洋要辽阔得多，中国航海家很难跨越。其次，就算真有哪位中国航海家发现了新大陆，恐怕也不会引发殖民潮。

欧洲人发动大航海，不是为了好玩，而是为了赚钱。不光个人赚钱，国家也能赚到钱。哥伦布在远航前，就和西班牙女王签订过一份合同。一旦找到财富，女王拿多少，哥伦布拿多少，合同上都规定得一清二楚。有了利益驱动，国家和个人的力量才汇集在一起，形成一股合力，推动大航海不断发展。而中华王朝对这些事情并不太感兴趣，高高在上的皇帝更不会和臣民签订什么合同。

在当时的整个地球上，只有欧洲人有向海外开拓的强烈冲动，而且也只有他们能把这种冲动变成行动。

中国错过了大航海时代。但也正因为这样，它没有卷入到后来的殖民杀戮里去。在这个问题上，中国的手可是干净的。

小结

欧洲开启了大航海时代。葡萄牙人发现了通往亚洲的海上航线，西班牙人的发现更加重要。哥伦布本想前往亚洲，结果却阴差阳错地发现了美洲新大陆。

52
公元 1500 年的东方

这个故事又到了一个重要的时间节点，那就是公元 1500 年。

这时，大航海时代刚刚拉开序幕。一支又一支的船队很快就会环绕地球，把各个文明联结为一个整体。世界面临着崭新的未来。那么就让我们停下来，看看这个时间点上的地球吧。

按照惯例，我们还是从东方开始。

东亚的核心当然是中国。蒙古人建立的元朝早就灭亡了，如今是明朝的天下。明朝总共存在了 276 年，在公元 1500 的时候，它差不多刚好活到寿命的一半，就像是一个标准的中年人。中年人大多比较稳重，明朝也是如此。它正处于稳定期，没有大的战争，没有大的动乱，人民安居乐业，过着太平日子。

明朝也有过激情燃烧的岁月。在几十年前，明朝还年轻，充满活力，曾经很浪漫地派出一支庞大的远洋船队。是的，你肯定听说过这段故事，因为每个中国人都听说过“郑和下西洋”。

哥伦布发现新大陆的时候，带了三条船，八十八个船员。而郑和船队有两百多艘船，两万七千多人，差不多等于三百个哥伦布船队！这可以说是全球最大的远洋舰队，威力极其惊人。郑和船队路过斯里兰卡的时候，当地国王不知死活，居然想袭击他们，结果郑和很轻松地把国王生擒活捉，送到了北京。

郑和七次前往西洋，最远可能到了非洲东部的索马里。这个距离要比哥伦布的航程远得多。不过这么比较不太公平。哥伦布探索的是陌生海域，而郑和船队走的是已知航线，所以，郑和是伟大的航海家，却不是哥伦布式的探险家。

很可惜，郑和船队虽然规模宏大，却没有取得太大的成果。他确实带回来不少海外珍宝，甚至还献给皇帝两头非洲长颈鹿，然后告诉皇帝说："陛下请看，这就是传说中的麒麟！"皇帝也就真的留下来当麒麟养。但也就如此而已，郑和并没有带来什么翻天覆地的变化。这七次航行更像是皇帝的心血来潮，耗费了大量金钱，却没得到明确的好处。时间一长，这件事就被人们淡忘了，甚至就连郑和留下的航海记录都找不到了。

步入中年的明朝早就不航海了。在它看来，那都是小年轻的青春期躁动。公元 1500 年的大明王朝只想过安稳的日子。它富裕、丰腴、自鸣得意，对外部世界没有多少兴趣。

很多人都有一种错觉，认为古代中国就是一个朝代接着一个朝代，每个朝代都差不多。其实绝非如此。中国的变化也是很大的，明朝跟以前的朝代就很不一样。

这种变化跟科举制有很大关系。

在《华丽的王朝，优雅的王朝》里，我提到过中国的科举制。

科举制消灭了贵族社会，让皇权变得格外强大。宋朝已经采用了科举制，但好在宋朝皇帝有自我克制的传统，所以皇权虽然强大，却并不恐怖。可是到了明朝，皇权开始变得恐怖了。它喜怒无常，随心所欲，经常变得非常、非常残暴。面对这种力量，大家真的是毫无办法。

除此之外，科举制还催生了另一头怪兽，那就是官僚阶层。官僚阶层就是那千千万万的文官。他们没有皇帝那么大的权力，但是他们无处不在，皇帝必须通过他们才能治理国家。官僚阶层就像笼罩着明朝的一团浓雾，杀不死，驱不散，人们永远被它包围着。

明朝的官员并不是一帮坏蛋。他们有文化，有能力，总的来说把国家治理得还不错。但是他们有巨大的弱点。他们都是通过科举考试才当上官的，他们受的教育是一样的，爱好是一样的，看待世界的角度也是一样的。所以他们很容易结成小圈子，视野越来越狭隘，思想越来越僵化，最终丧失掉想象力和好奇心。

不光明朝是这样，清朝也是这样。我们在电视、小说里熟悉的“古代中国”，其实主要就是明朝和清朝。在此之前，中国并不是那个样子的。唐朝和宋朝就充满变化的可能，而到了明清两个朝代，民间社会虽然还很有活力，政治却已经走进了死胡同，很难变革了。

皇帝和官僚，是明清两朝最强大的力量。它们确实带来了稳定，但也堵死了中国的变革之路。当然，在公元1500年的时候，这一切还不明显。明朝依旧是世界上最繁荣、最富裕的国度。

也是哥伦布做梦都想来到的地方！

在中国的东边，是朝鲜和日本。在上千年的时间里，它们都是中华文明的学生，向中国学到了很多东西。但是它们情况不太一样，朝鲜是个谦卑的学生，日本却是捣蛋的学生，给中国惹过不少麻烦。

以前我没有提过日本，因为它是一个封闭的岛国，跟外界交流不多。不过进入近代以后，它会在世界舞台上扮演一个重要角色，所以我们还是应该花点时间看一看它。

日本名义上的最高统治者是天皇。但是在很长一段时间里，真正掌握权力的是“征夷大将军”。大将军管理国家的机构被称为“幕府”。日本前后建立过三个幕府，就相当于咱们中国的三个朝代。

在公元1500年的时候，第二幕府衰落了，大将军控制不住局面，各地诸侯开始混战。日本人称这段历史为“战国时代”。战国时代持续了一百多年，现在它才只是开了个头。

说起来，这个时代有点像咱们的三国时期，普通人的生活苦不堪言，活像人间地狱，只有傻子才会想穿越到那样的时代。但如果把它写成历史故事，又会显得高潮不断，故事精彩纷呈。

这说明生活是生活，故事是故事，千万不能混为一谈。

到了战国时代末期，出现了一个叫丰臣秀吉的人。他个子矮小，相貌猥琐，被人们称为“猴子”。可是这个猴子非常有能力，他结束战乱，统一了日本。

这本来是挺好的一件事。可是丰臣秀吉忽然产生了一个疯狂的念头：他要远征朝鲜，然后征服中国，把日本天皇迁到北京去！至于他自己，则要搬到中国的港口宁波，好从海上进一步远征印度。

朝鲜、中国、印度……丰臣秀吉真是比希特勒还敢想。

当然，这个计划破产了。明朝军队在朝鲜困住了日军，丰臣秀吉在郁闷中病死。另一个军阀德川家康接管了他的权力，建立了日本最后一个幕府。

这个德川幕府对海外非常不感兴趣。不要说征服中国和印度了，它连国门都不愿意出。大将军颁布了“锁国令”，宣布任何国民都不得离开日本。他还有个奇怪的规定：任何人在造船的时候，都必须在船身上留一个大洞。因为这样一来，船只一旦进入深海，就会被海浪吞没。

故意制造会沉的船，这在世界历史上都是独一无二的。

为什么要这么做呢？当然是怕日本人坐着船往外跑！谁都不许出国，都老老实实待着，想出国就淹死你们！

就这样，日本再次从世界舞台上隐身。下次它出现的时候，就该是明治维新时代了。

中国的东边就是这样。如果从中国再往西走，则会进入伊斯兰教世界。

阿拉伯帝国的兴起，是伊斯兰教世界的第一个黄金时代。而在公元 1500 年的时候，它即将迎来第二个黄金时代。它的扩张势头会变得非常迅猛。要是有一群外星人正在太空观察地球，他们多半会觉得伊斯兰教世界将是未来的大赢家。

伊斯兰教世界的最强者是奥斯曼帝国。它不像以前的阿拉伯帝国那么有文化，它更粗野，更狭隘，也更彪悍。无论是陆军还是海军，奥斯曼帝国都所向无敌。它攻占君士坦丁堡之后，接着大踏步地向欧洲腹地推进，把基督徒们吓得心惊胆战。

当然，欧洲人搞了一个海上迂回。葡萄牙船队兜了一个大圈子，跑到了奥斯曼帝国的屁股后头。奥斯曼人对此当然不高兴，但也并不太当回事。什么大航海？无非是一些小毛贼在偷鸡摸狗而已。奥斯曼帝国丝毫不觉得这帮家伙能带来多大风险。

在伊斯兰教世界里，奥斯曼是第一个火药帝国。很快，这个世界还会兴起另外两个穆斯林的火药帝国。

第一个是萨菲帝国，它征服了波斯。

第二个更重要，它叫莫卧儿帝国，征服了印度。

征服印度的关键一战，就是靠火枪火炮打赢的。那是在公元1526年。（当然不是公元1500年，没有那么凑巧！这段故事偏离了时间节点二十多年。）莫卧儿王朝的巴布尔大王带着一万多名穆斯林士兵，再加上二十门大炮，一路杀进印度。印度人组织了十万大军，还有一千头大象，前来迎战。

要是放在过去，一千头大象铺天盖地地冲过来，再厉害的敌人也会扭头就跑。可如今不同了，在火药的时代，大象根本不该待在战场上，它们应该待在动物园里。

大炮轰隆隆一阵轰，把印度人连同大象一块儿打败了，结果就在印度建立了一个大帝国。这个帝国活了很长时间，后来英国人带来了更厉害的大炮，才把它灭掉了。

在接下来的一百年里，伊斯兰教世界进行了极大的扩张。它不但建立了强大的火药帝国，还深入到了非洲的草原、东南亚的海岛……从地图上看，它从大西洋一直延伸到太平洋，无比辽阔。相比之下，基督教世界就只能蜷缩在欧亚大陆的西北角。

但是，这个局面很快就要改变了。

小结

本章对公元1500年的东方世界做了一个简单的回顾。此时，中国的明王朝正处于平稳时期；日本的幕府政权开始衰落，走向战国时代；奥斯曼帝国正如日中天；穆斯林即将进攻印度，建立莫卧儿王朝。

53

公元 1500 年的西方

公元1500年的西方基督教世界很小，基本上就是现在的欧洲，而且欧洲的东南角还被奥斯曼帝国啃掉了一块。

这个小世界的内部也不太一样，总的来说，越往西走，越繁华和先进；越往东走，越荒凉和落后。

欧洲的最东部是俄罗斯，也就是我们常说的俄国。

两百多年前，蒙古人在这里建立了金帐汗国。俄罗斯人都要向它进贡，忍受它百般欺负。后来金帐汗国垮台了。在它的废墟上，很多小国开始争夺俄罗斯的霸权，其中有两个最重量级的选手。

第一个是莫斯科大公国。它的文化非常落后，位置也比较闭塞，但是它凶狠、顽强，有种好勇斗狠的精神。正是这种狠劲儿让它从众多小国里脱颖而出。

另一个叫诺夫哥罗德。它是商业共和国，靠做毛皮生意发了财。它经济富裕，文化发达，和外界有密切的交流。这里没有独裁的君主，权力掌握在议会的手里。它的法律既温和又人道，对生命非常尊重。

我举一个例子你就知道了。在一次暴动里，这个城市曾经杀死过几个市民，这样的事在莫斯科根本不值一提，不就死几个人吗？有什么大惊小怪的，再生几个就是了。可是诺夫哥罗德人把它庄严地记在历史书里，还夸张地称为“大屠杀”。这样的一个国家是不会太残暴的。

可惜这个温和的国家被莫斯科灭掉了。莫斯科公国成了大赢家，他的统治者被冠上了“大帝”的头衔。这还只是一个开端。在未来的日子里，它会向四面八方蔓延，成长为世界上面积最大的国家。

但是在公元1500年的时候，它还躲在欧洲的角落里，显得默默无闻。这里城镇稀疏，到处都是茂密的森林、荒凉的冻土。老百姓过着非常原始的生活，喝白菜汤，穿树皮鞋，差不多全是文盲。贵族们套着长皮袍，留着大胡子，又傲慢又愚昧，基本也都是文盲。

俄国的统治者被称为“沙皇”，这个词是从“凯撒”演变过来的。俄国统治者为什么要叫“凯撒”呢？因为他们觉得俄国是新的罗马帝国，自己是凯撒大帝的继承人。这也没什么奇怪。在欧洲，某个国家如果想吹嘘自己的话，都会拼命跟古罗马帝国沾点边儿！

沙皇们大多都阴郁而凶恶，猜疑心很重。有位沙皇甚至被称为“雷帝”，意思是说他像雷霆一样恐怖。但这也不能全怪他们，如果他们不让人们觉得恐怖，也就无法统治这么严酷的国家。

除了俄国，欧洲还有很多国家。事实上，国家有点太多了。公元1500年的欧洲地图就像一条打满了补丁的破被子。大国家、小国家混杂在一起，老传统、新事物也混杂在一起，空气里充满躁动不安的气氛。一切都显得忙忙碌碌。有人忙着打仗，有人忙着航海，有人忙着观察太阳，有人忙着研究《圣经》。

未来到底通向何处，还没有人能看得清。但变化正在加速，历史有一种要被炸裂开的感觉。在后面的几章里，我们就要重点讲述欧洲的大变革。

现在让我们离开欧洲，再往西看，那里是哥伦布刚刚横渡过去的大西洋。大洋的尽头就是美洲。在公元 1500 年，欧洲人刚刚摸到它的一个边儿。他们还不知道，在美洲大陆深处有两个庞大的帝国。而这两个帝国也不知道欧洲人已经来了。

双方即将发生碰撞，但此时此刻，它们对未来的命运还一无所知。

美洲的两个帝国一南一北。北方的帝国是阿兹特克，位于现在的墨西哥，离玛雅文明不远，彼此之间也有很深的关联。

阿兹特克帝国有上千万人口，非常强盛。它的首都叫特诺奇蒂特兰（又是非常难念的一个名字）。特诺奇蒂特兰坐落在湖中心的岛屿上，三条大堤把它和外面的陆地连接起来。这里的水道四通八达，独木舟在湖中来往穿梭，看上去就像水城威尼斯。

这里有极其热闹的市场，有壮丽的太阳神庙，有威严的皇家宫殿，甚至还有专业动物园，里面生活着美洲豹、美洲狮、响尾蛇、鹰、隼、火烈鸟、鹦鹉……阿兹特克人在湖上还建成了很多悬浮的草坪，上面种满蔬菜和鲜花。他们称这些草坪为“浮动花园”。欧洲人第一次见到这个场景的时候，简直以为自己在做梦。土地怎么会漂浮在水上呢？有人甚至觉得这是精灵变出来的魔法。

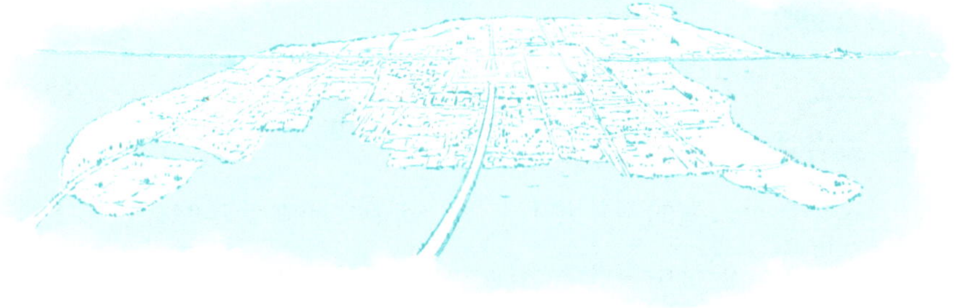

这里看着确实很华丽。但是在阿兹特克帝国华丽的外表下，隐藏着可怕的东西。在人类文明里，阿兹特克文明可能是最可怕、最血腥的一个。我们讲玛雅文明的时候，曾经提到过它恐怖的一面。你至少要把玛雅文明的恐怖程度乘以十，才能去想象阿兹特克文明。

玛雅文明也有杀人祭神的习惯，可是阿兹特克帝国杀人的规模比它要大得多得多，达到了空前的水平。它的太阳神庙就是最大的杀人中心。神庙里头天天都要流血。尸体顺着台阶扔下去，堆成一座小山。日复一日地流血，年复一年地流血，神庙的地板和墙壁都变得黑乎乎的，腥臭扑鼻。

祭司们认为，要是不杀人的话，太阳就会变得暗淡无光，大地就会陷入饥荒，所以就要不断抓人来杀。阿兹特克人经常向邻居发动战争，他们的主要目的不是抢夺土地和财富，而是为了抓俘虏献给神明。阿兹特克人给这样的战争起了一个很美的名字，叫“花之战”。这一切太吓人了，所以我不能说得更多了。

但是为什么会这样？最大的可能就是中美洲文明在很古老的时候，出现了一次偏差，发展出了这种传统。我们也可以说这是走火入魔吧。这种传统一直延续了下来，影响到了后来的玛雅文明和阿兹特克文明。

这一切要是追溯起来的话，很可能就是几千年前某个巫师的幻梦，或者某个酋长的心血来潮。

这样走火入魔的噩梦并不奇怪，其他文明在幼年时代也多多少少有过一点，但是中美洲文明被这样的噩梦困扰住了，一直做了下去，越做越惨烈。到了阿兹特克帝国，噩梦到了登峰造极的地步。

阿兹特克帝国就说到这里。我们把目光转向南边，就会看到美洲的另一个帝国，它的名字叫印加。

印加帝国位于南美洲的西海岸，人口跟阿兹特克帝国差不多，但是面积要大很多。而且它的形状很奇特，是个细细的长条，东西平均宽度不到一百公里，南北长度却有四千公里。趴在地图上就像一条蛇。

为了管理这个蛇形帝国，印加人只能拼命修公路，把蛇头和蛇尾贯通起来。帝国的公路总长度有一万六千公里，它们穿越沙漠，翻过密林，爬过高山，有的地段连动物都很难钻过去，照样也开辟出了公路。当然了，你可能不觉得这有什么了不起，罗马帝国也修了很棒的公路呀！秦始皇也修了很棒的公路呀！

可是你要知道，印加人的技术水平比罗马和中国要差多了。他们没有铁器，没有马，没有牛，甚至连轮子都没有。这么烂的技术水平，能在高山丛林里修出这样的公路来，难道不是个奇迹吗？

印加帝国能完成这样的奇迹，是因为它是一个超级集权的国家。

它并不残暴，跟阿兹特克比起来，甚至还称得上温和仁慈。但是，它把一切的权力都集中在国家手里，老百姓几乎一无所有。印加没有市场，也没有货币，因为老百姓要把所有多余的财产都交给国家，然后国家再重新分配给他们。这样一来，大家也就不需要货币来买卖东西了。

这样的国家当然可以不惜代价地完成宏伟工程。

在印加帝国，皇帝是至高无上的存在。他被认为是太阳神的后裔，完全超凡脱俗。他那些华丽的斗篷，从来不会穿第二次，但也不能拿来赏赐给大臣，因为皇帝穿过的东西实在太尊贵了，任何人都不配穿。只能烧掉，献给神明。皇帝太神圣了，所以任何人都不配和他一起吃饭，他永远是单独吃饭。皇帝的脚也太神圣了，不能随便践踏卑贱的地面，所以他无论去哪里，都必须坐在黄金打造的轿子里。

至于普通老百姓，当然就很卑贱了。他们住着很简陋的房子，穿着很朴素的羊驼毛衣服，吃着很单调的几样食物：玉米、土豆、辣椒、蔬菜汤……他们没什么娱乐，也没什么私人财产，生活极其枯燥。

只有古柯叶能让他们的日子稍微刺激一点。你听说过可卡因吗？古柯叶就是制造这种毒品的原料，它可以麻醉人的神经。印加人普遍咀嚼古柯叶，用这种有害的方式来忘掉生活的艰辛。

但是另一方面，印加人生活也比较稳定。帝国虽然拿走了一切，但也照料他们的生活。老年人和残疾人甚至可以免费领取粮食和衣服。在当时的地球上，还很少有哪个政府会这么照顾百姓。

这样的一个帝国让人想起谁来了呢?

对，古埃及文明!

印加和古埃及有点相像：封闭、保守、半神半人的统治者、超级集权的政府、集中分配财富，而且用古代文明的标准来衡量的话，它们两个都不算残暴。比较起来的话，印加比古埃及更极端一些，国家控制得更严，人民也更不自由。

不过跟阿兹特克帝国比起来的话，印加真的算是很不错!

这就是公元 1500 年的美洲两大帝国：阿兹特克和印加。它们看上去宏大壮丽，但是留给它们的日子已经不多了。

阿兹特克帝国又活了二十一年。

印加帝国又活了三十三年。

小结

这一章对公元 1500 年的西方世界做了一个简单的回顾。北方的俄国正在兴起，即将走上扩张之路；欧洲西部躁动不安，酝酿着新的变化；美洲的阿兹特克和印加两大帝国马上就要迎来末日，但此时此刻，它们对自己的命运还一无所知。

少年世界史

作者 _ 押沙龙

编辑 _ 杨珊珊　装帧设计 _ 朱大锤　插画绘制 _ 薛晓珑
主管 _ 周颖　技术编辑 _ 白咏明
责任印制 _ 梁拥军　出品人 _ 吴涛

营销团队 _ 魏洋 张艺千 礼佳怡

鸣谢（排名不分先后）

林柏墅 Freepik Vecteezy

果麦
www.goldmye.com

以 微 小 的 力 量 推 动 文 明

少年世界史

④

押沙龙——著

山東文藝出版社

果麦文化 出品

目录

54

外星人第一次入侵

一个平平常常的日子，风和日丽，波澜不惊。

忽然，外星人的宇宙飞船出现在天空！一群奇形怪状的外星人拿着高科技武器，向地球发动进攻。大厦崩塌，烈焰飞腾。地球军队奋起反击，转眼就被打得落花流水。外星人占领了地球……

这是科幻小说里常见的情节。人们喜欢这么吓唬自己。但是在历史上，类似的场景还真的发生过。大航海时代之后，欧洲入侵者来到美洲大陆。美洲人眼里的欧洲人入侵，跟我们眼里的外星人入侵，没什么两样。

对他们来说：

帆船就像是外星人的宇宙飞船。

战马就像是外星人的机械装甲。

火枪、火炮就像是外星人的高科技武器。

欧洲人本身也就像是奇形怪状的天外来客。

第一次大入侵发生在阿兹特克帝国。

公元 1519 年，帝国皇帝蒙特祖玛收到了一份奇怪的报告：海面上漂来了一些巨大的怪物，看上去如同一座座小山，里面还住着一群白皮肤的人。

蒙特祖玛既震惊又恐惧。他想起了一个古老的传说：很久以前，阿兹特克有一位伟大的羽蛇神，名叫魁札尔科亚特尔（Quetzalcoatl）。他是一条长着羽毛的蛇，但有时也会以人的形象出现。美洲人都是黄种人，而羽蛇神却长着白色的皮肤。据说他离开大陆，去了海洋的另一头。临走前，他说自己还会回来。那时，他将推翻这里的帝国，夺回这块土地。

蒙特祖玛担心起来：难道魁札尔科亚特尔神回来了？

这里还有一个巧合。中国历法里十二年一个循环，按照鼠牛虎兔等十二生肖来排序。阿兹特克历法与此类似，它是五十二年一个循环，也是按照不同的事物来命名。在传说中，羽蛇神声称自己将在“芦苇之年”回来，而1519年正好是阿兹特克历法中的“芦苇之年”，这种巧合让蒙特祖玛更加恐惧了。

实际上，这些来客当然不是羽蛇神，而是一群西班牙殖民者。哥伦布发现美洲大陆以后，很多西班牙人都跑来探险。其中一个叫科尔特斯的人，听说在大陆深处有个富裕的帝国，就组织了一支军队，从海上开了过来。

这支军队共有508个士兵，16匹马，还有几门大炮。

508个人进攻一个大帝国！那个时代的西班牙殖民者，真是些胆大包天的赌徒。

科尔特斯上岸后，开始向帝国首都挺进。一路之上，有人试图抵抗，科尔特斯放了几下大炮，把这些人吓得魂飞魄散。西班牙人发动骑兵冲锋时，人们更害怕了。美洲大陆根本没有马。在他们看来，西班牙人和马是长在一起的。原来这帮家伙是一群四条腿的人头怪物啊！大家纷纷逃散。不过这也不能怪他们，你要是看到四条腿、大尾巴的人形怪物冲过来，第一反应肯定也是逃跑。

蒙特祖玛在皇宫里辗转反侧。他不知道该怎么办。一开始，他认为这些入侵者就是羽蛇神。后来他听说入侵者也吃东西，也上厕所，而且受伤的话也会死，又怀疑他们不是神，而是神派来的使者。

但不管是神还是神使，肯定都是一些超自然之物。蒙特祖玛不敢轻举妄动。他一会儿派人送去礼物，一会儿又让巫师施展魔法，把这些入侵者都咒死。但是从头到尾，他都没想过集中军队，发起迎头痛击。皇帝的精神意志好像瘫痪掉了。

我可以打个比方，你知道偷鸡贼怎么偷鸡吗？他们趁半夜的时候，悄悄摸进鸡窝，然后打开手电筒，猛地照向一只鸡的眼睛。这只鸡就会像中了魔一样，呆呆地一动不动，等着被人抓走。

蒙特祖玛就像一只被手电筒照蒙了的公鸡，呆呆地看着敌人越来越近。

西班牙人顺利开进了首都特诺奇蒂特兰。就像爱丽丝梦游奇境一样，这座城市真是让他们大开眼界。蒙特祖玛把他们当成神使，很客气地接待了他们。但是科尔特斯并没有提到羽蛇神他老人家的近况，反而大谈了一通上帝、耶稣，还有圣母玛利亚，让蒙特祖玛越听越糊涂。

他渐渐意识到，这帮家伙不过是一群凡人。

但是蒙特祖玛不知道，西班牙人已经制订了一个大胆的计划。他希望这些人观光一番后，就离开帝国。可是某天早上，科尔特斯忽然冲进皇宫，把蒙特祖玛抓了起来。蒙特祖玛毫无防备。他温顺得像只绵羊，就这么束手就擒了。

阿兹特克人也终于明白了，这帮白皮肤的家伙不是神使，也不是客人，而是一群强盗！而且他们看上去也没有什么魔法，也是有血有肉的凡夫俗子。恐惧一退，愤怒就开始高涨。

西班牙人躲在皇宫里，用蒙特祖玛的名义发号施令，而宫门之外，就是敌人的汪洋大海。阿兹特克人看他们的眼光越来越充满仇恨。西班牙人的神经紧张起来了。

正在这时，一批新的西班牙殖民者登陆了，科尔特斯前去接应，留下一个副将坐镇首都。结果他刚一走，就出事了。当时正逢阿兹特克的节日，人们走上街头游行庆祝。西班牙副将是个冒失鬼，他以为这是敌人发起进攻的信号，就决定先下手为强。他带着手下冲了出去，一口气杀掉了上千市民。

这实在太过分了！阿兹特克人被彻底激怒，他们举行了一次大起义。科尔特斯刚刚新收编了几百名西班牙士兵，听到消息后，他匆匆赶回首都，但局势已经失控。阿兹特克人拿起武器，把皇宫团团包围。

蒙特祖玛走了出来，这个傀儡皇帝朝人群高喊：“我的臣民们，冷静一下，请冷静一下！”阿兹特克人可不像印加人那么崇拜皇帝。

在他们眼里，蒙特祖玛已经堕落成了卖国贼。这个看法很公正，蒙特祖玛现在确实是个卖国贼。

于是，人群朝蒙特祖玛扔石头，把他活活砸死了。

科尔特斯看到大事不好，就趁着夜色组织突围。结果他们刚刚溜出宫殿，就被警惕的阿兹特克群众发现了。他们大喊大叫："不能让这些家伙跑了！杀光他们！"

首都是个岛屿，往外界的出口只有三道大堤。西班牙人就用骑兵开路，拼命往大堤上冲。整个城市火光冲天，人声鼎沸，四面八方都是黑压压的阿兹特克武士，水面上也划来了成千上万的独木舟。湖面上亮起无数火把，一起拦截入侵者。

西班牙人好不容易冲出重围。他们损失了一大半兵力，剩下的人狼狈不堪，火炮也全丢了。看到此情此景，科尔特斯忍不住落泪哭泣，后来西班牙人就把这个夜晚称为"悲伤之夜"。

太阳升起后，阿兹特克人又追了上来。科尔特斯没有办法，只好在平原上摆开阵型，硬碰硬地打了一仗。

战斗的结果真是让人吃惊：五百名西班牙士兵击败了两万阿兹特克武士！

阿兹特克是个穷兵黩武的帝国。它有两个最精锐的兵种：美洲豹武士和鹰武士。这些武士身经百战，是整个美洲大陆最厉害的士兵。可是，西班牙人没用火枪，也没用火炮，光靠冷兵器就把他们彻底击败。

这就是两个文明之间的力量差距。

论起战斗水平，阿兹特克比西班牙落后了至少三四千年。这个差距既有武器上的，也有战术上的。阿兹特克长矛刺不穿敌人的钢铁铠甲，西班牙利剑却可以轻易地击碎他们的石头武器。当西班牙人发动骑兵冲锋的时候，他们更是一盘散沙，不知道怎么应付。

他们打不过西班牙人，就像地球人打不过外星人一样。只要是在开阔的地形上，西班牙人就能把他们打得落花流水。

科尔特斯击败追兵以后，开始招募军队，重整旗鼓。公元1521年，科尔特斯率领一千多西班牙人，加上几万美洲同盟军，杀回特诺奇蒂特兰。

这些同盟军哪儿来的？

你还记得阿兹特克帝国的“花之战”吗？它年复一年地从邻居那里捕捉俘虏，现在终于尝到了恶果，邻居们开始报复它了。我们也许会觉得这些同盟军都是“美好”，但是同盟军只会认为这是血债血偿。

接下来是阿兹特克帝国的最后一幕，也是最残酷的一幕。

敌人团团围住了特诺奇蒂特兰。阿兹特克人凭借地形，击退了敌人一次次的进攻，还活捉了好多西班牙人。他们把俘虏带到金字塔上的神庙里，一个个杀掉祭献神灵。神庙很高，西班牙军队从远处也能看到这些场景。他们咬牙切齿，发誓要狠狠地报复。报复确实很凶恶。西班牙人几乎见人就杀，大炮不停地轰炸，粮食和水也全切断了。

最终，帝国首都沦陷了。三个月来，这个城市到处是喊叫的声音、敲鼓的声音、吹号角的声音，现在忽然变得非常寂静。西班牙人在寂静中走进这座城市。特诺奇蒂特兰的情况惨不忍睹，光是在湖水里就漂着差不多四万具尸体，整个城市就像人间地狱。

西班牙殖民者是一群凶狠的流氓。他们把阿兹特克的末代皇帝捆了起来，一边用火烧他的脚，一边逼问他："说！帝国的财宝都藏在哪里？"他老实交代了，但最终还是被绞死。

就这样，阿兹特克帝国灭亡了。西班牙人在它的废墟上建立了殖民地，也就是今天的墨西哥。

几百个奇形怪状的白人从海上漂过来，用两年的时间就灭掉了庞大的帝国，如果你是一个普通的阿兹特克人，会怎么看待这件事？

就像你看待外星人入侵一样！

小结

科尔特斯带领一小批西班牙殖民者，征服了阿兹特克帝国。

55
外星人第二次入侵

阿兹特克帝国灭亡的时候，印加帝国还完全不知道这回事。这两个国家被高山隔开了，所以一直不知道对方的存在。

时间又过去了十几年，转眼就到了公元 1532 年。当时印加帝国的皇帝叫阿塔瓦尔帕。他年纪很轻，刚当上皇帝，正率领一支大军，扬扬得意地开往首都。走到半路上，就像当年的蒙特祖玛一样，他也收到了一份奇怪的消息。

有人报告说帝国边境来了一帮白皮肤的陌生人。他们骑着一种高大的怪物，手里还拿着棍子，而棍子能发出打雷一样的声音。这帮家伙正在往皇帝这里行进。

皇帝思考了片刻，问："他们有多少人？"

"一百六十八人。"

皇帝笑了起来。他下了一道命令："不许阻拦这帮人，放他们过来。这么好玩的事儿，我要亲眼看看。"

这次的入侵者还是西班牙人，领头的叫皮萨罗。皮萨罗和科尔特斯不一样，科尔特斯是个心狠手辣的流氓，但他是个有文化的流氓，而这位皮萨罗干脆就是个文盲。

皮萨罗非常崇拜科尔特斯，一心想要建立同样的伟业。他听说山那头有个帝国，就拼凑了 168 个人，翻山越岭杀了过来。既然无人阻拦，他们就朝着印加皇帝的位置挺进。

最终，在山谷中的一个小镇上，两股力量碰头了。

西班牙人抢先一步，驻扎在镇子里，外面则是印加皇帝的大军。印加人的帐篷多如繁星，密密麻麻，遮盖了整个原野。相比之下，皮萨罗他们就是一支孤零零的小分队。皮萨罗见到这个场面，也觉得心惊肉跳，但此时已经无法回头，只能孤注一掷地冒险了。

皇帝决定到镇子里看看这帮人。

他想得很简单。对方只有一百多人，而自己这边有几万大军，想怎么收拾他们都可以，所以不必着急。他想近距离看一看这些怪人，满足一下好奇心，然后就处理掉他们。按照皇帝的计划，大部分怪人都要被杀掉，然后留下几个，送进宫里做太监。

你看，他跟蒙特祖玛走了两个极端，一个太乐观，一个太悲观。西班牙入侵者本来是一帮老虎，蒙特祖玛把他们当成了神明，而阿塔瓦尔帕把他们当成了猫咪。

太阳升起来了，皇帝阿塔瓦尔帕来到小镇的广场上。镇子太小，皇帝身边只跟着五六千人，剩下的驻扎在外面。西班牙入侵者则躲在广场周围的屋子里，向外偷偷地张望。

广场渐渐安静下来了。

这时，皇帝注意到了一件事：从附近的屋子里，悄悄地伸出四个大铜棍子，棍子中间还挖了很深的窟窿。他好奇地盯着棍子看了一会儿。还没等他看清楚，一个西班牙人就从屋子里出来了，身边还跟着一个翻译。

这个西班牙人是传教士，负责传播基督教。他走到皇帝面前，滔滔不绝地说了一大堆话，劝皇帝信奉上帝和耶稣。阿塔瓦尔帕静静地听了一阵，完全不理解他在胡说八道些什么。传教士讲完了，又拿起一本祈祷书，说："这里头都是上帝的话，陛下您应该读读这本书！"

阿塔瓦尔帕这下倒来了兴趣。他从没见过书。印加人使用绳子记事，连文字都没有，更不会有书籍。阿塔瓦尔帕觉得这个东西很奇怪，就把书接了过去，拿在手里，颠来倒去摆弄了一阵子。传教士观察了一会儿，发现皇帝不知道怎么打开书籍，就凑过去想指点一下。但是按照印加人的风俗，不经允许，谁也不许靠近皇帝。阿塔瓦尔帕登时龙颜大怒，"啪"的一声把书扔到了地上。

传教士吓了一跳，以为皇帝要动手了。他像兔子似的一溜烟跑回屋子里，大喊大叫："他把上帝的书扔到了地上，兄弟们，还等什么？进攻啊！冲啊！冲出去！"

一声令下，四门大炮同时开火，广场上登时血肉横飞。印加武士都愣住了，他们搞不明白人们怎么忽然就倒地上死了。这时，西班牙人大喊着"杀啊，杀啊！"，从房间里冲了出来。

他们骑着高头大马，挥舞着宝剑，砍瓜切菜似的把印加武士砍翻在地。印加人试图抵抗，可是根本阻挡不住骑兵的冲锋。他们从没见过这种场面，惊恐之下纷纷往出口跑，但是广场的出口很狭窄，人们挤成一团，互相踩踏。

近卫军死死地护住皇帝的轿子。有的武士哪怕双手都被砍断，也不肯撒手。西班牙人砍死几个，就会从旁边冲上来几个人做补充。但最后西班牙人还是掀翻了轿子，把皇帝从里头拽出来。

印加皇帝被俘虏了。

卡哈马卡战役

这一下印加人更是兵败如山倒。西班牙人从广场追到了原野上，一路砍杀，直到太阳落山才鸣金收兵。地上躺着几千具印加人的尸体，而西班牙人的死亡人数居然是零！

这真是让人惊奇的一天。早上，皇帝阿塔瓦尔帕还是威风凛凛，打算把皮萨罗阉了当太监，可到了晚上，他就成了敌人的俘虏。

阿塔瓦尔帕一下子变得谦虚和蔼了。现在，他满脑子想的就是怎么活下来。于是，他提出了一个建议：只要不杀他，他可以给西班牙人无数金银。

多到什么程度呢？他指了指这间屋子。这间屋子差不多有七米长，五米宽，阿塔瓦尔帕在大约两米多高的位置，画了一条线。他说要用黄金填满这个屋子，一直填到这根线的位置。除此之外，他还要用白银再填满两次。

一屋子黄金，再加上两屋子白银。

这可是人类历史上最大的一笔赎金。皮萨罗吃惊得说不出话来。

阿塔瓦尔帕下令去筹集这笔金银，而他的命令也真的被执行了。别看现在他是俘虏，可在印加人心目中，他依旧是至高无上的太阳神之子。帝国首领们依旧每天过来听他的吩咐，趴在地上吻他的脚。一旦阿塔瓦尔帕显得不高兴，他们就吓得浑身发抖，站都站不住。

金子、银子就像水管子里的水一样，哗啦啦地往这个房间里流。最后，房间终于按约定被填满了三次。当然，并不是用一个个金银方块填得结结实实，而是用各种形状的金银器具来填的，其中有很多空隙。但就算这样，数量也非常惊人，光是金子就有好几吨重。西班牙入侵者简直要乐疯了。

等他们乐够了，就把皇帝阿塔瓦尔帕杀掉了。

皮萨罗这帮人是一群真正的恶棍。他们怀疑皇帝“叛变”，在偷偷召集军队反攻，于是决定把他处死。一屋子黄金、两屋子白银，都白给了。阿塔瓦尔帕被拖到刑场上。他号啕大哭，说自己不愿意死，恳求饶他一命。皮萨罗也心中有愧，把眼光转了过去，不敢直视他的脸。

阿塔瓦尔帕被活活勒死了。

想想这简直是不可思议，一个大皇帝，正统治着上千万人的帝国，忽然一个文盲带着一百多个流氓，就把他抓走勒死了。

阿塔瓦尔帕死后，西班牙人找到了他的弟弟，把他扶植成一个傀儡皇帝。通过傀儡皇帝，西班牙人控制了整个印加帝国。

科尔特斯已经够坏了，皮萨罗这帮家伙比他还坏。他们是一群真正的坏蛋。这些坏蛋在印加帝国胡作非为，无恶不作，就连皇帝也不放过。有一次，他们居然把皇帝捆起来，往他身上撒尿！

傀儡皇帝无法忍受，偷偷逃出首都，号召全国人民大起义，消灭这帮坏蛋。印加人最听皇帝的话了，他们马上群起响应。武士们从四面八方赶来，包围了首都。印加大军漫山遍野，人数至少超过十万，而城内只有一百多个西班牙人，再加上几千名印加叛徒，用咱们的话说，就是几千名“伪军”。

双方力量对比这么悬殊，西班牙人侵者看来要完蛋了吧？可是让人震惊的结果又出现了。十万人围困了首都十个月，也没能消灭这一百多西班牙侵略者。

突袭俘虏皇帝阿塔瓦尔帕，还可以说是侥幸；但这次真刀实枪地对决，就只能说是实力问题了。印加人的军事技术，连阿兹特克人都不如，更不要说西班牙人了。他们几乎杀不死裹在铠甲里的西班牙人，而西班牙人砍杀他们，就像拿餐刀切黄油一样轻松。

十个月以后，西班牙人的援军从背后杀过来，印加军队彻底崩溃，皇帝逃进了原始森林，算是保住了一条命。从此之后，印加人再没组织过大规模反抗。帝国灭亡了。

就这样，西班牙人在美洲建立了两大殖民地，一个在北方的阿兹特克，一个在南方的印加。为什么美洲的帝国会这么容易灭亡呢？这里有很多原因，比如西班牙人在无意之中，带来了很多细菌和病毒。欧亚大陆的人对它们已经有了免疫力，但美洲人却没有。他们根本没有接触过这些微生物，所以他们大批死亡。这当然大大削弱了帝国的力量。

但是，最重要的还是技术差距。美洲不是落后几十年、几百年，而是几千年。双方也打过几次硬碰硬的战争，美洲人在人数上都有绝对优势，但每次都是惨败，几百个西班牙殖民者就可以碾压美洲帝国。

文明的进步需要跟外界交流，封闭的文明没有前途。但是，如果两个文明之间隔绝得太久、差距太大，那接触就可能引发灾难。美洲人就是活生生的例子。

如果哪天出现了一个外星哥伦布，驾着宇宙飞船来到地球，那我们还真不能高兴太早。万一这些外星人是科尔特斯、皮萨罗那样的恶棍呢？谁知道呢。

小结

皮萨罗带领一小批西班牙殖民者，征服了印加帝国。

56

让大地动起来

大航海当然是一件惊天动地的大事，可是它并不是孤立发生的。大约从十五世纪开始，欧洲出现了复杂深刻的变化，发生了一连串大事件。这些事件其实反映了同一个问题，那就是欧洲长大了。

在以前，欧洲就像一个小孩子，基督教就像他的妈妈。妈妈总是唠唠叨叨教育小欧洲：“要听话，要乖！外面的世界很危险，不要跟坏孩子一起玩儿！碰到坏孩子，咱们就烧死他！”小欧洲也一直乖乖听妈妈的话，可是现在他长大了，开始独立思考，有了自己的主意。

小欧洲的成长当然有很多原因，但是有件事大大加快了他的成长，那就是活字印刷术的发明。

欧洲的书籍曾经非常昂贵。大部分图书馆都会在书上打个孔，用铁链子拴在书架上，唯恐被读者偷走，因为每本书都是一笔不小的财产。有位法国国王搜购了不到一千本书，大臣们就觉得：“哇！国王这么大手大脚，还过不过日子了？”

书为什么这么贵呢？一开始是因为没有纸，只能用羊皮、牛皮来制作书籍。后来欧洲人从中国学会了造纸，总算解决了原材料的问题。但是复制书籍还是需要一个字、一个字地去抄。抄写一本《圣经》，往往就需要一年的时间。这样一来，书籍依然非常昂贵，普通人很难买得起。

大约在公元1455年，一个叫古腾堡的德国人发明了活字印刷术，彻底解决了这个问题。说到活字印刷术，我们都知道最早的发明者是中国的毕昇，他生活在宋朝，比古腾堡早出差不多四百年。不过他们俩发明的东西不太一样，古腾堡是不是受到毕昇的启发，现在还不能确定。

毕昇发明的活字印刷术，是用胶泥预先做成很多字模，然后按照需要拣出它们。比如说，这一页书的内容是“鸡蛋”，毕昇就先挑一个“鸡”字，再挑一个“蛋”字，把这两个字模放在铁板上，涂上墨水。接着，再把纸覆盖在上面，揭下来就成了一页书，上面印着两个字“鸡蛋”。

古腾堡发明的印刷机比较自动化，有点像现在工厂里的冲床。它的原理跟毕昇的发明差不多，只不过这台机器使用的是金属字模。工人把字模按照顺序排列好，喷上油墨，印刷机就会咔嚓咔嚓往纸上打印。

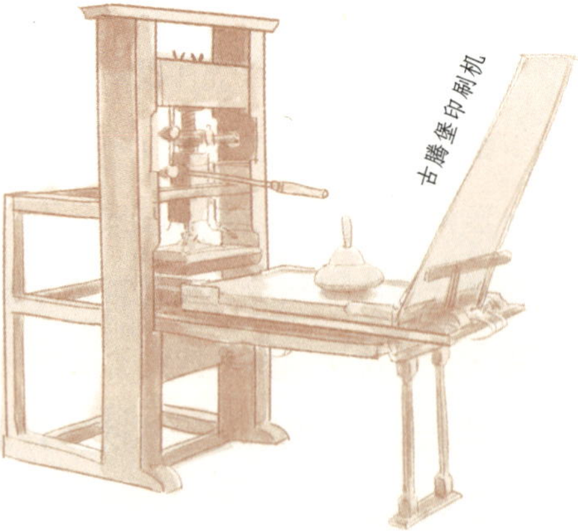
古腾堡印刷机

古腾堡的发明引发了一场印刷革命，而毕昇的活字印刷术没派上太大用场，中国人还是习惯用雕版印刷。所谓雕版印刷，就是把每一页书的内容都雕刻在木板上，然后往木板上涂油墨来印刷。一百页的书就要刻一百块木板，一千页的书就要刻一千块木板。我们的祖先宁肯这么麻烦，也不愿使用活字印刷术，这是为什么呢？

这里有技术上的原因。如果用胶泥或者木头来做字模，用一阵子就会坏掉。如果用金属来做字模，又不太吸墨。古腾堡发明了一套特殊的字模和油墨，可以解决这个问题，而中国发明家没能突破这一点。

但这并不是主要问题。如果真需要的话，中国人这么聪明，满可以解决这个技术问题。关键是古代中国人并不太需要活字印刷术。这跟中国文字有关。

我们可以拿英文跟汉字做个比较。英文只有二十六个字母，而我们中国的汉字有好几万个，光是常用字就有好几千。所以中国的印刷工人需要准备无数个字模。排版的时候还得从这些字模里一个一个地挑。

就拿“鸡蛋”这个词儿来说。如果不考虑大小写，英国印刷工只需要从二十六种字模里挑出一个 e，再挑出两个 g 就行了——egg。可是中国印刷工需要从几万个字模里挑出“鸡”和“蛋”这两个字来。这就非常麻烦，有时候还不如直接在木板上刻“鸡蛋”两个字呢。所以中国工匠对活字印刷术兴趣不太大。

活字印刷术对西方拼音文字非常合适，所以一下子就传开了。

没过多长时间，欧洲就印刷了几千万本书，连普通人也能买得起。这么多的书籍打开了欧洲人的眼界。没有书籍，人们就只能生活在一个小圈子里。有了书籍，古代发生过什么事情，欧洲之外是什么样子，大家就能从书本里了解到。

聪明人也不再孤独了。比如说，如果英国的某个聪明人产生了一个想法，认为人是猴子变的。他就可以写本书来论证这个观点。某个德国聪明人读到这本书，也可以再写一本书反驳他："不！人不是猴子变的，是兔子变的！"这样一来，很多个聪明的大脑可以思考同一个问题，知识就可以不断进步。

当然，光是活字印刷术也不会带来这么大的变化，关键还在大环境。当时的欧洲人对知识有一种狂热。就像渴望探索地理上的新世界一样，他们也渴望探索精神上的新世界。十六世纪的英国哲学家培根说过一句名言："知识就是力量。"培根说这句话的时候，中国正处于明朝。明朝的哲学家会说什么呢？他们会说："道德就是力量，良知就是力量。"这么说当然也很伟大，但是里面就缺少了对知识的狂热信仰。

当时的欧洲就像一个火药库，活字印刷术就像一根燃烧的火柴。

知识革命被引爆了。

这次知识革命有很多成果，其中最著名的就是哥白尼的日心说。

哥白尼是一个波兰的天文学家。在他生活的时代，大家都相信古希腊流传下来的地心说。地心说认为大地是个圆球，也是宇宙的中心，太阳和星星都绕着地球转。我们很容易瞧不起这种学说："居然说太阳绕着地球转，真落后！”其实绝非如此，地心说非常的复杂精巧，它的细节绝对能把你绕晕。

地心说不得不复杂，否则的话就跟天文观测对不上。就拿木星来说吧，按照地心说的理论，它是绕着地球转的，运行轨迹应该是个圆圈。可实际上木星是绕着太阳转的，地球也是绕着太阳转的。我们站在地球上观测木星，它的运行轨迹一定很复杂，绝不会是个简单的圆圈。

地心说是个科学理论。虽然它是个错误的科学理论，但依然是科学理论，科学理论就得跟观测结果对得上，那怎么办呢？

它给自己打了很多补丁。地心说认为，木星并不是直接绕着地球转。它绕着一个小圆圈转，这个小圆圈又绕着一个中圆圈转，中圆圈又绕着大圆圈转，而这个大圆圈的中心也并不正好是地球，而是跟地球稍微偏离了一段距离！

这样绕来绕去，就是为了跟天文观测结果吻合。一旦发现对不上了，它就会再补上几个圆圈。结果弄到最后，地心说变得非常复杂，有一大堆圆圈，但它确实和观测结果能对得上！

我们不要嘲笑这个理论，事实上这是一个绝顶聪明的设计。在当时所有文明世界里，只有地心说能够解释行星的运转轨道。

但是这个理论确实有点不自然，太复杂了。

哥白尼就开始琢磨：如果换个角度思考呢？如果星星都绕着太阳转，而不是绕着地球转呢？

结果，他在公元 1543 年提出了日心说，认为太阳才是宇宙的中心，地球和星星都绕着太阳转。

听我说到这儿，你也许会觉得：“哇！日心说取代了地心说，真理战胜了谬误！反对日心说的肯定都是些老顽固！”实际上也不是这么回事。哥白尼从没有证明地心说是错的。他只是说：“我的日心说比地心说稍微……只是稍微……简单了一点。”

哥白尼也犯了错误，他认为地球和星星围绕着太阳做匀速圆周运动，真实情况并不是这样。地球的轨道不是圆形，而是椭圆形，它的公转速度也不是均匀的。所以，哥白尼日心说跟天文观测结果也对不上。

怎么办？哥白尼只能用老办法：打补丁！加圆圈！

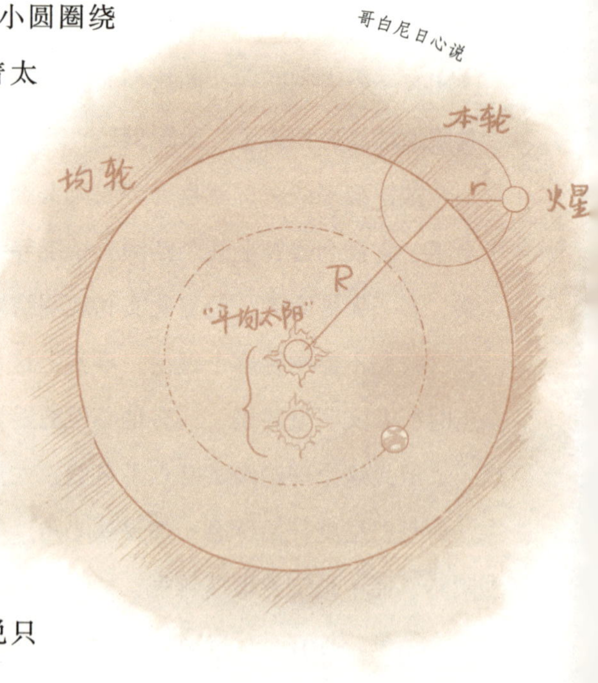

地球绕着小圆圈转，小圆圈绕着大圆圈转，大圆圈绕着太阳转……说起来还是老一套。打完补丁以后，它跟地心说的解释能力差不多。用观测结果来衡量的话，它们俩半斤八两。

那么日心说的优越性在哪儿呢？就是它稍微简单了一点。地心说需要加 80 个圆圈，日心说只需要34个圆圈，此外还取消了个别复杂的设定。

你如果是当时的天文学家，绝不会认为日心说是真理，而地心说是谬误。你只会觉得，哥白尼的日心说看上去稍微简洁了那么一点点。除此之外，它并没有更大的说服力，反而有点不符合常识：我们并没有觉得大地在动啊！

这听上去让人失望，原来日心说并没有革命性地干掉地心说。但是科学就是这样，它需要一步一步往前走。哥白尼只是提出了一种可能性，提醒人们从另一个角度去思考宇宙。如果没有其他科学家跟进，日心说可能也只是昙花一现。

但是其他科学家跟进了！

这里就有活字印刷术的功劳。哥白尼把日心说写进了《天体运行论》这本书里。如果古腾堡没有发明活字印刷术，那么《天体运行论》可能只会有几十份手抄本，不会引起大家注意。可是现在不同了，这本书被大量印刷，流传到了欧洲各地。

不少天文学家都读到了这本书，有些人被这种想法迷住了。他们接着去深入思考日心说，提出了一连串的科学发现。科学家先是发现地球的轨道不是圆形，而是椭圆；接着又发现地球的公转速度是不均匀的。最后，牛顿又发现地球绕着太阳转，是因为存在万有引力。

就这样，人们揭示出了太阳系的奥秘。

所以，哥白尼的日心说不是一个终点，而是一个起点。

你看，最重要的不是哥白尼提出了日心说，而是在他提出日心说之后，有一大批科学家跟进了这件事。这就像哥伦布发现新大陆。如果哥伦布发现新大陆之后，没有一大堆冒险家尾随他来到美洲，这件事就会被人忘掉。所以，重要的不是一个、两个大人物，而是这些大人物背后的时代潮流。

这个潮流就是探索与变化！

小结

欧洲出现了活字印刷术，引发了知识的广泛传播，也极大地促进了科学的进步。哥白尼的“日心说”就是一个典型的例子。

57
那个穿越回去的人

你肯定听说过“文艺复兴”。其实，“复兴”是翻译过来的词，并不完全准确，它的原意是“获得新生命”。

在文艺复兴之前，欧洲的文化多少有点死气沉沉。教会总是板着脸教育大家：“你们都是罪人！都要在上帝面前忏悔！不然，死了以后要下地狱！”人类在上帝面前就像是一群有罪的可怜虫，整个世界显得很单调，就像一幅黑白照片。

可是文艺复兴出现之后，世界忽然变成彩色的了。欧洲就像从一个漫长的梦里醒来，舒展自己的肢体，获得了新的生命。

文艺复兴发源于意大利，因为意大利有很多独立的城市。这些城市不服从国王，也不服从教皇，它们自己管理自己。自由是文艺最好的朋友。意大利的城市最自由，所以文艺复兴也就从这里诞生了。

一开始的时候，文艺复兴主要跟文学有关，最重要的代表是但丁和薄伽丘。但丁是一个伟大的诗人，代表作是长诗《神曲》。它分成三部分，分别描写了地狱、炼狱和天堂。但丁在幽灵和天使的引领下，把这三个地方都游历了一遍。

他的《地狱篇》写得最生动，里面很多场景让人毛骨悚然，就像身临其境一样。但丁把自己讨厌的人统统送进了地狱，甚至包括当时的教皇。但丁游历完地狱以后，又穿越炼狱，飞升到了天堂。

在天堂里的当然都是大好人，不过这些好人在天堂上过得有点枯燥。他们浑身发光，飞来飞去，就像表演团体操一样，排列成各种形状来赞美上帝。他们跟但丁说起话来也都一本正经，提出很多神学上的难题来考他。想想看，上了天堂还要做题！这些大好人显然很享受考问别人的快乐。

《神曲》写得气势宏大，格调深沉，让人读了肃然起敬。至于薄伽丘的《十日谈》，就完全是另一个样子了。《十日谈》包括一百个小故事，又滑稽又粗俗，甚至还掺杂着不少下流玩笑。读者可能会纳闷，这样一本书怎么会是经典名著呢？

因为它很快乐！

薄伽丘热爱生活，愿意玩闹，愿意大笑。在那个沉闷的时代里，《十日谈》就像是一道狂风，把无聊枯燥的东西统统吹走了。它兴高采烈地告诉读者："世界真是一个有趣的地方！你快来跟我一起哈哈大笑吧！"

它一点都不庄严，也谈不上深刻。可是，并不是每本书都需要深刻。它好玩，这就够了。

在但丁、薄伽丘之后，文艺复兴渐渐过渡到了第二个阶段，这个阶段的主要成就不是文学，而是艺术。大约在公元 1500 年，它达到了巅峰状态。意大利涌现很多艺术家。他们做出了极其美丽的作品，甚至超越了古代的希腊人。

它最著名的代表人物是米开朗琪罗和达·芬奇。

米开朗琪罗的《大卫》可能是世界上最有名的雕塑。大卫是以色列王国的创始人，也是所罗门大王的爸爸。根据《圣经》的记载，他年轻的时候是个牧羊人，曾经用投石弹弓打死了巨人歌利亚。《大卫》刻画了他即将甩出弹弓的那一刻。

米开朗琪罗把大卫雕刻成一个美男子，身材匀称，肌肉发达，看上去栩栩如生。大卫的每一块肌肉和骨骼，都表现得非常完美，就连他手背上凸出的血管，都被雕刻出来了。它看上去简直就像一个大理石做成的活人。

《大卫》雕塑

米开朗琪罗喜欢刻画人体。中世纪的时候，教会认为人的灵魂是有罪的，人的肉体也是丑陋的。可是文艺复兴的艺术家开始赞美人的价值，把人放到宇宙的中心。米开朗琪罗就是这样。他的作品里有大量的裸体，尤其是男性裸体，因为他崇拜阳刚的力量。

罗马教皇请他画一幅巨大的壁画，叫《最后的审判》。它描绘的是世界末日之际，耶稣临凡，审判全人类。这幅画里有很多人物，米开朗琪罗把他们几乎都画成了裸体，而且个个都非常壮实，像是健美运动员。不过，有的人物壮实得有点过头了。比如画中的耶稣，肌肉过于浑厚，整个身体都快变成一个大方块了。

教皇参观这幅画的时候，身旁有位官员摇头说："哎呀呀，这都什么呀？在大教堂里画一大堆光屁股，真是有伤风化！这简直像进了澡堂子嘛。"

教皇当时没说什么，但是等米开朗琪罗死了以后，他找了一个画家，给《最后的审判》里的裸体都画上一块裹腰布，来充当裤衩。这个画家因此青史留名，被后人称为"裤衩画家"。

米开朗琪罗的作品雄健有力，达·芬奇则是另一个极端。

达·芬奇和哥伦布生活在同一个时代，只比哥伦布小一岁。他的画非常柔和，充满了神秘感。米开朗琪罗的雕塑也许水平更高，但如果说到美术，达·芬奇绝对是文艺复兴之王。

我们都听说过达·芬奇画鸡蛋的故事。据说达·芬奇年轻时候，画画老是三心二意。老师说："从今天开始，你就天天画鸡蛋！世界上没有任何两个鸡蛋是一模一样的。你要注意观察，画出它们的不同来！"达·芬奇画了三年的鸡蛋，最终成为一代大师。

达·芬奇

这个故事听上去很励志，但很可惜，它是瞎编的！达·芬奇学画画非常轻松，根本没有下那种笨功夫。达·芬奇的老师也是有名的画家，可是达·芬奇很快就超越了老师，老师看了都叹气。这样的天才怎么可能没完没了地画鸡蛋呢？

达·芬奇不仅是艺术大师，他还是物理学家、生物学家、地理学家等等一大堆家。他兴趣太广泛了，光画画满足不了他。达·芬奇什么都想了解，他想知道天空为什么是蓝的，人为什么会打哈欠，啄木鸟的舌头长什么样，荷兰人怎么在冰上走路，地球到太阳的距离怎么测量，月亮上有没有水，三角形怎么转变成同样面积的圆形……没有他不想知道的。

达·芬奇建立了一个秘密实验室，做了很多实验。他留下了上万页的手稿，里面记录了自己的研究结果。这个手稿一般人看不懂，因为达·芬奇是个左撇子，手稿里的字都是反着的。比如他写字母 b 的时候，就会翻转过来写成字母 d。既然看不懂，也就没人知道他有多厉害。直到很晚的时候，人们破译了他的手稿，才发现他真是一个全才。

说实话，达·芬奇简直不像是十六世纪的人，更像是从现代穿越回去的。比如说，他在手稿里设计过一架滑翔机。2003 年，有位英国工程师按照他的设计制造了一个，结果真的飞了起来。这个滑翔机上下运动没有问题，只是左右转向有点困难。达·芬奇还设计了一个无极变速箱，跟现代汽车里用的变速箱一模一样。他还发明了原始的潜水艇、坦克车、降落伞，以及磨制镜片的机器、制造缝衣针的机器等等。

除了发明以外，他还有很多科学上的发现。比如他发现了心脏工作的原理，发现了波的衍射规律，推测出了地壳的变化。

然后，他还抽空画出了世界上最伟大的画。他的代表作是《蒙娜丽莎》，一件空前绝后的艺术品。为了画出蒙娜丽莎的神秘微笑，他解剖了好多尸体，认真研究人脸部的肌肉，尤其是嘴唇周围的肌肉。人生气噘嘴的时候，肌肉是什么样子；兴高采烈的时候，肌肉又是什么样子。都搞明白了，他这才动手去画《蒙娜丽莎》。真有这个必要吗？可能这也是一种科学上的强迫症吧。

你看《蒙娜丽莎》的时候，会发现无论从哪个角度看，她都在注视着你。这种效果也是达·芬奇仔细研究出来的。他不断观察光线和阴影：从左边看，脸上的光影是什么样，从右边看又是什么样；强光有什么效果，柔和的光线又有什么效果。最后，达·芬奇把它们综合起来，才有了自带转动效果的《蒙娜丽莎》。

这是艺术，也是科学。很多人看到这幅画的时候，都觉得这是一个奇迹。它不像是来自人间，而是来自天上。

达·芬奇也许不是历史上最聪明的天才，但绝对是兴趣最广泛的天才。他思想太活跃，什么都想探索一番。结果他的研究就像狗熊掰棒子，往往半途而废。他经常在笔记里提到一种想法，然后就扔在一边，跑去思考另一个问题去了。

这当然反映了达·芬奇的性格，但是也跟时代有关。

文艺复兴是一次觉醒，人们就好像瞎子忽然睁开了眼睛。薄伽丘用这双眼睛看到了欢乐，米开朗琪罗用这双眼睛看到了力量。可是达·芬奇呢？眼前的一切让他眼花缭乱，他什么都想看。

对他来说，这个新世界实在太新鲜了。

如果达·芬奇活在今天，他可能会专心研究美术，或者专心研究飞机。可在文艺复兴的年代，达·芬奇就像小孩子闯进了一个超级大的玩具店，什么都想摆弄摆弄。你如果跟他说："达·芬奇！不许玩别的，只许玩滑翔机！让它飞起来再说！"他可不会听你的，因为其他东西太有趣了。

文艺复兴有三个最核心的东西：

第一，它相信世界是美的。

第二，它相信世界是理智的。

第三，它相信人有无限的创造力。

达·芬奇身上就浓缩了这三个特点。他用艺术来描绘世界的美丽，用理智来探索世界的奥秘，用自己的一生不断地创造。

这就是文艺复兴的精神。

小结

通过文艺复兴运动，欧洲获得了一种自由的活力。这场运动诞生于意大利。它在文学方面的主要代表是但丁和薄伽丘，在艺术方面的主要代表是米开朗琪罗和达·芬奇。

58

这是我的立场，我别无选择

中世纪欧洲的核心是什么?

是宗教。

在老百姓看来，国家会灭亡，国王会驾崩，而上帝永恒不变。中世纪的一切都围绕着宗教转。所以，要彻底改变欧洲，光靠文艺复兴还不行，还必须改变宗教。

于是在十六世纪，宗教改革爆发了。

文艺复兴和宗教改革就像互成镜像的双胞胎：一个开朗，一个严厉；一个爱探索，一个爱生气；一个崇拜人类，一个崇拜上帝。它们俩彼此还吵架。文艺复兴骂宗教改革：“老顽固！”宗教改革骂文艺复兴：“不要脸！”

可如果仔细观察，就会发现它们的精神还是一致的，都是要反抗老欧洲，建立新世界。

老欧洲最大的权威是教会，因为它能决定死后谁会上天堂，谁会下地狱。这件事在你看来也许有点虚无缥缈，但是对当时的欧洲人来说，这可是一个天大的问题。

按照中国人的想法，上天堂肯定要靠行善积德，做好事。但是基督教会认为这是一种糊涂念头。行善积德当然很好，每个人都应该行善积德，但光靠它是不够的。想上天堂，必须依靠教会。教会是上帝派的代表，手里掌握着天堂的钥匙。你必须服从教会的指示，才能够上天堂，否则只会下地狱。

换句话说，教会就像上帝和人类之间的中介公司。离开这个中介公司，你根本摸不到上帝的大门。

但问题是，这个中介公司变得越来越贪心了。

教会既然是上帝的代表，它的领导当然应该都是大好人，心里头只有群众，没有自己。可实际上并不是这么回事。教会拥有庞大的权力，而权力一旦缺少制约，就会腐蚀人性。所以后来出了一连串的坏教皇、坏主教。他们贪婪腐败，拼命捞钱。

在十六世纪的时候，他们甚至想出了一个赚钱的新点子：卖赎罪券！

什么是赎罪券呢？这就要仔细解释一下。

按照基督教的说法，好人死后上天堂，坏蛋死后下地狱，但是还有很多不太好也不太坏的人呢？这种人就会去炼狱。炼狱里的灵魂也会受苦，但是它和地狱不同。地狱是无期徒刑，进去就出不来，炼狱像有期徒刑，期限一到就能释放，升入天堂。至于刑期长短，就看灵魂生前的罪恶大小了。

这个安排听上去蛮合理，是吧？可是教皇从这里嗅出了金钱的味道。他开始出售赎罪券。活人买了赎罪券，死者的罪孽就会减轻，能提前从炼狱升至天堂。简单地说，就是花钱从炼狱里面捞人。

到底有没有把人捞出来，谁也不知道。

就是骗钱嘛。

赎罪券最大的市场位于德国，教皇派了很多人到那里去推销。这些推销员非常善于挖掘客户的痛点，他们说：“你爹妈养你这么大，现在他们在炼狱里头受罪，说不定还要下油锅呢！你只要花几个钱买张赎罪券，老人家马上就能直升天堂。你的爹妈在炼狱里向你哀求！要是你连这点钱都不愿意为爹妈花，那么请问，你还有一丁点儿良心吗？”

至于效果，那丝毫不用怀疑！教皇亲自认证，效果杠杠的！推销员说：“你尽管把银币往我这个箱子里扔。银币掉到箱子里叮当一声响，死者的灵魂就随着这个声音，嗖的一下上天堂。”

很多人花钱买了赎罪券，泪眼蒙眬地想象着父母扇着翅膀飞上天堂。但也有不少严肃的德国人生气了：“天堂又不是剧院，怎么能花钱买门票呢？这是堕落！”

其中，有一个叫马丁·路德的人就特别特别生气。

他是一位神学博士，长得粗粗壮壮，一脸横肉，结实得像头牛犊。他的性格极其倔强，看不惯就要说，天生爱抬杠。现在，他对赎罪券这件事就勃然大怒，决定和教皇好好抬一下杠。

公元1517年的一个早上，马丁·路德带着一卷纸来到教堂。在众目睽睽之下，他掏出锤子，把这卷纸钉在教堂大门上。纸上写着一篇文章，叫《九十五条论纲》，对赎罪券进行全面抨击。马丁·路德大声疾呼："赎罪券就是一场骗局，教皇不是上帝，他没有权力赦免任何人的罪孽！"

这件事如果发生在以前，并不会产生多大的影响。可现在印刷机出现了，有人就把这篇文章拿去印刷了成千上万份，传遍了整个德国。现在大家都知道了：有个叫马丁·路德的人站出来反对教皇！

教皇本该装聋作哑，不理会这件事。时间一长，大家的热情可能也就渐渐下去了。可是他太生气了，下令批判马丁·路德，要把他彻底批倒批臭。这一来，事情就闹大了。

马丁·路德是个宁折不弯的人。一开始，他只是反对赎罪券，并不想和教皇决裂。可现在教皇组织人批判他，他态度就越来越激烈，说话越来越难听，最后干脆说："教皇是世界上最大的盗贼！"

马丁·路德认为，最高权威不是教皇，不是教会，而是《圣经》。

上帝的教导都写在《圣经》里，大家应该直接从那里寻找真理。上帝和人类之间，不需要教会做中介。要想上天堂，只能靠自己坚定的信仰。

这听上去好像没什么，可在当时，这等于扔下了一颗大炸弹。如果每个人都可以靠自己来获得拯救，教皇还有什么权威呢？这就不是卖不卖赎罪券的问题了，而是在动摇教会的基础。

神圣罗马帝国的皇帝召开大会，要审判马丁·路德。马丁·路德去了。他写的所有著作都被收集起来，堆在他面前。皇帝问了他两个问题："第一，这些书是不是你写的？第二，你是否收回书中的观点？"

马丁·路德思考了一个晚上。第二天，他来到会场。皇帝坐在宝座上，周围是上百名王公贵族，所有人都在注视着马丁·路德。

这是一个历史性的时刻。

马丁·路德抬起头，一字一句地说："第一，这些书都是我写的。第二，我绝不收回我的观点，因为我不能违背自己的良心。这是我的立场，我别无选择。阿门。"

说完这番话以后，马丁·路德已经是大汗淋漓。

他说出了一个非常重要的东西：个人的良心！任何权威都不能压倒个人的良心。

但是，如果教皇说了不算，皇帝说了不算，每个人都靠自己的良心来判断是非对错，那会怎么样呢？一定会混乱。可是思想自由的代价往往就是混乱。在混乱中，它才能长出飞向未来的翅膀。

会议解散了，皇帝下令逮捕马丁·路德。但是一位同情他的大贵族，把马丁·路德偷偷藏进自己的城堡里。马丁·路德在这里隐居了一年。

等他从城堡里再出来的时候，不由得大吃一惊。他成了英雄！他在皇帝面前说的那番话，已经传遍了整个德国，然后又传到了其他国家。很多人信奉了他的说法，反对教皇，建立新的基督教。

宗教改革运动爆发了。此时此刻，即便是马丁·路德本人也没法阻止这场运动了。

西方基督教分裂成了两大派，一派是天主教，就是原来的老基督教，依旧服从教皇。另一派被称为“新教”，它不买教皇的账，认为唯一的权威就是《圣经》。它们还有一个很明显的区别。天主教的宗教人员叫神父，像中国的和尚一样不允许结婚。新教的宗教人员叫牧师，他们是可以结婚的。

一直到今天，还是分成这么两大派。

谁能想到小小的赎罪券，会产生这么大的后果呢？要是教皇预先能知道这一切，他肯定不会犯财迷，去赚这点小钱的！

天主教只有一个，新教却有很多很多派别，什么路德派、加尔文派、再洗礼派、圣公会、卫理公会派等等一大堆。每个派别都有不同的说法，如果把它们挨个介绍一遍，你绝对会听迷糊的。为什么会这样呢？原因也很简单，新教让大家从《圣经》里寻找真理，但是不同的人有不同的找法，所以就产生了很多派别。

几乎所有的历史书都说：马丁·路德引发的宗教改革，导致了信仰自由。所以我们很容易有种错觉：天主教专横霸道，新教则主张信仰自由。

其实呢？

那可不一定！

天主教并不一定坏，新教也不一定就好。如果某个新教教派大获全胜，所有人都皈依了它，那会发生什么事呢？

说不定它会变得和天主教差不多，甚至可能更差劲。

新教强调要凭良心做事。这样说当然很好，但还远远不够。我们不光要尊重自己的良心，也要尊重别人的良心。否则的话，事情依旧会变得很糟糕。

我们可以想象一下，如果某个新教教派统治了欧洲，然后一个新的马丁·路德和它争辩："我不同意你的做法，因为我不能违背自己的良心。"

它会怎么回答呢？

它会说："不！我的良心才是良心！你的良心是邪恶！"然后就把他烧死。

这样的事情真的发生过。有位医学家叫塞尔维特，他发现了人体肺部的血液循环，是个非常了不起的人物，可他就被某个新教派别给烧死了。而且烧死他的人有很好的理由！

他说："塞尔维特所谓的'良心'，其实是魔鬼的诡计。对魔鬼的奴仆，只能烧死，省得他害人。"

推翻旧权威，自己变成新权威，这是历史上常见的事情。因为专断是人类的原始本能，宽容却需要学习。

好在欧洲的权力很分散，没有谁能够获得彻底的胜利。宗教改革之后就是宗教战争。基督徒们互相打仗，死了很多很多人，却没有最后的赢家。于是，人们不得不学会了宽容。信仰自由就这么出现了。

你看，并不是新教本身有多么伟大，而是它对天主教形成了制衡。有了制衡，才会有信仰自由。

最后，再说说那位马丁·路德。他变成大英雄之后，又活了很多年，写了很多文章。六十二岁的时候，他去世了，留下一段很奇怪的遗言。这段遗言里最后一句是："千真万确，我们都是乞丐。"

什么意思呢？我不知道，你可以猜猜看。

小结

公元1517年，马丁·路德发表《九十五条论纲》，谴责教会兜售赎罪券的行为。这一行动标志着宗教改革运动的开始。宗教改革波及了整个欧洲，使基督教分裂成了天主教和新教。

59

大侠的银子从哪儿来

大雪飘飘，寒风刺骨。

一个威风凛凛的大侠推开小酒店的门，三两步走到桌旁坐下，摘下斗笠，将身边的宝剑解下来往桌上一放，说道：“小二，打十斤烈酒，切两斤熟牛肉！”

店小二忙不迭地摆好酒菜。大侠拍出一块碎银，冷冷地说：“不用找了！”

小二点头哈腰：“谢大爷赏！”

大侠正在自斟自饮，这时，坏人进来了……

我们在小说和电视里经常看到这样的情节。可大家有没有想过，任何东西都有个源头，那大侠拍出的这块银子到底是从哪儿来的呢？

大侠不知道，店小二也不知道。如果你告诉他们，这块银子是从一个叫美洲的地方来的，他们肯定会大吃一惊，因为他们从没听说过什么美洲。

可是，大侠的银子很可能就是从美洲来的！

大侠和店小二生活在一个新的全球化时代，可是他们对此一无所知。

这个全球化时代是欧洲人发起的。

印刷机的发明、地理大发现、文艺复兴、宗教改革，这四件大事已经彻底改变了欧洲。十六世纪的西方世界，不见得比其他地方更繁荣、更发达，但是它的眼界肯定是最大的。

其他文明几乎都只关心自己眼前的小天地，欧洲人却满世界乱跑。他们绘制了当时最精确的世界地图，还把船队开到了地球上的各个角落。当年蒙古人只连接了欧亚大陆，时间还非常短，可是欧洲船队却把整个世界都牢牢连接起来了。

跟其他文明比起来，欧洲还有一大优势，那就是它掌握了美洲。

美洲的发现非常重要。如果哥伦布没有发现新大陆，我们今天的生活会有极大的不同。比如小朋友们就没有巧克力吃了，因为巧克力是美洲的特产；四川人也没有鸳鸯火锅吃了，因为辣椒也是美洲的特产；必胜客没有意大利面卖了，因为西红柿也是美洲的特产；肯德基也没有薯条卖了，因为土豆也是美洲的特产。

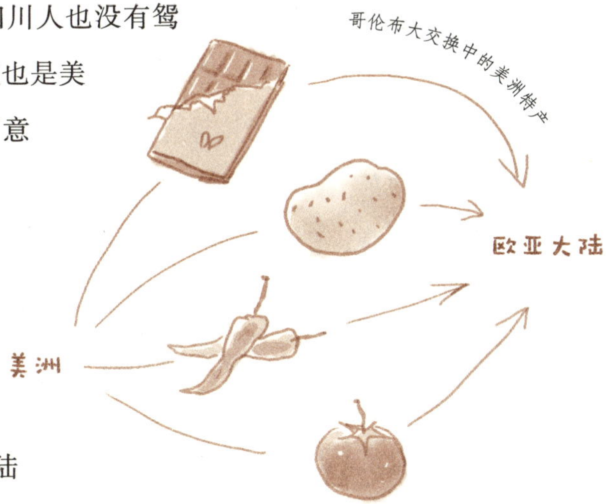

哥伦布发现新大陆

以后，这些东西都有了。东半球（欧亚大陆）和西半球（美洲）之间发生了一次大交流。在历史上，这次交流被称为“哥伦布大交换”。

哥伦布大交换！这听上去是个非常棒的名字。美洲人没有的东西，我们给他们；我们没有的东西，美洲人给我们。这难道不是一件互惠互利的大好事吗？

很可惜，哥伦布大交换根本谈不上什么互惠互利。

东半球得到了巧克力、辣椒、土豆、西红柿、玉米等等好东西，但是美洲人得到什么了呢？

他们得到的第一样宝贝就是细菌，第二样就是病毒。

东半球环境复杂，各种动物也多，所以演变出了很多细菌和病毒。它们有时候会杀死人类。大家还记得黑死病吧？那就是一个可怕的例子。但是不管什么细菌和病毒，时间一长，人们就会慢慢产生免疫力，不会那么容易被干掉。成千上万年来，细菌和病毒在东半球杀死了无数人，同时也培养出了人类的免疫力。

但是美洲人从没有接触过外界，他们对这些细菌、病毒没有免疫力，一旦染上，几乎必死无疑。这就像东半球几千年慢慢积攒下的死亡大炸弹，在美洲忽然引爆。

这个过程可怕极了，比黑死病还要可怕。在很短的时间内，美洲中部的人就死掉了百分之九十五，至于哥伦布首次探险到达的那些岛屿，当地人甚至彻底灭绝了。这些人基本全是被微生物杀死的。美洲其他地方的情形稍微好一点，但也只是“稍微”，死掉的人还是漫山遍野。

在我们看来，哥伦布好像是个大英雄，可在美洲人看来，他哪里是个英雄，分明就是死神的化身啊。当然，哥伦布并不是故意要这么干的！当时的科学家还没有发现微生物呢，所以哥伦布并不知道自己身上有细菌和病毒。周围的美洲人噼里啪啦地死掉，他也觉得纳闷呢。

但是，他造成的实际结果就是这样。

除了细菌和病毒，美洲还通过哥伦布大交换得到了一样新东西，那就是白人。一开始的时候，主要是西班牙人。他们跟细菌和病毒一样，也是美洲人的大祸害。这帮家伙不光抢占当地人的土地，还虐待人家，欺负人家，把对方当成牲口一样使唤。

如果你是美洲人，你会说这是一次“哥伦布大交换”吗？不，你只会说这是一次“哥伦布大破坏”。

美洲人伤心，西班牙人却开心了，因为他们发了大财。大家还记得印加皇帝的赎金吧？那可是满满一屋子的黄金啊。不过，这还算不了什么，只是正餐前的小凉菜而已。

真正发财，不是靠皇帝的黄金，而是靠地下的白银。西班牙人在美洲发现了超级巨大的银矿，其中最大的一座叫托波西银矿。光这一个银矿，产量就能占全球的一半。西班牙人前前后后从这里挖走了几万吨的银子。有人说，用这些银子可以打造一条横跨大西洋的银桥。

可是，在银桥的后面，是成千上万条美洲人的生命。西班牙人强迫他们去挖矿。银矿附近的每个村子都要定期把村民送去干活，一干就得好几个月。矿井里空气稀薄，暗无天日，又非常陡峭，一不留神就会摔死。当时开采银矿需要使用大量的汞，对人体有毒，很多人又都被毒死了。

在这儿的矿洞里，到处都能看到人的白骨。当地人管这个超级大银矿叫“吃人山”。这座吃人山把美洲人活生生吞进肚子里，然后吐出一大堆一大堆的银子。

这些银子到哪儿去了呢？当然被西班牙人拿走了。然后他们又拿这些银子去买东西，于是银子就流传到了世界各地。如果你仔细追踪这些银子的下落，就会发现它们至少有一半都流入了中国。

欧洲人渴望得到中国的丝绸、瓷器和茶叶。可是他们却没有什么商品能跟中国人交换。咱们中国可看不上他们生产的那些破玩意儿。现在好了，他们有了银子，而中国非常需要银子。

中国有很多好东西，可就是缺少银矿，所以古代中国一直用铜钱来当货币。铜钱用起来并不方便。一大串铜钱才能顶一小块银子。你想想，大侠扛着一麻袋铜钱行走江湖，那成什么样子？所以中国相当需要白银。

我们在电视上会看到宋朝的大侠也用银子付账，那是不对的。宋朝人使用银子，一般都要先兑换铜钱，很少直接用白银充当货币。一直到明朝，海外的白银输入中国，我们才开始把银子当成货币。所以，小酒馆里的那位大侠付账用的白银，最大的可能就是来自美洲，第二个可能就是来自日本，因为明朝也从日本进口白银。

十六世纪的时候，地球上有一条汹涌澎湃的银子河流。它从美洲涌出来，流进了亚洲，尤其是中国。反过来，丝绸、瓷器、棉布这些商品从亚洲流进了欧洲。全球化的经济就这样运转起来了。

我们常常说，1840年的鸦片战争打开了中国的大门。好像在鸦片战争之前，中国一直在关起门过日子。其实并不是这样。在十六世纪的时候，中国就和外界纠缠在一起了。几万公里以外发生的事情，对中国影响就很大。美洲发现了一个大银矿，中国人手里的银子就会变多，物价就会上涨。大银矿一旦枯竭，中国人手里的钱就会减少，物价就会下跌。

中国的全球化时代早就开始了，这比鸦片战争要早差不多三百年！只是当时的人们往往不知道这一点。不光大侠和店小二不知道，就连皇帝和大臣也很少思考过这个问题。

这次全球化时代的发动机就是银子。没有银子，欧洲就没有办法和亚洲做生意，它的船队就只能瘪着肚子在大海上空跑。

历史学家也许会写下一首热情洋溢的《白银颂》：

你从美洲走来，带着哥伦布的光彩，
你向亚洲走去，带着丝绸般的情怀。
啊，白银，你编织了商业的大网，
啊，白银，你开启了全球化的时代。

但是，也有人会对此很不满意。在全球化的过程里，亚洲得到了白银，欧洲得到了商品，可美洲人呢？只得到了鞭打和死亡。

美洲人是这场全球化运动的大输家，他们只会对这首《白银颂》说：“呸！”

小结

西班牙人在美洲发现了丰富的银矿。这些白银通过东西方的贸易，大量流入中国，以交换丝绸、瓷器等商品。从此以后，中国才使用白银作为主要货币。新的全球化经济就这样开始了。

60

无敌舰队的覆灭

西班牙的运气确实好。

它往哥伦布身上只投了很小的一笔钱，也就三条小破船，居然就发现了美洲大陆。接着它征服了两个大帝国、挖出了大银矿、得到了超级大的财富。这可以说是人类史上最划算的一笔投资。

在欧洲，西班牙的运气看上去也很好。你还记得吧，我在《打了一百年》里说过，欧洲的国家有点像王家的私人财产，可以送来送去。比方说，汪汪国的王子和喵喵国的公主结婚，他们的孩子就可能同时继承汪汪国和喵喵国，成为这大汪喵国的国王。西班牙国王就通过这种办法，结婚呀继承呀，得到了一大堆杂七杂八的领地。

西班牙成了非常强大的帝国。它拥有欧洲大量的领地，拥有美洲数不清的财宝，甚至还派兵占领了亚洲的菲律宾。谁也不知道怎么回事，好像各种各样的好事一下子都掉到了西班牙的头上。它顺风顺水，运气好得简直不可思议。

但是，西班牙虽然抽到了命运的上上签，却没能好好地利用它。

它最终把好运气给糟蹋掉了。

这跟它的贪婪有关。西班牙在欧洲的领地太多，也太分散了！东一块、西一块，就像一大堆碎片拼出来的。如果把这些领土都抟成一块儿，那会是一个很不错的大国。可是这样零零碎碎，那是没有办法管理的。

因为这里牵涉两个天大的难题。

第一，如果某个遥远的领地发生叛乱，西班牙国王怎么把军队派过去镇压呢？叛乱领地和西班牙可能根本不接壤，军队要过去，必须穿越其他国家的领土，那会是非常困难的事情！

第二个，领土分散了，邻居就会变多，这样就会更难防御。大家看看下面的图就知道了。

这样一个紧凑的帝国可能只有A、B、C、D四个邻居。它最多只需要防备这四个国家。

可如果把这个帝国切得零零碎碎，总面积就算不变，邻居也会大大增加，从四个邻居变成A、B、C、D、E、F、G、H、I、J、K、L一大堆。这样一来，它就要防备好多好多潜在的敌人。

这两个难题叠加在一起，会是非常麻烦的一件事。

如果你是西班牙国王，应该怎么做呢？最聪明的一个办法，就是放弃掉一些不需要的领土！

对于现代国家来说，当然任何领土都不能随便放弃。可是在帝

国时代，情况并非如此。帝国并不是越大越好，有些边缘领土压根就是累赘，带不来什么好处，只会添麻烦。这就是为什么古代帝国扩张到一定程度就会停下来。你得到某块土地可能很容易，但管理它却很困难。它可能变成一个无底洞，吞掉你的资源。

所以，国家就跟人一样，要适可而止，不能太贪心！

然后西班牙偏偏就犯了贪心的毛病，见什么吃什么，给什么要什么，胡吃海塞，结果麻烦就来了。帝国内部出现了很多叛乱，外部出现了很多敌人。西班牙不得不四处打仗。而打仗往往是世界上最费钱的事情。最终，那些零零碎碎的领地成了一个个吞钱兽，再多的财富也填不满它们的肚皮。

西班牙国王叫菲利普二世。他是个大大的怪人。别的国王往往都骄奢淫逸，花天酒地。可是菲利普二世没有任何嗜好，也不喜欢任何娱乐。他每天就是穿身黑衣服，从早到晚地坐在办公室里批改文件。菲利普二世非常严肃，天天板着个大驴脸，不苟言笑。据说他这辈子在公开场合就笑过一次。当时很多新教徒被杀掉了，菲利普二世是个虔诚的天主教徒，所以听到这个消息后破例龙颜一乐。

严肃的人往往都倔。菲利普二世就非常倔，喜欢认死理，一条道走到黑。就算你凑在他耳朵边大喊："适可而止吧！该放弃的东西就放弃吧！”那他也绝不会听的。每一块领地他都要捍卫，不管那里有多遥远；每一个敌人他都要打倒，不管它们有多顽强。

结果，他把帝国的财富全都浪费掉了。

每一年，美洲的运宝船队都会开往西班牙。它们满载着黄金白银，价值高得惊人。偶尔有船只中途出事，沉入大海，就会成为充满诱惑的传说。一直到今天，还有人潜入海底，四处寻找这些沉船。谁能找到，就会大发一笔横财。

西班牙本该拿这些财富去开拓商业、发展农业、开办教育，这样的话，它就能够成为一个繁荣富裕的国家。可是没有！菲利普二世把这些钱都用来打仗了。帝国的反叛者太多了，外敌也太多了，而菲利普二世又一点不肯退让，所以财富都投入到“战争”这个无底洞里。

他最头疼的一个反叛者是荷兰。

他最痛恨的一个外敌是英国。

荷兰本来是帝国的一块属地，距离西班牙相当遥远。荷兰人仗着天高皇帝远，居然扯旗造反，宣布独立。而英国人又跑来帮助这些逆贼。荷兰和英国联合在一起，给菲利普二世制造了无数的麻烦。最后，菲利普二世决定一劳永逸地解决这个问题。

他用了三年的时间，耗费一千万枚金币，组织了庞大的舰队，准备一举荡平英国，然后再转头灭掉荷兰的叛军。

这支舰队就是历史上著名的无敌舰队。

无敌舰队！这个名字听上去就很酷。实际上，它也确实很酷。

无敌舰队拥有一百三十艘大型战舰，两千多门大炮，是海洋上的超级巨无霸。当它在大西洋里摆开阵型的时候，真是极其壮观。

但是话说回来，“无敌舰队”这个名字其实很不吉利。话不能说得太满，过分高调了就容易出事。就像当年的“泰坦尼克号”游轮，非要自称“永不沉没的泰坦尼克”，结果第一次出航就沉没了。武侠小说《笑傲江湖》里，有一位厉害的高手名叫“东方不败”，结果也是第一次亮相就翘辫子了。

无敌舰队也是这样，一听这名字就预感到它要倒霉。

公元1588年，无敌舰队启航了，直奔英吉利海峡。整个西班牙都在为这个舰队祈祷，国王本人更是跪在地上祷告了好几个小时，求上帝开恩，让无敌舰队旗开得胜。

英国这下要大难临头了。但是英国人没有气馁，在危急关头，他们进行了全民总动员。有人捐钱捐物，有人报名参军，有人在海岸上放哨，有人开船巡逻。整个场景激动人心，很像后来英国抗击希特勒时的样子。

英国女王伊丽莎白一世也披挂铠甲，亲临前线，对军队发表了慷慨激昂的演讲：

“我来到这里，和你们一起同生共死。为了上帝，为了国家，为了人民，我何惧一死。哪怕我的荣耀和我的鲜血都化为尘土，我也在所不惜！”

全体士兵齐声呐喊，发誓要和西班牙决一死战。

战争在英吉利海峡打响了。当年希腊和波斯的萨拉米斯海战，一天就结束战斗，可是这次海战却拖了好多天。无敌舰队倒是很想来个大决战，靠人多势众一下子结束战斗。

可是英国人非常狡猾，坚决不上钩。他们的战船比较小，机动性好，所以就围着无敌舰队兜圈子，只用大炮轰，却不靠近敌人。只要敌人一冲过来，它就马上躲开。但是无敌舰队实在太坚固了，大炮的远程轰击没有多大效果。所以，双方一路走，一路打，仗打得就像拉稀一样。双方都拿敌人没办法，无敌舰队够不着英国船，英国船伤不了无敌舰队。

眼看无敌舰队就要开出海峡了，英国人觉得不能再拖了。

他们知道问题出在哪儿。无敌舰队的阵型威力太大，英国战船不敢靠近；但距离太远，又无法击沉敌舰。所以，必须打乱敌人的阵型。英国人最后想出了一条妙计。他们在几艘小船上安放了大量炸药，然后让它们顺流冲向敌人。这几艘小船刚冲入敌军，就剧烈爆炸。巨声震地，烈焰冲天，无敌舰队的阵型一下子被炸开了。

英国人抓紧时机，一头冲了过去。英国船比较小，所以更加灵活，能在敌人的巨舰之间钻来钻去。西班牙战船急得团团转，就像大象怎么踩也踩不死这些小老鼠。而且事实证明，小战船如果配上足够多的火炮，威力并不比大战舰差。

混战几个小时后，无敌舰队走向崩溃。好在夜幕降临了，它趁着夜色赶紧逃入茫茫大海。英国人切断了它的归路，无敌舰队只能一路狂奔，绕着英国整整兜了一圈，最后才返回了西班牙。

在逃跑的路上，食物吃光了，水也喝完了，又遇到了大风暴，结果等无敌舰队到家的时候，船只就剩下了三分之一，还都破烂不堪。光荣的舰队成了一堆乞丐船。

菲利普二世听到这个消息以后，大病了一场。等他从病床上爬起来的时候，整个人似乎老了好几岁，连胡子都变白了。

无敌舰队完蛋了。这件事并没有摧毁西班牙，但它是一个象征，标志着帝国开始走向衰落。它扩张得太过分，有太多领土需要保卫，有太多敌人需要对付。西班牙就像一个贪嘴的好吃鬼，吃饱了还吃，吃饱了还吃，最后得了胃溃疡，整个身体垮掉了。

世界上哪有永远无敌的舰队？又哪有永远无敌的帝国？轻易得来的财富，就这样轻易浪费掉了。

穷兵黩武的国家没有好下场。西班牙渐渐衰落下去，后变成了一个二流国家。

而它的两个敌人却迅速崛起了。

小结

西班牙从美洲得到了大量财富，但却把这些财富都浪费在领土扩张上，最终一无所获。公元1588年，它的无敌舰队被英国击败，这件事标志着西班牙帝国走向衰落。

61

郁金香狂热

你见过郁金香吧？很漂亮的一种花，色彩鲜艳，亭亭玉立。当它们在花圃里并肩绽放的时候，就像一团团花的火焰在燃烧。

有一段时间，荷兰人疯狂地迷上了郁金香。

不过，他们迷恋的郁金香跟你看到的不太一样。现在的郁金香大多是单色的，而荷兰人喜欢的郁金香有五颜六色的花纹。这些花纹有不同的形状，有的像水滴，有的像旋涡，有的像新月。

正常的郁金香没有花纹。它们长出花纹，是因为感染了一种叫“马赛克”的病毒。携带病毒的蚜虫咬了郁金香，就有可能把病毒传染给它。换句话说，这些郁金香生病了，花纹就是它们的伤疤。

荷兰人特别欣赏这些生病的郁金香，还给它们起了很气派的名字，有的品种叫白王冠，有的叫海军上将，还有的叫亚历山大大帝，还有的叫罗马皇帝。

一开始他们就是单纯地欣赏，后来就开始有人炒作了。

郁金香是从球茎里长出来的。郁金香球茎圆圆的，看着有点像洋葱。花纹越漂亮，品种越罕见，球茎也就越贵。比如亚历山大大帝的球茎就比海军上将的贵，罗马皇帝的球茎又比亚历山大大帝的贵。

到了公元1636年的时候，郁金香球茎的价格忽然暴涨。大家还没反应过来怎么回事，两三个月里价格已经涨了十多倍。最高级的郁金香叫“永远的罗马皇帝”，白红相间，看上去很像一大块生肉。它的一个球茎就可以交换首都市中心的一栋豪华房子，还附赠马棚和一个小花园！

这太离谱了！郁金香再漂亮，也不值一栋房子啊。谁会为了欣赏一朵花，把房子卖了呢？当然没有这种人。花这么多钱买球茎的人，都不是为了欣赏郁金香，而是等着涨价好赚钱。

如果有人问：“你怎么知道它还会涨价啊？”

他们就会理直气壮地回答：“它一直在涨啊，当然就会继续涨下去啊。

“看看我的邻居佩奇！她用一只鸡换了个郁金香球茎，结果转手就换了一头猪！

“再看看汤姆！他用一头猪换了个球茎，结果转手换了一头牛。

“杰瑞更厉害！他用一头牛换了个球茎，结果转手换了一栋房子。

“那我用一栋房子换个球茎，肯定转手就能换一座宫殿！”

就这样，无数的荷兰人都参加进来了。酒馆里、旅馆里、商店里，到处都有人在热烈地讨论郁金香。每个人都摆出一副专家的样子，谈论郁金香的品种，以及栽培技巧。大家都觉得自己很聪明，可以靠倒卖球茎发笔横财。

这段时期留下了很多传说。据说有位商人花大价钱买了一个郁金香球茎，却被一位水手无意中拿走了。他以为那是个洋葱，居然就着鲱鱼，一点点把它给啃掉了。而这个球茎值三千枚金币，足够让整条船的人吃上一年！商人简直被气疯了，把水手扭送到了法庭。

这个故事听上去很有趣，但可能是编造出来的。因为郁金香的球茎并不好吃，而且直接食用会引发食物中毒。

不过当时的气氛确实疯狂，如果把郁金香球茎四年间的交易额加起来，差不多能购买六个东印度公司。东印度公司是全欧洲最大的贸易组织，你想想，郁金香的交易额就能买下六个这样的公司，这不是疯了吗？

当然是疯了。所以最后就是崩盘。

崩盘的日子，历史上记得清清楚楚，那是在公元 1637 年 2 月 3 日。当时，有人在酒馆拍卖一个珍贵的郁金香球茎。搁在以前，这样的宝贝马上就会成交，可是这天不知道怎么回事，在场的人犹豫起来了。谁也说不清原因，好像大家灵光一现，脑子里都闪过一个念头：“这个东西真值这么多钱？”

拍卖人也害怕了，价格一再往下降，可是大家还是面面相觑，谁也不肯掏钱。现场的气氛一下子凝固了。

狂热来得快，去得也快，大家从拍卖场出来以后，都在议论：“不好了！郁金香要掉价了！”

恐慌迅速传播开来。三个月内，球茎价格掉了百分之九十九，而且还在往下掉。许多人一夜之间倾家荡产。本来他们想靠投机发财，实现财富自由，走向人生巅峰。现在踏实了，什么都没有了。全家人只能搬几把椅子，坐在院子里欣赏买来的郁金香。

破产就会导致争吵，很多人打起了官司。到最后，法院干脆拒绝审理任何有关郁金香交易的案子。整个事情就这么稀里糊涂结束了，感觉好像做了一场梦。

现代人对这种场景其实并不陌生。这就是“泡沫经济”，人们投机炒作，吹出一个大泡沫来，最后泡沫会忽然破裂，什么也没剩下。可是，当时的荷兰人对此并不理解，因为他们从没经历过这样的事情。不光他们没经历过，全人类可能都没经历过。郁金香球茎是第一个有据可查的大泡沫。

但是，我们不要嘲笑荷兰人：“看哪，这些家伙可真蠢！”恰恰相反，泡沫经济是现代社会才会有的毛病。正因为荷兰走在了所有国家的前头，才会出现“郁金香泡沫”。

一个社会要产生郁金香泡沫，必须有三个条件。

第一，它必须有大量的流动资金。

第二，老百姓要有投资意识。

第三，人们做交易很方便。

其他国家并不具备这样的条件。它们就算狂热，也吹不起这样的大泡沫。就拿郁金香来说，奥斯曼人也很迷恋它们，甚至把郁金香看作圣物。但是老百姓没有机会炒作它们，最珍贵的郁金香球茎都被送进了皇宫，供苏丹一个人欣赏。

荷兰跟奥斯曼完全不一样。它是资本主义国家，而且可能是历史上第一个资本主义国家。

那么，到底什么是资本主义？

当然可以有很多种定义。但是从历史上看，资本主义的出现意味着人们对钱的态度变了。当然，人们都爱钱，这没什么差别。可是古代人赚到钱以后，马上就会买块土地，当老爷、收租子、享受生活。而荷兰人赚钱不光是为了享受，赚钱本身就是目的！人活着就要赚钱，有了钱就拿去投资，再赚更多的钱。土地也好，房子也好，郁金香也好，都变成了赚钱的工具。这就是资本主义的精神。

每个荷兰人都是一只勤劳的小蜜蜂，忙着工作、投资、赚钱。所以荷兰很快就富裕起来了。十七世纪初期，荷兰摆脱了西班牙统治，获得独立。没过多久，它就成了最发达的国家，人均收入全世界最高。这里还有全世界最大的银行，全世界最大的股票交易所，全世界最大的船厂。

钱！钱！钱！荷兰的空气里都弥漫着金钱的味道。

但是荷兰人有钱了也不乱花。贵族老爷总是大手大脚炫耀财富，荷兰人却绝不干这样的蠢事。他们的街道非常干净，房屋非常整洁，家具非常舒适，却没有一丝一毫铺张浪费的气息。荷兰人觉得，钱怎么能浪费呢？有钱就要拿去投资。这也是资本主义特有的精神。

当然，投资有时候会失败，比如郁金香球茎就是一场惨败。但是更多的投资是成功的，而其中最成功的一个投资就是东印度公司。

什么是“东印度”呢？哥伦布发现新大陆的时候，把那里当成了印度。后来发现搞错了，但是将错就错，人们就把哥伦布去的那些岛屿叫“西印度”，把印度和东南亚叫作“东印度”。

这是一个全民投资项目，公司面向全社会发行股票。很多老百姓都往里面投了钱。就连首都市长的女仆都投资了，所以她除了是女仆以外，还拥有另一个显赫的身份：东印度公司的股东。

东印度公司大获成功。它在非洲和印度都建立了商业据点，还把竞争对手赶到了一边，独自占领了印度尼西亚，垄断了东方的香料贸易。所以它每年能给股东 18% 的分红，这是非常高的回报率。

为了赚钱，荷兰人什么事情都干得出来，该抢劫的时候抢劫，该杀人的时候杀人。但是碰到厉害的对手，他们又能放下架子拼命讨好。其他欧洲人跟中国做生意的时候，最大的麻烦往往是礼节问题。英国使节见了清朝皇帝，就死活不肯下跪磕头，让皇帝非常生气。可是荷兰人根本不觉得这是问题。他们见到中国皇帝，马上恭顺地趴下三拜九叩。在他们看来，为了赚钱，这有什么丢人的呢？

日本当时闭关锁国，不欢迎外国人，可是荷兰东印度公司硬是靠着低三下四的劲儿，打开了一道缝隙。公司经理陪日本人喝酒，还像小丑一样跳舞、玩杂耍，变着花样讨好日本人。他甚至会手脚并用，爬着过去给幕府将军磕头。结果，好面子的欧洲人都被赶走了，只有荷兰人留下来发财。

荷兰确实发了财，它创造了一个货真价实的奇迹。荷兰是个非常小的国家，人口只有二百万，不到清朝的百分之一。可是，它却拥有一万多艘船只，控制着全球远洋贸易的一半。在十七世纪，它是当之无愧的海上霸主。

荷兰成功的奥秘在哪里呢？在于它的资本主义精神，在于它对私人财产的保护，在于它的自由环境，在于它的重视法治。当然，还要加上一点点不要脸的劲头。

但是，它虽然能够创造奇迹，却不能保持奇迹，因为它实在太小了。

人类历史往往就是这样，边缘的小国家有时更有活力，能够创造出新事物。靠着这种创新，它一下子爬到很高的位置。可大国家一旦跟进，模仿它的创造，这个小国家就会慢慢地跌落下来，从霸主变回一个富裕而平凡的国家。

所以，未来不属于荷兰，而属于更大一点的国家：英国。

小结

在十七世纪，荷兰是全世界经济最发达的国家。它经历过一次关于郁金香的投资狂热，这次狂热虽然以失败告终，却反映出了新兴的资本主义精神。

62

小气的伟大女王

这一章讲的是英国。

这本书后面有好多章节都和英国有关。因为在近现代史上，英国确实非常重要。在以前，它完全算不得什么，欧洲边上的小岛国而已。但是后来，它却成了世界舞台上的核心演员。你继续往后读就会发现，这个岛国就像世界历史上的一个怪物。它的影响力和它的面积、人口完全不相称。

英国的崛起要追溯到女王伊丽莎白一世。她是英国历史上最著名的统治者。伊丽莎白刚当上女王的时候，英国贫穷脆弱，危机四伏。等她去世的时候，英国文化发达，经济繁荣，成了欧洲强国。后来，人们都说她是大英帝国的奠基者。

但是，伊丽莎白差点当不上女王，因为她的姐姐想要砍掉她的脑袋。

亲姐妹为什么有这样的仇恨呢?

唉，就是宗教改革闹的。

宗教改革之后，基督教分裂成天主教和新教。一个国家里，往往既有天主教徒，也有新教徒，而他们又常常势不两立，都恨不得杀掉对方。耶稣在《圣经》里明明说过："你们要彼此相爱，就如同我爱你们一样。"又说："不可论断别人，免得自己被论断。"可是这些基督徒实在太崇拜耶稣了，所以要是有谁对耶稣的理解有一点点偏差，就要把他弄死。

伊丽莎白的姐姐女王玛丽，是个非常虔诚的天主教徒，对英国的新教徒坚决镇压，所以人们送给她一个"血腥玛丽"的外号。可是妹妹伊丽莎白偏偏就是新教徒！

玛丽担心起来了："万一我死后，妹妹当了女王，会不会把英国人引上邪路，都变成新教徒呢？英国人民都会跟着她下地狱啊！不如杀掉她算了。"

伊丽莎白害怕了，她对姐姐说："我早已经改信天主教了！"

玛丽摇头说："我不相信！"

伊丽莎白说："我弃暗投明！我已经完全明白，新教是多么的邪恶！我发誓，我一辈子都会是个好天主教徒。"

玛丽死死地盯着妹妹，心里还是在盘算："我一死，她就会赖账！"

所以玛丽还是想砍掉妹妹的脑袋。

有一阵子，她真把伊丽莎白关进了伦敦塔。那里是英国最出名的监狱，专门关押高级犯人。走进伦敦塔大门的时候，伊丽莎白觉得自己死定了。可是玛丽在王宫里辗转反侧。这种事情还是太可怕了，玛丽下不了决心。

血腥玛丽还是不够血腥，人性最终战胜了信仰。几个月后，玛丽释放了妹妹，把她软禁起来。还没等玛丽想好怎么处置妹妹，她就忽然得病去世了。

临死前，她下了最后一道命令："王位传于御妹伊丽莎白。"

信使骑着快马向伊丽莎白报告消息。她正在树下读书，看到飞驰而来的信差，脸色一下变得刷白。她以为这是姐姐派人杀她来了。然而这信使跳下马来，跪在她面前，说："女王万岁！"

就这样，伊丽莎白成了英国女王。

姐姐猜对了，伊丽莎白确实重新变回了新教徒。可是她对宗教的兴趣不大，特别讨厌人家长篇大论地谈论上帝。经历过那段提心吊胆的日子，她已经知道人狂热起来，会有多可怕。所以她非常小心，尽量避免宗教方面的争吵。

她对上帝的兴趣，远远没有对英国的兴趣大。对她来说，英国比什么都重要。有人曾经问她："女王陛下，您为什么不结婚呢？"

她说："我已经结婚了呀！"

那人大吃一惊："您的丈夫是谁啊？"

伊丽莎白回答说："我的丈夫就是英国，我嫁给

伊丽莎白女王

了英国。”

她说到做到，这一辈子都没有结婚。因此，大家都称她为童贞女王。

在英国人和伊丽莎白之间，有一种很深的感情纽带。老百姓差不多把她当成了国家的象征。不管是天主教徒，还是新教徒，都能接受她，所以英国避免了内战。周围好多国家都因为宗教问题打起了仗，可是英国没有。这是伊丽莎白了不起的成就。

伊丽莎白女王很有魅力。她既温和，又威严，该对人和颜悦色的时候，她比谁都亲切，但一旦翻脸，她又凶得像个母老虎。发表战争演说的时候，她能够慷慨激昂，但私下里，她又很喜欢开玩笑。

一次，牛津伯爵觐见女王。到了女王跟前，他“咔嚓”一下，来了个九十度的深鞠躬。谁知鞠躬的时候，用力过猛，不小心放出一个响屁。伯爵羞臊得无地自容，在此后的七年里，他再没进王宫。七年以后，他觉得这事过去了，于是又去觐见女王。伊丽莎白一见他，就亲热地说：“伯爵啊，整整七年没见到你了！你放心吧，你放屁的那件事，我早就忘得一干二净了！”

伊丽莎白也有很多缺点，比如说小气。她为了省钱，喜欢带着宫廷到处视察。走到哪儿，哪儿的贵族就得供他们吃喝，还要送上一份厚礼。这样一来，女王自己就不用花钱了。伊丽莎白自己说这是“与民同乐”，可是主人们只觉得这是蝗虫过境。一听到女王马车队轰隆隆驰来的声音，贵族们肝胆俱裂。

这就算了，可谁能想到，堂堂女王在做客的时候居然会偷东西呢？有一位倒霉蛋爵士，向做客的女王送上了贵重的礼物，安排了丰盛的宴会。可是在宴席上，他发现女王陛下对银餐具和一个盐瓶爱不释手，最后偷偷放进了自己的手提袋里。爵士一句话也没敢说。

但是小气有小气的好处。女王节俭了，人民的负担就比较轻，所以英国蓬勃发展，一片繁荣。而且英国人还享受了长时间的和平。打仗是世界上最花钱的事情，而伊丽莎白女王最痛恨花钱。所以，尽管当时到处有战乱，伊丽莎白却尽量避开战争。

可是当战争真的来临时，伊丽莎白又显得无所畏惧。她曾一举打垮了西班牙的无敌舰队，从此以后，英国成了欧洲真正的强国。

伊丽莎白向海外派出了一批冒险家。他们环游世界，一路上骚扰西班牙殖民地，抢劫西班牙的运宝船。这样的冒险花费很少，却能赚到很多利润，真是让伊丽莎白龙颜大悦。欣喜之余，她批准成立英国的“东印度公司”，专门从事海外扩张。连她自己都不知道，这是为未来的“日不落帝国”拉开了序幕。

伊丽莎白女王差不多统治了半个世纪，取得了很多成就。她把一个贫穷弱小的英国，变成了强大富裕的英国。她避开了宗教战争，保持了国内的和平。她打败了无敌舰队，引领英国走向海外。最重要的是，她唤醒了英国人的活力。所以，后来人们把她统治的岁月称为“伊丽莎白时代”。

对一个女王来说，这是最高的赞美。

还有件事特别值得一提。在伊丽莎白时代，英国出现了一位伟大的天才，他名叫莎士比亚。

莎士比亚像达·芬奇一样，也是奇迹般的人物。他是个演员，没受过多少教育，平时为了赚钱，给剧团编一些戏剧。他自己从没觉得这些戏剧有多了不起。你如果告诉莎士比亚："你这些戏剧会成为不朽的经典，万古流芳！"他多半只会说一声："啊？"然后觉得你是个神经病。

可是他的戏剧真成了不朽的经典。不管哪一天，在世上的某个角落总会有人在上演莎士比亚戏剧。他受欢迎的程度超过历史上任何一个剧作家。

莎士比亚

人们喜爱莎士比亚是有道理的，因为他的想象力简直无与伦比。我们都知道，电影有好多类型：文艺片、爱情片、魔幻片、历史片、科幻片、恐怖片等等。莎士比亚戏剧如果翻拍成电影的话，几乎能涵盖所有的类型。

可能唯一的例外是科幻片，因为莎士比亚实在不知道"科幻"是个啥东西。

莎士比亚的《麦克白》放到今天，就是一部真正的恐怖片。雷雨交加的原野，三个阴森的女巫，三个含糊可怕的预言。麦克白和他的妻子被女巫的预言引诱，谋杀了来家里做客的国王。此后，他的妻子每天晚上都会梦游，一边洗手一边说："啊，永远洗不干净这两只手上的血吗？"这是一个让人毛骨悚然的故事。

《仲夏夜之梦》则是神奇的魔幻片。夏天的森林里，精灵国王和精灵王后吵架了。国王就让一个淘气的小妖精制造了魔法药水。他把药水滴在王后的眼皮上，王后就会爱上她醒来后看见的第一个生物。结果王后爱上了一头驴子！

至于爱情片，你肯定听说过《罗密欧与朱丽叶》。

莎士比亚还写过搞笑的喜剧，比如《第十二夜》。一个姑娘女扮男装，一个管家爱上了女主人，两人制造出无数的笑料。不要以为莎士比亚总是严肃深刻的，《第十二夜》就是单纯地逗乐，但是真的很好笑。

至于历史片，莎士比亚写过很多部历史剧。它们在英国的地位，有点像我们的《三国演义》。很多英国老百姓了解历史，就是靠莎士比亚的这几部戏剧。

当然，还有高雅的文艺片。莎士比亚最著名的代表作是《哈姆雷特》。主人公的性格特别复杂，说话特别文艺：

"啊！生存还是毁灭，这是一个值得考虑的问题，默然忍受命运的暴虐的毒箭，或是挺身反抗人世的无涯的苦难，通过斗争把它们扫清，这两种行为，哪一种更高贵？"

读第一遍的时候，你根本搞不懂这家伙是怎么回事。读第二遍的时候，你可能还是不知道。《哈姆雷特》可以说是文艺片的老祖宗。

莎士比亚的想象力就像沼泽地里的蘑菇一样，不由自主地往外冒。只有一个充满活力的时代，才会产生这么充满活力的作家。

他活着的时候，人们只是喜爱他。等他死了以后，人们开始崇拜他。莎士比亚成了英国的骄傲。那个时代的大臣和贵族已经被遗忘得差不多了，可是这个会写剧本的演员却会永远被后人铭记。

很多年以后，英国变得特别强大，占领了印度当殖民地。有一个英国人就说：“如果有一天，我们必须在印度和莎士比亚中间选择一个的话，我们宁可丢掉印度，也不能少了莎士比亚。因为印度总有一天会独立，可莎士比亚永远是我们的。”

这话也有点道理。

小结

在伊丽莎白一世统治时期，英国开始走向富强之路。它不仅打败了无敌舰队，开始了海外扩张，还出现了像莎士比亚这样伟大的天才。

63

美国前传

在十六世纪的欧洲，到美洲殖民是一件很时髦的事。英国人也想赶这个时髦。

可是去哪儿呢？

美洲最好的地方被西班牙人占了，他们从那里赚到了真金白银，真让人羡慕得淌哈喇子。但是很可惜，现在已经挤不进去了。那怎么办呢？英国人只能去人家还没看上的烂地方。于是，他们去了贫瘠荒凉的北美洲——也就是现在的美国。

是的，现在被我们称为“美国”的地方，几百年前是一片荒凉的土地。要是英国人有选择，他们当然愿意去中美洲，那里有阿兹特克帝国的遗址；或者去南美洲，那里有印加帝国的遗址。大银矿、繁荣的城镇、现成的饮食、可供剥削的当地老百姓，多么美好啊！

可是没有办法，好地方已经被占满了。英国人没有太挑剔，他们决定接受现实，前往北美洲的穷乡僻壤。

如果英国人没有动这个念头呢？那就不会有现在的美国，也不会有加拿大。世界完全会是另一个样子！

不过在穷乡僻壤开拓殖民地，确实非常艰苦，而且充满危险。

英国人的第一次尝试是在公元1587年。117个殖民者漂洋过海，来到北美洲沿岸的一个岛屿。他们有男有女，甚至还包括九个儿童。这支小队伍在岛上搭建房屋，修筑碉堡，算是建立了一块殖民地。然后，他们和祖国的联系就中断了。

这时，西班牙和英国的战争爆发了，无敌舰队开往英吉利海峡。一片混乱中，大家也顾不上这块小殖民地。所以，谁也不知道在那座岛屿上发生了什么。

三年以后，一支救援队来到小岛上，看这些殖民者是否需要帮助。结果他们大吃一惊。岛上空空如也，营地被整整齐齐地拆除了，屋里的箱子也都被打开了，没有尸体，没有血迹，也没有战斗的痕迹，只是所有人都失踪了。在营地的大树上，刻着一个单词：CROATOAN。什么意思呢？他们搬到了一个叫作“CROATOAN”的地方？也许吧。

但是从此以后，再没有人见过这些殖民者。好几支探险队都搜寻过他们，可没找到任何线索。生不见人，死不见尸，他们就这么人间蒸发了。后来，人们就把这个小岛叫作“失落的殖民地”。

第一次殖民尝试失败了，下一次尝试差不多就在二十年之后了。

公元1607年，一批英国殖民者又来到了北美洲。这次他们找到了一个美丽的海湾。这里有绿油油的草原、波光粼粼的河流，看上去相当不错。于是，他们在这里建立一个城市，命名为詹姆斯敦，翻译过来大约就是“国王镇”的意思。

住在国王镇里，虽然赏心悦目，但也有个缺点，那就是没饭吃。这帮殖民者里有绅士老爷，有工匠，有仆人，但就是没有农民。大家都不会种地。

对吃饭这个问题，他们原本考虑得比较简单。他们带了很多宝贝，什么斧子呀，玻璃球啊，铜片啊，都是些小玩意儿。他们猜想，当地的印第安人没见过世面，看到这些小玩意儿，会哭着喊着来排队购买。一堆小玻璃球肯定能换好多麻袋粮食，吃饭难道还成问题？

但是很可惜，印第安人并没有为玻璃球而疯狂，他们捂紧了粮食口袋。于是国王镇很快就爆发了大饥荒。可怕的是1609年的冬天，殖民者饿得像骷髅一样，甚至把皮鞋都煮来吃了。还有人干了更恐怖的勾当……有人说那个冬天发生的事情"邪恶得让人不敢描述，罕见得让人无法相信"。

总之，到了春天来临的时候，五百人里只活下来六十人。在美国历史上，这个冬天就被称为"饥饿之年"。

幸亏英国船队终于开过来了。船上有大量的物资，以及新的移民。六十个幸存者这才获得了拯救。

新移民比较灵巧，他们学会了种植烟草。欧洲人刚学会了抽烟，需求量很大。国王镇的人就拼命种烟草，就连马路中间都种上了烟草。他们把这些烟草贩卖到欧洲，再买回粮食。就这样，他们终于摆脱了饥饿，甚至渐渐发起财了。

关于国王镇，还留下了一个浪漫传说。

国王镇的殖民者有位首领，名叫史密斯。他坐上一条小船，顺流而下去探险，结果漂流到了印第安人的领地。印第安人抓住他，送到部落首领那里。首领当场下令：“砸烂这个坏蛋的脑袋！”

史密斯被按在一个大石头上，印第安人抡起棒子就要打死他。这个时候，一个小姑娘跳出来紧紧护住了他，大喊说：“他没干什么坏事，你们不能杀死他！”女孩是首领的女儿，名叫波卡洪塔斯，意思就是“小淘气”。印第安人哈哈大笑，放下了大棒子。

小淘气跟国王镇的人交上了朋友。长大以后，她还和一位殖民者产生了纯真的爱情。最后，两个人甜蜜地结婚了。在爱情的照耀下，殖民者和印第安部落也缔结了牢固的友谊。

这是一个很浪漫的故事，迪士尼公司还把它拍成了动画片《风中奇缘》。可惜，历史故事如果特别浪漫的话，就往往是假的。小淘气的故事也不例外。她确实是首领的女儿，但并没有救过史密斯。相反，是她不小心瞎溜达，被英国人俘虏了。不过，她受到了彬彬有礼的对待。因为爸爸没有及时过来交赎金，所以小淘气一赌气，嫁给了某个殖民者。

后来，小淘气去了伦敦。人们把她捧为“印第安公主”，实际上印第安人根本没有公主。英国国王也有了好奇心，请她到王宫做客。可是英国国王其貌不扬，小淘气没意识到对面那位山羊胡大叔就是国王。她稀里糊涂地进宫，又稀里糊涂地走了。

一年以后，她感染了欧洲人的病毒，又没有免疫力，就死掉了。

真实故事总是让人扫兴！

不过，小淘气还是蛮重要的。她的婚姻确实给国王镇的居民带来多年的和平。国王镇和印第安部落停战了。

后来，这个部落后悔了，而且后悔得很有道理。殖民者总有一天会抢走他们的土地。可那个时候，殖民者们已经变得很强大，一切都来不及了。

就这样，英国人的第二次尝试艰难地成功了。

然后是第三次。

这一次的殖民者是清教徒。清教徒是新教的一个派别。“清”是清洁的意思，代表纯洁而严肃的人生。清教徒们确实太严肃了。他们反对喝酒，反对跳舞，反对玩扑克牌，反对看戏，反对一切能让你快活的东西。他们认为，人就不应该快活。人应该努力工作、思考人生、赞美上帝，哪有时间快活呢？

在他们看来，周围的一切实在太腐化，太堕落了。新大陆一片空白，也许能够画出更美丽的图画。于是，在公元 1620 年，他们前往美洲开辟殖民地。

这些人跟国王镇的殖民者不一样，他们是真正的理想主义者，打算在美洲建立一个崭新的社会，清教徒们称这个社会为“山巅之城”。它将矗立于道德的山巅上，发射出耀眼光芒，给全世界指明方向。

这听上去很像吹牛，但是清教徒们真的相信这一套。这甚至遗传给了后来的美国人。美国在世界舞台上自命不凡，喜欢对其他国家指手画脚，总觉得自己的道德和见识都高人一头。这种骄傲感的背后，就有清教徒祖先的影子。

这些清教徒还给美国留下另一份遗产，那就是自治的精神。

他们搭乘“五月花”号船前往美洲。还在大海上的时候，他们就聚在船舱里，制定了一份《五月花号公约》，并在上面逐一签字。《五月花号公约》可以说是美国的第一份政治宣言。

它只有短短几行字：

我们在上帝面前郑重彼此立约：自愿结成公民政治实体，为使我们更好地生存下来并创造更好的秩序，适时颁布、制定和确定被认为最符合和最有利于此殖民地的公正而平等的法律、法规、条例、宪章和公职，对此我们保证遵守和服从。

读起来非常拗口，乍一看就像一堆废话，是吧？但它并不是废话，它牵涉到了非常重要的问题，那就是：法律的权威从何而来？

《五月花号公约》认为，法律不是神制定的，不是国王制定的，而是我们自己制定的。我们签字，表明我们认可法律的权威。换句话说，任何人想要给我们制定法律，就必须经过我们的认可。

这个观念的出现，预示着人类思想的一个重要转折。

这些清教徒带着一份《五月花号公约》，再加上一个“山巅之城”的梦想，来到了美洲的普利茅茨，建立了殖民地。他们死了很多人，受了很多苦，但是他们顽强地坚持着，靠着种地、打鱼、做工，在美洲扎下了根。

时间慢慢流逝，清教徒们渐渐变得比较心平气和。他们不再痛恨一切娱乐，也不再那么顽固。但是《五月花号公约》的精神、“山巅之城”的梦想始终没有消退。

清教徒的普利茅茨殖民地在北方，烟草商的国王镇殖民地在南方。它们都是未来美国的种子，但是风格迥然不同，一个像道德家，一个像冒险家。后来，清教徒变成了工业家，烟草商变成了奴隶主，美国也就分裂成北方和南方，还狠狠地打了一场残酷的内战。

不过那是两百多年以后的事了，现在，你只需要知道这两块殖民地是开幕式。接着会有更多的英国人跑来殖民，前前后后一共建立了十三块殖民地。

在某一天，这十三块殖民地会造反、独立。

然后就有了美国！

小结

英国人先后在美洲建立了十三块殖民地，这些殖民地就是后来的美国。

64
砍掉国王的脑袋

就在英国人忙着建立美洲殖民地的时候，英国国内出了一件惊天动地的大事。

这件事的导火索跟钱有关。

国王缺钱了。

中国皇帝要是缺钱，会怎么办呢？他可以下一道圣旨：“奉天承运，皇帝诏曰，从今天起，大家都要多多地缴税。原来交一块钱的，现在要交两块钱。敢抗旨不交的，统统杀头。钦此。”这就行了。当然，老百姓如果穷得实在交不起税，也许会造反。但无论如何，皇帝有增税的权力。

可是英国国王没这个权力。

在英国存在一个古老的机构，名叫议会。议会里的议员大多是从各地选出来的。国王要增加新的税收，就必须召集议会，请求它的批准。如果议会不批准，这个新税就不能征收。

那你也许会追问：“国王要是不理议会，硬是要收税呢？”

那英国人就会说：“我们的国王违反了传统，违反了法律，他是一个坏国王！”全国上下都可能会抵制他，结果税还是收不上来。英国国王不像中国皇帝，他拥有很大的权力，但没有绝对的权力。

所以，国王只有两个解决办法。

一个是省钱。如果国王只征收旧税，不增加新税，那就不用取得议会同意。但是国家在变大，物价在上涨，麻烦事在变多，光靠旧税肯定是不够的呀。那就只能不浪费、不打仗、拼命省钱。

如果觉得省钱太痛苦了，国王还有第二个办法，那就是召开议会，请求它批准新税。但是议会很不好伺候。议员们平时没有说话的份儿，现在逮住机会，就会唠唠叨叨批评个没完，说国王这儿也不对，那儿也不对，还会提一大堆改革要求，最后才会大发慈悲，批准新税收。

你看，两个办法都很麻烦。

伊丽莎白一世威望很高，所以问题还不大。等她去世几十年后，王位传到查理一世的头上，问题就变大了。

查理和议会的关系非常坏。查理自尊心很强，满脑子“国王至上”的糊涂念头，不能容忍议会的冒犯。最后他勃然大怒：“议会不就是有俩臭钱吗？我不要了行不行？！”一赌气，他整整十一年没有召开议会。

没有议会就没法增税。好在查理是个简朴的人，没有花天酒地的嗜好，所以他一边勒紧腰带，一边通过歪门邪道弄点外快，日子也就凑合着过下去了。可是有一天，英国要打仗了。过日子可以节省，打仗可没法节省。国王必须弄到钱才能开战。

查理走投无路。公元1640年，他终于召开议会，请求增加新税收。

可是，因为查理十一年没有召开议会，英国人对他很不满意。如果换成其他国家的臣民，国王不增加新税，节省着过日子，不给人民添麻烦，这是皇恩浩荡的好事啊。可是英国人不这么看。他们认为议会是人民的发言机构。国王长年不召开议会，就是独裁，就是暴政！这不是钱的问题，而是权利的问题，是法律的问题！

现在议会可神气了。它刚开张，就猛烈抨击国王，还要求处死国王的某位大臣。整个英国都在议会背后摇旗呐喊："处死他！处死他！"这真让查理国王大吃一惊，可如今他已经骑虎难下。如果查理宣布解散议会，钱也不要了，那可能马上就会引发暴乱。

查理害怕了。那位大臣是他的私人好朋友，查理曾经庄严许诺，永远不会出卖他。可现在查理左思右想，觉得朋友虽然重要，但毕竟不如自己重要。所以，他一咬牙，把好朋友交给了议会。

议会扬扬得意地宣布："砍掉这个奸臣的脑袋！国王干的坏事，都是他出的主意！"

这位大臣对查理失望极了，他大声高喊："朋友们，永远也不要相信一位国王啊！"然后，他就被砍掉了脑袋。

可议会还是不肯罢休，它绝口不提批准税收的事，反而提交了一份长长的《大抗议书》，把国王数落得体无完肤。同时，它还要求国王签署文件，白纸黑字地交出各项权力，甚至包括指挥军队的权力。

不少议员也觉得《大抗议书》有点过分。如果查理拖延一下，情况也许会起变化。可这个时候，查理忽然激动起来。死掉个把好朋友不算什么，但议会要对付自己？那可不行！

他一怒之下，带着军队杀向议会，要逮捕五个为首的议员。结果他扑了个空，五位议员全都躲了出去。查理大喊了一声："鸟儿都飞走了！"就悻悻地摆驾回宫。

他不知道，自己已经闯了一个滔天大祸。

老百姓听到消息，纷纷拿起刀枪，要用武力保卫议会。结果议会控制了首都伦敦。查理一世像小偷一样，悄悄溜出王宫，逃到了外地。各路贵族听说国王蒙难，纷纷赶来勤王护驾。于是查理一世举起旗帜，宣布讨伐叛逆。而议会也发布讨伐令，宣布支持国王的都是卖国贼，必将受到法律的严惩。

就这样，内战爆发了。

刚开始的时候，查理大占上风。他拥有一支职业军队，军官也都久经沙场。议会虽然有钱，却没有像样的军队，只能拼凑出一支民兵。查理把他们打得落花流水。看上去，他很可能会获胜呢。

就在这个时候，议会方面出了一个了不起的人物。此人名叫克伦威尔。跟"五月花"号上的乘客一样，他也是个清教徒，而且他是清教徒里的清教徒，长着一副苦大仇深的面孔，正直得像一根铁棍子。

克伦威尔人品并不坏，不贪财，不好色，但心肠很硬，因为他觉得自己掌握了真理。真理在握的人，心肠总是硬的，因为你反抗他就是反抗真理，他就要狠狠收拾你。后来的不少革命者都有这种性格，等我讲到法国大革命的时候你就知道了。克伦威尔可以算是他们的早期代表。

克伦威尔组建了一支军队，号称“新模范军”。里面的战士大多都是清教徒。别的士兵爱喝酒，而这帮人滴酒不沾，行军的时候总是扯着嗓子，歌唱赞美诗，颂扬上帝。大家都觉得这些家伙是一帮怪人。可是这帮怪人一路横扫敌军，几乎战无不胜。有的时候，我们还真得承认信仰的力量。

克伦威尔先是在马斯顿荒原击败国王的军队。第二年，双方在一个叫纳西比的地方展开大决战。结果，克伦威尔全歼了国王的主力军。

查理一世失败了。没过多久，他就成了一个俘虏。议会对他举行了审判。查理在法庭上的态度很高傲。他说：“这个法庭本身就是违法的，凭什么审判我？我拒绝回答任何问题。”

英国王太子当时流亡在国外。他听说父亲被审判，号啕大哭。太子派人给议会送来一张空白的纸，下面有自己的签名。他说：“只要你们不杀我爸爸，无论你们在纸上头写什么，我统统同意，绝不反悔。”但是没有用。法庭还是判处国王死刑。

一开始，没人敢在死刑令上签字。克伦威尔冷冷地把命令拿来，在上头第一个签了字。

公元 1649 年，查理被押赴刑场。他要求穿两件衬衫，因为天气很冷，他担心自己万一冻得发抖，会被观众当成是怕死。查理沉着地走到刑场，把外套脱下来，交给了身边的一位朋友，压低声音说了一个词："记住。"然后他就趴在断头台上，沉思了一会儿，接着给刽子手做了个手势。刽子手一斧子就把他脑袋砍下来了。

在英国历史上，他是唯一被当众砍头的国王。

据说当天晚上，克伦威尔走进国王的停尸间，掀开了棺材，对着尸体看了很长时间，然后他自言自语地低声说："确实残酷！但是别无选择。"

克伦威尔掌握了权力，还有一个威风的头衔——护国公。他把英国治理得不错，但也推行了很多讨人厌的政策。他不许英国人喝酒，也不许看戏剧，甚至不许过圣诞节！这可真让人受不了。所以等克伦威尔死后不久，英国人就把王太子迎接回国，让他成了新的国王。兜了一大圈，英国又变回一个王国。

那么，这有什么意义呢？回过头来看，查理一世想加的那点税，数额真是微不足道。为此作战，不是白折腾一场吗？

不，这可不是白折腾！

因为它最终确立了一个原则，国王必须服从议会。不然，查理一世就是榜样。在这次内战之后，虽然还有过一些波折，但国王的权力还是越来越小，议会的权力越来越大。最终，议会统治了英国。

所以说，这根本不是钱的问题，而是规则的问题。对英国来说，这个规则就是代议制。

什么叫代议制？就是老百姓并不直接参政，而是选出代表，组成议会来管理国家。这是一个了不起的发明，因为它解决了民主的“规模问题”。

大家还记得以前的罗马共和国吗？它就没有代议制。公民想要参政，就必须亲自到首都开会去。一个小城邦也许可以这么干，但对一个大国来说，这是根本无法做到的。谁能从埃及走到意大利去投票呢？所以罗马共和国最后就垮台了。

在古代，民主只适合小国家。国家只要一变大，就必须请出国王来统治，否则就会混乱。现在，代议制解决了这个大难题。不需要国王，依旧可以管理一个很大的国家。这是人类历史上非常伟大的变革。

当然，那个时候的英国议会并不真的民主，有钱人要比普通人有更大发言权，最穷的人根本就没有发言权。但事情需要一步一步来，在当时，它已经算很不错了。它尊重法律，保护私人财产，把英国管理得井井有条，比任何一个欧洲国王都管理得更好。

事实证明，它行得通。

小结

公元1640年，英国革命爆发。国王查理一世被处死，克伦威尔成为护国公。后来，英国王室虽然再次复辟，但是议会渐渐掌握了最高权力。英国确立了代议制的原则，成为君主立宪国家。

65
小冰河时代

印刷机、文艺复兴、地理大发现、日心说、资本主义、代议制……如果前面几章给了你一种感觉，好像整个世界在持续不断地进步，那么我就必须纠正你：这种感觉是错的。

首先，在这些变化里有赢家也有输家。

美洲的印第安人就是最大的输家，只不过他们被忽略掉了，因为输家总是被忽略掉。可如果我们站在输家的角度想一想呢？想想看，尼安德特人要是有后代的话，他们写的历史书肯定和这本书大不一样！但是，我们能说他们看待历史的角度就不真实吗？

你是这本书的读者，我假定你现在刚洗完澡，躺在沙发上，开着电灯读书。你能有热水澡洗，能有沙发躺，能有电灯用，那你多多少少就是现代文明的受益者，所以你会觉得印刷机、大航海、资本主义等等都是进步。

但是几百年前的印第安人绝不会这么想，他们可能宁肯这一切都没有发生。

当然，我并不是说世界上不存在进步（总的来看，世界当然在进步！），而是说我们读历史的时候要多想一想，想想那些被我们遗忘的另一面。故事总是有不同的版本。

其次，历史从来不会直线发展。不管怎么进步，人们总会不断碰到一些倒霉事。世界从来没得到过“绝对的幸福”，也从来没经历过“绝对的进步”。进步和灾难总是混在一起，好事和坏事也总是混在一起。

历史很少有一帆风顺的时候。

在十七世纪，人类取得了很多了不起的成就，但是也经历了一场全球性的大灾难。它非常恐怖。无论是东方还是西方，都没能逃掉。饥荒、地震、瘟疫、战争一起涌现，简直是尸横遍野，天崩地裂。

为什么会这样呢？

有人猜测跟天气有关系。中世纪的时候整个地球都比较温暖。然后，它就慢慢变冷，进入“小冰河期”，十七世纪正好是“小冰河期”最冷的谷底。

真正的冰河期发生在上万年以前，那时候，冰川覆盖了地球的三分之一，长毛猛犸象四处游荡，很多海面彻底给冻住了。“小冰河期”没那么可怕，只是稍微变冷了那么一点点儿。可就是这“一点点儿”就把天气系统给打乱套了。有的地方连年干旱，有的地方暴雨连绵。庄稼该抽穗的时候不抽穗，河流不该结冰的时候结冰了。于是，很多地区开始闹饥荒。饥荒出现，生存压力变大，人们就开始打仗。战争一旦爆发，人们没法好好种地，饥荒就更加严重……这就是一个恶性循环。

气候并不能决定一切。如果社会本身很强壮，那就不会有太大问题。“小冰河期”就像迎面打来的一拳，如果挨打是个小伙子，最多鼻青脸肿。可要是换上一个白胡子老爷爷，那可能就要送医院抢救了。所以，“小冰河期”的影响虽然覆盖全球，可是每个地方的反应不一样。

对于中国来说，它加速了明朝的灭亡。

进入十七世纪没多久，明朝就开始出现大饥荒。在中国北方，情况尤其严重，有的地方蝗虫漫天，颗粒无收。这样的饥荒虽然恐怖，可如果发生在一百年前，它绝对干不掉明朝。可是现在情况不同了，明朝有了一大堆麻烦。

首先，朝廷出了问题。

下层官员腐败无能，高层官员拼命内斗。大臣们分成了两派，一派叫“东林党”，主要是一群喜欢谈论道德的读书人；另一派叫“阉党”，精神领袖是一位叫魏忠贤的太监。这种内斗严重毒化了政治气氛。

然后，货币也出现了问题。

我们在前面说过，西班牙的白银每年都大量流入中国，可是到了十七世纪，欧洲人互相打仗，乱成一锅粥，运到中国的银子急剧减少。

白银减少，带来了严重的问题。农民交税需要银子，国家给士兵发工资也需要银子。可到哪儿弄白银去呢？东西也许并没变少，但没了银子做中介，大家都觉得自己变穷了。

白银减少，为什么会带来这么大的麻烦呢？

这个问题要解释起来可相当复杂。这里牵涉到一个很关键的问题，那就是明朝同时使用两种货币：银子和铜钱。政府和有钱人使用白银，老百姓日常生活主要使用铜钱。

白银一减少，铜钱跟银子的兑换率就开始暴跌。根据当时江苏人叶梦珠的记录，崇祯年间用白银计算的话，江南的米价是不断下跌；可是用铜钱计算的话，米价则是急剧上涨。

对于高层来说，他们觉得银子越来越不好搞；对于使用铜钱的老百姓来说，则是物价噌噌往上涨。这相当于一次大规模财富再分配，最吃亏的当然是底层老百姓。

不过有件事还是挺奇怪。按理说，流入明朝的白银虽然少了，可是明朝原本的白银并没有消失呀，为什么会忽然短缺呢？这个问题还没有明确结论，很多学者猜测说，明朝人喜欢把银子储藏起来，越是白银短缺，越是拼命储藏。这样一来，每年都有大量白银从市场上消失，可是又没有新的白银流进来，自然就越来越少了。

这个时候，边疆也出了问题。

东北的女真部落又开始崛起。为什么说“又”呢？当年抓走宋朝皇帝、建立金朝的也是女真族！公元 1618 年，他们的首领努尔哈赤声称明朝做了七件对不起他的大坏事，说这是“七大恨”，因此他要进攻明朝。从此以后，女真人就成了明朝的死敌。他们屡次打败明朝军队，甚至曾经突破长城，围攻首都北京。

这还不够，现在又来了“小冰河期”。没饭吃的老百姓开始扯旗造反，声势越来越大。真是各种倒霉事都撞在了一起。

而这个时候，明朝偏偏又摊上了一位又勤快又无能的皇帝。

崇祯皇帝

崇祯皇帝是明朝的末代皇帝。他不讲究吃，不讲究穿，生活朴素，每天起早贪黑地处理国家大事。听上去，这是一个非常优秀的明君吧？可问题是他把国家治理得一团糟。

崇祯皇帝刚愎自用，不会使用人才，碰到问题，他唯一的办法就是惩罚。谁犯错误就撤职，谁打败仗就杀头！听上去好像是英明果断，其实是瞎胡闹。大臣像走马灯一样换来换去，将领们不断掉脑袋，国家局面却越来越糟糕。

一个又笨又勤快的皇帝，有时候比一个懒皇帝还要可怕。

最后，一个数学等式出现了。

朝廷的腐败和内斗 + 白银减少 + 女真入侵 + 小冰河期 + 不睡觉的崇祯皇帝 = 完蛋。

公元 1644 年，王朝走到了末路。崇祯皇帝上吊自杀，取代明朝的是中国最后一个封建王朝：清朝。

在中国有一个神秘现象。秦朝统一天下后，任何一个朝代最多能延续到两三百年，不会再长了。这似乎是它寿命的上限。明朝延续了 276 年，已经很接近这个上限了。

为什么会这样呢？没有人知道准确的原因。但是我们不妨把王朝看成一个大机器。这个机器有套固定的运转系统，你可以让它运转得顺畅一点，或者糟糕一点。但是不管怎么样努力，这个系统总是会老化，慢慢积累出一大堆毛病。它最多坚持两三百年，然后就要重启一次机器。

所以，“小冰河期”可能只是让系统重启的时间提前了一点。

但是，重启的过程真的是很可怕！每一次重启，都尸积如山，血流成海，死的人不计其数。生活在那个时代的人，不会觉得这是系统重启，他们只会觉得这是世界末日。

至于欧洲，那就是另外一回事了。欧洲可没有这种神秘的规律，它的灾难出现得没什么规律，很难预测。

在十七世纪，它面临一次超级灾难，这次灾难的顶峰是“三十年战争”。

三十年战争开始于公元 1618 年，结束于公元 1648 年，和明朝灭亡的过程基本同步。为什么会有这么一场战争呢？还是跟“小冰河期”有关系。没饭吃的时候，更容易发生争抢。拿着刀的强者巴不得发生战争，他们好夺走弱者的食物自己吃。

但是三十年战争还有另一个重要原因，那就是宗教改革。

宗教改革真是惹出了很多麻烦。天主教和新教是两个冤家对头，打了很多次仗。三十年战争是最猛烈的一次大决战，也可以说是终极之战。

大决战的中心在德国。那里是马丁·路德的老家，宗教改革的发源地。从哪里开始，就在哪里结束，这也很合理。

至于战争的起因，无非是些鸡毛蒜皮的小事。历史上的战争往往都起源于这样的小事。什么天主教的人欺负新教的人了，新教的人欺负天主教的人了。然后事情就越闹越大。

这就像打群架。德小天和德小新互相看不顺眼，在街头打了一架。然后德小天打电话叫朋友，德小新也打电话叫哥们儿。于是，小英、小法、小西、小荷、小丹、小瑞都光着膀子提着铁棍过来了。

结果当然就是打得头破血流。

在这场战争的第一个阶段，天主教把新教打得屁滚尿流，眼看就要大获全胜。可就在这个时候，从北方杀出一彪人马，完全扭转了局势。

这支军队来自瑞典。

这谁能想得到呢？现在一提到瑞典，大家只会觉得那是个人畜无害的小富国。如果退回到十七世纪，大家也只会觉得那是个人畜无害的小穷国。西班牙的一座银矿能把全瑞典都买下来，它能折腾出什么大浪来呢？可是瑞典的小宇宙忽然爆发！这是三十年战争里最魔幻的一件事。

瑞典国王古斯塔夫二世攻入德国，气势如虹，一举击败天主教大军。瑞典国王也成了头号战争英雄、新教徒的救世主。看上去，战争很可能会提前结束。

可是他很快就出事了。

在一次战斗中，天降大雾，放眼望去尽是白茫茫一片。瑞典国王骑着骏马，率军冲进大雾之中。没过多久，他的马从浓雾里跑了回来，马鞍上却空空荡荡。瑞典国王死了。

这一下，双方力量恢复了平衡，战争的结束又变得遥遥无期。

所有国家都损失惨重，但最倒霉的还是德国。“小冰河期”让很多人都挨饿，去德国抢劫倒成了一条出路。结果几乎全欧洲的流氓无赖都跑到德国来了，他们有的支持天主教徒，有的支持新教徒。但不管支持谁，这些家伙都杀人、放火、抢东西。整个德国变成了一片废墟，人口减少了三分之一以上。

这是欧洲历史上最惨烈的战争，直到后来打了第一次世界大战，才刷新了这个纪录。

最后，各国都打得筋疲力尽，不得不谈和。经过这场血淋淋的大战，它们终于明白了一件事：“为宗教分歧打仗，不值得啊！”从此之后，欧洲再没打过宗教战争了。人们还会打仗，为了钱，为了国家，为了革命。但没人为宗教打仗了。

欧洲人想开了，谁爱信仰什么，就信仰什么吧！

在十七世纪上半叶，中国人经历了王朝重启，欧洲人经历了宗教战争。除此之外，还有很多地方也都出现了大混乱。很可惜，没有办法把它们的故事都讲一遍。总之，差不多对整个世界来说，那都是一段难熬的日子。好在它总算过去了。

我们从这段历史里能学到什么呢？

那就是这个世界不管有多进步，总是存在着风险。几乎每个世纪都有属于自己的苦难。

我们要乐观，但是在乐观的同时也要学会适度的恐惧。

小结

十七世纪是“小冰河期”的谷底。寒冷的气候不仅加速了明朝的灭亡，也给整个世界带来了灾难。这段时期，欧洲爆发了“三十年战争”。这是欧洲历史上最大的一次宗教战争。

66
白陵墓和红城堡

这一章要说说印度。

你可能把印度的故事忘得差不多了，那我就把它以前的事情稍微提上几句，就像电视剧里每一集开头的“前情提要”一样。

公元 1526 年，北方的巴布尔大王带着一万多名穆斯林士兵，再加上二十门大炮，杀进印度。印度人的大象兵根本不是对手，被打得落花流水。结果，巴布尔就在印度建立了莫卧儿王朝。在《公元 1500 年的东方》，我已经讲过这段故事。

“莫卧儿”听上去有点怪怪的，其实它就是“蒙古”的意思。不信的话，你把“莫卧儿”这三个字念快了，是不是很像蒙古？巴布尔说自己是成吉思汗的后裔，所以他建立的国家就叫莫卧儿王朝。其实这个王朝跟蒙古一点都不像！

印度是个很奇怪的国家。它疆域辽阔，人口众多，跟咱们中国几乎不相上下。但是中国大部分时间都是统一的，而印度大部分时间都是分裂的。印度人对扩张领土没多大兴趣，对探索世界也没多大兴趣。他们虔诚地信仰印度教，印度教告诉他们说：外部世界是毫无意义的幻象，宇宙真正本源是一种叫作“梵”的神秘物。人生的最高价值就是不断修行，最终和梵融为一体。

这种思想也许很深刻，很伟大，但它确实不够积极进取。所以印度虽然有繁荣的经济、迷人的文化，却总是被别人征服。

莫卧儿王朝的皇帝就是外来的征服者。他们可不觉得世界是幻象，也不想和梵融为一体。他们猛打猛攻，干劲十足，消灭了很多小国家，统一了大部分印度。

在第三任皇帝阿克巴统治下，这个帝国到达了巅峰。

阿克巴是印度历史上赫赫有名的皇帝，跟当年的阿育王可以并驾齐驱。他生活在十六世纪后期，和伊丽莎白女王是同一时代的人。

阿克巴从小就很厉害。据说在他十九岁的时候，曾独自一人骑马穿过丛林。这时忽然跳出来一只母老虎，身边还跟着一只小虎崽。老虎一声吼叫，冲他扑了过来。阿克巴抽出宝剑和它战斗。等侍从赶来的时候，只看见地上躺着一只死老虎，皇帝阿克巴静静地站在老虎旁边。

宽容的阿克巴大帝

不过，阿克巴能够成为杰出的皇帝，并不是因为他擅长打虎，而是因为他会治理国家。他公正而贤明，把印度治理得井井有条。世世代代的印度人都歌颂他，称他为“阿克巴大帝”。

阿克巴最大的功劳是处理宗教

问题。对莫卧儿王朝来说，宗教是个大麻烦。印度大部分老百姓都信印度教，而征服者却信仰伊斯兰教。这两个宗教差别太大了。

伊斯兰教说世界上只有一个神，就是安拉。印度教光主神就有三个，分别是创造世界的梵天、守护世界的毗湿奴和毁灭世界的湿婆。除了三大主神以外，还有无数个次要神明，有人说加起来有三千三百万个，有人说是三亿三千三百万个。总之，数量大极了。

湿婆

这样一个宗教和伊斯兰教怎么共存呢？

阿克巴的办法就是宽容。他对所有的信仰都一视同仁。阿克巴自己是穆斯林，可他也庆祝印度教的节日，花钱去修建印度教的寺庙。阿克巴甚至还动过念头，想把各个宗教混合在一起，创立一个大家都能接受的新宗教。这个主意并没有成功。但在他统治的时候，穆斯林和印度教徒几乎没有什么矛盾。

不过，阿克巴虽然主张信仰自由，尊重老百姓的传统。但他并不是一位好好先生，对什么传统都尊重。

比如说，印度有一个非常可怕的风俗。丈夫去世后，他的妻子往往要跳入火堆自焚，好去阴间陪伴自己的丈夫。这些女人绝大部分都不是自愿的。有几个人会自愿干这种事呢？有的女人是害怕周围的舆论压力，如果她不自焚，就会有很多混蛋来说闲话：“啧啧，丈夫死了，她还活着，真是个狠心的女人呀！”她们害怕丢人，就只好自焚了。还有一些人坚决不肯自焚，她的亲戚干脆就把她架到火堆上去烧死。

这是非常可怕的风俗。阿克巴见到自焚的场面后，也觉得太残酷了。他不能完全禁止这个传统，但他严禁任何人强迫寡妇这么做。有时，他还会亲自跑过去，劝那些寡妇珍惜生命，千万不要往火里面跳。就这样，他拯救了很多女人。

阿克巴统治下的印度，既繁荣又安定，皇帝也积攒了巨大的财富。据说有一次，阿克巴想看看自己到底有多少财富，就命令大臣去清点。大臣雇用了一千个人，每天都在国库里清点财宝。

五个月过去了，阿克巴询问大臣：“你清点完了吗？”

大臣说：“啊，我的陛下，我已经派一千个人，整整清点了五个月。可光是存在首都的财宝，都还没有数完。”

阿克巴吃惊地问：“那什么时候才能清点完呢？”

大臣回答说：“那还需要好多好多个月。”

阿克巴只好说：“你告诉那些人，停止吧。”因为他终于明白了，他拥有的财富是无法计量的。

这当然只是一个传说，但它确实反映出阿克巴拥有巨大的财富。

阿克巴有个习惯，他不喝普通的水，一定要喝恒河水。恒河是印度的圣河。无知的外国人往往嫌这里的河水太脏，但据印度人说，恒河水其实圣洁无比，可以同时净化人的身体和灵魂。阿克巴就经常派人千里迢迢赶往恒河，把河水装进罐子给他运来。阿克巴赞美说：“这是世界上最甘美、最纯净的水！谁喝谁延年益寿！”

后来，阿克巴感染痢疾，活活拉死了。没人知道这和恒河水有没有关系。但是，我觉得吧……

总之，阿克巴去世了，他把王位传给了儿子，儿子又传给了孙子沙贾汗。

沙贾汗在历史上很有名。这并不是因为他国家治理得好，而是因为他修建了印度最有名的建筑——泰姬陵。

沙贾汗有位美丽的皇后。他非常爱这个妻子，对她无比信任。不管碰到任何事情，他都要和皇后讨论。后来，他甚至把帝国的印章也交给了皇后。从此以后，帝国发布的命令也都需要皇后来盖章。

有一天，皇后去世了。沙贾汗陷入了巨大的悲痛。他躲在深宫里不停地哭泣，等他从里面走出来的时候，人们发现他的头发全都白了。他说：“生命对于我，再也没什么意义了。”沙贾汗太伤心了，他决定为妻子盖一座世界上最美丽的陵墓。

于是，他花了二十多年的时间修建了泰姬陵。

那是一座雄伟的大理石宫殿，坐落在漂亮的花园里。花园里到处种着水仙花和郁金香，宛如人间天堂。宫殿本身就像一块玲珑剔透的玉石，上面雕刻着无数的藤蔓和花朵，花朵上还镶嵌着许多宝石。有的时候，一朵花上就有五十颗宝石。泰姬陵是一件伟大的艺术品。很多见过它的人，都说这是世界上最美的建筑。

这座陵墓刚刚完工，沙贾汗就被自己的儿子抓起来，关进了一座城堡。这座城堡的外墙是用红色的石头堆成的，所以被称为“红堡”。沙贾汗在这里被幽禁了五年。他每天就坐在窗口，眺望远处的泰姬陵。

这两座建筑离得不远，一个是红色，一个是白色；一个住着被囚禁的皇帝，一个埋葬着死去的皇后。沙贾汗去世以后，儿子把他也埋进了泰姬陵。就这样，这座陵墓成为他们爱情的永远见证。

把沙贾汗囚禁起来的儿子叫奥朗则布。他是莫卧儿王朝最后一个著名的帝王，大约跟中国的康熙皇帝一个时代。

奥朗则布狠毒冷酷，但很有才能。如果他规规矩矩治理国家的话，也会是一个称职的君主，但是他总想干一番了不起的大事业，成为万世景仰的大帝。结果，他反而把帝国带向了衰落。

首先，他改变了宗教宽容的做法。

奥朗则布认为伊斯兰教是正确的，而印度教是邪恶的。所以他摧毁了很多印度教的寺庙，还发布了蛮横的命令，不许印度人过他们的宗教节日，不许他们骑马坐轿，而且他们交的税也要比穆斯林多得多。结果，人们开始因为信仰互相仇恨。阿克巴辛辛苦苦建立的安定局面，就这样被毁掉了。

奥朗则布还做了一件错事，就是发动战争。

莫卧儿王朝已经占领了大半个印度，而奥朗则布想要整个印度。

印度南方的人不喜欢他，可是他非要征服这块土地。一年又一年，他不断派军队攻打南方，最后几乎拿下了整个印度。但是这个过程太残酷了，可以说是血流成河。南方人对他更加仇恨，坚决不接受他的统治。

如果光看地图的话，在奥朗则布统治时期，莫卧儿帝国达到了最大规模。但一个国家的人心如果散了，光是面积大又有什么用呢？穆斯林和印度教徒不断争吵，被征服的地方不断造反，人民对政府不再信任，国家的财库也枯竭了。莫卧儿帝国面临崩溃。

奥朗则布也很后悔。临死前，他对儿子说："我不知道我是谁，我不知道我做过什么事情。但我罪孽深重，我不知道等待我的是什么样的惩罚。"

可是后悔也晚了。他死后没过几年，莫卧儿王朝就陷入了混乱，从此衰落下去，再也没能爬起来。

再后来，英国人来了。印度又一次被外国人征服。

小结

阿克巴大帝统治时期，印度的莫卧儿王朝处于鼎盛状态。他的孙子沙贾汗修建了著名的泰姬陵，而沙贾汗的儿子奥朗则布是王朝最后一位著名君主。他的穷兵黩武给国家带来了灾难。他去世后，王朝走向衰落。

67

大海的味道

有国家衰落，就有国家兴起。

十七世纪末期，印度的莫卧儿帝国走向没落。可几乎就在同一时候，北方的俄罗斯开始崛起。

俄国是个很大的国家，但是它大部分的国土都非常荒凉，非常寒冷。这里到处是浓密的白桦林、被冰雪覆盖的冻土，或者一望无际的大草原。你可能走很多天，都碰不到一个人。这里又贫穷又落后，城市非常稀少，就算在城市里，也没有图书馆，没有大学，没有剧院。人们几乎都是文盲，对外面的世界一无所知。所以，周围的邻居都把他们当成一群野蛮人。

大约在中国康熙皇帝统治时期，俄国出现了一位伟大的君主。他改变了俄国的面貌，把它带向了外部世界。这个君主名叫彼得，后来被人们称为彼得大帝。

这本书里讲过很多大帝：亚历山大大帝、凯撒大帝、查理曼大帝、阿克巴大帝等等，可是彼得大帝和他们都不一样。

他有两米多高，粗粗壮壮，活像一个留着小胡子的大熊。彼得没有帝王的庄重，他经常大喊大叫，像小孩子一样地胡闹。而且他还特别爱喝酒。大部分俄国人都爱喝酒，可是彼得在俄国人里，也算喝酒喝得出格的。他使劲儿喝，使劲儿喝，经常喝到大半夜，迷迷糊糊栽倒在床上。等天一亮，他又精神焕发，开始工作。

彼得大帝

不光自己喝，彼得大帝还把大臣叫来一块喝。一到天黑，俄国皇宫就变成了一个超级酒吧。酒是粮食精，越喝越年轻！酒是爹，菜是娘，喝死就比枪毙强！喝够了他们就跑出去胡闹，吹喇叭，放鞭炮，甚至会坐着猪或者熊拉的雪橇穿越大街小巷。

但是，彼得大帝并不真的是一个酒鬼。他只是精力过于充沛，时时刻刻安静不下来。无论是酗酒，还是胡闹，都没有影响他办正事。彼得大帝把主要精力还是用在治理国家上。

彼得大帝知道俄国很落后，而且一心想改变它的落后。但是怎么改变呢？

俄国的位置比较独特。它横跨欧亚大陆，既不完全属于东方，也不完全属于西方。但正因为这样，俄国需要选择自己的方向：到底是往东看，还是往西看呢？彼得大帝的态度很坚决，他认为必须往西看，向西方学习。

要学习，首先就要了解。于是，彼得大帝干脆化装成一个普通人，跑到西方去微服私访，一去就是一年多。

西方世界让他看得眼花缭乱，他什么都想学。在荷兰，他甚至给自己起了一个假名字，然后跑到造船厂里头当工人。彼得货真价实地在工厂里干了四个月。他每天自己做饭，自己洗衣服，时间一到，就扛着斧头到工厂去报到。结果他还真学到了不少造船的知识。工厂给他颁发了结业证，证明他确实学会了造船。

在全世界的君主里，恐怕只有彼得大帝能干出这样的事情来。

他在西方学会了一大堆东西：造船、打铁、跳舞、拔牙……对，他非常喜欢给别人拔牙。彼得买了一套拔牙的器械，天天带在身边。这套器械简直是俄国大臣的噩梦。

想想看，一个两米多高的巨人，手里晃着拔牙的铁钳，关心地问你："你牙齿最近疼不疼啊？要不要给你拔一下啊？"那你也会害怕的！

所以，大臣们总是摇头："谢谢陛下的关心，我的牙齿好得很，连核桃都能咬开。"

可是彼得并不怎么相信这话。他经常要求别人张开嘴，好让他检查一下，看有没有坏牙。

不光拔牙，他还喜欢给人剪胡子。从西方回来以后，有一天，他忽然毫无征兆地掏出一把剪刀，按住旁边的大臣就开始剪胡子。那个大臣简直被吓得魂不附体。

当时俄国男人很看重胡子。他们觉得这是上帝的赏赐，好让他们彰显男子气概，剪掉胡子罪孽深重，所以每个俄国男人都留个大胡子。可彼得大帝认为一嘴大胡子，看着太愚昧了，人家西方人都不留这样的大胡子，所以必须剪掉。

彼得下了一道命令："以后谁也不许留大胡子！除非交一笔胡子钱。"有钱人可以花钱买一个徽章，挂在胸前作证明。这个徽章上面画了一个大胡子，底下写着一行字——"已经付钱"。有徽章的可以留胡子，没有徽章的大胡子，统统抓起来。

胡子只是个开头。彼得大帝很快就进行了一大堆改革。比如男人不许穿长袍，都要像西方人那样穿裤子；女人不许关在屋子里幽居，都要出来抛头露面。什么男女授受不亲？男人和女人要学会搂抱着跳交谊舞。贵族都要去上学，至少要学会算算术，还要学会一门外语，否则不许结婚。彼得大帝还从外国请来很多专家，在俄国开工厂、办学校、挖矿山、建立新型军队。

总之，一切都要变！

在彼得大帝看来，俄国原来的一切几乎都是错的。他急不可耐地要让俄国改头换面。他的改革没什么条理，经常是想一出是一出，东一榔头西一斧头。但是它们累加在一起，确实造成了天翻地覆的改变。

大改革总是伴随着大辩论。在中国历史上，就经常看到这样的辩论。保守派说："祖宗之法不可变！"激进派说："祖宗之法不足守！"大家各说各的理，争得脸红脖子粗。

但是碰到彼得大帝，就没有什么大辩论了。如果哪个保守派跳出来说：“祖宗之法不可变！”彼得大帝根本就不会废话，他会冲上去一拳把这个大臣打得鼻子喷血。然后陛下先一个左勾拳，再来一个右勾拳，大臣就直接给放倒了。等他从地上爬起来，思想肯定就会变得比较开通了。

这就是彼得大帝改革的方式。当然，这一套只能在俄国行得通。如果换上其他国家，大家可能会认为陛下发疯了。

彼得渴望走向外界。可是，这里有一个大问题。俄国主要是个内陆国家，没有面向西方的出海口。当时的瑞典挡在俄国和大海之间。所以，彼得大帝很快就和瑞典打起仗来了。

大家还记得三十年战争那位战斗英雄古斯塔夫二世吗？现在的瑞典国王是他的侄孙，也是一个军事天才。他轻而易举地打败了彼得一世，带着军队打进了俄国。

但是，俄国人最大的长处就是韧劲。一次失败了他们会打第二次，第二次失败了他们会打第三次，根本不在乎代价。这一次就是这样。战争持续了好几年，俄国人始终不肯认输。为了打仗，彼得大帝集中了所有的力量，几乎把俄国最后一个钢镚都搜刮出来了。就连教堂里的大铜钟也被拉走熔化，好去铸造火炮。

公元 1709 年，瑞典和俄国在波尔塔瓦展开大决战，双方的君主都亲自上战场。彼得一世差点被打死。一颗子弹穿过他的帽子，一颗子弹射进了他的马鞍，最后还有一颗子弹击中胸口中了一枪，幸亏彼得佩戴着一个金属做的小像章，把子弹给弹飞了。瑞典国王更惨。他身边的保镖几乎全死光了，自己也浑身是血，被人抬着逃走了。

就这样，彼得大帝取得了胜利，从瑞典手里夺取了出海口。

彼得对大海非常痴迷，希望时时刻刻闻到海水的味道。于是，他在出海口建立了一个城市，命名为彼得堡。这里本来是一大片沼泽地，到处是烂泥，而且每年都要被洪水淹没两次，并不适合居住。可是彼得大帝要做的事情，就一定要做到。

他把几十万人撵到了彼得堡，逼着他们在这里干活，把沼泽地变成楼房和街道。没过多少年，这里就变得非常美丽，看上去很像西方的城市。相比之下，莫斯科更加庄重典雅，带有古老的东方味道。

彼得大帝觉得莫斯科离大海太远，就把首都迁到了彼得堡。俄国本来是个内陆国家，现在被彼得大帝生拉硬拽地拖到了海边。从此之后，彼得堡就一直是俄国首都。俄罗斯帝国灭亡以后，新的苏联政府才把首都迁回莫斯科。

做完所有这些事情后，彼得大帝病倒了。长年累月的酗酒搞坏了他的身体，而他偏偏又喜欢吃一些古怪的东西给自己治病，比如潮虫和蛆。是的，他确实吞吃蛆！结果在公元1724年，他去世了。

彼得大帝是个凶狠残酷的人，从不把别人的生命当成一回事。光为了修建彼得堡，就不知道死了多少人。城市的街道下面，都是累累白骨，所以人们把彼得堡称为“建立在骨头上的城市”。他还杀掉了很多大臣。就连他的亲生儿子，因为反抗他，也被他下令用鞭子活活打死。

但是他确实改变了俄国。

他刚上台的时候，俄国是一个原始落后的国家，与世隔绝。没有人关注它，没有人在乎它。在他去世的时候，俄国有了一个新的首都、一支强大的舰队，工业不断扩张，文化开始繁荣。俄国苏醒过来了。从此之后，国际舞台上多了一个重要角色，谁也没法忽略它。

彼得大帝用野蛮的方式推动俄国走向文明。这就像用打耳光的方式，让孩子好好学习一样。这样做也许很有效，但是它本身隐藏着巨大的矛盾，以后一定会出大问题。它会让人们过于急切，过于暴力，过于相信统治者个人的力量。

俄国后来的历史起起落落，在它的身上，总能看到彼得大帝的影子。很难简单地用“好”和“不好”来评价彼得大帝，他既是俄国的一个救主，也是俄国的一个诅咒。

小结

彼得大帝用粗暴手段发动改革，打破了俄国的闭塞落后状态。他从瑞典手中夺取了出海口，在那里兴建彼得堡，并将它作为俄国的新首都。

68

太阳王的权力游戏

在公元 1700 年的时候，世界上有四个著名的君主。

第一个是中国的康熙皇帝。他像一条黄色的金龙，盘踞在欧亚大陆的东方。

第二个是印度的奥朗则布皇帝。他像一头阴郁的大象，游荡在欧亚大陆的南方。

公元 1700 年的欧亚大陆四君主

第三个是俄国的彼得大帝。他像一头粗壮的黑熊，在欧亚大陆北方的森林里咆哮。

第四个就是法国的路易十四，住在欧亚大陆的西部。用什么动物来比喻他呢？我觉得应该是公鸡。在童话里，公鸡总是骄傲的象征。它顶着威风的鸡冠子，披着红灿灿的羽毛，站在小粪堆上扬扬得意地啼叫。路易十四就是这样。他总是顶着一头假发，踩着高跟鞋，穿着华丽的斗篷，手拿权杖，眯缝着眼睛看人，显得非常傲慢。路易十四留下了很多画像。在画像里，他总是这样一副欠扁的样子。

路易十四这个名字听上去有点怪。这是因为欧洲人总是根据基督教圣徒来起名字，圣徒的数量本来就有限，大家偏爱的就那几个，所以他们经常重名。英国国王里有八个亨利、六个乔治，而法国国王里干脆有十八个路易。路易十四是其中最有名的一个路易。

他骄傲地自称“太阳王”，认为自己就像太阳一样光辉灿烂，给人们带来光明。太阳王住在巴黎郊外的凡尔赛宫，这是全欧洲最雄伟、最豪华的宫殿。它拥有数不清的花园，大片大片的草坪，而且到处都是美丽的艺术品。为了装饰凡尔赛宫，意大利的艺术品几乎被他买光了，后来意大利人干脆下了一道命令，禁止把艺术品再卖给他。

骄傲的路易十四

在这座美丽的宫殿里，树木都被修剪成一道道漂亮的篱笆，中间有各式各样的花坛。人们在洁净的石子路上散步，看着漂亮的小鸟在枝头飞来飞去，不时还会碰到一个美丽的雕塑，简直就像在天堂一样。

不过这个天堂也有缺陷，比如它的厕所太少了。凡尔赛宫有1400个喷泉，却只有29个厕所。每个厕所都人满为患，所以人们都养成了随地大小便的习惯。就连那些看上去高贵无比的贵族小姐，往往也只能找个角落解决，闺蜜们就排成一圈给她放哨。至于法国王太子，他干脆直接尿到宫殿的壁炉里头。

所以，华丽的凡尔赛宫总是弥漫着一股刺鼻的臭味。

太阳王路易十四是凡尔赛宫的中心。他每天都过得很隆重，就像上演一场戏剧。他早上起床的时候，寝宫门口总是挤得密不透风，大家都伸长脖子恭敬地观看太阳王换内衣。只有法国最高级的人物，才有资格把衬衣递给国王。所有的法国贵族都对这个差事羡慕得要命。衬衫递给国王以后，国王还不能自己穿，一位大公爵要走上前来伺候。他庄严地整理衬衣，提起袖子，然后太阳王才能伸出胳膊，把衬衫穿上。

太阳王吃饭、走路、聊天，也总是这么隆重。一大群贵族包围着国王，研究他的一举一动。国王微笑，这些贵族马上也会心地微笑；国王沉思，这些贵族也马上皱眉头；国王生气，这些贵族马上也咬牙切齿。连国王上厕所，这些贵族也会伸个脑袋看国王拉得痛快不痛快。

这些贵族并不是闲得慌，接近路易十四确实能带来很多好处。路易十四确实像太阳，浑身散发光和热。这些光和热就是金钱和权力。谁离国王近，谁就可以占到大便宜。

以前的法国贵族就像一群桀骜不驯的狼，现在为了一点利益，就变成摇尾巴的哈巴狗。为什么会这样呢?

因为欧洲变了。

在中世纪，国王、教会、贵族、城镇组成了一个互相制衡的权力网，谁也不能独占权力。可是中世纪结束以后，这个权力网被撕裂了。宗教改革赶走了教皇，大炮制服了贵族，中央政府吞并了独立的城镇。权力变得越来越集中了。

于是，欧洲出现了“绝对主义国家”。这个词有点抽象，大致说起来，就是国王独揽大权，说一不二，整个国家都服从国王的命令。路易十四统治下的法国，就是绝对主义国家的代表。

实际上，路易十四手中的权力，跟中国皇帝、莫卧儿皇帝、俄国沙皇比起来可差远了。康熙皇帝想杀谁就杀谁，一道圣旨：“朕赐你一死！”对方马上就得抹脖子。彼得大帝看见不顺眼的贵族，也可以上去就是一个左勾拳。路易十四就不能这么干，他还是要受很多东西的制约。

只是用欧洲的标准来衡量，他才是个独裁君主，法国才是个绝对主义国家。

但这已经让路易十四得意扬扬了。他曾经骄傲地说：“我就是法国！”以前的国王可不敢说这样的话。

太阳王是欧洲最大号的君主。其他国王都渴望模仿他，建一个山寨版的凡尔赛宫，当个小一号的太阳王。所以，欧洲出现了很多大大小小的太阳王。他们的国家也都成了绝对主义国家。

在公元1700年的时候，绝对主义国家似乎代表着欧洲的未来。把国家交给一位仁慈、开明的独裁君主，看上去是最好的出路。

但是英国给出了另外一个选择。英国的查理国王也曾经试图当小太阳王，结果被砍掉了脑袋。从那以后，英国渐渐变成了另外一种国家。国王依然存在，但他并不能独揽大权。议会制定的法律，就算是国王也必须服从。这种国家被称为“君主立宪国家”。

就这样，欧洲出现了两种不同类型的国家。

法国代表绝对主义国家。

英国代表君主立宪国家。

那么这两个国家谁更厉害呢?

一开始，大家都认为法国更厉害。这么想也没错。西班牙衰落后，欧洲最强大的国家就是法国。荷兰虽然繁荣富裕，但毕竟太小；德国虽然大，但四分五裂；只有法国最厉害，社会很繁荣，文化也很发达。太阳王拥有一支四十万人的大军，经常殴打周围的国家，大家都很害怕他。

路易十四想当欧洲大陆的霸主，但是英国坚决不同意，总是和它捣乱。

英国自己并不想当霸主，它满脑子想的是到海外开拓殖民地，做生意，赚大钱。但是，英国有一个原则：“我是一个岛国，海洋才是我的生命。但是欧洲必须保持平衡，这样我才能放心地到海外发展。所以，我不当欧洲的老大，也不许任何人当欧洲的老大！”

路易十四觉得英国人太可恨了。自己不称霸，也不让我称霸，这算什么？自己不上厕所，还要把厕所门给锁上，简直是岂有此理！

要解决这个问题，只能靠打仗。从路易十四开始，欧洲就不断爆发王朝战争。王朝战争和宗教战争不一样。打宗教战争的时候，大家都很激动，恨不得一把掐死对方。王朝战争可没有这么你死我活，它无非是国家之间争抢利益，就像在玩一场权力的游戏。今天国王们可能还噼里啪啦地打仗，明天可能就笑眯眯地在一块儿握手。

在欧洲，有七个主要的游戏玩家。其中五个是我们早就熟悉的选手：法国、英国、西班牙、荷兰、俄国。除此之外，德国四分五裂，但也贡献出了两个玩家：奥地利和普鲁士。

这些玩家开打的时候，总是分成两个阵营。阵营的成员千变万化，每次都洗牌。但是无论怎么洗牌，只要法国站在这个阵营，英国一定站在另一边。所以，每次战争都是这样：

（英国＋随机匹配的小伙伴）VS（法国＋随机匹配的小伙伴）

太阳王跟英国打了一辈子，他的继承人又接着打，从十七世纪一直打到十八世纪，从欧洲一直打到了海外。本土打仗，殖民地也跟着打。如果从战场的分布来看，英法的王朝之战算是人类最早的全球战争。

按照国力来说，法国要强得多，可打到最后，英国越战越勇，法国却越打越㞞。英国居然占了上风！

这是怎么回事呢？

这里面有很多因素，但最重要的一个原因是：君主立宪国就是比绝对主义国家要靠谱。

君主立宪国家更尊重个人的自由，更重视保护私人财产，对政府开支控制得也更严格。这几件事听上去没什么了不起，实际上，它们就是关键所在。就拿花钱来说，太阳王可以随意花钱，没钱了就借，借完了就赖账。可是在英国，政府的每一笔开支，议会都要仔细审查，所有的借款都必须归还。时间一长，英国就总是能筹措到军费，而法国却不能。

这就像一场跑步比赛。如果比赛百米冲刺的话，在绝对主义国家，国王一个人说了算，没有人叽叽喳喳拖后腿，那么它有可能获胜。可如果比赛马拉松长跑，最终胜利者就会是君主立宪的英国。

结果，法国偃旗息鼓，没能当上欧洲霸主。而英国却像滚雪球一样，越滚越大，建立起庞大的殖民帝国。

不过路易十四本人还是很有福气的。他当了七十二年的国王。他的儿子、孙子都没能活过他。最后，他的曾孙小路易继承了王位。小路易算了一下数字，14+1=15，所以他就当了路易十五。

路易十五也很长寿，他当了五十九年的国王。从统治时间上看，路易十四和路易十五很像中国的康熙和乾隆。不过对于绝对主义国家来说，国王太长寿并不是好事。国王岁数越大就会越懒惰，越昏庸。路易十五就是这样。他最后只想享受生活，不想治理国家。

路易十五说过一句名言："我死以后，哪怕洪水滔天！"

从这句话里就能看出来，法国的太阳就要落山了。

小结

法国是欧洲“绝对主义国家”的代表。它的国王路易十四住在奢华的凡尔赛宫里，自称太阳王。路易十四野心勃勃，想成为欧洲霸主，但是英国坚持欧洲的权力平衡，挫败了他的野心。

69

上帝说：让他出生吧！

前面几章讲了印度的兴衰、俄国的改革、太阳王的称霸。在我们看来，这些都是大事件。可是我们可以设想一个场景，如果当时地球上空停着一艘宇宙飞船，外星人从那里观察地球，一旦发现有什么大事，就向母星汇报，那么他们会报告什么呢？

历史书上会记载很多大事：康熙大帝把奸臣鳌拜抓起来了！彼得大帝建立彼得堡了！太阳王的军队又出发了！

可是在外星人看来，这肯定都是些鸡毛蒜皮的小事。就像你观察一个蚂蚁窝的话，也不会把每次蚂蚁打架都郑重其事地记录下来。

但是有件事外星人肯定会报告：有个叫牛顿的人出版了一本书。

飞船会向母星发送信息："在第 1687 个地球年，我们观察的这个星球发生了一个重大事件。地球人第一次发现了宇宙中的基本力量。我们必须重新评估地球人在宇宙中的位置。"

这么说很夸张吗？其实一点也不夸张。

如果我们站在地球文明的角度来看，牛顿的发现比太阳王的战争、彼得大帝的改革、康熙皇帝的丰功伟绩更重要。地球上有过无数的帝国、无数的皇帝，可是万有引力定理只有一个。

牛顿为人类开辟了一条道路。我们沿着这条道路走下去，就会变得更强大、更聪明。我们能看到万物的起源，探索头顶的星空，发现宇宙的奥秘。这是一件真正重要的大事，它标志着地球文明的知识系统升级了。

你肯定听说过牛顿，在你心目中他多半是一个古怪的天才。是的，牛顿确实非常非常古怪！

美国有一部电视剧《生活大爆炸》，它的主角谢尔顿是个科学怪咖，目空一切，不近人情，看上去又可爱又可恨。如果把谢尔顿身上可爱的地方去掉，然后把剩下的部分放大十倍，差不多就接近牛顿的样子了。

牛顿严格以自我为中心，完全缺乏关心别人的能力。他一辈子没谈过恋爱，也讨厌社交。在牛顿看来，别人都没自己有趣。除了讨论科学问题的时候，他一个人待着就很满意了，不需要什么朋友。

牛顿在思考，不慎煮怀表

他绝大部分时间都用来思考。大家也许听说过牛顿煮怀表的故事。据说，有一天牛顿本来想煮鸡蛋，可是他忽然想到了一个问题，就心不在焉地把怀表当成鸡蛋给煮了。这样的名人小故事一般都是假的，但这个却是真的，牛顿就是这么个人。

他早上起床的时候，往往刚把脚放到地上，脑子里就忽然闪过什么念头，然后他就坐在那儿一动不动，一连想上好几个钟头，始终保持那个姿势，看上去就像在玩小孩子的木头人游戏。

他还干出过更古怪的事。

有一次，牛顿想知道在强光照射下，色彩会不会变化。他就睁大眼睛，对着太阳凝视，能看多久就看多久，结果眼睛差点瞎掉。一连三天，他都必须在漆黑的屋子里待着。还有一次更可怕，他把一根针扎进眼窝里，然后揉动这根针，看看视觉会不会发生变化。

这听上去就让人毛骨悚然。

你如果赞美他："看啊！牛顿对科学多么有献身精神！"牛顿肯定会觉得你蠢，因为他并不觉得自己在献什么身，他就是单纯的好奇，觉得这很好玩。而对科学家来说，好奇比什么都重要。

牛顿是有史以来最伟大的科学家，唯一能和他并列的就是爱因斯坦。牛顿是个多面手，在很多领域都有重大突破。

比如在数学上，他发明了微积分。

什么是微积分呢？我可以举个简单的例子。小明每分钟走 100 米，从家到学校是 1000 米，问：小明几分钟到学校？当然是 10 分钟。这道题谁都会算。可如果小明的速度是变化的呢？比方说小明是个懒人，他越走越慢，每分钟都比上一分钟慢十分之一，那他几分钟到学校呢？如果你不会微积分，这道题几乎是无法计算的。可一旦掌握了微积分，这道题就会迎刃而解。

加减乘除是算术的基础，而微积分则是高等数学的基础。理工科学生进入大学的第一件事，就是学习微积分。你看，它就是这么重要。

但是微积分的发明，还惹出过一场乱子。同时代的德国科学家莱布尼茨也发明了微积分。他和牛顿都是独立发明的，那这个功劳怎么计算呢？

我们可能会以为科学家是高尚的，不要荣誉只要真理。

两个人会互相谦让："莱布尼茨先生，您先来！"

"不，牛顿大师，还是您先请！"

实际上可不是这样。牛顿跟莱布尼茨两个人火冒三丈，都说自己才是微积分真正的发明者。牛顿甚至还冒充别人，写了一篇匿名文章吹捧自己："莱布尼茨先生剽窃牛顿先生的伟大发明，是不道德的行为，我鄙视！"一开始，大家都以为这篇文章的作者是牛顿的某个崇拜者，后来才查清楚原来是牛顿本人。

两个人争吵得太厉害，最后连英国王太子妃都来劝架："你们两位都是大伟人。到底谁发明了微积分，又有什么关系呢？"王太子妃完全不理解科学家的愤怒。牛顿绝对不会同意这种和稀泥的言论："这怎么会没关系呢？怎么会没关系呢？微积分是我的！我要骂死这个混蛋！"

这说明什么？说明科学家也是人呗。

不过，牛顿最惊人的贡献还是在物理学上。公元 1687 年，他出版了《自然哲学的数学原理》，这可是一部划时代的超级巨著。它先是讲述了牛顿三大定律：惯性定律、加速度定律、作用力反作用力定律，然后它又给出了万有引力定律。

这四条定律给经典物理搭好了框架，指明了道路。此后的两百多年里，物理学家就沿着这条道路往前走。一直到爱因斯坦出现，才突破了牛顿的物理世界。

牛顿写出了物理学中最著名的一道公式：

$$F=G\frac{m_1 m_2}{r^2}$$

这道万有引力公式非常简洁，它改变了人类思考世界的方式。

它揭示了宇宙中的一种基本力量。日月星辰、天地万物，上到星系之大，下到原子之微，都要遵从这个公式。宇宙万物有着共同规律，而这些规律可以用数学公式分毫不差地描述出来！今天我们对这种想法已经习以为常，可在牛顿生活的时代，这是震撼人心的一场思想革命。

科学家们紧紧抓住了这个想法。他们开始用数学来描述世界，然后用实验来检验结果。这个方法非常有效。一直到今天，科学家们还是这么干的。

可以说，现代科学就是从《自然哲学的数学原理》诞生的。

这个方法为什么很重要呢？我们可以做个比较。我们中国也有很多聪明人。他们用阴和阳来解释宇宙万物。比如天是阳，地是阴；

日是阳，月是阴；夏是阳，冬是阴。这种阴阳理论不能说一定就错，但它不是一门真正的科学。因为它既无法准确描述，也无法检验。它说什么是什么，你只能选择信或者不信，除此之外毫无办法。所以，牛顿定律能够指引科学的发展，阴阳学说却不行，这就是它们使用的方法不同。

牛顿是绝顶的天才，但他并不是凭空冒出来的。牛顿能成为牛顿，是因为周围的环境给他提供了条件。

当时的英国有一大群像牛顿这样的怪咖。他们组成了英国皇家学会，定期举行会议，牛顿也是其中的成员，后来还成为它的会长。皇家学会研究各种各样的奇怪问题。

比如说有人把罐子里的空气全部抽光，制造出一个真空罐，然后把一条蛇放进去，看会不会死。结果死了。

有人把“独角兽的角”（很可能是犀牛角）磨成粉末，然后把粉末撒成圆圈，看圆圈里的蜘蛛能不能跑出来。结果跑出来了。

有人把神秘药膏涂抹在宝剑上，然后观察这把宝剑制造的伤口会不会愈合。结果没愈合。

这里有些念头在我们看来也许很蠢，可关键是他们在做实验，去一一检验这些念头！而且它也做了很多严肃的科学研究，比如行星运转的轨迹，土星光环的构成等等。牛顿就在皇家学会做过多次讲座，还向大家展示如何把白光分解成不同的颜色。智慧在这里可以互相震荡，互相激励，产生出放大的效果。

所以说，牛顿不是在孤军奋战！他背后有一大群小号牛顿。

而且欧洲也学会了尊重科学。

牛顿出版《自然哲学的数学原理》后，整个欧洲都轰动了。大家都认为牛顿是了不起的伟人。无数的人给他写赞美诗，其中最有名的一首诗是这么说的：

自然的法则躲藏在黑暗之中，
上帝说：让牛顿出生吧！
于是，一切都豁然开朗！

这是多么高的荣誉啊。英国把牛顿当成了国宝级的人物，他当上皇家学会会长，还被封了贵族头衔。牛顿去世后，全英国都为他哀悼。他的遗体被葬入最高级的大教堂。一个大法官、两位公爵、三位伯爵为他抬棺。

人们已经知道科学是何等的重要，科学家又是何等的尊贵。

如果牛顿出生在奥朗则布统治下的印度，或者康熙大帝统治下的清朝,他能和哪些科学家讨论问题呢？有多少人会去关注他的《自然哲学的数学原理》呢？又有哪个公爵或者王爷会为他抬棺呢？

他只会被作为一个怪咖，孤独地思考，孤独地死去。

牛顿出生在一个合适的环境里，所以才能取得这样的成就。在《我们测量太阳，我们撬动地球》那一章里，我讲过古希腊的科学爆发，但是那次爆发后来消亡了。可是这一次，知识的火炬没有熄灭。它一旦点燃，就像火焰一样越烧越亮，一直燃烧到了今天。

它让人们拥有了前所未有的力量，改变了这个地球的面貌。甚至有一天，它可能会改变整个太阳系的未来。

如果真有一批外星人在观察我们，他们一定会说：这是几千年来地球上发生过的最伟大的事情。

小结

在十七世纪，科学有了突飞猛进的发展。这一时期，科学界最重要的代表人物是牛顿。牛顿出版划时代的巨著《自然哲学的数学原理》，为经典物理学搭好了框架。

70
张秀才和汤姆博士的鸿沟

我们和古代人是聊不到一起的。

假如你有一个时间机器，你按一下按钮，“嗖”的一声穿越到几百年前，碰到了一个古代的秀才，我们就管他叫张秀才吧。你和张秀才坐下来聊天。聊别的还好，如果聊到价值观问题，你们俩马上就会吵架。

比如说平等。财主和穷人应该平等，男人和女人应该平等，官员和百姓应该平等。大家虽然身份不同，但人格应该是平等的，都享有基本的尊严。对现代人来说，这是基本常识。可如果你这么说，张秀才就会拍桌子：“胡说！人跟人怎么能平等？我一个秀才，他一个掏大粪的，你说我跟他平等？你脑袋绝对很有问题！”

再比如说自由。人应该享有各种自由，比如信仰自由、人身自由、婚姻自由等等。这也是现代人的基本常识。可你要是这么说，张秀才会把耳朵都捂起来：“男孩子、女孩子自己谈恋爱，不听爹妈的安排，想跟谁跟谁结婚？这还要脸吗？”

再比如说进步。你会认为人类总体是不断前进的。现在的人可以超越以前的人，取得更大的成就。可张秀才听到这话，只会哈哈大笑：“进步，进什么步？社会明明越来越堕落。人心不古，世风日下，跟原始社会怎么比？”

不光中国是这样，你穿越到古代阿拉伯、古代欧洲、古代印度，也会是同样的结果。那些人都会更赞成张秀才，而不赞成你。你搜遍整个地球，恐怕也找不出几个和你三观一致的人。

但是到了十八世纪的时候，情况变了。

这个时候，只要你耐心地去找，就能找到跟你三观大致吻合的谈伴。这些人主要集中在欧洲西部。我们就管这样的一个谈伴叫汤姆博士吧。

你说：“人人都应该平等！”汤姆博士点头说：“对！有道理！”

你说：“我们应该享有自由！”汤姆博士点头说：“对！没有自由的话，人和咸鱼有什么区别？”

你说：“世界在不断进步！”汤姆博士点头说：“对，牛顿爵士发现的万有引力定律，古代人绝对不知道！”

汤姆博士和张秀才之间，有一条观念上的鸿沟。这个鸿沟怎么出现的呢？就是十八世纪的启蒙运动导致的。

启蒙运动是个缓慢的过程。刚开始，它只是一小批知识分子的活动，后来一点点影响到了其他欧洲人。再后来，它又超越出欧洲的边界，泛滥到了全世界。现代人的很多价值观都源于这次启蒙运动。不管是中国人、印度人，还是美国人，都活在它的影响里。

欧洲人思想的变革，从文艺复兴时代就开始了，然后经过宗教改革、知识发展，最终走向了启蒙运动。

启蒙运动有不少很棒的想法，比如说自由、平等、博爱、人道等等。但是它最核心的一个观念，就是人类可以凭借理性，不断进步。它觉得过去那一套是黑暗的，落后的。而人类的理性就像一束光，可以照亮这片黑暗。“启蒙”这个词在欧洲有“照亮”的意思，所以这场思想变革才会叫“启蒙运动”。

启蒙运动的大本营有两个，一个是英国，一个是法国。不过这两个大本营有明显的不同。

英国的启蒙运动更看重自由。

它认为政府是为人民服务的。如果没有政府的话，杀人放火也没人管，那就天下大乱，谁也过不上幸福生活了，所以一定要有政府。但是政府不需要管太多的事儿，它只要维持秩序，守护法律，保护大家的生命和财产就行了。至于其他的事情，一旦给予人们自由，他们自己就会处理好。

在英国启蒙思想家看来，人是自私的，都各有各的打算。但这没有关系。大家不需要大公无私，只要每个人都自由地追求幸福，社会就会繁荣安定。过多的干预，只会让大家都遭殃。

当时有一本书叫《蜜蜂的寓言》，说的就是这个道理。

在地球的某个角落里有个蜜蜂王国，里面生活着几百万只小蜜蜂。这些小蜜蜂个个都贪婪、虚荣、自私自利。

一只有道德情操的小蜜蜂，当然应该扪心自问：“我能为蜜蜂王国贡献些什么呢？我能为周围的小蜜蜂提供什么帮助呢？”可是这些小蜜蜂并不这么想！它们满脑子只想吃好东西，穿好衣服，拥有各种奢侈品，让别的小蜜蜂羡慕自己。

于是，小蜜蜂们飞来飞去，忙忙碌碌，好满足自己的欲望。结果怎么样呢？结果这里虽然有很多自私贪婪的坏事，但整个王国兴旺发达，小蜜蜂们生活便利，安定富裕。

但是，觉悟高的蜜蜂们总在仰面高呼："万能的大神啊！蜜蜂们太堕落了！提高一下这些小蜜蜂的觉悟吧！"

终于有一天，蜜蜂大神满足了它们的愿望。大神一挥魔法棒，所有的小蜜蜂都变得诚实朴素、道德高尚，个个都像小圣人——或者说小圣蜜蜂。

结果又怎么样了呢？

小蜜蜂看见漂亮的丝绸衣服，就说："不不不！漂亮的衣服我不要，打补丁的麻袋给我来一套！"纺织厂纷纷倒闭，纺织小蜜蜂都下岗了。

小蜜蜂看见华丽的住宅，就说："不不不！豪华的房子我不要，茅草小屋给我来一套！"建筑业一下子破产，建筑小蜜蜂都下岗了。

小蜜蜂们看见从国外运来的奢侈品，都说："不不不！花里胡哨的东西我不要，国产的破烂给我来一套！"结果，海外贸易垮台，商人小蜜蜂都破产了。

最后，整个王国一片萧条。小蜜蜂并没有得到幸福，反而变得更穷了。

《蜜蜂的寓言》并不是说大家都应该变坏，而是说大家都应该拥有自由。人们的想法如果完全一致，那是不对的。哪怕目标不够高尚，但只要大家自由地追求目标，就能把社会建设得繁荣昌盛。

但是很多法国思想家并不赞同这个看法。

无论是在英国，还是在法国，启蒙运动都有一些共同的观念，比如要理性不要迷信、要人权不要特权、要进步不要退步。但是这两个国家还是存在一些重要的不同。

总的来说，英国的启蒙思想家更胆小保守。他们追求进步，但也害怕灾难。他们对人性的评价也没那么高。在他们看来，人总有一些弱点，不可能变成天使。所以，只要能建成一个稳定富裕的社会，人们能自由地生活，他们就很满意了。

完美？他们没想过。蜜蜂王国就一点都不完美。

但是在法国，启蒙运动却出现了另一种苗头。有些法国思想家想要建成一个完美的社会。在这个社会里，每个人都是道德高尚的天使。

换句话说，他们想当《蜜蜂的寓言》里的那位蜜蜂大神。

要说起来，这种想法跟牛顿有点关系。牛顿定律简洁清晰，却又极其精准。这让同时代的知识分子大受震撼。他们很容易产生一种联想：“既然物理学存在唯一正确的答案，那么社会现象也应该存在唯一正确答案！既然物理学的真理是唯一的，那么人类社会的真理也应该是唯一的！”

不过很奇怪，牛顿是英国人，可反而是法国启蒙思想家受到的影响更大。也许这跟法国的环境有关系。生活在绝对主义国家里的人们，即便要变革，也容易变革到另外一种绝对主义里面去。

其实这种联想是危险的。

科学只能用来描述现象，总结现象之间的因果关系。它不能代替人类做出选择。什么是好，什么是坏，我们应该选择什么样的生活？任何科学都回答不了这些问题。否则的话，人就不再是人，而是机器了。

但是有些启蒙思想家偏偏认为：真理是唯一的，我们可以按照真理做出完美的选择，建成完美的世界。

法国哲学家卢梭就有一种怪异的观点。他认为存在一种绝对正确的“公意”。只有服从公意，人才是自由的。违背公意，人就不可能自由。

但如果有人就是不想这样“自由”呢？

卢梭回答说：“如果有人不想自由，我们就应该强迫他自由！”

卢梭说的“公意”，有点像绝对的“真理”。可到底谁才掌握绝对的真理呢？卢梭肯定认为自己的想法才是真理。你如果反对他的想法，那你就是谬误。服从真理，才能拥有自由。卢梭如果有枪的话，他就会把枪抵在你脑门上，说：“来，享受自由吧！不然我一枪打死你！”

看到这儿，你难道不觉得，宗教战争又戴着另一个面具回来了吗？只是这一次，它的口号不是上帝，而是真理。

你以前看到的历史书提到启蒙运动的时候，可能不是这么说的。它们会说启蒙运动歌颂自由、平等、博爱，是人类伟大的进步。这话说得一点没错！启蒙运动确实是这样。但是，人类的历史很少会全然地光明，光明里往往会蕴藏一些黑暗的东西。启蒙运动也是这样。至少有一些启蒙运动思想家（当然不是全部）给未来埋下了危险的种子。

这些种子一旦长大，就会流血，流很多很多血。

小结

欧洲思想界以英国、法国为中心，发动了启蒙运动。启蒙运动相信人类的自由、平等和进步。现代社会的很多价值观都源于这次运动。

71

世界颠倒过来了

启蒙运动之后，西方出现了两场革命：美国革命和法国革命。这两场革命代表了启蒙运动的两个方向。

我们先来看美国革命。

大家还记得国王镇和五月花吧？英国人跑到美洲开辟殖民地，我们已经讲过这段故事。一百多年过去了。现在，这里已经有了十三块殖民地，昔日的荒原变成了农田，森林里开出了道路，一座座城市拔地而起，一切都显得蒸蒸日上。

在英国看来，这十三块殖民地就像自己的十三个孩子。孩子们茁壮成长，这本来是大好事。而谁知道孩子长大以后，就和自己闹翻了。

闹翻的原因有很多，公说公有理婆说婆有理。如果你是法官，它们找你告状，都能说出一大堆委屈。

这个时候，十三块殖民地还没有独立建国，但是为了方便讲述，我就把它叫美国吧。美国会说："英国人真是强横霸道，我们和外国做生意，必须用他们的船。他们还向我们收各种各样的苛捐杂税。

完全不讲道理！”

英国会说：“为了保卫美国，我们万里迢迢派军队过去打仗，赶走入侵的邻居，结果军费还要我们自己出！他们交的税比我们英国人低多了，那一点点钱连军费都不够，他们还不乐意呢。我们出钱保护他们，还要挨他们的骂，天底下哪有这么不知好歹的人？”

它俩说的都是实话。英国确实颁布了一些蛮横的法律，英国也确实花了很多钱保护美国。双方都能找到诉苦的理由。

老实讲，英国对美国算不上如何恶劣。英国当时在海外征服了不少殖民地。在那里，英国人横行霸道，烧杀抢掠。但是美国不一样，它不是被征服的，而是移民们开拓出来的。

在英国眼里，美国人是自己人。

但问题是，它又没把美国人当成 100% 的自己人，最多 75% 吧。可就这 25% 的差距，引发了很大的矛盾。

美国和英国争论的真正核心，不是贸易，不是钱，而是权利。

这就跟当年的英国革命一模一样。英国人宣称，议会是人民的代表。没有议会的批准，国王不得征税。因为这件事，查理国王被砍掉了脑袋。现在美国人也引用这个原则：“征税必须经过人民的授权。英国议会里又没有我们的代表，凭什么向我们征税？”

但是，英国议会就是不愿意接受美国人。它怕开了个坏例子。要是每个殖民地都这么要求的话，英国岂不成了外国人的天下？

对自己一个态度，对别人又是另一个态度，这就是双重标准。双重标准是人类共同的弱点。英国人义正词严地说出一大堆高尚的理论：“没有人民的授权，国王无权征税！否则就是暴政！打倒暴政！”

这个时候美国人插嘴：“对！我们也这么想的！”

英国人斜眼看看美国人，嘴就开始结巴了：“呃，你们是另一回事……要知道，你们的情况很复杂……你们不明白……”

美国人不觉得这有什么复杂的，他们拒绝接受双重标准。于是，双方的矛盾也就越来越深。

最后，一件意想不到的东西成了导火索：茶叶。

英国一直对茶叶征税。但是美国人基本都不交茶叶税，因为他们喝的都是走私来的茶叶。英国为了打击走私商，把一大批茶叶运到美国，以极低的价格销售。他们觉得这样一来，走私贩子手里的茶叶卖不出去，就会破产。

可谁知道，美国人认为这是在挑衅：“这不是茶叶，而是射向我们的子弹！万恶的英国人要剥夺我们走私的权利。走私贩子一旦消失，他们就会强迫我们交茶叶税了！”美国人同仇敌忾，都站在走私贩子一边，坚决抵制这批茶叶。

抵制也就罢了，最后他们居然采用暴力手段。一群美国人往脸上涂抹油彩，化装成印第安人的样子，冲到波士顿港口的码头，把几百箱茶叶扔进了大海。这就是著名的“波士顿倾茶事件”。

英国政府被彻底激怒了：“我便宜卖给他们茶叶，他们居然还不乐意！还要扔我的茶叶！老天爷呀，谁见过这样的刁民？！”

英国向殖民地派去了军队，要震慑这帮逆贼。美国人也组织了民兵，对抗这帮强盗。双方剑拔弩张，气氛相当紧张。结果，在公元1775年的春天，双方发生冲突，终于打了起来。

这个故事被美国历史书描绘成一段激动人心的传奇，已经成了美国的“建国神话”，每个美国小朋友都知道。有道是：

波士顿教堂悬红灯，瑞维尔飞马传警报；

爱国者深夜齐上阵，响起来独立第一枪。

来克星顿的枪声

实际上，这就是一次很偶然的小冲突。双方都没有挑起战斗的意思，但对峙的时候过于紧张，也不知道谁开的第一枪，战斗就忽然打起来了，结果八个人被打死。

冲突虽然不大，但是后果确实很严重。一旦死了人，双方都没有了退路，美国独立战争就这样拉开了序幕。美国召开了“大陆会议”，十三个殖民地都派代表参加了。大会决定组织一支军队，并且挑选乔治·华盛顿为军队总司令。

这是一个非常聪明的选择。

华盛顿是独立战争的领袖，其实他只能算是一个合格的将领，并不是军事天才。他跟亚历山大大帝、凯撒、拿破仑完全不在一个水平上。但是他坚韧、自信、诚实，很有感召力。美国政治家里有不少人可能比华盛顿更有才干，却很少有人能比华盛顿更正直。那是一个动荡的时代，华盛顿的正直就像一根坚固的铁锚，把美国这艘大船牢牢地拴在正确的位置上，不致被凶猛的海浪冲走。

华盛顿带领美国军队吃了不少败仗。这也难怪，英国派来的是职业军队，而美国只有一些民兵，几乎从未上过战场。他们经常像一群鸭子似的，被敌人赶得四处逃窜。华盛顿无法一下扭转败局，但是他能把军队维持住。不管失败多少次，他总是把军队聚拢起来，继续打下去。

美国军队经历过最黑暗的时刻。在寒冷的冬天，他们被困在山谷之中，没有足够的食物，也没有过冬的衣服。几千人悲惨地死去，很多人被冻伤截肢，雪地上到处是斑斑的血迹。但是在华盛顿的带领下，这支军队没有垮掉，还是熬了过来。

独立战争打了好几年。英国很强大，它有一支专业化的陆军，还有世界上最强大的海军。相比之下，美军太弱了。它只能拖住敌人，一点点消耗敌人的力量。拖的时间越长，对英国就越不利，因为英军的每一粒子弹、每一个士兵，都要穿越大西洋，从几千公里外运来。美国老百姓又很不友善，团结起来和它作对。用咱们习惯的话说，就是英军“陷入了人民战争的汪洋大海之中”。

后来，法国也跑来帮助美国。这倒不是同情殖民地人民的遭遇，就是单纯地恨英国。只要英国拥护的，法国人就坚决反对；只要英国反对的，法国人就坚决拥护。于是，他们带着步枪和炮弹，不远万里前来支援。英国军队两面受敌，最终，它失败了。

公元1781年，英国主力部队在约克镇被团团包围。司令官将一柄宝剑献给美国将军，宣布投降。据说，英国军乐队在投降仪式上吹奏了一首乐曲《世界颠倒了》：

如果船停在陆地上，教堂建在海里，
如果马骑着人，草吃着牛，
如果猫被老鼠追得团团转，
如果妈妈把小宝宝卖给人贩子，
如果夏天变成春天，春天变成夏天，
那么，整个世界就颠倒过来了。

在他们看来，堂堂的大英帝国被殖民地给打败了，这不是世界颠倒了吗？

不久，英国签订协议，同意美国独立。这也是一个聪明的决定。美国和英国现在非常亲密，如果英国当年坚决打下去，流更多的血，杀更多的人，谁知道这两个国家会不会成为永远的仇人呢？

战争结束，华盛顿成了民族英雄。有人给他写信说：“国家需要你！你来当我们的国王吧！如果你觉得‘国王’这个词太刺耳，也可以换个称呼，总之，你来统治美国吧。”华盛顿勃然大怒，狠狠地训斥了这个人。他说美国需要的是法律，而不是国王。国家让他带兵打仗，现在仗已经打完了，他该回家了。

华盛顿说到做到。他交出指挥权，骑上马回自己的农场去了。

权力是让人着迷的东西，人们一旦掌握过权力，很少会舍得放弃它。从没享受过权力的人，也许很难理解那种感觉。它真的可以把人变成魔鬼。可是华盛顿却抵抗住了权力的诱惑。他交出权力，没有丝毫的留恋。

英国国王曾经问过周围的人：“战争结束了，你知道华盛顿有什么打算呢？”

那人回答说：“听说他打算回自己的农场。”

国王摇了摇头：“这不可能！”

那人说：“可他们说确实是这样！”

国王说：“如果真是这样，他会成为世界上最伟大的人！”

结果，华盛顿真的成了那个时代最伟大的人。

小结

英国在美洲的殖民地联合起来，进行了独立战争。在华盛顿的带领下，美国最终获得独立。

72

比养骡子更重要的事

战争打完了，美国独立了。

如果这是一篇童话故事，事情到这里就该结束了。美国王子打败了英国巫婆，从此和公主幸福地生活在一起。童话故事都是这样的。可是历史不是童话故事。独立战争虽然打赢了，麻烦并没有结束。美国的革命只完成了一半。现在还要解决另一个问题：怎么建立一个新的国家？

原来这里有十三块殖民地，独立战争之后，它们变成了美国的十三个州。可是，这十三个州更像是十三个小国家。每个小国家都有自己的法律、自己的政府，有的甚至还有自己的货币、自己的军队。

在这十三个州之上有一个联邦政府。但它毫无权力，而且穷得要命，要花钱的时候只能去求那十三个州。至于给不给，就要看对方的心情了。这样搞下去，整个国家一盘散沙，肯定会出事情。美国人也觉得这个状态无法忍受。他们闹革命是不想要一个蛮横的政府，但是总得有一个政府呀。

可是这个政府应该什么样呢？

大家看法并不一致。几乎每个州都有自己的高见。既然这样，就必须找出一个方案，让大家都能接受。

公元1787年，美国各州共派出了五十五名代表，前往首都开会。当时美国还没有正式的首都，费城是临时首都，所以这次大会就在费城召开。一开始，大家只打算做些小修小补，后来决定干脆制定一部宪法。宪法是一个国家最根本的法律，也可以说是法律的法律。这部宪法将决定未来美国的样子。

代表们都知道责任重大。所以他们一进会议厅，就把所有门窗都关得死死的，不让外面的人偷看。当时正逢盛夏，这些代表还非要郑重其事地穿一身呢绒燕尾服。那个时候也没有空调，几十位衣冠楚楚的绅士拥挤在密不透风的会议室里，一边讨论，汗水一边滴答滴答往下淌。

大家看法本来就不一致，又热得心情烦躁，所以动不动就会大吵大闹。有好几次，大家越吵火气越大，差点要散伙。可每到这个时候，有个人总是能用威严的神色镇住场面。

这个人就是华盛顿。

独立战争以后，华盛顿回到了老家。在自己的农场里，他忙着安排锄草、种地，还有养骡子。当时美国几乎没有骡子，华盛顿却坚持认为这种动物前途远大，特意从国外引进优良品种，准备好好推广。他埋头打理农场，根本不愿意参加政治活动。但是人们反复劝说他，说如果他不参加，这个会议开不下去，美国就完蛋了。华盛顿没有办法，只好扔下骡子，来到会议现场。

代表们推举华盛顿为会议主席。在会上，华盛顿只负责会议流程，几乎不发表任何意见。他一动不动地坐在那儿，像个木头人似的。可是每次吵得不可开交的时候，大家都会不约而同地望向华盛顿。华盛顿并不说什么，还是板着那张大长脸，静静地看向大家。但是他的眼神里好像有一种魔力，总能让代表们冷静下来，重新坐回到谈判桌上。

就这样，大家一连争吵了四个多月，最后终于制定出了一部宪法。这部宪法要是写在纸上，大约是六七页的样子。但是它的每一个字都很重要。如果把这几页纸抽走，现在的美国就会垮掉。

这部宪法讲了些什么呢?

主要是讲权力的分配。

美国人有个根深蒂固的特点，就是对权力非常不信任。就连现在好莱坞的电影里，政府也总是显得有点阴险，老是策划阴谋诡计。其他国家的电影就很少会这么演。

这个特点是从英国继承来的。英国人对权力也很怀疑，害怕权力过于集中。英国历史学家阿克顿说过一句名言：“权力会导致腐化，绝对的权力会导致绝对的腐化。”这种想法刻在英国人脑海的深处。其他欧洲人就很少会这么想，法国人、德国人、西班牙人都不这么考虑问题。他们可能也会讨厌某个国王，但那也是觉得这个国王太烂了，不配掌握权力。他们对权力本身并不怀疑。

美国人就怀疑。从这一点看，美国确实是英国的孩子。

但是国家要运转，就必须有人掌握权力，不然就乱套了。美国人也知道这一点，那怎么办呢？他们就对权力做分割，让大家互相监督。他们认为：“大部分人都是有野心的，都是自私的。我们不能完全相信他们。可是没关系，就让野心来制约野心，让自私来制约自私。”

所以美国宪法确定了三权分立的原则。

政府
行政权
负责执行法律

国会
立法机构
负责制定法律

最高法院
司法权
负责解释法律

哪三权呢？

首先是立法权。国会是立法机构，负责给国家制定法律，确立规则，让大家知道什么可以做，什么不可以做。

然后是行政权。政府是行政机构，打理日常事务。总统是政府最高首领，带着官员、军队、警察，来负责国家的运转。

最后是司法权。最高法院是司法机构。如果总统和国会吵架了，它可以做裁判。如果国会制定的法律违反宪法，它也可以驳回。

这三权里，哪一权最厉害呢？

没有哪个最厉害。

大家看美国总统耀武扬威，好像他最厉害。但国会就可以整治他。总统要花钱，就需要国会批准。国会如果通过了某项法律，总统也必须服从。

那国会最厉害吧？也不是。国会通过的法律，最高法院的老法官敲着木槌说："违反宪法！"法律就会作废。

那是不是法院最厉害呢？也不是。要当最高法院的大法官，需要总统提名，国会批准。人家不提名、不批准，你就当不了大法官。

这还是非常简化的说法，实际情况比这要更加复杂。它就像小狗咬着小猫的尾巴，小猫咬着小羊的尾巴，小羊又反过来咬着小狗的尾巴。小猫、小狗和小羊互相制约。

这个方案并不是哪个人精心设计出来的，而是一大群代表吵架吵出来的。你说应该这么办，他说应该那么办，最后大家各让一步，做个妥协。妥协的结果，就是大家勉强接受，但心里都觉得不爽。

这样妥协出来的宪法能行得通吗？

这是前所未有的实验，美国人心里头也没底。华盛顿很不喜欢这部宪法。他认为宪法应该清晰、明确，而不是妥协出来的大杂烩。会议结束的时候，大家从闷热的房间里走出来，华盛顿嘟嘟囔囔地说："我觉得这部宪法活不过二十年。"有的人甚至觉得华盛顿太乐观了，二十年？能挺过五六年就不错了！

可实际上，这部宪法却用了二百多年，是全世界最长寿的宪法。一直到今天，它依旧在美国占据至高无上的地位。

大家还记得《汉穆拉比法典》吗？国王代表神明，给大家制定法律，谁不遵守就砍谁的头。在古代人看来，法律就是这样来的。可现在，一群代表坐在一起讨论，就能制定出一部宪法，然后国家居然也真的会去遵守它！这确实是一个了不起的创举。

当然，这部宪法并不完美。现在看来，它最大的缺陷就是没有解决奴隶制的问题。美国北方没有多少奴隶，但是南方有很多黑奴。奴隶贩子们横渡大西洋，把成千上万的黑奴贩卖到美国。庄园主们就把他们买下来做苦工。黑奴们经常被虐待，被鞭打，有时甚至被杀害。这是非常丑恶的事情。

美国立法者天天把自由、权利挂在嘴上，却允许奴隶制。这样一来，所有大义凛然的高尚言语后面都要加上小括号。

人人平等（黑奴例外）。

人人自由（黑奴例外）。

人人都享有合法权利（黑奴例外）。

这就是自己打自己的脸啊。

历史上，很多国家都有奴隶制。但是美国的奴隶制还不太一样，它跟种族歧视有直接关系。如果那些奴隶是白人，那么几乎可以肯定，美国建立以后一定把他们统统给解放了。代价再大，也会这么干。但他们偏偏是黑人，情况就两样了。哪怕是没有奴隶的北方人，也普遍觉得黑人智商不足，是低等种族，不配跟自己平起平坐。

但是不管怎么说，奴隶制毕竟太黑暗了。美国人也觉得不对头。在制定宪法的时候，不少北方代表就呼吁废除奴隶制。他们滔滔不绝地批判奴隶制：“罪恶呀！堕落呀！野蛮呀！”

但是南方代表拍桌子：“如果废除奴隶制，解放我们的奴隶，那我们就散伙！大家分道扬镳，各过各的吧。”

这一下，北方代表就尿了。最后双方就达成妥协，美国宪法里对奴隶制只字未提。它把这个问题留给子孙后代来处理。结果七十多年后，爆发了南北战争。那是美国历史上唯一的一次内战，后面还要讲到。

不管怎么样，宪法就这么制定出来了。两年以后，美国成立了新的联邦政府，选出了第一任美国总统。真正的美国并不是在独立战争里诞生的。它诞生在那个炎热的夏天，诞生在那个密不透风的会议室里。那里才是它真正的源头。

美国联邦政府成立于公元 1789 年。就在同一年，欧洲爆发了一件惊天动地的大事。在当时的人看来，这件事可比美国政府成立要重要多了。

因为法国大革命来了！

小结

公元1787年，美国召开制宪会议，制定出了美国宪法。这部宪法坚持“三权分立”，成为美国的立国根基。

73
不是叛乱，陛下，这是革命！

法国大革命是突然出现的。

它就像一颗骤然爆裂的炸弹。欧洲大陆最强大也最古老的王国，一下子就被炸得粉碎。爆炸产生的冲击力，把整个欧洲都震得摇摇欲坠。

那么它是怎么发生的呢？

你应该还记得英国革命，查理国王为了增加税收，召开议会，结果议会把他的脑袋给砍掉了。法国大革命的爆发，跟这件事几乎一模一样。

一百多年前，英国国王怎么倒霉的，一百多年后，法国国王也跟着怎么倒霉。

就好像查理从阴曹地府跑到法国，手把手地教法国国王：

“想被砍头吗？非常简单！你得学会怎么自讨苦吃！要召开一个大会，最好是好多年都没召开过的大会。人民肯定会非常激动。这个时候你要跟他们对着干，一定要对着干！这样他们才会发脾气。他们一发脾气，你就马上服软。他们说什么，你就答应什么。答应完了，你再偷偷摸摸地反对。这样，他们就会大发雷霆，砍掉你的头！你看，很简单吧？”

法国国王真的这么干了。

这个国王叫路易十六。路易十六其实是个善良的好人。大家都承认他是个好人，就连后来砍掉他脑袋的人，也没觉得他有多坏。别的国王吃喝嫖赌，花天酒地，而路易十六心地单纯，待人和气，没有任何不良嗜好。

他最大的爱好就是修锁。路易十六在凡尔赛宫里埋头研究各种各样的锁。天长日久，路易十六变得非常灵巧。不管什么样的锁，他都能给你捅开。

路易十六也很节俭，日子过得很仔细。路易十六每天都戴个眼镜，坐在屋子里写日记，详细记下每天的花费。洗澡花了几块钱，吃樱桃花了几块钱，甚至厨房里换了一把大漏勺，他都要把费用记到小本本里。路易十六确实是个过日子的小能手。

可惜王后太能花钱。路易十六的太太原是奥地利的公主，一直娇生惯养，花钱大手大脚。国王在这里记日记：“今天买大漏勺花了八块钱，买羊蹄花了一块一毛八。”他真是这么记的！那边王后眼睛眨都不眨，一下就花八十万买了身貂皮大衣。所以，国王再省钱也没什么用。

当然，王后再大手大脚，买几件衣服也不会把国家的钱花光。法国政府没钱花，主要还是因为打仗。打仗是天底下最费钱的事情。前些日子，法国前去支持美国独立战争，就耗费了海量的金钱，欠了很多债。

要解决这个问题，只有一个办法：增加税收。

法国不是英国。理论上来说，国王可以下令增税。可实际上这样做并不容易，百姓会拖欠，贵族会抵制。而且时代也变了，国王也不能用太暴力的手段对付人民。怎么办呢？这个时候，有位聪明人想出一个建议："召开三级会议！通过三级会议来收税！"

路易十六同意了："好！那就召开三级会议！我解决不了这个问题，就让全国人民一起来解决这个问题！"

在中世纪的法国，如果遇到大事，就可能在全国召集三级会议。代表们分成三个等级：教会、贵族和平民。每个等级各有一张投票权。所以，如果教会和贵族都同意某件事，平民代表只有一票，是没有办法反对的。

三级会议是个老古董，法国差不多有两百多年没有召开过了。国王一直独断专行，也不需要什么三级会议。现在忽然说要召开，全国上下都激动起来了。

现在的法国人可不像以前了。他们受到了启蒙运动的洗礼，满脑子都是平等、自由的观念。以前大家只是坐在屋子里空想，没有实践的机会。现在好了，要召开全国大会，法国人当然要抓住机会，把国家好好改革一下。

首先，在他们看来，"三级会议"这个词儿本身就是一种侮辱。人怎么能分等级呢？再说了，教士和贵族是不干活的寄生虫，普通人才是国家的顶梁柱，怎么反而是"第三等级"，这不是赤裸裸的侮辱吗？

两年前美国刚召开过制宪会议，这给法国人很大的启发。他们要求取消等级，把三级会议改为国民会议，也为法国制定一部宪法！

路易十六大吃一惊。他原来想得很好：这么长时间没开过三级会议，现在恩准召开，让大家畅所欲言。群众肯定感激皇恩浩荡，踊跃交税，替国家解决没钱花的问题。谁能料到这些刁民不但不感激，反而要借机犯上作乱，制定什么宪法呢？

统治者很容易犯这种毛病。他们被马屁精们包围着，往往就会和现实脱节，幻想着臣民都爱戴自己。其实人家可能早就一肚子怨气了。老百姓要是一盘散沙的话，有怨气也没用，但如果你给他们一个组织起来的机会，那就危险了。

路易十六知道自己闯了祸。他后悔了。

那怎么办呢？

如果换上太阳王路易十四，肯定会派出军队，用暴力解散会议。路易十六确实也有这个打算。他把军队调集过来，但事到临头，又不敢使用。老实人就是这样，就算想干点坏事，也缺乏足够的胆量。

但是他不知道，自己又闯了一个祸。一旦调集军队，就算路易十六不敢使用，人们也会恐慌。首都巴黎开始流传各种谣言："不好了！国王派军队过来了！国王要杀人了！我们要赶紧行动起来！我们要保护国民会议！"

结果路易十六还没行动，老百姓抢先行动了。

公元 1789 年 7 月 14 日，巴黎市民拿起武器攻打巴士底狱。这件事标志着法国大革命的开始。

巴士底狱是一座古老的城堡。国王下密令逮捕的人，都会被关在这里，所以它有点像明朝锦衣卫的监狱。巴黎人认为：巴士底狱是专制王朝最黑暗、最邪恶的象征，那里肯定关着满满一城堡的无辜者。

经过一阵激烈交火，巴黎人攻占了城堡，砍掉了司令官的脑袋。他们冲着监狱大喊大叫：

“啊！无辜的人啊，你们被解放了！你们自由了！”

可是没人回答。

人们找来找去，只找到七个犯人，其中有两个是疯子，四个是伪造犯，还有一个是放荡的花花公子。他的家长实在受不了他，恳求国王把他关在这里反省一阵子。

法国政府和路易十六昏庸无能，但确实谈不上残暴。这让进攻者多少有点失落，但是没有关系。有时候，事情本身什么样并不重要，重要的是我们怎么看待它。在大家心目中，巴士底狱就是黑暗王权的象征。攻占它，就是打碎王权，打碎旧社会。所以，这件事把整个法国都点燃起来了。

从这一天起，法国就再也没法回到以前了。

消息传到了王宫。路易十六吃惊地说：“巴黎叛乱了？”

一个大臣回答说：“不是叛乱，陛下，这是革命，是革命！”

路易十六没有下令镇压。如果他下了这样的命令，谁也说不准会是什么结果。但是他没有。路易十六马上投降了。他乖乖答应了所有的条件。三级会议变成了国民会议，开始制定宪法。

这个宪法被制定出来了，而且这是一部很棒的宪法。它限制了国王的权力，剥夺了贵族的特权，宣布法律面前人人平等，保护公民的各种自由。这是启蒙主义的全面胜利。

如果事情到此为止，它就是一场既温和又成功的革命。

可是并没有。

法国不是美国。它的历史包袱太沉重了。国王统治了好几百年，贵族把老百姓欺负了好几百年，积累了很多矛盾。宪法虽然很棒，但是人们不是很信赖它，还是有点害怕。老百姓害怕贵族反攻倒算，贵族害怕老百姓杀人放火。所以法国各地出现了很多冲突，虽然规模不大，也挺吓人的。

路易十六就给吓着了。于是他又闯了一个大祸。路易十六逃跑了！他害怕有一天会被国民会议杀头，就逃跑了！

临走前，他还留下一封信，痛骂这次大革命，宣布以前答应的那些条件，统统作废。然后，国王和王后带上小王子和小公主，钻进马车逃往德国。

朕去也！

但是没有跑掉。

路易十六笨到了连逃跑都不会。别人逃跑都很低调，戴个大帽子，捂个大口罩，唯恐别人认出来。路易十六却坐着一辆巨大的豪华马车。走到半路上，他没事了还下车散散步，跟乡亲们拉家常："天气怎么样啊？家里几口人啊？今年收成怎么样啊？"好像他不是在逃亡，而是在视察工作。

结果他没跑出去多远，就被机警的法国群众给捉住了。路易十六全家被灰头土脸地押回巴黎。这个场景非常尴尬。尤其是他临走前又留了那么一封信，就显得更尴尬了。

这个时候，不少人都建议杀掉路易十六。他为什么要逃亡国外？肯定是要去招兵买马，杀回法国打内战！干脆杀掉这个坏蛋算了！

他们并没有冤枉路易十六，他确实有这个打算。但是国民议会考虑再三，还是不愿意走出这么激烈的一步。他们把国王软禁了起来。如果一切风平浪静，也许路易十六会被释放，接着当他的国王。虽然没多少权力，但毕竟是国王。

但是很不幸，就在这个时候，战争爆发了。

这一来，路易十六就在劫难逃，因为法国大革命即将进入一个血流成河的狂野时期。

小结

公元1789年，法国为了解决财政困难，召开了三级会议，结果形势很快失控。巴黎人发动起义，攻占了巴士底狱，这一事件标志着法国大革命的开始。

74

老猫的断头台

周围的国家都不喜欢法国大革命。

欧洲大陆流行绝对主义国家，国王说一不二，独揽大权。法国是这些国家的领袖。可现在，领袖居然第一个垮掉了！这让其他国家很惊慌。革命就像传染病，如果流传到自己这里来，那可怎么办呢？所以，他们都非常憎恨这场革命。

法国人也不喜欢周围的邻居。他们觉得应该让革命的风暴也淹没这些国家，把所有反动派都打倒！很多革命者真心希望打仗，因为他们觉得战争能让法国团结起来。

于是，在公元 1792 年，战争开始了。

外国联军一连打了几个胜仗，开始向巴黎挺进。他们扬扬得意地发表了一个宣言：“逆贼们给我听着！如果你们胆敢伤害法国国王，我们会把巴黎烧成平地！”

如果联军以为这是保护国王，那可就大错特错了！这道宣言简直就是路易十六的催命符。

法国人被宣言激怒了。他们大喊大叫：“啊哈，狐狸尾巴露出来了！国王果然是个里通外国的卖国贼！贵族也是卖国贼！杀掉他们！拯救革命！”

结果，他们举行了第二次革命。

这次革命的领导者是雅各宾派。雅各宾本来是某个修道院的名字，有一批革命者喜欢在这里举行会议，所以他们就被称为雅各宾派。他们是一支激进的人物，要把革命进行到底。雅各宾派人数并不是特别多，但是他们有组织、有纪律，还有狂热的激情，所以有很大的影响力。雅各宾派可以说是历史上第一个真正的革命党。

8 月 10 日，在雅各宾派的领导下，起义者拿起武器，冲上街头，占领了整个巴黎。三年前，人们攻占巴士底狱，那是第一次革命。这场暴动就是第二次革命。

第一次革命还算温和，第二次就凶狠多了。

路易十六被送上了断头台。

断头台是一种特制的杀人机器。拉动绳子，一个三角形的大刀片就会落下，“咔嚓”一声，把犯人的头颅切下来。法国以前的死刑是斩首。大革命以后，人们觉得斩首太残酷了，有时候一刀砍不死，犯人要受很多罪。所以专家们发明了断头台。它可以瞬间致死，让死刑犯少受点痛苦。

当时路易十六还是国王呢，据说他本人也参与了设计。路易十六是业余锁匠，对机器很有天赋。他研究了断头台的装置后，建议把方形刀片设计成三角形，这样更有效率，砍头的速度也更快。专家们觉得他说的很有道理，就采纳了这个建议。

结果路易十六自己就死在断头台上。

雅各宾派有位领袖，名叫丹东。他长了一个又大又丑的脑袋，脸上布满疤痕，头发蓬乱，宛如一头雄狮。丹东对着断头台大喊：

“欧洲的国王们要向我们作战了！我们向他们抛去一颗国王的头颅！”

可光是一个国王的头颅还不够。起义者高声呐喊：“要把反革命全都杀掉！”他们冲进巴黎的监狱，把犯人挨个审问。只要稍微有点不满意，就当场乱刀砍死。几天之内，巴黎监狱里血流成河，尸体堆成了一座小山。后来，人们把这件事称为“九月大屠杀”。

处死国王还可以理解，屠杀犯人就太过分了。

法国大革命深受启蒙运动的影响，宗旨就是自由、平等、博爱。可现在几句话没回答好，就乱刀砍死，自由在哪里？博爱又在哪里？

而最重要的是，法律又在哪里？

雅各宾派辩解说：“被杀掉的人里面当然有无辜者。可大敌当前，必须先清除内部的敌人！现在杀一条生命，以后就可以拯救一百条生命！”

不管这么说有没有道理，从这一刻起，大革命就走向了一个转折点。在此之前，人们用辩论来解决分歧，现在则用杀人来解决。

必须承认，雅各宾派确实是一群爱国者，他们点燃了法国人的热情。无数年轻人纷纷报名参加军队。他们举着红、白、蓝三色的革命旗帜，唱着雄壮的《马赛曲》，大踏步地走向战场。

狮子一样的丹东又吼叫起来：

“勇敢！勇敢！再勇敢！这样法国就得救了！”

在整个欧洲，再没有比他们更勇敢的人了。他们把所有的敌人都赶出了法国，还占领了很多国外的土地。大革命开始传播到了其他国家。

法国得救了。

然后呢?

然后就应该逐渐恢复正常秩序，遵守法律，让大革命的成就开花结果。可是雅各宾派并没有这样做。他们决定继续杀人，杀更多的人。雅各宾派认为敌人无处不在，必须把他们全部清除。

那么谁是敌人呢?

只要你不赞同他们，你就是敌人。

一开始，他们重点杀掉贵族。法国王后被判处死刑，亲王夫人被乱刀砍死，公爵和公爵夫人们也被成批押上了断头台。

然后开始杀革命者里的温和派。在雅各宾派看来，对敌人温和，就是对革命的背叛。这些温和派也被送上了断头台。后来，人们评论说这是“革命吞掉了自己的孩子”，因为这些温和派其实也都是革命者。

最后，雅各宾派开始互相残杀。

雅各宾派有两个最重要的领袖，一个是丹东，另一个是罗伯斯庇尔。

这两个人完全不同。丹东像一头狮子，而罗伯斯庇尔就像一只猫。他有一双绿色的眼睛，小手小脚，沉默寡言，身上有一种神秘的味道。真的，他看上去就像一只修炼成人的大猫。

罗伯斯庇尔为人正直，生活简朴。他虽然掌握大权，却还是住在破烂的公寓里，吃最简单的饭菜。金钱和美女都无法诱惑他，所以人们称他为“不可腐蚀的人”。但是，他同时也是个可怕的人，非常非常可怕。他杀起人来，连眼睛都不会眨一下。

罗伯斯庇尔和丹东争吵了起来。丹东以前也很激进，可现在他被鲜血吓着了。他说：“血已经流得够多了，不能再这么杀人了。”可罗伯斯庇尔说：“不！坏人还多着呢。”

神秘的猫和怒吼的狮子展开了斗争。结果狮子丹东失败了。他发表了最后的演说：“用暴力解决问题是错的。我以前也曾经沉迷于暴力，可我错了。”然后，他就被押上了断头台。

临死前，丹东又大吼了一声：“不要示弱，丹东！”

他一直到死都是勇敢的。

就这样，罗伯斯庇尔掌握了最高的权力。在他的命令下，断头台就像一个停不下来的机器，咔嚓咔嚓不断地砍头。人们发明断头台是出于人道的考虑。可现在，它却成了恐怖的象征。

罗伯斯庇尔为什么要这样做呢？

因为他的理想太宏伟了。英国人革命是为了限制王权，美国人革命是为了争取独立。可是罗伯斯庇尔却是要建立一个完美的社会。他把这个社会称为“美德共和国”。在这个国家里，人人都大公无私，一切都无比纯洁。

在罗伯斯庇尔看来，权力制衡的主张完全是胡说。为了建立美德共和国，权力必须集中。邪恶的权力嘛，也许应该受限制，但正义的权力不能受限制。限制正义，就是拥护邪恶！

罗伯斯庇尔也是启蒙运动的孩子，他也相信平等和自由。但是他最崇拜的人是卢梭。

卢梭说：公意永不犯错。

罗伯斯庇尔说：太对了！谁反对我，就是反对公意！

卢梭说：如果有人不想要自由，我们就应该强迫他自由！

罗伯斯庇尔说：对极了！不想要自由的人，都应该上断头台！

罗伯斯庇尔并不喜欢杀人。但是他认为，只有把不坚定的人都杀掉，才能建立完美的世界。王后也好，丹东也好，他们的人头都是祭品。罗伯斯庇尔就像一个玛雅人的大巫师，他把这些人头当成祭品，奉献给未来。

这个法国巫师想：只要祭品足够多，完美的世界就会降临。

但是，完美的世界还没降临，罗伯斯庇尔就垮台了。他杀人杀得走火入魔，引起了所有人的恐惧。大家都害怕被他砍头，于是就联合了起来。公元1794年的一天，反对派发动了政变。在开会的时候，他们忽然逮捕了罗伯斯庇尔。

罗伯斯庇尔跳起来想要说话，却张不开嘴，只发出一阵剧烈的咳嗽。有人大喊：“看啊！丹东的血把他给噎着了！”

罗伯斯庇尔知道一切都完了。他朝自己开了一枪，下巴被打碎了，但是人却没有死。第二天，他被拖上了断头台。罗伯斯庇尔脸上缠着绷带，忍受着剧烈的痛苦。躺在断头台上的时候，他发出了一声吓人的惨叫。

然后，刀片落下，一切都结束了。

这就像一个阴森可怕的童话故事。狮子吞掉了国王，老猫又吞掉了狮子。老猫用动物的尸体堆成一座山。这座山越堆越高，老猫要把它堆得像天一样高，这样它就可以踩着山顶，去抓住空中的天堂。可山忽然坍塌，老猫就被压死在山脚下面。

这就是雅各宾派的故事。

罗伯斯庇尔死后，雅各宾派的统治结束了。断头台不再天天砍头了，人们建立了一个新的政府。这个新政府继续进行革命和战争，但显得有气无力。法国大革命这个伟大的实验卡壳了。大家都没了激情。人们累了，厌倦了，也害怕了。他们现在只想要秩序。

只有两样东西能带来秩序：法律或者暴力。

断头台已经把法律给埋葬了。就算雅各宾派垮台了，法国人对法律也没了信心。既然这样，那就只能靠暴力了。

谁拥有最强大的暴力呢？

当然是军队！

拿破仑就要横空出世了。

小结

法国爆发二次革命，国王路易十六被押上断头台，雅各宾派掌握政权，革命进入了充满了暴力的阶段。最后，罗伯斯庇尔忽然垮台，雅各宾派的统治结束。

75

渔夫的老婆拿破仑

拿破仑是个赌徒。

后来人们给他加了很多头衔：皇帝、军事家、天才等等，但他首先是个赌徒。拿破仑的一生几乎都在不断地赌博，不过他赌的不是钱，而是权力和命运。

他出生在一个荒凉的岛屿上，父亲早死，家境贫寒。年轻时的拿破仑消瘦英俊，长着一副老鹰似的面孔，心里藏着一个远大的梦想。大革命爆发之后，法国经常打仗，这给了拿破仑发展的机会。他很快就成为一名优秀的将领。

他亲眼见过 8 月 10 日的第二次革命。拿破仑非常吃惊，路易十六明明手里还有一支部队，为什么就会乖乖地向革命者投降呢？

拿破仑给妻子写信说：“如果路易十六当时跳上战马，胜利就是他的了！”路易十六没有跳上战马，结果被砍了脑袋，还被雅各宾派说成是“暴君”。这让拿破仑得出了一个结论：该使用武力的时候，就必须使用。

公元 1799 年，拿破仑就抓住机会，真的这么干了。

当时他是共和国的将军，正在执行一个大胆的计划，率军远征埃及，结果远征军被英国海军困在了那里。拿破仑居然扔下军队，一个人偷偷溜回法国。但是他有一张巧嘴，将这次失败说成了辉煌的胜利。老百姓被骗了，把他捧成了救星。于是，拿破仑趁机发动了政变。

政变很简单，就是带着军队逮捕政府首脑，解散议会。但是对拿破仑来说，这可是人生中最大的一次赌博。

他冲进议会里的时候，代表们对他破口大骂，甚至要揍他。你以为拿破仑总是像画像里那么镇定自若、神气活现吗？才不是呢！拿破仑见到这个阵势，胆怯了。他满脸通红，差点晕倒，结结巴巴地说不出话来。最后，还是他的弟弟带着手下匆匆赶来，给他解了围。

年轻时的拿破仑

结果总算很顺利，拿破仑成了第一执政官，也是实际上的独裁者。法国百姓很平静地接受了这件事，没人抗议。两年多以后，拿破仑成了终身执政官，还是没人抗议。又过了两年，拿破仑干脆当了皇帝，还是没人抗议。

当年，稍微发一句对共和国不满的牢骚，就会被邻居揭发为“反对革命”，送上断头台。现在共和国公然变成帝国，大家又马上掉过头来喊“皇帝万岁！”就连当年揭发别人的邻居,也会跟着这样喊。

人类真是善变啊。

那些断头台上的死者，也真是冤啊。

法国人厌倦了，他们的热情已经完全耗尽，现在乖乖地把权力交给了拿破仑。法国革了十几年的命，最后革出一个皇帝来，这当然是一种大失败。

但是，拿破仑并没有完全走回头路，他也继承了大革命的一些成果。比如他制定了《拿破仑法典》。《拿破仑法典》规定法律面前人人平等，所有人的财产都受到保护。它废除了中世纪的那套残余，剥夺了贵族的特权。启蒙主义“自由、平等、博爱”的那套观念，在《法典》里被保留下来了，只不过多了一些限制：大家都自由，不过拿破仑皇上比我们更自由；大家都平等，但是拿破仑皇上比我们更平等。

拿破仑结束了混乱状态，但他又带来了新的混乱。他制造出来的麻烦，比解决的麻烦还要多。

拿破仑精力过于充沛，好像就没法过安静的日子。他总是要不断冒险，不断赌博，把法国带入一场又一场的战争中去。不过拿破仑确实擅长打仗。他是一个军事天才，在当时没有任何将领可以和他相比。

法国军队本来就很能打，在大革命时代，它就经常打胜仗。拿破仑上台以后，法国军队变得更加厉害了。它简直成了所向无敌的超级大杀器，所有的国家都望风披靡。

拿破仑把欧洲大陆上的国家，几乎全都痛打了一遍。他就像武侠小说里的绝顶高手，大家发现单打独斗不是他对手，就只能一起上。于是,欧洲各国联合起来向拿破仑作战,可照样被打得丢盔卸甲。

除了法国以外，欧洲大陆有三大强国：奥地利、普鲁士和俄国。这三个国家都被拿破仑反复殴打过：

奥地利帝国向法国开战，拿破仑只用了一个多月，就攻占了它的首都维也纳。普鲁士更惨。拿破仑用了十九天，就攻占了它的首都柏林。俄国沙皇御驾亲征，跟奥地利联合作战，结果在奥斯特里茨战役被拿破仑彻底击败。沙皇险些死在战场上。他逃窜到一个小农场里躲了一夜，才算捡回一条命。后来，俄国沙皇回忆说：“我们跟拿破仑打仗，就像是婴儿跟巨人打仗一样。”

拿破仑用了十来年的时间，建立了一个大帝国。法国邻居的很多土地都被它吞并了，没有被吞并的国家，也沦为它的附属国。从地图上看，这个帝国真是非常庞大，很容易让人联想到第三帝国。

是的，希特勒的第三帝国!

关于希特勒的故事，这本书的后面还会讲到。但是在这里，我们可以提前做个比较。希特勒和拿破仑都打下了一个很大的欧洲帝国；他们也都是喜欢赌博的冒险家；他们最后也都赌输了，把帝国赔得精光。

但是他们两个人并不一样。

拿破仑是个文明人，并不嗜血，头脑也正常，没有希特勒那么疯狂。希特勒满脑子胡思乱想，要夺取生存空间，要灭绝犹太人，要建立千年帝国。拿破仑没有这些想法。那他为什么要建立一个庞大帝国呢?

简单地说，就是为了过瘾。

希特勒是有理想的，只是他的理想非常邪恶，而拿破仑没什么理想。他年轻的时候受启蒙主义的影响，多少有点理想主义，但他很快就把这些东西给淡忘了。现在他最大的愿望就是出风头，让大家崇敬自己，赞叹说:“哇，拿破仑真了不起!”

所以，他当起了皇帝，头戴皇冠，手持权杖，威风凛凛。他还像分发圣诞节礼物一样，把很多国家送给了自己的家人。他的儿子当了意大利国王，哥哥当了西班牙国王，一个弟弟当了荷兰国王，另一个弟弟当了德国境内的小国王，就连他的妹夫也捞了一个国王来当。

这段历史看上去波澜壮阔，其实就是一个人虚荣心的大爆发而已。虚荣心会导致自恋，而自恋会让一个人丧失判断力。拿破仑到后来就渐渐丧失了判断力。年轻的拿破仑像一只目光犀利的鹰，中年发福的拿破仑却越来越像一个被命运宠坏的胖娃娃。他想要的东西就一定要得到，不然就会任性地发脾气。

中年发福的拿破仑

他特别讨厌英国。因为整个欧洲，只有英国不向他低头。可是英国海军又太强大了，拿破仑也拿它没办法。于是，拿破仑就对英国实行贸易封锁。欧洲大陆上所有的国家都不许和英国做生意。他要穷死英国！

其他国家都服从了，只有俄国人不同意。拿破仑就发起了脾气。他一发脾气，就把法国又拖入到一场巨大的冒险里。公元1812年，他率领大军侵略俄国，一路高歌猛进，把莫斯科都给占领了。

但是俄国太大了，大得简直没有边儿。它的天气是那么寒冷，土地又是那样荒凉，入侵者很容易被困死在这里，就连拿破仑也不例外。他的军队在辽阔的俄国迷失掉了。这时，寒冬降临，拿破仑没有办法，只好撤退。一路上，法国军队不是饿死，就是冻死。他们进入俄国的时候，有六十万人，可是活着回到法国的，只有几万人。

拿破仑再也没能从这次打击里恢复过来。以前的敌人在他身上闻到了虚弱的味道，于是全都联合起来，向他开战。拿破仑就像一个失血过多的巨人，摇摇晃晃地抵抗了一阵，最后还是轰然倒下。公元1814年，拿破仑投降了。敌人把他流放到地中海的一个小岛上。路易十六的弟弟回到法国，当上了国王。

欧洲恢复了平静。

可是拿破仑真是一个不可思议的赌徒。谁能想到，他居然杀了个回马枪，从小岛上偷偷溜回了法国。法国人对他高声欢呼，拿破仑大摇大摆回到巴黎，又成了皇帝。这样离奇的事情，只会发生在拿破仑身上。

可是，这也无非昙花一现。欧洲那些国家卷土重来，再次开战。

最后，拿破仑在滑铁卢战役里彻底失败，第二次投降。

拿破仑的名声太大了，他的敌人不敢杀掉他，只好把他流放到南半球的一个孤岛上，周围是一眼望不到头的汪洋大海。这下，拿破仑终于蔫了。他无所事事，只好天天回忆自己以前是多么伟大，或者跟岛上的总督吵架，抱怨给他的钱不够花。

他就这么每天围绕鸡毛蒜皮地活了六年，然后就死掉了。

你肯定听说过《渔夫和金鱼的故事》。渔夫两口子得到金鱼的帮助，可以实现自己的愿望。渔夫的老婆原来只想要一个新木盆。可她有了新木盆，就想要新房子，有了新房子就想要大宫殿，她要当贵族夫人，要当女王，最后甚至要当大海的主人。金鱼终于厌烦了。它摇了摇尾巴，钻进大海。于是，一切都消失了，渔夫老婆又只剩下了一个旧木盆。

拿破仑就像这个渔夫的老婆。命运送给他一份礼物，让他能得到自己想要的东西。结果拿破仑越来越贪心，想要的东西越来越多，最后他甚至想要整个欧洲。连命运都被他惹烦了。于是，他一下子从宝座上掉了下来，什么都没了。

上百万的法国青年跟随他四处作战，其中有无数人死掉了，还有更多的人伤残了。这一切只是为了满足拿破仑的虚荣心，最后法国人什么也没有得到。但是，直到今天，还是有许许多多法国人崇拜拿破仑——因为他是一个“伟大的征服者”。

可是，只要人们还崇拜伟大的征服者，这个世界就永远会有灾难和不幸！

小结

拿破仑发动政变，成为法国皇帝，法国大革命结束。拿破仑不断发动战争，建立了庞大的帝国。但是，欧洲多国联军最终击败了拿破仑。他的帝国土崩瓦解。

少年世界史

作者 _ 押沙龙

编辑 _ 杨珊珊　装帧设计 _ 朱大锤　插画绘制 _ 薛晓珑
主管 _ 周颖　技术编辑 _ 白咏明
责任印制 _ 梁拥军　出品人 _ 吴涛

营销团队 _ 魏洋 张艺千 礼佳怡

鸣谢（排名不分先后）

林柏墅 Freepik Vecteezy

果麦
www.goldmye.com

以 微 小 的 力 量 推 动 文 明

少年世界史

5

押沙龙——著

山東文藝出版社

果麦文化 出品

目录

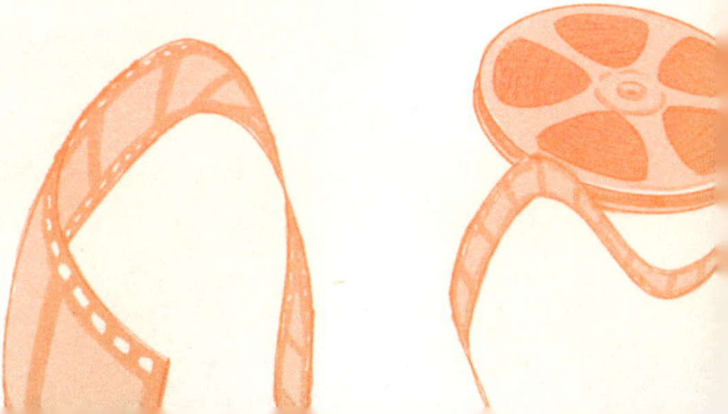

76
终于集齐了七颗龙珠

英国革命、美国革命、法国大革命……这本书讲了很多革命。这些革命当然都很重要，但是如果站在历史的全局来看，人类只发生过两次最根本的革命。

第一次是农业革命，发生在一万多年前。

第二次是工业革命，发生在两百多年前。

农业革命已经讲过了。它当然极其重要，没有农业革命，就没有城市，没有文明，没有后来发生的一切。

但是工业革命也很重要，它彻底改变了我们的生活，让我们拥有了无限的可能。轮船、飞机、火车、电灯、电话、电脑，都是工业革命的产物。不过它最重要的贡献并不是这些具体的东西，而是两个抽象的字：增长。

新闻上总是说，今天中国经济增长率是多少，全球的经济增长率又是多少。我们对此已经习以为常，觉得一切就应该不断增长，如果哪一天经济不增长了，那一切都会乱套。

我们这种想法正常吗？

从历史上看，这一点都不正常！甚至可以说是胡思乱想。

如果全球经济增长率是百分之一，大家就会觉得："这也太慢了！经济危机要到来了。"可是，你知道这个增长率意味着什么吗？从秦始皇到现在，有两千两百多年的历史。如果这两千两百多年里，中国经济每年增长百分之一，那会增长多少倍呢？

二十倍？五十倍？不，是差不多五十亿倍！

今天的中国等于五十亿个秦朝？按照十四亿人口计算的话，你一个人就等于三个半秦朝？当然不可能。

古代经济的增长比蜗牛还慢，远远到不了每年百分之一。普通人生活一辈子，都感觉不出世界有什么变化。古代人认为世界是静止的，以前什么样，以后还是什么样。这并不是思想保守，而是他们真实的感受。

历史上也有过增长比较快的阶段，比如苏美尔人的时代、雅典人的时代、中国的宋朝等等，但是它增长到一定程度，慢慢就会停下来。这是因为古代世界存在一个天花板，你个头再高也不可能超过这个天花板。

这个天花板就是动物的生理极限。

古代干活靠的是人力或者畜力，可是动物的肌肉力量总是有限的。就算你气力再大，也举不起一千斤的石头。就算你一天二十四小时不停地抡锄头，也只能刨那么一块地。这个极限就成了增长的天花板。

地理大发现以后，欧洲增长得很快，但是它也要面对这个天花板。它的增长本来也会停下来，一切还是会走上历史的老路。

可就在这个时候，工业革命出现了。人类开始使用机器来干活。机器不是牛，不是马，它的力量没有极限。这样一来，增长的天花板被“砰”的一声打破了。人类从此开启了一个新的世界。

一个没有天花板的无限世界。

工业革命起源于英国，大约是从十八世纪后期开始的，跟美国独立战争、法国大革命大致是同一时代。它是一个很慢很慢的过程，当时的人们几乎都没有注意到。如果你跟那个年代的英国人说：“哇哦！你们这里正在发生一场很酷的革命！”他们只会东张西望地往四下里瞅，问：“哪儿啊？”

只是到了很多年以后，大家回过头看，才意识到一场革命真的已经发生了！在不知不觉中，人类打破了增长的天花板。

工业革命有很多了不起的创造，比如纺纱机、织布机、机床、轮船……但是最有代表性的还是蒸汽机。这种呼呼冒白烟的庞然大物，简直就是工业革命的形象代言人。

提到蒸汽机，我们马上就会想到瓦特。我们都听说过瓦特发明蒸汽机的故事。据说瓦特从小就很有好奇心。有一天，奶奶在家里烧水。水开了，蒸汽咕嘟咕嘟往外冒，把水壶的盖子顶开了。小瓦特认真地看了一会儿，就问奶奶：“水壶的盖子为什么会动呢？”

奶奶说：“水开了，有了水蒸气，就把盖子顶起来了呀！”

小瓦特就想：“哎呀！水蒸气的力气真大呀！那它能不能顶起来更大更重的东西呢？”

于是，瓦特就迷上了这个问题。等他长大了以后，他就使劲钻研，终于发明了第一台蒸汽机。你听到的就是这么个故事，对吧？可实际上，瓦特从没有跟人讲过这个故事，而且蒸汽机也不是他发明的。瓦特只是把当时的蒸汽机改进了一下。

大家编出这样的故事，主要是为了方便记忆。工业革命有一大堆发明，每个发明背后又有一大堆发明家。我们根本记不住这么多人名，怎么办呢？干脆就挑一个人出来，把功劳都算到他头上，然后再给他编一个生动的小故事。这样一来，瓦特就光荣上榜了。

真实情况要复杂得多。蒸汽机的发明是一个很漫长的故事。

在十八世纪，英国人开挖了很多煤矿。煤矿工人越挖越深，就会挖到有水的地方。这时必须先把水抽掉，才能接着挖煤。所以，英国人才发明了蒸汽机。机器在一个气缸里烧出蒸汽，蒸汽再带动一个活塞上下运动，像用气管子打气一样，把水吧唧吧唧地抽上来。也就是说，蒸汽机最早的时候就是抽水机。

早在瓦特出生以前，英国就有蒸汽机了。瓦特成年的时候，英国流行一种叫“纽克曼”的蒸汽机。它的力量很强，可以从非常深的矿井里向外抽水。但是它需要耗费大量的燃料。瓦特仔细研究了纽克曼蒸汽机，发现它有一个很大的缺陷，它没有把能量利用好。

问题在哪儿呢？

纽克曼蒸汽机只有一个气缸。蒸汽往这个气缸里头跑的时候，气缸变得很热。等气缸干活的时候，又需要把它凉下来。所以气缸需要一会儿加热，一会儿冷却，很多能量就白白浪费了。

瓦特想出来一个好主意。他给蒸汽机增加了一个气缸，变成了两个。热的气缸一直热，凉的气缸一直凉，互不干扰。这听上去好像并不复杂，真要做起来却非常困难。瓦特绞尽脑汁，才解决了所有的技术问题。最后，他成功地发明了瓦特蒸汽机，效率是老蒸汽机的五倍。

但是，瓦特蒸汽机也并不完美，所以在瓦特之后，还有一大堆发明家接着改进，把蒸汽机变得越来越巧妙。所以说，蒸汽机是一个漫长的发明，瓦特只是其中的一个环节。

瓦特蒸汽机

不过，瓦特的贡献确实很大。纽克曼蒸汽机效率低，太浪费燃料，所以一般人都用不起。瓦特蒸汽机大大降低了费用，用的人也就多了。用的人多了，就有人开始思考一个问题：“除了抽水以外，蒸汽机还能不能用在别的地方呢？”

当然可以！

后来，有人发明了火车。车厢前面挂一台蒸汽机，就可以在轨道上往前跑。还有人发明出了轮船，只要装上一台蒸汽机，不用风帆也能在海洋里行驶。就这样，蒸汽机越来越多，到处都能看到这种庞然大物。它们外形粗笨，看着就像会喷火的钢铁怪物。可是这些怪物却把人类世界拖进了工业文明。

听上去，工业革命好像都是发明家的功劳。英国运气好，碰巧有了这些发明家。要是别的国家有这些发明家，照样可以开启工业革命。实际上并不是这样。

首先，其他国家根本不可能出现这么多发明家。零星几个当然可能有，但是绝不会像英国这样，发明家如同下饺子一般，噼里啪啦地前赴后继。

英国有这么多发明家，跟它的专利制度有关。

我们可以想象一下，如果中国当时有一个张瓦特，他耗费几十年的时间，花了大量的钱，发明了一台蒸汽机，又会怎么样呢？他也许会生产蒸汽机往外卖。一台蒸汽机一百两银子。可是隔壁的张砖特马上就会仿制，做出一模一样的蒸汽机，也往外卖。张砖特没有研发费用，就可以卖得比较便宜，一台蒸汽机八十两银子就够了。

结果，张砖特发了大财，张瓦特的蒸汽机却根本卖不出去，破产了。他辛辛苦苦研究了一辈子，最后却变成了穷光蛋。最后张瓦特想不开，上吊自杀，留下一张遗嘱：“朋友们！千万不要发明蒸汽机啊！”

可是英国的情况就不一样。它很早就通过了一条法律，专门保护发明家的专利。瓦特享有新式蒸汽机的专利权，别人仿制他的蒸汽机，就得向他付钱。结果瓦特成了一个很有钱的人。

发明某种东西就能发财，所以才会有那么多人去当发明家。可是光靠专利制度就会产生工业革命吗？当然也不会。

工业革命需要很多条件，专利制度只是其中之一。它还需要一个很大的市场，生产出来的东西才能卖得掉；它还需要一个很好的投资环境，才能有钱去建造工厂；它还需要一些很好的法律，保护企业家的财产……所以，工业革命不是由一个原因产生，而是由很多个原因加在一起产生的。

漫画《七龙珠》说，七颗龙珠散落在世界各地。谁要是收集到这些龙珠，就能召唤神龙，满足自己的愿望。工业革命就像这条神龙。古希腊可能凑齐了三颗龙珠，中国宋朝可能凑齐了四颗，可一直到十八世纪，英国才终于把这七颗龙珠都搜集到了。

随着人类的一声召唤，神龙在天空中闪现出来。

它的鳞片在阳光下熠熠生辉，风和云在它身边激荡。神龙说：“好吧，我满足你们的愿望！你们可以无限地增长，永无止境地增长。只是，你们不要用这种力量毁了自己！”

人类说：“那可说不准……”

神龙消隐，工业革命开始了。

小结

工业革命在英国启动。人类由此进入了一个全新的时代，经济具有了无限增长的可能。

77

公元1839年的世界

又到了我们停下来看世界的时间了。

上次是在公元1500年，这次就让我们选择公元1839年吧，因为第二年就是公元1840年，鸦片战争爆发了。从那以后，中国就进入了一个新的阶段。所以就让我们看看在鸦片战争前夜，世界是什么样子的。

现在欧洲成了世界舞台的中心，那就从欧洲开始参观吧。

首先是英国。

你可以想象一下，如果你坐着一个飞毯掠过英国的天空，会看到什么呢？你会看到耕地、河流、原野、城镇……你还会看到无数的烟囱，不停往上冒黑烟，把天空都给熏黑了。黑色的灰尘落下来，把好多红房子都染成了黑房子。

地面上，人们忙忙碌碌，到处都是乒乒乓乓干活的声音。你如果跳下飞毯，去找一个人聊天，他就会对你说：“别看你是从飞毯上跳下来的，我也没工夫跟你闲扯，我忙着呢！”是啊，这里的每个人都很忙。他们忙着生产各种各样的商品，然后再忙着把它们卖出去。

在田野里延伸着又细又长的铁路，它们像蜘蛛网一样覆盖着英国。蒸汽机冒着黑烟，拖着车厢，日夜不休地行驶着。

海边停泊着数不清的船只。它们把英国的商品运到全世界，再把全世界的商品运回来。大部分的船都是从伦敦开出来的。伦敦有两百万人口，是全世界人口最多、也最富裕的城市。无论是当年的罗马城，还是长安城，在它面前都黯然失色。

伦敦城的王宫里面，有一位二十岁的年轻姑娘。她是英国女王维多利亚。她一口气当了六十多年的女王。后来，人们就把这六十年称为维多利亚时代。那是英国最强大、最威风的一段时间。

在公元 1839 年，这个时代刚刚拉开序幕。

现在让我们离开英国，飞到欧洲大陆。

这里的情况要复杂得多。在欧洲大陆的西边，你能看到火车和轮船，也能看到冒着浓烟的工厂。只不过，这里的火车和工厂没有英国的多。因为工业革命刚刚传播到这里。

越往东走，欧洲就越荒凉。最东面的国家就是俄国。这里几乎没有工厂，城市也很稀疏。俄国老百姓比英国人穷得多。他们几乎全是农民，日子过得跟几百年前没有太大变化，还是住在肮脏的房子里，吃黑面包，喝蔬菜汤。

这些农民基本都是农奴。农奴不是奴隶，但也差不了太多。他们不能随便离开土地，不能自由地工作，地主老爷甚至可以卖掉他们。这是非常落后的制度。在十九世纪的欧洲，它显得太刺目了！

俄国人自己也觉得这样很不好。再过二十来年，沙皇就会解放他们，废除掉农奴制度。

俄国的农民虽然很落后，但是俄国的贵族老爷们却过得很高雅，和英国财主的差距很小。其实在整个欧洲，最有钱有势的那帮人看着都差不太多。他们都跳舞，都听歌剧，都会说法语，都过着一种文雅奢侈的生活。

为什么他们都会说法语呢？因为在公元1839年的时候，法国被认为是最优雅的国家，法语是最优雅的语言。法国人自己尤其这么认为！

拿破仑倒台以后，法国衰落过一阵子。任何国家被邻居群殴倒地的话，总是要衰落一阵子的。但是法国很快就复兴了，又成了欧洲的强国。在拿破仑的时代，法国人很能打仗。现在也许没那么能打仗了，但他们还是鼻孔朝天，瞧不起外国的邻居，觉得那些家伙都是些粗人。

在他们看来，巴黎不仅是法国的首都，也是全世界的首都。这里的服装、香水、歌剧、美术、建筑，都是人间的极品。人生在世，不做一个法国人，是最大的损失！

欧洲的贵族太太们一提到巴黎，也确实都会眯缝起眼睛来，摆出心醉神迷的表情："啊，巴黎……"

可如果放在几十年前，巴黎的断头台会把这些贵族太太的头"咔嚓咔嚓"都砍下来！

在欧洲已经停留得太久了，让我们飞越大西洋，到美国去看看吧。

这里没有英国那么热闹，也没有法国那么高雅。但是它生机勃勃，充满活力，就像一个毛头小伙子，浑身上下有使不完的劲儿。

美国正在膨胀，个头越长越大。几十年前，它从拿破仑手里买到了一大块土地。这块土地叫路易斯安那，有两百多万平方公里。它本来是法国的殖民地，拿破仑不想要了，就用1500万美元的价格卖给了美国！美国只花了这么点钱，就让自己的国土面积翻了一番。

可就算这样，还有不少美国人抱怨这笔买卖不划算呢！

如果你从北到南，飞越整个美国，你会发现一件怪事。美国不像一个国家，而像一南一北两个国家。

在北方，有很多工厂和铁路，也有很多农田。所有人都很忙碌，没有谁闲着不干活。这里有白人，也有黑人，但没有奴隶。

可南方就不一样。那里没有多少工厂，到处都是棉花地。成群结队的黑人奴隶，弯着腰在那里摘棉花。谁如果偷懒，监督的工头就会上去就是一鞭子。在棉花地旁边，你能看到漂亮的大房子，奴隶主住在里面。他们举办宴会，喝酒玩乐，过着非常奢侈的生活。

美国的北方和南方，为什么会差别这么大？

这跟建立殖民地的过程有点关系。

最早来到北方的殖民者，很多都是清教徒。他们从心底里讨厌奴隶制。在他们看来，这不仅对奴隶很残忍，也会让奴隶主变成不劳而获的懒汉。曾经有位船长从非洲抓了一些黑人，运到这里来卖。清教徒们非常生气，把这个船长抓了起来，然后掏钱把所有黑人送回了非洲。

可在美国南方，大家不太会这么看问题。他们觉得，让奴隶帮自己干活，完全是一件好事。

那我们能不能说，北方人就是好，南方的奴隶主就是坏呢？

也不能这么说。

北方人讨厌奴隶制，不光是观念问题，也因为他们没受到太大的诱惑。奴隶在北方没有多大用处。你让奴隶去操作蒸汽机？蒸汽机会爆炸的。你让奴隶去地里种庄稼？庄稼会荒芜的。这些工作更适合自由人。在北方，找不到适合奴隶的工作，所以养奴隶并不划算。

但是在南方就不一样。南方有很多棉花地。摘棉花需要大量的劳动力，这种工作又枯燥又简单，奴隶也可以很好地完成。所以，南方人从奴隶身上可以赚到很多钱。

南方的奴隶主们不知道这么做不对吗？在内心深处，他们可能也知道。但是奴隶制可以帮他们赚很多钱，他们就会不由自主地找各种理由，来替奴隶制辩护：

“黑人只配当奴隶！不当奴隶，他们就不知道怎么过日子！这也是为他们好！”

他们就用这种话来骗自己。时间一长，也许他们就真的相信了。你还记得印度的种姓制度吗？祭司们总是欺压剥削贱民，为了证明这么干有道理，他们编了一个神话，说那些贱民都是脚丫子变的，活该被欺负。时间一长，祭司们自己也信了呀！

其实这些奴隶主也不是天生邪恶，只是抵御不住诱惑。这也告诉我们一个道理：我们都知道魔鬼是坏的，可一旦你从魔鬼手里接过礼物，你就会替魔鬼辩护。

这就是美国，它的北方和南方正在慢慢走向分裂。

现在，让我们再度飞越大西洋，来看看非洲。美国人的奴隶就是从那里来的。

非洲很倒霉。自古以来，外边的人就喜欢到这里来抓奴隶。在他们看来，黄金和奴隶是非洲的土特产。阿拉伯商人就曾经骑着骆驼，穿越撒哈拉大沙漠，到这里来成千上万地购买奴隶。

到了大航海时代，欧洲的奴隶贩子也来了。他们带走的奴隶更多，对待奴隶也更加残酷。他们在三百多年的时间里，抓走了一千多万黑奴。其中美国只购买了一小部分，更多的黑奴被送到了巴西，还有美洲的一些海岛上。

贩卖黑奴的船舱

欧洲奴隶贩子非常恶毒，如同一群野兽。他们先用烙铁在奴隶身上烫出一个标志，然后就把奴隶塞进船舱，横渡大西洋。一连几个月，奴隶们就被关在甲板底下，挤得密不透风，睡觉的时候甚至都没法翻身。整个船舱臭气熏天，就像一个屠宰场。不少黑人宁愿跳到海里去喂鲨鱼，也不愿再受这份罪。据说，光是死在大西洋里的黑人，就有上百万。

奴隶贩子并不自己动手抓奴隶。非洲太大了，也太神秘了。他们不敢深入内地，所以就找黑人国王来购买奴隶。黑人国王会派军队去捉拿奴隶，用来交换欧洲人的火枪、布匹和酒。有时候整个村庄的人一个不剩，全部都被抓走。当时，在非洲出现了好多这样的奴隶王国。他们卖掉自己的邻居，换来武器，再用这些武器互相残杀。

这真是一个可怕的勾当。

奴隶贸易最鼎盛的时期是在十八世纪。进入十九世纪以后，人类开始进入工业社会，奴隶制显得有点过时，所以很多国家都禁止了奴隶贸易。现在已经很少有人过来抓黑奴了。

这当然是个进步，可这个进步来得太晚了！

当你飞越非洲上空的时候，在大地上只会看到一片悲惨的景象。到处是饥荒，到处是战乱，一片萧条。

这是一块流着鲜血的土地。

从非洲往东北方向飞翔，就会进入亚洲。

亚洲的伊斯兰世界衰落了。当年，奥斯曼帝国攻占君士坦丁堡，横扫欧洲东南部，显得威风无比。现在它既腐朽，又懒惰。奥斯曼曾经是一头威武的狮子，如今它的牙齿已经掉光，爪子也不再锋利，只能病歪歪地躺在洞穴里。

印度更糟糕。莫卧儿帝国已经崩溃了，皇帝变成了军阀们的傀儡，什么权力也没有。英国人乘虚而入，占领了这里。印度经常被外敌征服，已经有点习惯了。它叹了一口气，就举手投降，成了英国的殖民地。

从印度再往东，就是我们中国。

中国完全是另一个样子。这里就像是《睡美人》里的魔法森林。时间停止了，一切都陷入了沉睡。外面发生了那么多事情：印度成了殖民地，法国爆发了大革命，欧洲出了个拿破仑……可是在魔法森林里，几乎没人知道这些事情。森林里的人不愿意出去，对外面的事也毫无兴趣。

当你坐着飞毯穿越中国，你会看到一切还是老样子。没有铁路，没有轮船，也没有蒸汽机。更没有人谈论平等、自由这些东西。在这里，人们的想法跟几百年前没有太大区别。

如果你一直朝着北方飞，你会看到北京的紫禁城。大清王朝的道光皇帝就住在那里。

这是一个奇怪的皇帝。你如果仔细观察他的话，就会发现他的衣服上居然打着补丁。别的皇帝吃饭都是山珍海味，可道光皇帝的餐桌上往往只有四个菜、一个汤。有时候啃两个烧饼，就能对付一顿。他宴请大臣的时候，每个大臣只给一碗打卤面。

这本书写过一些吝啬的帝王，比如英国的那位伊丽莎白女王。

但是所有这些帝王都没有道光皇帝更懂得节省。

但是很奇怪，皇帝过得这么省，可国家还是越来越穷，越来越弱。大家都有种感觉，王朝的盛世已经过去了，现在一切都在走下坡路。

透过紫禁城的窗户，你会看到一个忧心忡忡的皇帝。他穿着打补丁的衣服，对着面前的四盘菜，长长地叹气：“朕的大清这是怎么了呢？”

其实没有什么。它就是衰老了。中国历代王朝的神秘规律又在起作用了。这个王朝离灭亡还有很多年，但是它已经过了最好的时光。现在等待它的，就是漫长的衰落。

只不过，这次的衰落会有点与众不同。一群英国人马上就要闯入大清的魔法森林。道光皇帝不知道英国在哪里，也不知道它离中国有多远。但是这帮人很快就会和清朝打一场战争，把中国搞得天翻地覆。

而且，中国居然打输了！

一个天朝大国，居然在家门口被一群来自几万公里外的英国人打败了！

这是前所未有的大怪事。

不过在公元 1839 年的时候，道光皇帝还不知道这些事情。他吃完饭，就回到寝宫睡觉去了。接着，整个紫禁城也慢慢睡着了。在外面，整个中国也慢慢睡着了。

森林里的魔法只能再持续一年了。

小结

这一章对公元1839年的世界做了一个简单的回顾。工业化正在欧洲普及，美国也在快速增长。与此同时，非洲的情况非常悲惨，亚洲各国也都陷入了停滞状态。

78

粘上一个裂开的房子

如果你问美国小朋友："请告诉我，最伟大的美国总统是谁？"

他一定会回答说："华盛顿！"

如果你接着问："非常正确！那么第二伟大的总统又是谁？"

他也一定会回答说："林肯！"

是的，除了华盛顿以外，林肯被公认为最伟大的美国总统，因为他打赢了南北战争，解放了黑奴，带领国家闯过了最危险的一关。

林肯

林肯出生在大平原上的小木屋里。他家里很穷，所以林肯从小到大，只上过一年的学。但是他不停地努力自学，最后还是成了很有知识的人。林肯从事过很多职业。他当过水手、伐木工、邮递员、土地测量员、律师，还开过杂货店。

据说他开杂货店的时候，有次不小心多收了人家六美分。他发现以后，就连夜走了五公里，找到对方家里，把六美分还给了他。后来，人们都管他叫“诚实的亚伯”。他的全名叫亚伯拉罕·林肯，“亚伯”是名字的简称。

林肯不光诚实，还很有幽默感，有时候甚至会拿自己开玩笑。

他非常瘦，长得很难看，有人甚至说他像具骷髅。有一次，林肯的对手攻击他，说：“林肯是个两面派！他有两副面孔！”

林肯反驳说：“这真是胡说！你让大家来评评理，我要是真有两副面孔的话，怎么会戴上现在这一副呢？”大家看着他那张又长又丑的脸，都大笑了起来。

从这里就能看出来，林肯口才很好，反应机敏。他靠这个能力搞起了政治，参加竞选，当上了国会议员。公元 1860 年，林肯甚至当选了美国的总统。

从一个伐木工变成总统，在那个年代，只有美国才会发生这样的事情。当时的美国确实充满活力，给普通人提供了很多机会。

林肯刚当上总统，就爆发了一场可怕的内战。美国人拿起武器，互相作战，差点把美国分裂成两半。为什么会这样呢？

答案是三个字：奴隶制。

上一章说过，美国的南方存在奴隶制，而北方却反对奴隶制。为了这个问题，双方吵得不可开交。因为这件事太重要了，它将决定美国以后的命运。未来的美国，是一个自由的国家呢，还是一个有奴隶的国家呢？这个问题不解决，迟早会出问题。

林肯发表过一个著名的演讲。他说:“美国就像一个裂开的房子。这样的房子是站不住的。美国不可能永远是这个状态，一半是自由，一半是奴役。它要么就全都变成自由的，要么就全都变成奴隶制的。否则的话，这个房子就会垮掉。”

结果这个房子真的垮掉了。

南方人越来越讨厌北方人，觉得这帮家伙都是一群口是心非的伪君子，明明自己也歧视黑人，却对我们指手画脚！他们决定独立出去，建立一个奴隶共和国，再也不受北方人的干涉。

公元 1861 年，双方彻底决裂。南部的十一个州，组成了“南方联盟”，宣布独立。

依北方看，这是分裂祖国，罪不可赦。可是在南方联盟看来，宪法并没有规定不能自愿退出啊，退出是我们的权利！当年华盛顿打的是“第一次独立战争”，现在我们打的是“第二次独立战争”。

碰到这种事情，双方总是都认为自己才是正义的。

美国有好几十年没有大规模战争了，所以一开始，大家根本不知道战争是怎么回事，还觉得跟做游戏一样呢。

双方第一次正式交手，是在离首都不远的地方。首都华盛顿（是的，为了纪念那位华盛顿总统，美国首都也起名叫华盛顿！）的老百姓听说以后，可开心了：“打仗了，打仗了，快去看热闹啊！孩儿他爸，别忘了带上野餐篮子，最好再拿上点葡萄酒。还要叫上隔壁的苏珊大婶。她瘫痪了！不过没事，我推着她的轮椅，一块儿去看打仗！”

国会议员、记者，还有普通老百姓，成群结队跑去看打仗。他们带上吃的喝的，还有望远镜，提前占好位置，一边野餐，一边等着看打仗。那个场景就像现在看露天电影似的。

好家伙，真打起来，居然子弹横飞，大炮轰隆隆地炸。人刚才还活蹦乱跳，转眼身子都给炸飞了，满地都是血。人们都看傻眼了：“战争也太吓人了呀！”

最糟糕的是，北方军队转眼之间就被打败了，士兵乱七八糟地撤退。正在吃野餐的群众张皇失措，四散奔跑，一路逃回了华盛顿，吃的喝的被扔了一地。

从那以后，再也没人敢跑到战场上看热闹了。

美国人也总算搞明白了一件事：战争不是游戏，它非常残酷。

这次南北战争是美国历史上最残酷的一场战争。战争打了四年，死了上百万人。美国后来又打过好多次战争，包括两次世界大战、越南战争、伊拉克战争等等。所有这些战争全部加起来，也没有南北战争死的人多。

美国的北方有无数的工厂和蒸汽机，南方却只有棉花和奴隶。打起仗来，北方的力量当然更强。但是，南方联盟非常顽强，全民皆兵，死磕到底。它还有一个非常了不起的将领，名叫罗伯特·李，人们都称他为李将军。

李将军本人也强烈反对奴隶制，但是他身为南方人，很自然地站在了南方联盟一边。他有超一流的军事才能，经常以少胜多，把敌人打得落花流水。这样一来，战争就被拖长了。

打到后来，很多北方人也动摇了，觉得死的人太多了，干脆让南方独立算了。但是林肯总统态度非常坚决，不管打多久，也决不允许南方独立。就这样，他拖着美国人往前走，把这场战争死死地打下去。

战争进行到一半的时候，他签署了《解放宣言》，宣布南方联盟的所有黑奴全部获得自由。这份宣言标志着奴隶制的结束。为此，黑人把林肯称为“解放者”。有的黑人见了林肯，甚至会跪在地上吻他的脚。林肯总是被弄得很尴尬，要费很大力气才把他们拉起来。

南北战争又是一场消耗战。消耗战打到最后，总是实力更强的一方获胜。北方损失一个大炮，可以再生产一个大炮；损失一个士兵，可以再补充一个士兵。它消耗得起，而南方消耗不起。李将军就算有天大的本事，到头来也是无计可施。南方军队的武器越来越差，士兵越来越少。最后，李将军的部队被切断了补给线，连食物都没有了。

就算到这个时候，很多军官还是不肯认输。他们说：“决不能投降！把军队分散开，打游击去！”李将军拒绝了。他摇了摇头，说：“我们不能只考虑对自己的影响，还要考虑对国家的影响。你这样做的话，会让这个国家很多年都无法恢复。”

他告诉南方士兵们：“回家吧。战争结束了，你们曾经是好士兵，现在回去做个好公民吧！”

他向北方军队投降，南北战争终于结束了。

美国再度统一，奴隶制被永远废除。这是一件非常了不起的成就，就连李将军后来也说："我并不是为奴隶制而战。我很高兴奴隶制被废除了，我相信这对南方也是一件好事。"

在这个过程中，贡献最大的就是林肯总统。四年战争打下来，林肯压力太大，操心太多，整个人看着像是老了十几岁。现在战争结束，他可以松口气了。

但是仅仅在李将军投降六天以后，林肯就被刺杀了。

林肯似乎对这件事有预感。就在三天前，他刚做了一个非常可怕的梦。在梦中，林肯听到远处传来哭泣的声音。他走下楼梯去，发现在白宫的东大厅，有一具被白布包裹着的尸体。周围有好多人围着哭。他问："这是谁的尸体？"人们回答说："这是美国总统。他被人刺杀了！"

然后林肯就醒来了。

出事的那天，林肯和妻子去剧院看演出。那是一个喜剧，林肯坐在总统包厢里，看得很开心。但是谁也没注意到，有个人偷偷溜进了包厢，在林肯背后举起了手枪。手枪距离林肯的后脑勺只有一米多。舞台上正好演到一个滑稽的段子，林肯哈哈笑了起来。这个时候，手枪忽然开火。

子弹一下子射进他的脑袋。他死了。

林肯的遗体被摆在白宫的东大厅，跟他梦到的情况一模一样。为什么会这样？我也不知道，也许只是一个巧合吧。

人们把林肯当成一个烈士，为他哭泣，为他哀悼。著名诗人惠特曼为此写下了一首诗《啊，船长！我的船长！》：

船已经安全到岸，我们已经走完了可怕的航程
欢呼吧，海岸！轰鸣吧，钟声！
可是，我却迈着悲伤的步履，
在甲板上，躺着我的船长，
他已经倒下，已经死去，已经变得冰冷。

林肯虽然死了，但是他已经完成了自己的事业。美国重新统一，废除了奴隶制，开始了高速发展。没过多久，它就成了世界上最大也最富的国家。回顾历史的时候，人们都会说：林肯真是一位伟大的总统。

不过他也没有彻底解决黑人的问题。黑人虽然被解放了，可是白人还是不肯平等地对待他们。其实就连林肯也看不起黑人。他虽然心地善良，坚决反对奴隶制，但也觉得黑人不配跟白人平起平坐。林肯甚至认为，应该把美国的黑人都送到别的地方，让他们建立一个自己的国家，不要跟白人住在一起。

你看，就连林肯这么伟大的人物也很难摆脱时代的偏见。实现种族平等，需要一个漫长的过程，光是一个《解放宣言》是不够的。

一直到今天，这个问题还在纠缠着美国。

也许，它还在纠缠着整个世界。

小结

由于在奴隶制问题上的矛盾，美国爆发了南北战争。林肯总统带领北方最终赢得战争，维护了美国的统一，废除了奴隶制。战争结束不久，林肯就遭到了暗杀。

79

一个狂热的学生

中国有一位隔海相望的邻居：日本。

啊，这真是个一言难尽的邻居！

美国南北战争结束以后没多久，我们这个邻居也出了一件大事：它搞起了“明治维新”。

说到明治维新，就要先说说日本这个国家。日本跟中国有点像，因为它的很多东西都是从中国学来的。比如日文里就有很多汉字，日本学生背诵的也是孔子、孟子的书。顺便说一句，日本人还特别喜欢唐代白居易的诗，白居易在日本几乎比在中国还有名。

但是在很多地方，日本又跟中国完全不一样。比如说中国最尊重读书人，说“万般皆下品，唯有读书高”，而日本人最尊重武士。这些日本武士身上带着两把刀，走在大街上神气活现。当时的法律规定，老百姓碰见武士，必须恭恭敬敬地给他们让路。万一碰撞到武士的身体或者佩刀，武士就可以拔出刀来，大喊一声：“八嘎！”一刀把这个老百姓砍死。日本人管这叫“无礼讨”。

当然，武士在无礼讨的时候，也必须提供证人，证明这个老百姓确实冒犯他了。不然的话，他们想杀谁杀谁，老百姓不就被杀光了吗？

武士必须重视荣誉，不能怕死。他们如果犯下丢脸的错误，往往就要切腹自杀。切腹的人拿一把短刀“哧”地插进肚子里，然后横着拉一刀，让血流出来。光是这样并不容易死掉，所以他旁边往往还要站着一个助手。这个助手被称为“介错人”。介错人手拿长刀，看血流得差不多了，就一刀把切腹者的头砍下来。

日本武士

有点恐怖，是吧？这是日本独有的自杀方式。

日本最高领袖叫天皇。据说天皇是太阳女神的后代，地位至高无上，但是真正掌握实权的是幕府将军。在将军下面，有二百多个诸侯。每个诸侯都占一块土地，养一群武士。这些诸侯都要服从将军，但将军也不能对他们为所欲为。从这里看，日本又有点像中世纪的欧洲。天皇就像教皇，将军就像国王，诸侯就像大城堡里的贵族，而武士就像西方的骑士。

不过，中世纪的欧洲是开放的，跟外界有很多交流，而日本的将军讨厌外国人，所以下达了锁国令，把日本关闭了起来。这一关，就是两百多年。

可是到了公元1853年，日本的大门忽然关不住了。

在这一年，日本海面上出现了四艘大船，上面还冒着浓浓的黑烟。日本人吓了一跳：“天啊，这些船怎么在海上烧起来了？”其实那不是烧起来了，而是船上蒸汽机冒出来的烟。

这四艘船是美国人的，他们要求日本开放两个港口。日本人并不愿意，但是这四条船太厉害了，根本阻挡不住它们。于是，日本人只好同意，开放了港口。这几艘美国船的外壳是黑色的，而且不断地冒黑烟，所以这件事在历史上就被称为“黑船来航”。

黑船来航就像是日本版的鸦片战争。大家对这件事很不高兴，认为这是将军的过错。他们说：“四条黑船就把将军吓得心惊胆战。这样的笨蛋，我们要他干什么！”本来就有很多人讨厌将军，现在他们趁机打出旗号，要推翻将军的统治。

这位将军叫德川庆喜。他确实有点笨，但有个很大的优点，那就是知道自己笨。人笨点不怕，就怕不知道自己笨。没本事还想干大事，一定会倒大霉。德川庆喜就很有自知之明，一有危险就乖乖投降。

他只和敌人打了一次真正的战役，结果失败了。但是德川庆喜的军队在战斗中只损失了几百人，完全可以接着打下去。手下的将领们大喊大叫：“将军，不要灰心啊！请带领我们作战吧！”

德川庆喜慷慨激昂地说：“请诸位放心！我一定会带领大家，打败敌人！你们放心睡觉吧！养好精神，才能奋勇杀敌啊！”

大家就去睡觉了。德川庆喜呢，偷偷溜上船，连夜出逃，跑到了一个叫江户的地方。被他扔下的军队没有首领，就瓦解掉了。敌人接着杀到了江户，德川庆喜也不抵抗，乖乖地开城投降。在历史上，这件事被称为“江户无血开城”。幕府时代就这么结束了。

公元 1868 年，日本天皇搬到了江户，把它改名为“东京”。

听上去，德川庆喜有点无能，其实他做出了最聪明的选择。如果换上一个喜欢逞能的家伙，日本肯定会血流成河，到最后将军还是会失败。这是时代的大趋势，人力很难扭转。德川庆喜迅速投降，让日本不用流那么多血，他自己也太太平平活到七十多岁，整个家族也很昌盛。

将军垮台以后，明治天皇掌握了权力。当时他只有十几岁，但非常聪明能干。明治天皇刚上台的时候，很多人都说：“将军被打倒了，我们要过太平日子了！我们应该赶走洋鬼子，重新把日本锁起来。”

可明治天皇并不打算这么做，因为他知道，跟西方比起来，日本实在太落后了。

明治天皇曾经派出一个考察团到西方去参观。考察团出发的时候，特意准备了几十个大灯笼，打算晚上照明用，结果到地方一看，发现根本用不上。他们住的旅馆是五层楼，晚上灯火通明，亮如白昼。再看外面的城市，到处是银行、商店和工厂，铁路更是一眼望不到头。他们真是大开眼界。

他们回来以后，就对天皇说：“洋人是赶不走的，也不该赶走。日本要做的，就是向他们学习！”

于是，日本发动了一场改革。这场改革被称为“明治维新”，它的主要内容就是向西方全面学习。

日本有不少毛病，但它有一个最大的长处，那就是愿意向别人学习。清朝学习西方的时候，总是有心理负担：“我们是天朝大国呀，要是向洋鬼子学习，多没面子呀！”日本人完全没这个顾虑。以前他们学习中国，不觉得丢脸，现在他们学习西方，也不觉得丢脸。只要对自己有好处，他们就会认真地学。

明治维新有两个著名的口号。

第一个口号是“文明开化”。就是说日本原来太野蛮落后了，西方人很文明，我们要向他们学习！

第二个口号是“脱亚入欧”。日本人认为亚洲是落后的，欧洲是先进的。日本应该脱离亚洲，成为欧洲国家。他们当然不可能真把日本搬到欧洲去，但是在精神上，他们想变成欧洲人。

在我们看来，这好像有点缺少民族自尊心，但是日本人不这么想。他们几乎是在狂热地模仿西方。

欧洲人吃牛肉，日本人就说：“既然人家欧洲人吃牛肉，说明吃牛肉是文明行为！我们日本人也应该吃牛肉！”

欧洲人喝牛奶，日本人就说：“既然人家欧洲人喝牛奶，说明喝牛奶是文明行为！我们日本人也应该喝牛奶！”

欧洲人戴大礼帽，他们也跟着戴大礼帽。欧洲人穿燕尾服，他们也跟着穿燕尾服。反正欧洲人干什么，日本人就模仿什么。

但是，他们模仿得并不是特别像。明治维新的时候，日本人曾经举办舞会，用来招待欧洲人。欧洲人去了以后非常吃惊。这些日本人穿着西方服装，跳着西方舞蹈，每个动作都很正确，但非常僵硬，看着就像一群机器人在跳舞。

日本西化的沙龙会馆“鹿鸣馆”

为什么呢？因为日本人并不理解舞蹈的含义，也不能从中体会到快乐，他们只是死记硬背每一个动作。其实不光跳舞，日本在很多方面也是这样。明治维新废除了武士制度，取消了诸侯的权力，开设了工厂，建立了学校，创立了银行，等等。它一切都按西方的样子来做，却并不真正理解西方文明。

所以，明治维新以后的日本，总是有点怪怪的。

它既不像东方，也不像西方。

不过，明治维新还是很了不起。当时很多亚洲国家都在学习西方。就连中国在鸦片战争之后，也搞起了“洋务运动”，想学习一点西方先进技术。大家都在学，但是日本学得最认真，最狂热。

结果它也最成功。

日本成了一个真正的工业化国家。十九世纪末的时候，世界上有八个最强大的国家，号称八大列强。其他七个列强都在西方，只有一个在亚洲，那就是日本。

但是，周围的邻居可不觉得这是一个好消息。对于一只羊来说，所有的狼都是可怕的，但是离自己越近的狼越可怕。如果家门口出现了一只狼，那可真是大难临头了。

日本强大以后，就开始欺负周围的邻居。它把整个朝鲜都征服了，然后又和中国打了一场甲午战争。中国的北洋舰队全军覆没，不得不向日本求和。结果，日本抢走了我们的台湾，还勒索了一大笔钱。以前，英国和法国也欺负过我们，可谁也没有日本欺负得这么狠。从此之后，中国就多了一个非常危险的敌人。

明治维新存在着黑暗的一面。它把日本变得更强大，也更凶狠。日本废除了武士制度，却继承了武士的好战精神。

如果你看过明治天皇的照片，就会注意到一件事。这位天皇也许很威风，但是他的眼睛里有一种凶光。这种凶光可不是好兆头，它给日本历史带来了一股杀气。

这股杀气一直持续到了第二次世界大战的结束。

小结

日本发动倒幕战争，推翻了德川幕府的统治。新政府进行“明治维新”，全面向西方学习。日本变强大了，但也变得更加凶狠了。

80
玻璃盒子水晶宫

在十九世纪的时候，无论美国，还是日本，都是世界舞台的边缘国家。

世界舞台的正中心，是又小又大的英国。

说英国小，是因为它本土面积很小。我们觉得日本已经够小的了，其实英国比日本还小。可是，英国也很大，因为它有很多海外殖民地。最多的时候，它的领地占了整个地球的四分之一，比当年的蒙古帝国还要大。英国人说：在我们的领土上，太阳永远不会落下来，因为全世界都有我们的土地。所以，英国也被称为“日不落帝国”。

打下这样大的一个帝国，肯定需要很多很多军队吧？

不！英国的军队只有二三十万人，比法国、俄国、中国都要少得多。它能建立日不落帝国，靠的不是庞大的军队，而是强大的工业、先进的技术。

在十九世纪，英国是全世界最发达的工业国。最厉害的时候，英国本土生产的钢铁占了全世界的一半，煤占了全世界的一半，工业生产能力也占了全世界的一半。它的科技水平也远远超出其他国家。所以，它建立日不落帝国，并没有费太大的力气。

不过，说起来你可能不信，英国并没有故意建立什么帝国。

居鲁士说："啊，我要建立波斯帝国！"

成吉思汗说："啊，我要建立蒙古帝国！"

可并没有哪个英国国王说："啊，我要建立大英帝国！"英国人是为了做生意，为了发财，才不知不觉地建立了这个帝国。他们今天强迫亚洲开放一个港口，明天又在非洲建立一个商埠。为了赚更多的钱，他们就会逐渐卷到当地事务里去。天长日久，就拼凑出了一个帝国。别人的帝国都是拼命打下来的，可日不落帝国更像是做生意的时候，得到的一个赠品。

现在英国成了全世界的贸易中心。所有国家的好东西，在这里都能找得到。英国人扬扬得意地说：

"啊！美国和俄国是我们的庄稼地，加拿大和波罗的海是我们的伐木场；澳大利亚有我们的绵羊，南美洲有我们的牛。秘鲁给我们送来白银；澳大利亚给我们送来黄金。印度和中国给我们种茶叶。东南亚给我们送来香料。法国是我们的葡萄园，地中海是我们的水果园。所有的好东西，我们应有尽有。我们真是幸福的人啊！"

统治日不落帝国的是维多利亚女王。不过，时代不同了，她虽然是女王，却没有多少权力，只是国家的一个象征。

刚当上女王的时候，维多利亚只是一个胖乎乎的小姑娘，爱玩爱笑，也没什么架子，看上去相当快乐——这是《简·爱》的作者对她的近距离评价。但是后来，不幸的事情发生了。她的丈夫忽然去世。女王变得非常悲伤。从那以后，她总是穿着黑色的衣服，一副不开心的样子。渐渐地，她从一个活泼的小姑娘变成了一个胖胖的老太太。可是，英国人非常爱戴这位老太太。因为她当女王的这六十多年，是英国最威风、最强大的时期。

维多利亚女王

维多利亚女王的丈夫叫阿尔伯特。和女王结婚以后，他被封为亲王。阿尔伯特亲王对科技发明很感兴趣，经常研究各种机器。有时候，一台巨大机器上少装了一个齿轮，他都能一眼看出来。

正因为阿尔伯特亲王对机器感兴趣，所以他想出了一个很棒的主意。他打算创办“世界博览会”。这是一个大型的展览，世界各国都可以带着展览品参加。展览品可以是工业发明，也可以是艺术品，只要有特色就行。女王对这个想法非常支持，阿尔伯特亲王就全力以赴地干了起来。

他打算盖一个最漂亮、最现代的展览馆。人们给他送去了 234 个方案，他全都没看上。最后，他找到了一个极其大胆的设计：展览馆将不用砖，不用石头，全部用玻璃！

好几万平方米的一个玻璃房子？大家觉得这简直是发疯。

有人说，如果碰上个阳光强烈的日子，这房子肯定会失火。有人说，一旦有风吹草动，房子就会被震塌。还有人说得更可怕：伦敦有五千万只麻雀，这五千万只麻雀要是一起飞到玻璃房子上拉屎，整个屋顶都会被鸟粪淹没。

可是阿尔伯特亲王坚决要这么干。他搭建了一个玻璃房子的模型，结果太阳并没有把它点着，伦敦的麻雀也没有集体跑过来拉屎。亲王还派了好多士兵，在模型旁边又蹦又跳，使劲跺脚。房顶都被震得颤动了，玻璃墙壁依旧纹丝不动。

这下，反对者总算没话说了。

经过漫长的努力，展览馆终于盖好了。它有十几个足球场那么大，远远看过去，就像扣在草地上的一个巨大玻璃盒子。阳光照射下来，玻璃盒子又变得像一块闪闪发光的水晶石，所以人们都管它叫水晶宫。

水晶宫有三十万块大玻璃，里外透明，上面还有一个巨大的圆顶。远远望过来，宛如童话世界的一个肥皂泡飘到了伦敦上空。参观者都目瞪口呆，简直不相信自己的眼睛。

为世界博览会建造的水晶宫

跟它比起来，金字塔、万里长城、凡尔赛宫也许更雄伟壮观，但是水晶宫给人一种前所未有的感觉，那就是科技感。它从头到尾就是工业科技的产物。这才是未来时代的精神。

公元 1851 年 5 月 1 日，维多利亚女王和阿尔伯特亲王来到水晶宫，主持开幕仪式。第一届世界博览会正式开始。

水晶宫里陈列了一万多件展品，里面有很多稀奇古怪的东西。印度送来了一颗世界上最大的钻石，名叫“光之山”；智利送来了一个五十公斤重的大金块儿；加拿大送来了一辆新型消防车；秘鲁送来了一坨非常非常大的鸟粪；还有人送来一头大象的标本，摆在展厅中间，看上去非常神气。

美国也参加了。大家本来都觉得美国人很土，是群没见过世面的乡下佬。可是他们的展品让观众大吃一惊。这些东西不像印度钻石那么漂亮，也不像大象标本那么气派，但是非常实用。

比如展览品里有一台收割机，割起麦子来，一台机器能干四十个人的活。还有一台缝纫机，用脚踩着踏板，就可以飞快地做出一件衣服来。美国还送来一种新发明出来的左轮手枪，不仅威力强大，而且所有零件都可以拆卸，组装起来很方便。看了这些东西，人们才知道，土里土气的美国肯定前途无量。

不过最引人注目的还是英国的展品，它们构成了一个宏大的机器王国。在这个王国里有几十吨重的火车头，有力量能比得上七百匹马的蒸汽机，有世界上最先进的自动纺纱机，还有起重机、抽水机、隧道和桥梁的模型等等。英国还展出了一个神奇的蒸汽锤。这个大锤非常灵巧，既能把一大块钢铁“啪”的一声砸扁，也能轻轻地敲开一个鸡蛋。大家看了以后都赞叹不已。

可惜清朝皇帝对博览会毫无兴趣，所以中国没派人参加。但是在博览会上，却意外地出现了一个中国人。他留着辫子，穿着官服，彬彬有礼地走上前向维多利亚女王致意。女王非常激动，觉得很有面子。于是，她下了一道命令，要给这个中国人最高待遇。大家就把他当成大清朝派来的代表，好好地招待了一通。然后他就不见了。

一直到最后，也没人搞明白这家伙是从哪儿冒出来的。

这次博览会办得非常成功。它持续了五个月，六百多万人前来参观。在人类历史上，它也有着非凡的意义。它有点像一次宗教祭祀。人们把水晶宫当成一件祭品，奉献给了伟大的机器时代。从此以后，人类算是正式迈进了工业化的世界。

对于英国来说，世界博览会也是一个象征。它标志着英国站到了世界的巅峰。维多利亚女王对此感到非常骄傲，她说：“这是我们英国历史上最伟大的一天，也是我生命中最幸福、最自豪的一天！”

不仅女王感到骄傲，英国老百姓也都感到骄傲。他们觉得自己的国家最了不起，世界上没有一个国家能比得上英国，而且永远也不会有。在英国的土地上，太阳永不坠落，光荣也永不褪色。

实际上，这个想法是错的。

英国是一个小国家，它不可能永远这么强大。英国能站到世界的巅峰，是非常偶然的事情。它确实拥有了不起的创造力，第一个打开了工业化的大门。要说起来，历史确实很奇妙，大创新往往是由小地方搞出来的，以前的苏美尔人、雅典人是这样，现在的英国人也是这样的。但是创新终究会普及开来。工业革命一旦普及，其他国家就会慢慢迎头赶上。

英国太小了，它只能在世界巅峰上待很短的一段时间。从长远来看，美国、中国、印度都要比它更有潜力。就算从短期来看，它也会碰到一个很强的挑战者。

这个挑战者就是德国。

它很快就会崛起，而且它会给世界带来很大、很大的麻烦。

小结

在维多利亚女王统治时期，英国成为“日不落帝国”，是世界上最发达的国家。公元1851年，英国举办了第一届世界博览会。它象征着人类正式进入工业化时代。

81

铁和血的力量

德国以前的历史，唉，是一团糨糊！

我可不想把你拖到这堆糨糊里去,所以只说一些最简单的事实。很久很久以前，德国被称为“神圣罗马帝国”，实际上，它一点都不神圣，跟罗马也没有关系，甚至根本算不上是个帝国！它是一锅乱七八糟的大杂烩，从来就没有统一过。

在德国境内有好几百个小国家，到了拿破仑战争以后，只剩下三十九个。但是三十九个还是太多。

在十九世纪的时候，世界开始流行民族主义。大家觉得，民族不应该四分五裂，而应该统一起来，建立自己的国家。这是一个大潮流，德国人也受到影响。他们说：“我们应该统一！应该把三十九个国家变成一个国家！”

但问题是：由谁来统一呢？

德国境内有两个国家最强大，一个是奥地利，一个是普鲁士。

现在人们说到奥地利，只会联想到音乐之都。你也许会觉得它是一个高雅斯文的小国家。可是在十九世纪，奥地利可不是什么小国家。它国土辽阔，人口众多，有很多军队。所以很多人就觉得奥地利更厉害，它会把德国统一起来。

可是奥地利并不太乐意。它的土地已经很多了，一半在德国境内，一半在德国境外。在奥地利生活着很多不同的民族，平时就有一大堆麻烦事。如果把德国统一了，麻烦事会更多。所以奥地利对这件事提不起兴趣。于是，这个任务就落到普鲁士头上。

普鲁士虽然比较小，但是很能打仗，有一支相当厉害的军队。它性格粗暴狭隘，有点军国主义的味道。可以打个比方，如果欧洲是个班级的话，英国就是班长，法国是文娱委员，俄国是壮实的体育委员，奥地利是音乐课代表，西班牙、葡萄牙都是成绩下滑的学渣，瑞典、荷兰是坐在角落里的小透明，而普鲁士则是一个喜欢欺负同学的小霸王。

普鲁士有一个大名鼎鼎的宰相，名叫俾斯麦。他是统一德国的大功臣。俾斯麦身材魁梧，满脸横肉，看上去就像一块大肉饼。其实他年轻的时候还是蛮俊俏的，可是他后来拼命地吃啊吃，每天都吃得昏天黑地，结果变成了一个二百多斤的大胖子。

铁血宰相俾斯麦

英国首相曾经跟俾斯麦一块儿吃饭，被他的饭量吓了一跳。首相说，从没见过像他那样吃饭的。好家伙，俾斯麦左手捧着水果，右手抓着大虾，两只手交替地往嘴里塞东西，好像三天没吃饭似的。俾斯麦一边吃，还一边抱怨，说自己晚上经常撑得睡不着觉。

但是，这个吃货也是一个狡猾的政治家。俾斯麦本人是个老顽固，满脑子都是些旧思想，讨厌自由，讨厌平等，讨厌民主，讨厌一切新事物。但是他非常聪明，看出了德国必然会统一，这是时代的大趋势。既然这样，他就决定带领普鲁士完成这个事业。

要统一德国，就必须建立强大的军队。可是普鲁士的议会反对说："不不不！扩充军队太花钱了！我们应该用文明的办法来解决问题。"

俾斯麦非常生气。他说："要解决真正重要的问题，不是靠你们这些人投票和辩论，而只能靠铁和血！"从此之后，人们就称他为"铁血宰相"。

但是俾斯麦并不是一个战争狂人。他总是把战争当成最后的手段。如果能不打，就不要打。如果实在要打，也要见好就收，不能像拿破仑那样，疯疯癫癫地打个没完。

从这一点看，俾斯麦是个有智慧的人。

他要打倒的第一个敌人，就是奥地利。一山不容二虎。要统一德国，必须打败奥地利。可是，俾斯麦不想被人家说成是侵略者。于是，他就搞起了阴谋诡计，编织了一个复杂的蜘蛛网，把奥地利困在里面。最后，奥地利终于发脾气了。公元 1866 年，它向普鲁士宣战。

奥地利人口更多，钱更多，军队也更多。人们都在议论：“唉，普鲁士这个倒霉蛋要挨揍了！”就连无产阶级导师恩格斯也看走眼了。恩格斯在报纸上发表了一篇文章，从各个角度论证奥地利必将获胜。他说：“普鲁士搞的这叫什么作战计划？！这是打败仗的最有效办法！”

恩格斯刚发表了这篇文章，普鲁士就获得全面胜利。奥地利被打得丢盔卸甲，溃不成军。双方的损失差不多是一比五。普鲁士军队每损失一个士兵，奥地利就要损失五个。几乎所有人都傻眼了。谁也没想到普鲁士这么能打，几拳就干倒了欧洲的音乐课代表！

后来专家们仔细分析了这场战争，才明白问题出在哪儿。

普鲁士军队有三样法宝：铁路、电报和来复枪。铁路可以快速集中军队，打敌人一个措手不及。电报可以传递信息，让司令官灵活指挥军队。新式的来复枪发射速度非常快，打起仗来很占便宜。这三个法宝都是工业时代的产物。而奥地利打起仗来，还是传统的老一套。所以，普鲁士当然就能打赢了。

战争结束以后，俾斯麦并没有狮子大开口，啃掉奥地利的一大块肉。他只是把奥地利赶出了德国，不许它再掺和德国的事儿。就这样，普鲁士成了德国唯一的霸主。

但要想统一德国，还要克服另一个障碍，那就是法国。

法国很不希望德国统一，拼命阻挠这件事。

于是，俾斯麦又策划了对法国的战争。

当时法国的皇帝是拿破仑三世。一听这个名字，你就知道他跟拿破仑有点关系。没错，这个人是拿破仑的侄子。前些年法国出现了混乱，他忽然冒了出来，用叔叔的名字来招摇撞骗。他一张嘴就是“我的叔叔拿破仑”，结果还真的唬住了法国人。法国人一激动，就让他当了皇帝。

公元 1870 年，法国和普鲁士的战争爆发了。

这一次，人们异口同声地说：“完了完了，普鲁士这次是完了！上次它捡了个便宜，打败了奥地利。可这次是法国啊。小普鲁士要完蛋了！”大家都觉得，当年拿破仑那么厉害，他的侄子肯定也不含糊。打一个小小的普鲁士，还不像抓小鸡一样手到擒来？

巴黎人大喊大叫：“打到柏林去！打到柏林去！”在一片欢呼声中，拿破仑三世威风凛凛，御驾亲征。

可结果真是出人意料！

普鲁士武器精良，指挥灵活。法国却搞得乱七八糟。拿破仑三世一点都不像“我的叔叔拿破仑”，他一头撞进了敌人的包围圈。在一个叫色当的地方，法国军队全军覆没，皇帝做了人家的俘虏。

全欧洲的军事评论家都目瞪口呆。当年拿破仑可是用十九天就占领了普鲁士啊！这才几十年不见，大法国怎么就变成这样了？

色当战役结束后，普鲁士军队长驱直入，包围了巴黎。法国只好宣布投降。普鲁士国王来到法国的凡尔赛宫，在这里举行盛大仪式，宣布德意志帝国正式成立。就这样，德国统一了。

拿破仑三世彻底垮台，他现在也不好意思再提“我的叔叔拿破仑”了。他流亡到了英国，专心致志地设计一种更节能的火炉，成了一位业余的发明家。法国人建立了一个新政府。俾斯麦逼着新政府答应了两个条件。

第一，向德国割让两块土地，一块叫阿尔萨斯，一块叫洛林。

第二，赔偿50亿法郎。法郎是法国的货币，50亿法郎折合多少钱呢？当年日本人打赢了甲午战争，逼着清朝赔了2.3亿两白银。这已经是很大的一笔钱了。可是50亿法郎差不多是它的五倍！

好在法国比清朝有钱。它用两年时间就把这笔赔款付清了，并没有伤筋动骨。

德国人当然很高兴。他们得到了土地，还得到了一大笔钱。以前经常欺负别人的法国，现在被踩在脚底下。俾斯麦一下子成了民族英雄。

但是这件事其实做错了。俾斯麦不应该逼着法国割地的。赔钱没关系，时间一长，法国也就忘了。可是土地不一样。法国人永远记着自己丢掉了两块国土。只要打开地图，他们就会痛恨德国。

以前，法国的死对头是英国，现在变成了德国。

两块土地换来了一个死对头，俾斯麦也有点后悔。他后来一直想和法国搞好关系，但始终不成功。但后悔也来不及了。他不可能说：“哎呀，法国你别生气了，我把这两块地还给你，别生气了！”那会显得自己很傻。而且德国老百姓也绝不会答应。俾斯麦一时骄傲，犯下了这么一个大错。

而且你猜，阿尔萨斯、洛林现在是谁的？

还是法国的！它们兜兜转转最后又回到了法国。那么，俾斯麦何必要这两块土地呢？土地并不是越多越好。无论是人，还是国家，都不能太贪心。

不管怎么说，德国统一了。统一以后，它很快就成了欧洲大陆的第一强国。本来欧洲各国有种大致的平衡，可现在忽然冒出来一个强大的德国，谁都打不过它。平衡就被打破了。

老平衡被打破，就需要建立一个新的平衡。在历史上，这个过程往往会动荡不安，会打很多仗，死很多人。

而且还有件事比较糟糕，那就是德国有点太凶了。当时的人们一提到德国，就会联想到一个戴着尖头帽、穿着军靴，横行霸道的军人。

回过头来看，让普鲁士来完成统一大业，是个很差劲的选择。它把狭隘好战的精神带进了德国，这种精神给世界带来了灾难，也给德国自己带来了灾难。但历史就是这样。我们没有办法推倒重来。

在东方，日本崛起了，在西方，德国统一了。它们偏偏又是两个比较好斗的国家。以后的麻烦事肯定不会少！

小结

普鲁士先后击败了奥地利和法国，建立了统一的德国。这件事打破了欧洲的平衡，国际局势被彻底改变。

82
第二个轴心时代

这一章我们来说说思想。

前面我们讲了很多大事件：南北战争、明治维新、世界博览会、德国统一。这些事情一件连着一件，非常热闹。可是这些事情为什么会发生？这就跟人们的思想有关。思想看不见摸不着，但是它却非常非常重要。

十八世纪是启蒙的时代。在启蒙时代，思想家们几乎都相信平等、自由、博爱、理性、进步这些大字眼，觉得未来一片光明。其实，他们把世界想简单了。

实际上，世界不见得会一直进步；理性不能解决所有的问题；人类也很难做到真正的博爱；如果人们都享受彻底的自由，那就很难做到人人平等；反过来，如果人人彻底平等，那也很难做到人人自由。

到了十九世纪，大家渐渐明白了这个道理。现实世界是复杂的，比启蒙思想家想象的要复杂得多！那怎么办呢？有人认为应该这样做，有人认为应该那样做。于是，启蒙运动裂变成了很多的“主义”。

这本书以前曾经讲到过“轴心时代”。大约在公元前五六百年的时候，世界有了一次巨大的变化，产生了很多新问题。于是，世界各地出了不少思想家，比如释迦牟尼、孔子、苏格拉底等等。这就是第一个轴心时代。

十九世纪就像第二个轴心时代。工业革命完成了，法国大革命爆发了，世界有了翻天覆地的变化。这也逼着大家去思考一些新问题。思考的结果，就是这些“主义”。

首先是自由主义。

它是启蒙运动的亲生儿子。大家还记得《蜜蜂的寓言》吧？自由主义就有点像那个寓言，只不过更加精密。

自由主义认为，我们应该尊重每一个人的权利和自由。它不相信有十全十美的世界。但是它认为，只要人类拥有足够的自由，就会创造出一个至少还不错的世界。

自由主义看到不公平的事情，也会生气，跳起来反对。可是它坚信，即便要解决这些问题，也不能牺牲大家的自由。大家怎么生活，还是要由自己来决定。社会也好，国家也好，都没有权利去干预。

这番话听上去好像挺有道理。但是它有一个最大的弱点，就是它并不理解穷人的想法。相信自由主义的人，一般日子过得还不错，所以他们心平气和，看重自由的价值。

可是穷人不这么想。

在十九世纪，穷人非常多。社会创造了很多财富，但是这些财富分配得并不公平。尤其在工业革命刚开始的时候，穷人活得很惨。

很多工人每天要工作十四五个小时，就连小孩子也要拼命工作。

当时英国为了保护儿童，专门颁布了一条法律，规定十四岁以下孩子的工作时间不许超过十二个小时。这真是难以想象，孩子工作不超过十二个小时，居然还需要国家专门制定一条法律！在当时，有无数儿童在煤矿里头干活。他们见不到阳光，呼吸不到新鲜空气，很多人年纪轻轻就死掉了。但是他们挖出来的煤却让资本家们发财致富。

这当然不公平。

我并不是要把工业革命说得一团漆黑。这种悲惨的情况只持续了一段时间。后来情况就有了很大改善。所以自由主义说的也没错，只要社会繁荣了，到头来，所有人都能得到好处。只是有些人得到的多一些，有些人得到的少一些。

但还是不公平。而且，大家觉得进步的速度太慢了。

如果你跟一个在煤矿里工作的小朋友说："忍一忍吧！要有耐心！就算你这辈子会活活穷死，那也不要紧！到了你孩子那一代，情况就会好多了！"

他会怎么回答你呢？

他会说："滚！"

自由主义对这些穷人缺乏吸引力，所以，就出现了社会主义。它有很多流派，和现在咱们说的"社会主义"并不完全一样。但大致来说，社会主义认为富人在剥削穷人，国家应该积极干预，让社会变得公正起来。穷人别那么穷，富人也别那么富。有些比较重要的行业，也要交给国家，由国家来管理。

总之，就是要让一切更平均些。

社会主义和自由主义有很大的冲突。它们经常发生争吵。

自由主义说:“每一个人都应该有充分的自由。自由最宝贵了！”

社会主义就反驳说：“哼！资本家有住五星级大酒店的自由，穷光蛋也有住五星级大酒店的自由。可对穷光蛋来说，这种自由有什么用？你们说的自由，无非就是人剥削人的自由！”

自由主义说：“社会是个非常复杂的东西，瞎干预会让它乱套的！人们会丧失创造力！”

社会主义说：“胡说！你们这样放任自流，社会才会乱套！”

就这样，它们一直争吵到了今天。但是，它们也在互相影响，吸收对方合理的部分。

除了这两种主义以外，还有民族主义。

自由主义和社会主义主要考虑的都是全人类的事情，民族主义却主要考虑单独的国家。

民族和国家很早以前就存在，但是人们并没有对此想得太多。你是英国人，我是法国人，他是日本人，这没有什么。可是到了十九世纪，它忽然变得非常重要。

英国人说：“我为英国而感到骄傲！世界上再没有比英国更伟大的国家了！”

法国人说：“我为法国而感到骄傲！世界上再没有比法国更伟大的国家了！”

结果德国人也骄傲，日本人也骄傲，意大利人也骄傲，所有人都为自己的国家骄傲。大家都觉得自己国家的利益至高无上。

这种想法有好的一面。它能把一个国家团结起来，变成一个整体。以前，强大的国家经常征服弱小国家，弱小国家的老百姓往往也就忍了：征服就征服吧，能过日子就行呗。这本书里就有很多这样征服的故事。

可是有了民族主义以后，大家有了强烈的爱国情绪。他们绝不接受外来的侵略者。从此之后，要长期征服一个国家，就变得非常困难。

但是民族主义也有坏的一面，因为它有时候会变得比较极端，让人们变得狭隘和狂热起来。

一个人如果说："我的利益至高无上！"大家就会说："这真是一个自私的人！"可他如果说："德国至高无上！"或者"日本至高无上！"大家就会说："哇，好爱国的一个人啊！"

可是，如果所有人都这么想的话，就容易出现问题。碰到争执，每个国家都觉得自己至高无上，绝不做一丝一毫的让步，那就很容易打起来，而且一打就会打得特别狠。

外交上的事情本来很复杂，没办法的时候，外交家们会做一些妥协，这里吃点亏，那里占点便宜。可到了民族主义狂热的时候，他们往往就不敢这么做了，否则的话会被骂成卖国贼！那怎么办呢？可能就会打仗。

十九世纪还有了"社会达尔文主义"。民族主义和它结合起来，就会变得很可怕。

你肯定知道达尔文发现了进化论。达尔文说，所有生物都在进行生存竞争。谁能适应环境，就活下来，谁不能适应环境的，就会被淘汰。这叫“物竞天择，适者生存”。

这是一种生物科学，但是有人把它用到人类社会上。他们说：“既然动物有优胜劣汰，人肯定也有，国家当然也有。能抢到资源的国家，就能活下来。抢不到的国家，就会被淘汰。这就是国家之间的生存竞争。”

达尔文本人对这种看法非常恼火。他反复地说：“不能这么想！我说的进化论，不能套到人类社会上！人类不是野兽！”

这种看法确实非常危险。它把世界看成一个可怕的黑暗森林。在这个森林里，大家弱肉强食，只有心狠手辣的强者才能活下来。

事实上是这样吗？

历史上确实有过这样的事情。你还记得西班牙人灭掉美洲文明吧？那就像是弱肉强食。但是事情并不总是这样的。人类和其他动物不一样，他们除了竞争以外，还会合作。只要大家好好合作，财富就可以不断增多。并不是说你的东西多了，我的东西就一定少，必须打个你死我活。

事实上，大家在和平年代会变得更加富裕。一旦打起仗来，几乎所有人都会变穷，就算胜利者往往也不例外。现代历史上，穷兵黩武的国家几乎从没有好下场！

所以，社会达尔文主义是错误的。它没有考虑到人类是一种智慧生物。野兽只能争抢资源，而智慧生物可以创造财富。

社会达尔文主义毒化了整个世界的气氛。既然大家都觉得自己的国家至高无上，而世界又是个黑暗森林，那怎么办呢?

唯一的办法就是干掉别的国家！不然的话，它们就会干掉你。

如果所有国家都这么想的话，那就会人人自危，互相害怕。这样一来，就算世界本来不是黑暗森林，也会真的变成一个黑暗森林。黑暗森林并不在外面，而在我们的心里。如果我们都想要一个黑暗森林，黑暗森林就会出现。后来，它真的出现了。

好吧，我承认这一章比较枯燥，说的都是抽象的思想。但是，这些思想确实很重要。自由主义、社会主义、民族主义、社会达尔文主义，一直到今天，我们还能发现它们的影响。

当然，除了这四种主义以外，还有很多其他的思想。它们每一个都代表着一股社会力量。以前，人们经常为宗教而打仗，进入十九世纪以后，人们开始为思想打仗了。当初的轴心时代充满活力，但也充满动荡。第二轴心时代也是这样。

思想能把人类带往光明，也能带往黑暗。关键在于我们怎么选择。

小结

进入工业化时代以后，人类的思想世界有了极大的变化，出现了各种各样的“主义”。

83
非洲大狩猎

工业革命之后，世界上出现了两种国家。

第一种国家搭上了工业革命的快车，成了富裕发达的工业国。

第二种国家错过了这趟快车，还是贫穷落后的非工业国。

发达国家和落后国家的差距从来没有像现在这么大。于是，几个最强大的发达国家就开始瓜分世界了。世界好像变成了一块巨大的奶油蛋糕，它们拿起刀子把蛋糕切成好多块：

这一块黄乎乎的，是埃及；

这一块绿油油的，是刚果；

这一块细长条的，是越南。

就这样你一块，我一块，都来瓜分这个大蛋糕。

你可能会说：以前不是一直这样吗？从大航海时代开始，欧洲人就一直在瓜分世界，在到处建立殖民地呀！

是的，以前欧洲人也建立殖民地，可是那个过程非常慢。他们主要是为了做生意赚钱，并没有想把世界彻底瓜分掉。可是十九世纪后期，他们的胃口忽然变大了，拼命狼吞虎咽。强大的国家都来争抢蛋糕，唯恐晚了一步，蛋糕就被别人吃光了。

非洲被瓜分得最彻底。以前，欧洲人只占领了非洲的一些海岸线，并不知道内地是什么样。非洲内部是一块被黑暗笼罩的神秘土地。在世界地图上，其他地方都画得很清楚。可只要一画到非洲，就有大片大片的空白。

大约从公元1880年开始，情况变了。欧洲各国成群结队开进非洲。不到二三十年，就把它瓜分得干干净净。整个非洲只剩下了两个独立的国家，其他地方全都成了殖民地。在历史上，这件事被称为“非洲大狩猎”。这确实像一次狩猎，不过它的猎物不是狮子和大象，而是一个个的国家、一片片的土地。

要到一个地方打猎，首先要熟悉那里的环境。所以，欧洲人在大狩猎之前，先来了一次大探险。很多探险家组织队伍，深入到了非洲内陆。

这些探险家里最著名的是利文斯顿。

他是英国传教士，到非洲来传播基督教。可是当地的非洲人没接触过外界，崇拜的都是鳄鱼大神、猿猴大仙之类的精灵，现在忽然跑来一个白皮肤的怪人，说大家都应该崇拜耶稣大仙，其他大仙都是假的。他们听了当然觉得莫名其妙。所以，利文斯顿四处奔波了几十年，也没能说服多少非洲人。

利文斯顿传教虽然比较失败，探险却非常成功。他想一边传教，一边探索非洲的地理。于是有一天，利文斯顿组织了探险队，划着独木舟，沿河水往前漂流。独木舟走不动了，探险队就徒步穿越丛林，往内陆挺进。

一路上，利文斯顿经历了无数危险。有好几次，他都差点被丛林部落抓住。要是被抓住可就惨了，他的脑袋肯定会被砍下来祭神。但利文斯顿运气很好，每次都死里逃生，最后他终于从大西洋走到印度洋，横穿了整个大陆。这个壮举轰动了世界，他一下子成了著名的探险英雄。

利文斯顿非洲探险

利文斯顿有个伟大的理想，他要消灭非洲的奴隶贸易。当时欧洲国家都废除了奴隶贸易，但是非洲当地还是有不少奴隶贩子。利文斯顿在探险的路上经常碰到他们。如果对方人少，利文斯顿就会带着手下，走过去“讲道理”，把奴隶给释放掉。如果对方人多，利文斯顿就会朝地面吐口唾沫，不屑一顾地走过去。

利文斯顿认为，如果把非洲大陆探索清楚，商人就可以到这里来做正经生意，奴隶贩子就会被赶出去。非洲人也就可以过上安全文明的生活了。

于是，利文斯顿又组织了新的探险。他朝着非洲的内陆不断深入。城镇消失了，道路没有了，眼前开始出现郁郁葱葱的原始森林，里面甚至还有可怕的食人族。他走啊走啊，一直往前走。最后，利文斯顿在丛林里消失了。一连六年，他跟外界没有任何联系。

利文斯顿这位伟大的探险家还活着吗？这成了一件扣人心弦的大事。

人们组织了搜索队到非洲找他，可始终没有线索。直到最后，才有一位记者在非洲深处的小村庄发现了他。利文斯顿被困在这里，身染重病，看上去就像一具骷髅。

可是利文斯顿拒绝回国。他说自己的任务还没有完成，他还要接着探险，去寻找尼罗河的源头。记者只好走了。利文斯顿一个人孤零零地留在非洲。周围几百公里以内，再没有第二个白人。

一年多以后，他在向上帝祈祷的时候，忽然死了。人们把他的心脏摘了下来，埋在一棵猴面包树下面。就这样，利文斯顿的心永远留在了非洲。

利文斯顿一生中探索了大片非洲土地。他是个高尚的人，热爱非洲，反对奴隶贸易，还千方百计地帮助黑人。利文斯顿给他们治病，教他们读书认字，还建立了学校。一直到今天，非洲人都说他是个大好人。

但是，跟随利文斯顿脚步而来的，却不一定都是好人。探险家们点亮了非洲地图。然后，征服者就来了。大探险时代一结束，紧接着就是大狩猎时代。

欧洲各国开进了非洲。他们拥有各种各样的厉害武器，非洲人完全不是对手。每次打起仗来，简直就是单方面的屠杀。

比如在公元 1898 年，非洲东部的苏丹国曾经和英国打过一次大决战。苏丹军队有五万人，都是信仰伊斯兰教的狂热战士。他们高声喊叫着，向英国军队发起疯狂冲锋。可是英国人有全自动的机关枪。敌人冲过来多少，机枪就“嗒嗒嗒”地扫射掉多少。没费多少力气，他们就消灭了两万多苏丹军队。

尸体密密麻麻地躺在地上，把原野都盖满了。而英国人只死了四十多人。就连这四十多人也是意外中了埋伏才死的。

双方力量差得太远了。欧洲列强闯进非洲，就像锋利的菜刀切进一块柔软的豆腐，几乎毫无阻力。非洲就这样被瓜分掉了。英国人抢到了最大最好的一块，从北到南，几乎贯穿了整个非洲。法国人紧随其后，然后是葡萄牙、德国、比利时、意大利……

它们抢夺非洲，并不一定都是为了赚钱。有些殖民地确实可以赚钱，但也有很多殖民地并没有什么利润。比如德国抢到手的殖民地，就没什么可供剥削的东西，可是军队是要花钱的呀，殖民地官员也是要发工资的呀，德国每年都要往里面倒贴钱。但是德国人在非洲地图上看见有自己的殖民地，就觉得很骄傲。

这就是民族主义的虚荣心啊。

但如果你问这些人:“你们为什么要瓜分非洲？”他们绝不会说:“我们是为了赚钱，为了虚荣心！”相反，他们会摆出一副高尚的嘴脸，说：“我们是为了帮助那些可怜的劣等种族！”

十九世纪的欧洲流行种族歧视。他们打心眼里觉得白人最高级，黄人要差一些，黑人则是最差的劣等种族。这是非常丑恶，也非常势利的一种思想。今天已经很少有人敢公开这么讲了。可在当时，这是非常流行的说法。

有位著名的作家吉卜林写过一首诗，名叫《白人的负担》。他说低等种族“又急躁又野蛮，又愠怒，一半像邪魔，一半像小孩”。而白人的任务又是什么呢？

挑起白种男人的负担，
坚持着耐心，
掩饰起恐惧，
隐藏起骄傲，
……
去替别人谋福利，
去为别人争利益。

这真是最大言不惭的谎话了。明明是跑去抢占殖民地，说得倒好像他们是做雷锋去了，还把这些勾当说成“白人的负担”！

但是真有很多人是这么想的。他们觉得白人建立殖民地，可以帮助那些劣等种族，让他们过上文明生活。这完全是为了他们好。我们顺便赚一点利润，过一过统治者的瘾，那也完全是对我们辛苦工作的酬劳。

唉，人们是多么容易自我欺骗啊！

当然，欧洲人在非洲也不是一点好事不做。他们废除了当地的奴隶制，修建了铁路，建立了学校，还盖了不少医院。这都是相当好的进步。

但是，殖民统治有极其黑暗的一面，有的时候说起来简直让人毛骨悚然。

最可怕的一个例子可能就是刚果。刚果位于非洲中部，面积辽阔，覆盖着大片的森林。这个殖民地很奇怪。别的殖民地都是被某个国家占领，可是刚果却属于个人。比利时是欧洲的一个小国家，它的国王利奥波德用个人名义占领了刚果，这块殖民地等于是他的私人财产。

而利奥波德把这里变成了一个人间地狱。

刚果盛产橡胶。橡胶可以做轮胎，做帐篷，做手套，能卖出很好的价钱。利奥波德就拼命征收橡胶。刚果老百姓要是缴不出足够的橡胶，往往会被砍掉双手，或者用鞭子活活抽死。有位传教士到刚果去传教，结果看见一个又一个的大筐子，里面装的都是砍下来的手。传教士吓得魂儿都快没了。

利奥波德靠橡胶发了大财，成了国王里面的超级富翁。可是刚果却一片荒凉，人口减少了一半，前前后后至少死了好几百万人。

这实在太野蛮了。最终这件事情被曝光了。欧洲报纸连篇累牍地指责利奥波德，说他的那些橡胶都是用鲜血染成的，是可怕的血橡胶！利奥波德成了一只人人喊打的过街老鼠。他只好把刚果转让给了比利时政府。从那以后，刚果才慢慢恢复了正常。可那几百万人就白白死掉了，利奥波德没有受到任何惩罚。

来到非洲的人里，既有利文斯顿这样善良的人，也有利奥波德这样贪婪的人。但不管怎样，非洲终究被瓜分掉了。亚洲的大部分地区也都沦陷了。现在，欧洲人最神气活现。他们站在世界的最高峰，扬扬得意。

但是危机也跟着来到了。

以前他们没事干了，可以跑到外面抢殖民地，可现在没有多少殖民地好抢了，下一步该干什么呢？他们面面相觑，发现敌人就在自己身边。

小结

发达国家和落后国家的差距进一步拉大。大约从公元1880年开始，列强的海外扩张急剧加速，整个非洲几乎被彻底瓜分。

84
黑暗森林里的八个动物

到了公元 1900 年前后，不光非洲被瓜分光了，整个世界环境也跟着变坏了。

拿破仑战争结束以后，国际上还是比较和平的。国家之间当然也打仗，比如普鲁士和法国就打了普法战争，英国和中国也打了鸦片战争，但这些都不是你死我活的战争。强国当然会欺负弱国，但还没有想把对方一口吞掉。弱小国家还有翻身的机会。

英国工业革命刚刚完成，大家都在向它学习。这个时候，只要拼命努力，就算学渣也可能变成学霸。日本就是一个例子。它通过明治维新，翻身变成了强国。只有在和平宽松的年代，弱小国家才有这样的机会。

可是到了后来，一切都变了。

这种变化有很多原因，比如人们的民族情绪越来越狂热，社会达尔文主义在毒化社会气氛，让大家的想法变得更加极端。而且，德国的崛起也是一个大麻烦。它打破了原来的平衡，大家需要重新站队。每次重新站队，都会带来新风险。

总之，整个世界越来越没有安全感。无论是大国家，还是小国家，都在害怕，就连英国这样的超级强国也害怕！

几十年来，大家从来没有这么恐惧过。

为了消除恐惧，强大的国家就开始拼命争抢，抢到的东西越多，似乎也就越安全。那么弱小的国家呢？不要说翻身了，就连活下去都很难。

社会达尔文主义一直在喊："黑暗森林！黑暗森林！"

现在，黑暗森林终于到来了。

在这个黑暗森林里，有八个强大的国家，只有它们才有资格称王称霸。这八大列强里，一个是美国，一个是日本。其他六个全部位于欧洲。它们分别是：英国、法国、德国、俄国、奥匈帝国和意大利。

黑暗森林里的欧洲六强

为了帮助你理解，我可以把它们比喻成童话里的八种动物。只不过，这是一个阴森的童话。

这个童话是这么说的……

大约在二十世纪初期，世界就是一个黑暗的大森林。弱小国家是羚羊、斑马这样的食草动物，而强大国家则是凶狠的食肉动物。

英国是一只大狮子。你在森林里随便找一个动物问：“森林里谁最强大啊？”它肯定会说：“当然是狮子大王！”

狮子最威风，最神气，在森林里的资格也最老。不过它最近衰老了，走路有点喘，睡觉也不踏实。它发明的那套打猎技巧，很多动物也都学会了。而且最近还发生了一件让它糟心的事情，森林里出现了另一只猛兽。

这只猛兽是德国老虎。

它又年轻，又健壮，肌肉超级发达。很多动物都在私下议论说，德国虎的力气已经超过了狮子。整个森林里，可能谁都打不过这只老虎。但是老虎有老虎的苦恼。德国虎总是一脸忧心忡忡的样子，因为它的仇人实在太多了。

不久前，它跟邻居法国豹狠狠地打了一架。在大森林的历史上，这被称为“虎豹之战”。老虎打赢了，朝豹子屁股上狠狠咬了一大口，还抢走了它的两处水源。这两处水源一个叫阿尔萨斯，一个叫洛林。豹子从此就深深地恨上了老虎。

老虎不光得罪了豹子，它还惹怒了东边的俄国熊。

在大森林里，熊的块头是最大的。它动作慵懒，身体笨重。但是大家都说它皮糙肉厚，有使不完的劲儿。很久以前，有个叫拿破仑的怪兽差点统治了整个森林。最后，它跑去打俄国熊，结果却被掐了个半死。从那以后，大家都有点害怕这头熊。

俄国熊和奥匈双头蛇是仇人。这条蛇以前叫奥地利，在德国虎的老家也有一块领地。后来它被赶出来了。于是，它就改名叫奥匈双头蛇。它起这个怪名字，是因为它有两个脑袋，一个脑袋叫奥地利，一个脑袋叫匈牙利。这两个脑袋之间经常吵架。

一个脑袋说："身子往哪儿去，我说了算！"

另一个脑袋说："胡说！身子是咱们俩的，我也有发言权！"

所以，双头蛇别看身子庞大，却显得精神分裂。它打起架来就有点力不从心。

双头蛇和大熊一直有矛盾。它们都想抢占森林角落的一块地盘。双头蛇当然斗不过大熊，只能找老虎帮忙。老虎和双头蛇本来就有点亲戚关系，现在又急着招揽喽啰，所以很愿意为它出头。

每次双头蛇来找老虎，老虎都会冲着熊窝大喊大叫：

"双头蛇是我小弟！谁敢动它，就是跟我过不去！"

大熊也不说话，只是恶狠狠地瞪着老虎的巢穴。这样一来，德国虎的形势有点糟糕。它的西边是老仇人法国豹，东边是新仇人俄国熊。它就被这两个仇人死死地挤在中间。

老虎在巢穴里转来转去地盘算，觉得可能也不要紧。大熊身子笨重，豹子虽然灵活，但身体毕竟单薄。真打起来的话，就算自己一对二，至少也能打个平手。要是双头蛇趁机再帮自己咬上一两口，多半还是能打赢的。

这个时候又传来一个好消息。

森林南边的意大利狼也跑来投靠老虎了。在大森林里的食肉动物里，狼是最弱的一只，比双头蛇还要弱。很多动物甚至在私下议论说，它可能根本就不是狼，而是一条哈士奇伪装的。

大家曾经亲眼看见，有一天意大利狼去追赶埃塞俄比亚羚羊。结果居然被羚羊踢掉了好几颗牙齿，灰溜溜地跑回了老巢。一只狼被一只羊打了一顿，这简直是太丢人了！

但不管怎么说，它也算是个食肉动物，有牙齿，有爪子。它来投靠德国虎，老虎还是高兴的。就这样，德国虎、奥匈双头蛇、意大利狼算是交上了朋友。它们挑了一个好日子，张灯结彩，大放鞭炮，说宣布成立三兽同盟。老虎很开心，觉得自己再也不用害怕大熊和豹子了。

但问题是，森林里还有英国狮呢！三兽同盟不害怕大熊和豹子，可如果再加上一个英国狮子呢？那可就大事不妙了。

不过狮子一直独来独往，所以德国虎觉得狮子可能不会管这些事情。

如果老虎不犯错的话，事情确实可能是这样！狮子确实可能会不管这些事情！但是老虎犯了错。它是一只激情澎湃的老虎，简直控制不住自己的嗓门。它经常在森林里跑来跑去，大声咆哮：“我和狮子一样厉害！狮子有的，我也要有！”

它还冲狮子窝喊叫：“呸！狮子，别人怕你，我可不怕你！”

这样大喊大叫真是毫无必要，老虎也经常后悔，但是它就是控制不住自己的脾气。结果，英国狮的脸色越来越难看。它最后断定必须要压制老虎。不然的话，它一旦咬死了大熊和豹子，整个森林里，就再没有谁能对付它了。

于是，狮子偷偷拜访了豹子和熊。没过多久，它们三个也在森林里敲锣打鼓，挂起了一个招牌，上面写着四个大字：三兽协约。什么是协约呢？就是友好条约的意思。

这下，黑暗森林里出现了两个阵营，一个阵营是三兽同盟，包括德国虎、奥匈双头蛇和意大利狼。另一个阵营就是三兽协约，包括英国狮子、法国豹和俄国熊。这六只野兽剑拔弩张，严阵以待，随时准备大打出手。黑暗森林里充满了恐怖的气氛。

在大森林的边缘，还有两个食肉动物。

一个是美国鹰。

它在森林上空飞来飞去，并不介入地面上的争斗。它在森林深处有一块自己的地盘，从不许别的动物随便进入。老鹰管这叫“孤立主义”。所有的动物都知道，老鹰非常有钱。据说它老巢下面就有一座大金山。那里的钱多得简直吓死人。但既然它是个独行侠，三兽同盟和三兽协约也就不怎么在意它。

可是到了关键时候，老鹰会派上很大的用场。它的决定很可能会改变整个森林的未来。

在蜿蜒流淌的大河里，生活着另一个食肉动物，它就是日本鳄鱼。

鳄鱼最近才加入了猛兽俱乐部。以前大家有点看不上它，觉得鳄鱼样子怪怪的，不配加入这个高贵的俱乐部。可是前不久，俄国熊不小心踩了它一脚，结果日本鳄鱼扑上去，朝大熊鼻子上狠狠地来了一口，咬得它鲜血直流。这就是森林史上著名的“熊鳄之战”。

从那以后，大家就不敢小瞧鳄鱼了。但是鳄鱼毕竟生活在河里。它忙着欺负河岸的小动物，充当那里的霸王，所以对于森林中心的争斗很少参与。不过它也时刻盯着那里，准备从中间捞取好处。

夜幕降临了。黑暗森林里一片静谧，但是动物们的眼睛还在黑夜里闪着亮光。它们都在窥伺着对方，等待着，恐惧着。

它们也曾有过相对安全的日子。可是那样的日子一去不返了。现在，它们都有一种即将大祸临头的感觉。谁也不知道为什么会走到这一步，可是现在，谁也没法回到从前了。

远处传来隆隆雷声。

命运的大幕就要拉开了。

小结

在十九世纪末期，全球出现了八大列强。其中，德国、奥匈帝国、意大利组成了三国同盟。后来，英国、法国、俄国又组成了三国协约。两大军事集团剑拔弩张，国际局势越来越危险。

85

悬崖前面的魔法世界

我可不想让你觉得十九世纪是一团糟。实际上恰恰相反！拿破仑战争结束在公元 1815 年，在那之后的大约一百年里，这个世界充满了神奇的变化。甚至可以说，这是充满奇迹的时代。

我们可以把时钟调到公元 1913 年。这时的地球上，已经有了非常现代化的大都市。它们的繁华程度超出了古代人最疯狂的梦想。

当时全球最先进的城市是美国的纽约。在这里到处都是电灯，一到晚上就灯火通明。这要感谢一个叫爱迪生的人。我们都听说过这个人。小时候，老师就告诉我们说："爱迪生发明了电灯！"其实这个说法是错的。电灯不是爱迪生发明的，它早就有了。只不过以前的灯泡用不了多长时间，因为它的灯丝很容易烧坏。

爱迪生做了几千次实验，才发现最好的办法就是用碳化竹丝来做灯丝。这样的灯泡能用很长时间。于是电灯普及了起来。人类终于拥有了一种神奇的能力，可以把夜晚变成白天。

在纽约的晚上，你会看到千千万万的灯泡汇聚在一起，照亮了整个天空。这里还有巨大的广告牌。五颜六色的灯光在上面画出各种各样的图案。一会儿是一把雨伞，一会儿是一根香烟，一会儿是一只巨大无比的猫，变幻不停，让人目不暇接。

这儿的楼也高得惊人。就在公元 1913 这一年，美国刚刚建成了一座六十层的摩天大楼。它的落成典礼也非常的现代化。美国总统在几百公里以外的白宫，按下了一个按钮。刹那间，电信号就传到了纽约。这座摩天大楼被瞬间点亮了。它如同一个巨大的火把，直插云霄。这座大厦总高度有两百多米，相当于把两个大金字塔摞在一起。埃及法老要是看到这个亮晶晶的东西，一定会羡慕得直流口水，做梦都想把它当成自己的坟墓。

城市里的生活也变得更加舒适。街道干净了，下水道铺设到了城市的每一个角落，抽水马桶开始普及，城市里再也没有那种臭气熏天的味道了。交通也变得非常便利，电车开始取代马车，快捷地把人们送到城市的各个角落。大家曾经担心天长日久后，马粪会把街道彻底淹没，现在再也没有这种担心了。

人们的寿命也大大变长了。以前城市里特别容易流行传染病，人们动不动就会成百上千地死掉。大家始终搞不明白到底是怎么回事，直到十九世纪出现了一位叫巴斯德的科学家，他发现很多疾病都是微生物导致的。人们可以改善卫生条件，切断传染源，也可以给人体注射疫苗，来抵抗这些微生物。这样一来，人们终于找到了对付传染病的办法。鼠疫、伤寒、霍乱这些可怕的疾病逐渐消失。

几乎在各个领域，都有像爱迪生、巴斯德这样的聪明人，他们不断做出发明创造，把世界变得更加美好。

读到历史上那些帝王和战争，很容易对人类有悲观情绪，觉得一切都是毫无意义的争抢游戏。可是当我们看到这些人物的时候，又会充满信心，觉得人类真是具有无限的可能！

人确实是非常聪明、非常智慧的生物。只有在分配利益、处理彼此矛盾的时候，他们才会显得愚笨。所以，人们才会一边陷入可怕的黑暗森林，一边又创建到处是奇迹的魔法世界。

魔法世界！你是不是觉得这个词有点夸张？

那么你可以想象一下，如果你一觉醒来，发现天上到处是宇宙飞船，动物园里关着无数大恐龙，坐电梯能一直坐到珠穆朗玛峰，在街上拦一辆出租车就能去月球，你肯定会大吃一惊，觉得自己进入了一个梦幻中的魔法世界。

同样，一个十八世纪的人如果来到公元1913年的大都市，肯定也会觉得自己来到了魔法世界。

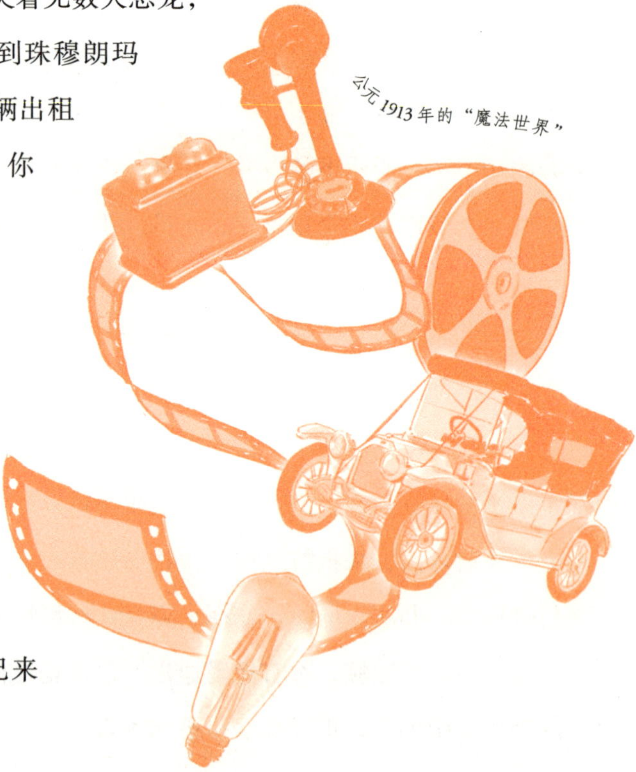

公元1913年的“魔法世界”

电话就是一个魔法。以前，如果巴黎的路易想和伦敦的汤姆说话，他必须坐马车赶到码头，然后坐船漂洋过海。等到了伦敦，他还要一路打听，最后才能找到对方的家，敲开大门，说声："汤姆，你好！"可现在呢？他拿起电话来，就能跟汤姆聊天。这不是魔法又是什么呢？

电影也是一个魔法。在公元1913年的纽约，有九百家电影院，上映各种各样的片子。花几美分，就能看到一个激动人心的故事。各种毒虫猛兽，各种妖怪精灵，活生生地出现在你面前。你亲眼看见主人公"砰"地被打了一枪，倒在了地上。临死前他还说了一大堆废话："你要记住，杀我的人，是……是……是……"然后蹬蹬腿就死了。你还为他掉了眼泪。可第二天晚上，他活蹦乱跳，又出现在另一个故事里。这不是魔法又是什么呢？

飞机当然更是一个魔法。人居然可以像鸟儿一样在天空飞翔！这是多少代人的梦想啊。有人说这个梦想永远实现不了，因为上帝要是想让人类飞翔的话，早就让他们长出翅膀了。可是它居然变成了现实。在高空中俯瞰大地，下面是无尽的原野，河流变成了一条细线，人变成了分辨不清的小黑点……飞机上的人会有一种近似神明的感觉。这不是魔法又是什么呢？

除此之外，还有无数稀奇古怪的魔法。收音机、空调、汽车等等都被发明出来了。日常生活变成了不断变化的奇观。随时都可能会有人鼓捣出一些新鲜的发明，让这个世界变得更加有趣。

不过，这些了不起的进步主要发生在发达国家。中国、印度、阿拉伯这些地方还是贫穷落后，大部分人还过着古老的生活，跟几百年前没有太大区别。但是，进步也渐渐地传播到这里。比如在公元1913年的上海，人们已经用上了电灯、电话、汽车、收音机……魔法的普及只是时间问题！

除了科技，人类在文学、艺术、社会科学方面也有了很大发展。就拿文学来说，十九世纪可是小说的黄金时代。人们追读小说，就像现在人追剧一样狂热。现在语文老师让孩子读的“世界名著”，有一大半都是十九世纪的作家写出来的。狄更斯在雾气腾腾的伦敦写下了《雾都孤儿》，雨果在古色古香的巴黎写下了《巴黎圣母院》，马克·吐温在生机勃勃的美国写下了《哈克贝恩历险记》……

不过最伟大的小说家出现在俄国。这是很奇怪的一件事，也许跟那里漫长的冬天有关吧。托尔斯泰就像是十九世纪的莎士比亚（不过他听到这个称呼肯定会生气的，因为托尔斯泰很不喜欢莎士比亚，觉得他不正经，太俗气！），写出了那个时代最宏大的文学作品。他的《战争与和平》像砖头一样厚，但它的内容比篇幅更厚重，几乎抵得上一千本小说。

另一位俄国作家陀思妥耶夫斯基几乎像托尔斯泰一样伟大，他的小说读起来让人震颤、恐惧，就像看到了人类灵魂最深处的秘密。

美术、音乐、建筑、物理学、化学、心理学、生物学……一切都在迅猛发展，如果把这些成就都列出来的话，会是非常非常厚的一本书。那真是一个充满奇迹的时代。人们拥有了前所未有的力量，能够创造出让人惊叹的美好未来。

但是这个时代也正站在悬崖的边上。

为什么我要把时钟拨到公元1913年呢？因为第二年，世界大战就要爆发了。聪明人发明的那些科技成果，将被用来互相屠杀。人们会成百万上千万地死去。

在公元1913年的时候，没有多少人相信这样的事情。政治家和外交官们虽然总是提心吊胆，但是普通人总觉得："和平已经持续这么久了，当然还会这么持续下去啊！这么多年，我们的生活一直越变越好，以后当然也会继续变得更好！"

不光普通人不相信，资本家和商人也不相信。他们说："现在世界经济已经连成一体，谁也离不开谁。战争的代价太惨重了，就算打赢了也不划算。谁也承受不起这样的代价！所以，根本不可能有世界大战！"

可是他们都错了。

只要想打仗，国家根本不考虑划算不划算。只要战争打起来，国家也几乎可以承受任何代价，损失多少钱都不在乎。钱很重要，但没有我们想象的那么重要。因为人类并不是经济动物。从本质上来说，人类首先是政治动物。很多战争并不是为了争夺经济利益，而主要是因为仇恨和恐惧。

回顾公元1913年的世界，会产生一种强烈的悲剧感。这就像你看到一个人蒙着眼睛，站在悬崖前面，大踏步地往前走。

他一边走，一边脸上还挂着幸福的笑容。

小结

如果古代人穿越到公元1913年的世界，会觉得这里充满了各种各样神奇的魔法。人们在科技、文学、艺术等方面都取得了惊人的成就，进步的速度堪称奇迹。但是，这个世界也正处在灾难的边缘。

86
整个欧洲的灯火正在熄灭

公元 1914 年，第一次世界大战爆发了。

我们都知道历史上有过两次世界大战。可是这两次大战可不一样。第二次世界大战有明显的坏蛋，第一次世界大战却没有。你很难为这次战争找到真正的罪魁祸首，大家好像是稀里糊涂打了一仗。

战争结束以后，你要是问这些国家的人："当初你们为什么打仗啊？"

他们很可能会一下子愣住，大眼瞪小眼地说："是啊，我们当年为什么打仗啊？还有谁记得吗？"

过了半天，才会有几个聪明人想起来："我记得是因为一个什么王储……"

没错，这场战争的直接原因就是一个王储。王储相当于咱们中国古代的太子。公元 1914 年 6 月，奥匈帝国的王储在视察工作的时候，被刺客冲上来"砰砰"几枪打死了。一个王储被刺杀，这个事说小不小，说大也不算太大。一开始，没有谁料到这会引发一场世界大战。

刺杀案很快就有了调查结果。奥匈帝国有一个邻居叫塞尔维亚。塞尔维亚是个小国家，一直被奥匈帝国欺负，这件刺杀案就和它有关系。塞尔维亚本身没什么了不起，但是俄国是它的后台。

这样一来，事情就复杂了。

整个过程就像一个连环套。

奥匈帝国得到调查结果以后，决定狠狠收拾一下塞尔维亚。于是，塞尔维亚马上跑去找俄国，俄国就为它出头，吓唬奥匈帝国；于是，奥匈帝国马上跑去找德国，德国就为它出头，吓唬俄国。于是，俄国马上跑去找法国，法国就为俄国出头，吓唬德国。最后，英国犹豫了一会儿，也站在了法国、俄国一边。

这就是国家抱团取暖的后果。大家还记得三国同盟和三国协约吧？结成同盟以后，一件小事就可以引发连锁反应。各个国家像下饺子一样，纷纷掉进了战争的热锅里。

其实这些国家并不怎么愿意打仗。它们也曾经挣扎着想远离这口热锅。直到宣战的最后关头，德国皇帝还在给俄国沙皇打电报："看在咱们交情的分上，你能不能再想想办法，避免这场战争？"俄国沙皇也非常焦虑，反复询问将军们："能不能别去动员军队？总能找到一条出路的！"奥匈帝国皇帝最后宣战的时候，一脸悲伤地说："我真希望这事从没发生过。"

既然这样，为什么还要打仗呢？

因为所有国家都陷入了一个死局。它们觉得，自己要是不参战，小伙伴们就会完蛋。而小伙伴们要是完蛋了，以后再打起仗来，自己也就完蛋了。于是，大家拉扯在一起，你拽着我的胳膊，我拉着你的腿，身不由己地往悬崖下面跳。

要解开这个死局，就要坐下来好好沟通。可是每个国家都用最大的恶意来揣测对方，唯恐稍微放松一下，就会中了敌人的诡计，被打个措手不及。要是大家都这么想，那当然就不会有什么好结果！

王储刺杀案发生后，各国外交官和政治家们忙得满头大汗，把事情越弄最糟，堵死了所有出路。大家总以为这些外交官和政治家都是些聪明人。可这些聪明人凑在一起，却做出了世上最蠢的事情。

公元 1914 年 8 月，战争正式打起来了。

那天晚上，英国外交大臣看着窗外的伦敦，悲伤地说："整个欧洲的灯火正在熄灭。在我们的有生之年，不可能看到它们再被重新点燃了。"

不过，有些老百姓却感到开心，他们甚至在大街上欢呼呢。人们在和平环境待久了，就觉得战争听上去是蛮好玩的一件事。在他们看来，这场战争没什么大不了。短暂的交锋后，自己的国家就会赢得光辉的胜利。士兵们也都说自己会在"叶落之前"胜利归来，胸口还会挂着勋章。

可实际上，这次战争残酷得超出想象。在工业化时代，一切都变大了。城市变大了，工厂变大了，战争也跟着变大了。以前国家之间打仗，最多投入几十万军队。拿破仑进攻俄国也不过用了六十万军队呀。可是第一次世界大战中，双方投入的军队不是几十万，甚至也不是几百万，而是几千万。历史上还从没有如此庞大的军队。

军队多了，死的人当然就多。有时候一次战役的伤亡人数，双方加起来就能超过一百万人。不是一场战争，而仅仅是一次战役！这实在太恐怖了，完全超出了人类的历史经验。

第一次世界大战分成两个阵营。一个阵营叫协约国，包括十几个国家，其中最主要的是英国、法国和俄国。另一个阵营叫同盟国，只有四个国家，其中最主要的是德国和奥匈帝国。奥匈帝国其实也比较弱，真正能打的就是德国。

德国被敌人夹在中间。东边也是敌人，西边也是敌人。所以第一次世界大战有两个主要战线。在西线，主要是德国跟英国、法国打。在东线，主要是德国、奥匈帝国跟俄国打。

一开始的时候，德国占了上风。它把力量集中起来，猛攻法国。德国军队势如破竹，一直打到了巴黎的郊区。要是他们真拿下了法国首都巴黎，第一次世界大战还真有可能很快结束。但是法国人缓过劲儿来，拼死抵抗。英国人也派出远征军，和他们并肩作战。结果双方在一个叫马恩河的地方狠狠打了一仗。德国人被打退了。

这场战役是一个转折点。在此之前，大家对战争还有点发蒙，不知道该用什么打法。经过马恩河战役，双方都渐渐摸到了打仗的窍门。德国人再也没机会把对方一下子打扁了。

打仗的方式跟武器有直接关系。有时候大家使用的武器更适合进攻，有时候却更适合防御。第一次世界大战的时候，机关枪、大炮、地雷、壕沟已经非常厉害了，但是飞机和坦克还不太成熟。想发起进攻怎么办呢？只能端起枪往前冲。敌人却可以躲在战壕里，用机关枪“嗒嗒嗒”地把进攻者打成一个个筛子。这个时候，当然是防御的一方更占便宜。

防御战总是又枯燥又漫长。东线地势开阔，双方的位置还经常变化。可是西线几乎没怎么移动过。这个月德国人拼命进攻，死伤几十万，把战线往前推进了几公里。下个月，英国人和法国人发起反攻，也死伤几十万，把战线又推回去几公里。

这就像两个胖子在那里顶牛。你“啊啊啊”地一使劲，我往后退两步。然后我“呀呀呀”地一使劲，你又往后退两步。也没有太多技巧，主要拼的是蛮力。但这也是没有办法。就算亚历山大大帝、拿破仑活在第一次世界大战的时候，也只能这么打。

从空中看过去的话，战场就是两大片密密麻麻的壕沟。双方各自占据一大片。士兵们像老鼠一样躲在壕沟里，一待就是一两个月，吃喝拉撒全在这儿。他们身上长满了跳蚤和臭虫。一旦下起雨，士兵们就要泡在厚厚的泥浆里。他们抱怨说：“这种日子

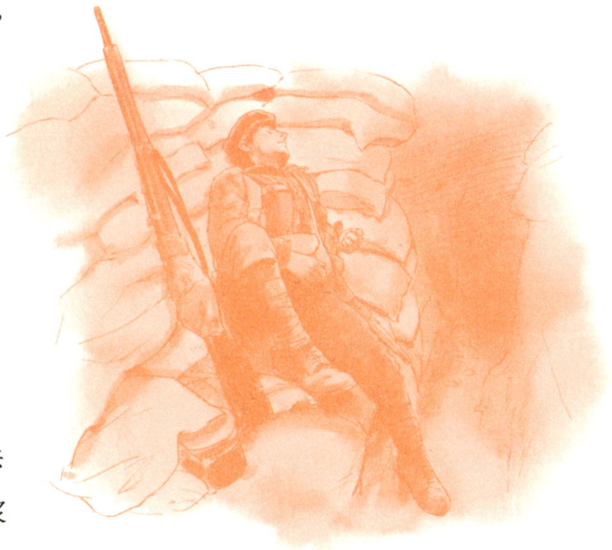

一战壕沟中的士兵

过得跟野兽似的，连猪都不如！”可是想想看，战争要打四年呢！

两片壕沟中间隔着一片无人区。无人区里极其阴森恐怖，布满了弹坑，几乎寸草不生。你见到过月球表面的照片吧？无人区很像坑坑洼洼的月球表面。双方就沿着这片无人区，发动一次次惨烈的战役。

战役一旦打响，死的人就不计其数。比如在索姆河战役里，英国人在第一天就损失了六万人。当天晚上，无数尸体就留在无人区里头。其中还有没死的伤员，他们发出阵阵惨叫，可是谁也不敢过去救他们。大家就在黑夜里默默地听着，等着这些同伴慢慢死掉。

还有毒气也非常可怕。它是一团黄色的云雾。士兵打开毒气罐，让它悄悄地飘到敌人战壕里，在睡梦里杀死敌人。士兵吸入毒气后，眼睛会瞎掉，皮肤会烂掉，肺部会腐蚀掉……死之前要遭受巨大的痛苦。一旦发现毒气飘来，士兵要马上戴防毒面具，如果手头没有防毒面具呢？司令部想了一个好主意。它建议士兵马上在手帕上撒尿，然后用手帕捂住口鼻。

很恶心，是吧？但这也比被毒死好！

战争就这样日复一日地打下去，把欧洲变成了一个大屠宰场。你听听这些战役的名字，就知道一切有多可怕了：凡尔登绞肉机，索姆河大屠杀，伊普雷毒气战……

所有国家都没料到战争会打成这个样子。如果早知道这样，它们当初就不会着急宣战了。这个时候，大家早就把战争的起因忘掉了。什么“王储刺杀案”？谁还会记得这种破事？！

但战争很难停下来。死的人太多了，代价太惨了，大家都有点骑虎难下。各个国家不可能抱在一起，说：“原来这是一场误会！不打不相识，我们还是好朋友！”谁也不敢承担这样的责任。

唉，结束一场战争比发动一场战争要难得多。

第一次世界大战变成了漫长的消耗战。所有国家都有点顶不住了。大家都在硬撑，现在就看谁先倒下。

结果俄国先倒下了。

小结

公元1914年，奥匈帝国王储被刺，引发外交危机，最终导致第一次世界大战的爆发。这是一场规模空前的工业化战争。德国初期发起的攻势被挫败，第一次世界大战变成了漫长的消耗战。

87

11月11日11点

战争打到第三年的时候，俄国垮台了。

俄国军队不断打败仗，老百姓没有东西吃，政府也管理得一塌糊涂，一切坏事全凑在了一起，结果在公元1917年春天，爆发了一场革命。沙皇没有做任何抵抗，灰溜溜地下台了。俄国成立了临时政府。但是这个临时政府也只活了半年多，第二场革命就接着爆发了。

这就是著名的十月革命。列宁带领着一个叫布尔什维克的党派夺取了政权，建立了新的国家。这个国家就是后来的苏联，布尔什维克也就是后来的苏联共产党。

列宁和他的伙伴们对国家进行了彻底的变革。所有地主的土地、资本家的工厂，还有银行、学校、医院，全都变成了国家的资产。私有制变成了公有制。这是极其惊人的大革命，产生了很大的影响。

不过它最直接的后果就是俄国退出了战争。

新政府和德国签订了《布列斯特条约》。俄国被迫放弃了一大片土地。在这片土地上，生活着俄国将近三分之一的人口。放弃这么多土地，这听上去真是一份可怕的条约。但是列宁断定，一旦战争结束，这份条约就会变成废纸。他确实判断得很准。

俄国垮台了，其他国家的日子其实也不好过。法国士兵甚至开始不服从命令。将军下达进攻令，士兵还是躺在战壕里，坚决不出动。法国政府费了好大的劲儿，才把事情平息下来。大家也都觉得法国距离崩溃也不远了。

德国的情况也很糟糕。英国海军非常强大，把德国从海上封锁得结结实实，德国没法从外面买粮食，老百姓就只能挨饿。到后来，粮食差不多都吃光了，大家只能靠吃芜菁过日子。德国人就管那个冬天叫“芜菁之冬”。芜菁是一种很像萝卜的蔬菜，光吃这个营养当然不够。很多德国人都死于营养不良，有些小朋友的骨骼发育也出了问题，身体变成了畸形。德国报纸却只能安慰大家说：“人吃太饱了，会变成秃子的！”

不过好在俄国退出了战争，东边没有敌人了，这给德国人提供了一个机会。他们把所有力量集中起来，猛攻西边的英国、法国。这一下，协约国真的快被打残了。在公元 1917 年的时候，德国看上去很可能是最后的赢家。

要说起来，德国确实厉害。它虽然也有两三个喽啰，但都不太顶用，主要还是靠自己单打独斗。德国左右开弓，两线作战。左手把俄国打垮了，右手把英国、法国也快打垮了。这简直就像是一个奇迹。

但是德国人太莽撞，太骄横，结果闯下了大祸。他们在战场赢得的东西，在政治上又全部输掉了。

他们做了两件大蠢事。

第一件事是发动“无限制潜水艇战”。

潜水艇是一种新型武器，能够躲在海底，看见有船路过，就可以发射鱼雷，把对方干掉。德国要是正面打海战的话，肯定打不过英国。于是它就造了很多潜水艇，想要把英国也封锁起来，让英国老百姓也尝尝挨饿的滋味。

德国人一不做二不休，既然要用潜水艇打仗，干脆就是无限制潜水艇战。不管哪个国家的船，只要出现在英国海域，就不给任何警告，直接干掉！

结果美国人的商船也被干掉了。这一下大大得罪了美国。

这还不算，德国人还干了另一件天大的蠢事。这个事情比无限制潜水艇战还要蠢，真的是蠢到家了。美国南边有一个邻居叫墨西哥。德国外交大臣异想天开，给墨西哥政府发了一份电报，说如果美国参战，你应该马上挥师北上，讨伐美国。我们德国会隔着大西洋，全面支持你。打败美国之后，美国好多州都可以割让给你。

这就像是鼓动大雄去殴打胖虎，墨西哥想了想自己的块头，又想了想美国的块头，说：“不，谢谢。”

但是这封电报被美国人知道了。整个美国都一片狂怒：“挑唆墨西哥打我们！还要把我们的土地送给墨西哥，这简直是赤裸裸的挑衅！”

美国人本来就喜欢英国，觉得独立战争之后，虽然和英国分家了，但也算是亲戚。德国打英国，它已经很不高兴了。现在又出了这两件事，美国干脆对德国宣战，加入了世界大战。

美国要钱有钱，要人有人，如果它全力以赴杀过来，德国是顶不住的。但是美国有自己的弱点。它很长时间没有作战了，也根本没做战争准备，所以不太会打仗。你读过武侠小说吧？武侠小说里有时候会有一种人物，内力非常强，可不会武功招数，所以打起架就有点乱七八糟。美国就有点像这种人，内力惊人，但是一时施展不出来。美国需要一段时间，才能生产好武器，组织好军队。

德国人当然明白这一点。他们知道必须抓紧时间，趁着美国还没反应过来，抢先把英国、法国打败。不然的话，那就一点机会都没有了。

公元 1918 年春天，德国人出动了。

巴黎大炮

这一次，他们把所有的家底全都押上了。为了吓唬敌人，德国人还制造了一批全世界最大的大炮。这些大炮是专门用来轰击巴黎的，所以被称为“巴黎大炮”。它真是一种超级无敌大炮，每颗炮弹都有两百多斤重，能轰到一百多公里的地方。这个射程实在太远了,所以计算炮弹轨道的时候,必须要把地球自转的影响考虑进去！以前还从没有人造过这么大的大炮。后来，希特勒曾打算打造比它更大的超级大炮，但没有成功。

巴黎大炮真的轰到了巴黎。尽管它准确度不够，并没有炸死多少人，可是真的把巴黎人吓得魂不附体，他们想象不出炮弹从哪儿打过来的。

随着隆隆的炮声，德国军队一波又一波地发起进攻，就像钢铁洪流一样席卷而来。有一阵子，英法联军看上去要完蛋了。英国最高指挥官下了一道很绝望的命令：“我们已经身陷绝境，但我们深信自己事业的正义，每一个阵地都必须打到最后一兵一卒！”

可是德国军队打得也很吃力。他们把力量已经用到了极限，再也没有多余的兵力。德国人打啊打啊，最后前锋部队都能看见巴黎教堂的塔尖儿了。可就在这个时候，德国军队实在打不动了，只好撤退。

这下德国要完蛋了。

美国军队成群结队地来到欧洲。1918 年 8 月，英国、法国、美国的联军开始大规模反攻。反攻持续了大约一百天，所以也被称为“百日攻势”。

在百日攻势里，还发生了一件值得一提的事儿。联军出动了好几百辆坦克车。前两年，英国人也用过坦克，但都是零零星星的，规模没有这么大。

坦克是一种新发明，还不太成熟。这些坦克跟你在电影、电视里看到的坦克不太一样。它们样子比较丑，速度比较慢，也很容易出故障。但就算这样，几百辆坦克一起冲锋的样子，还是相当恐怖。德国人看见这种铁甲怪物密密麻麻地冲过来，都开始四散奔逃。

百日攻势彻底打垮了敌人。德国的几个小伙伴全部投降，德国国内也爆发了革命。德国皇帝很机灵，见势不好，拔腿就跑。荷兰女王是他的表妹，于是他一溜烟跑到荷兰，投靠表妹去了。法国人一直想要德国皇帝的命，可是女王表妹平平安安保护了他后半辈子。

德国建立了新的政府，宣布投降。

战争结束的日子很好记。公元 1918 年 11 月 11 日上午 11 点，枪炮声终于停止了。再也不用杀人，再也不用被杀了。士兵们爬出战壕，有的跪在地上祈祷，有的则是放声大哭。在后方，老百姓们纷纷涌上街头。商店不再营业，机关不再办公，就连公交车司机也不管路线，随便把车开向任何地方。大家都有一种从噩梦里醒来的感觉。

这场噩梦太残酷了。第一次世界大战持续了四年多，死了差不多两千万人，受伤的也有两千多万。这次战争就像一道鸿沟，把欧洲历史分成了两截。欧洲人把战争爆发前的日子称为“黄金时代”。他们知道，自己再也回不到那样的日子了。

可是为什么要打这样一场战争呢？谁也说不上来。感觉就像大家集体发了一次疯。

奥匈帝国被彻底拆分掉了，变成了好几个国家。德国也没有好下场。协约国强迫它签订了《凡尔赛条约》。德国被夺去了大约八分之一的领土，还要赔偿一千多亿金马克。这是一笔大得吓死人的钱。《凡尔赛条约》还规定，德国不许拥有潜艇、坦克，也不许建立空军，军队总数不得超过十万。

德国人非常生气，觉得《凡尔赛条约》太不公平了。可实际上，跟德国逼着俄国签订的《布列斯特条约》比起来，这份条约还算是蛮宽容呢。就连德国被夺走的土地，其实也都是当年它抢来的，比如阿尔萨斯和洛林。至于那笔赔款，听上去数额很大，可德国只赔了很小一部分，最后就拉倒了。

《凡尔赛条约》没有根本性地解决问题，它是一份半吊子的解决方案。如果《凡尔赛条约》是想彻底压扁德国，那它压得不够狠；如果它的目的是羞辱德国，却又羞辱得太狠了。德国的实力并没有被摧毁，心中却充满了愤怒。

它是一只力大无穷的猛虎，迟早会翻过身来。到了那个时候，它会再来挑战这份条约。

战胜国骄傲地说：这次大战是“终结一切战争的战争”。实际上完全不是这么回事！它制造的问题，比解决的问题还多。

以后肯定还会有大麻烦，不信走着瞧。

小结

公元1917年，布尔什维克发动十月革命，俄国退出了战争。同年，美国加入战争。第二年，德国发动最后一次大攻势，也未能挽回局面。以德国为首的同盟国集团彻底失败，第一次世界大战结束。

88

夹在战争和战争中间

公元 1918 年冬天，第一次世界大战结束了。到了公元 1939 年秋天，第二次世界大战就打了起来，中间只隔了差不多二十年。

在历史上，二十年是非常非常短的一段时间。你可以想象一下，爸爸打完了第一次世界大战，儿子就要参加第二次世界大战，这是多么可怕的事情。

很多人都以为打完第一次世界大战以后，大家会吸取教训，再也不会打新的战争了。但是很可惜，人类并不愿意吸取教训。他们总是会犯同样的错误，一次又一次。

两次世界大战中间的这二十年，发生了很多事情。有好事情，也有坏事情。但总的来说，它是一段充满失望和挫折的日子，整个世界似乎都生病了。

这种病主要出在人的头脑里。

第一次世界大战结束以后，人们非常沮丧。这场大战真的是毫无道理。这跟第二次世界大战不一样。这本书很快就会讲到第二次世界大战，那场战争更残酷，死的人更多，但是大家觉得那是有意义的。世界上出了希特勒、日本鬼子这样的坏蛋，我们要不惜代价地打败他们。这是一个爱憎分明的故事，大家心理上都能接受。

可是第一次世界大战没有明显的好人坏人。为什么要打这么一场战争呢？到底是为了什么啊？谁也说不清。

不知道为什么，就死那么多人，流那么多血，这实在太荒唐了！

人们觉得这个世界一定出了天大的问题，否则不可能有这么荒唐的事情。

年轻人受到的打击最大。战争刚爆发的时候，他们满腔热情地参军，脑子里有很多浪漫的想象，觉得自己在做一件了不起的事业。结果四年下来，他们经历了无数残酷的事情，亲眼看到伙伴们被打死，可是到头来，这场战争不过是一场毫无意义的互相残杀。于是，很多年轻人产生了一种幻灭感，不知道世界为什么会变成这样。后来，人们就把这些年轻人称为“迷惘的一代”。

有位英国诗人艾略特，在公元 1922 年发表了一篇著名的诗歌《荒原》。这首诗写得非常深奥，就算很有学问的人也不容易读懂。但是就算这样，它给人的感觉还是相当的震撼。后来，这首诗就成了那个时代的象征。

《荒原》一开头是这么写的：

四月是最残忍的月份，在死去的
土地里哺育着丁香，混杂着
记忆和欲望

四月是美好的春天，为什么说它最残忍呢？因为经历了太多死亡，太多绝望。春天越美好，就越能衬托出人世间的残酷。所以，在诗人的眼里，它也就成了最残忍的月份。

艾略特把世界比喻成一个巨大的荒原。死人的鬼魂在这里游荡，大地上只有岩石，没有一滴水；天空只有雷声，却不下一滴雨。这片绝望的土地，能不能获得拯救？谁也不知道。《荒原》这首诗非常悲伤，反映了那个年代很多人的想法。

不光大家的心灵是一团糟，外面的世界也是一团糟。

大战刚结束的那几年，整个世界乱了套。俄国崩溃了，德国崩溃了，奥匈帝国崩溃了，就连古老的奥斯曼帝国也崩溃了。它站错了队，投靠了德国阵营，结果成了战败国，帝国就哗啦一下垮掉了。

在它们的废墟上，出现了很多小国家。这四个帝国就像四头大猛兽，吞吃掉了好多小动物。现在这四头猛兽死了，那些小动物就从它们肚子里爬出来，重新返回大森林。

这也许是好事情，但是过程很痛苦，到处是动荡，到处是内战。人们分裂成了好多派别，互相打来打去，下手还都特别狠。经历过第一次世界大战以后，人们的心肠都变硬了。

在这片大混乱中，意大利跳出来了一个叫墨索里尼的人。他本来是名记者，满脑子疯疯癫癫的妄想。后来，他干脆创立了一个法西斯政党。

“法西斯”是什么意思呢？古罗马的执政官出行的时候，有人会在他前面举着一捆木棍，木棍中间绑着一把斧子。这就像咱们中国古代官员出行的时候，前面举着招牌“肃静”“回避”一样。法西斯就是这捆木棍和斧子的意思，斧子代表权威，木棍代表团结。

墨索里尼

墨索里尼是现代法西斯主义的创始人。这个“主义”非常崇尚暴力。墨索里尼认为自由、民主那一套都过时了，国家应该控制一切，每个人都要绝对服从国家。然后，国家就带领人民去打仗，打败劣等民族，扩张领土。墨索里尼觉得战争是一件大大的好事。他说：“不流血就没有生命。”

这是一种恐怖的学说。但是居然有很多人吃这一套！墨索里尼有了成千上万的支持者。这些支持者里有不少喜欢打架斗殴的家伙，墨索里尼就把他们组织成了“黑衫军”——因为这些家伙都穿黑衬衫、黑裤子。黑衫军在意大利到处横行霸道，威胁那些反对墨索里尼的人。人们都害怕这帮黑乌鸦。

到了公元 1922 年，墨索里尼带领着黑乌鸦，向首都罗马进军。黑衫军大多是些流氓无赖，意大利军队完全可以把他们都赶走。可是政府居然也害怕了！他们乖乖地下了台。意大利国王让墨索里尼当总理，把权力全部交给了他。

墨索里尼轻轻松松当上了独裁者。意大利的老百姓还相当崇拜他呢。他们觉得这个世界乱糟糟的，有一个强有力的人物替大家拿主意，完全是一件好事。

墨索里尼把法西斯主义嚷嚷得更响亮了。但是墨索里尼胆子不够大，心肠也不够毒辣，叫得凶、干得少。而且，意大利的力量也太弱，所以墨索里尼并没有带来太大的灾难。

但是他是一个坏兆头！法西斯主义这样杀气腾腾，居然还能取得成功，这说明世界正在堕落。人们不再相信日常的道德，而是崇拜强大的东西、有力量的东西。普通人崇拜强人，这是非常危险的。打个比方，这就像一群小斑马崇拜大狮子："哇！大狮子看起来好酷呀，它的牙齿真锋利，它的肌肉真发达！它脖子上的鬃毛实在太威风了！"结果，狮子来了会把这些崇拜者一个个都吃掉。

唉，这种糊涂念头总是会把恶魔召唤过来。墨索里尼只是一个开路先锋，真正的恶魔就跟在后面。等恶魔临凡的时候，世界就会陷入大灾难。

人们会有这种糊涂念头，是因为他们被时代弄迷糊了。以前人们觉得一切都是稳定的，社会是稳定的，国家是稳定的，道德也是稳定的，他们对什么都拿得准。可是第一次世界大战以后，他们对什么都拿不准了。

新时代里，一切都变得稀奇古怪。就连科学也来凑热闹。在十九世纪，科学家们觉得科学大厦已经竣工，以后大家只需要做点修修补补的工作就行了。可是爱因斯坦忽然发现了相对论，于是老的科学大厦一下垮掉了。

乍看起来，爱因斯坦的新科学非常古怪。

比如说，地球离太阳的距离是1.5亿公里，这是非常非常远的一段距离。可是如果你坐着一艘飞船从地球往太阳上飞，你飞得越快，这个距离就会越短。只要速度足够快，地球到太阳甚至可能只有一厘米远！这不是疯狂吗？

再比如说，有一对双胞胎兄弟，弟弟留在地球，哥哥坐着宇宙飞船飞走了。哥哥在外面转悠了两年，再回到地球，发现弟弟已经变成了一个老头！自己才老了两岁，弟弟可能已经老了六十岁！这不是疯狂吗？

双生子佯谬

哥哥更年轻，并不是因为他速度更快。站在哥哥的角度看，弟弟也是高速运动的。真正的原因是，哥哥在起飞和掉头时，经历了速度的变化。

对于普通人来说，爱因斯坦就像打开了《爱丽丝漫游仙境》里的那个梦幻世界。在这里一切都可以变形。时间和空间可以像皮筋一样拉长、收缩。爱因斯坦甚至还说，质量和能量其实是一回事。一块土豆里就蕴藏着上千万吨烈性炸药的能量。

人们看着厨房里的土豆，觉得这一切真是莫名其妙。

土豆炸弹是怎么回事?

土豆是一种静止能量。在牛顿物理中不存在静止能量，但是在相对论里，一千克静止物质等价于两三千万吨 TNT 炸药爆炸的能量。不过，还没有什么好的办法能把静止能量随意转化为运动能量。

爱因斯坦的理论触摸到了宇宙更深层的奥秘，这是人类非常大的一个进步。但是在当时，大家感到非常困惑，就像掉进了爱丽丝的兔子洞。在牛顿的世界里，所有事情都是确定无疑的。一分钟就是一分钟，一公里就是一公里。可是现在，一切都变得不可捉摸了。连空间和时间都靠不住了，那还有什么能靠得住呢?

这真是一个让人迷惑的时代!

不过，对这个时代来说，也有一个好消息，那就是它比较富裕。二十世纪二十年代的时候，世界经济慢慢恢复了，有一段时间甚至还挺繁荣。就连德国这样的战败国，老百姓也过上了不错的生活。如果大家再过上十年、二十年的富裕日子，战争留下的伤疤也许会慢慢愈合。

但只能说“也许”，因为我们没有机会验证了。一场灾难忽然降临，富裕的日子结束了，大家一下子变穷了。

这下恶魔真的就要临凡了。

小结

第一次世界大战摧毁了四个强大的帝国，产生了一系列小国家。残酷的战争给西方世界带来强烈的挫败感，很多人都感到无所适从。在一片混乱中，墨索里尼在意大利建立了法西斯政权。

89

圣雄在绝食中

上一章讲的事情主要发生在西方，现在我们转过头来，看看这些年里东方又发生了什么事情。

印度最近出了一个怪人。

这个人叫甘地。

他戴着一副眼镜，非常瘦弱，说起话来又温和又有礼貌，看上去就像一个大学教授。但是他跟真正的大学教授可不一样。教授们大多穿西装打领带——就算不穿西装，不打领带，他们至少也会穿一条裤子！可是甘地不穿裤子，也不穿衬衫，浑身上下只披着一块白布。而且这块白布还是甘地自己动手，用手摇纺车做出来的。

年轻的时候，甘地可不是这个打扮。

他曾去英国留学，受过高等教育，还当过很长时间的律师。那个时候他也穿西装，打领带，把头发梳得油光水滑，一副很潮的样子。年轻的甘地对英国非常满意，不觉得它有什么不好。

可是后来，他去南非工作，碰到了赤裸裸的种族歧视。在一次旅行的途中，他居然被赶下了火车，因为列车员认为只有白人才配坐头等车厢。在经历了一些类似事情之后，他开始认真地思考。甘地明白了西方文明也有非常丑陋的一面，也做了很多不公平的坏事。

他决心要改变这些坏事。

首先，印度的状况就需要改变。

当时的印度是英国的殖民地。印度百姓没有发言权，只能当二等公民。英国人到哪里都趾高气扬，印度人总是恭恭敬敬地伺候他们。印度政府要做什么事情，还必须经过英国的批准。

甘地觉得这一切非常可耻。于是，他脱掉了西装，披上了传统的白布，号召印度人起来反抗英国。

不过甘地并不主张革命。他非常非常讨厌暴力，觉得一切暴力都是错误的。所以，甘地发起了“非暴力不合作运动”。这是什么意思呢？就是我不和你打架，但我也不和你合作。如果你要用暴力对付我，请便！我会站在那里让你打，但我绝不会向你低头。

这真是一个新奇的念头。

甘地呼吁印度人不要购买英国商品，不要上英国开办的学校，也不要交税。如果英国人逮捕我们，就让他们逮捕好了，不要和他们暴力对抗，而要在道德上战胜他们。

甘地非常相信道德的力量，他自己就有高尚的道德。甘地从来不会对人恶言相向，也从来不做自私自利的事情。在生活上，他没有任何享受，简直就像个苦行僧。甘地甚至说：“如果我只需要一件衣服，但我却有两件，那多出来的那一件就相当于偷来的。如果五根香蕉就足以让我维持生命，我却吃了六根，那多出来的一根就相当于偷来的。”甘地并没有撒谎，他确实也是这么做的。

在大家看来，这简直就是一个圣人！印度人称呼他为“圣雄甘地”。“圣雄”的意思就是“伟大的灵魂”。

甘地很了不起，但他也很古怪。如果家里人有任何事情做得让他不满意，他不会大发雷霆，更不会动手打人，但他会绝食。比如孩子如果淘气了，他就宣布自己要绝食，再也不肯吃一口东西。一直到孩子哭哭啼啼找他承认错误，他才会吃东西。

有一个这样的老爸真的很恐怖。想想看，如果你的爸爸躺在床上，说你上课的时候如果再走神，他就会把自己活活饿死。而且他说到做到，并不会半夜爬起来到冰箱里偷吃东西，他真的会把自己饿死。那你能怎么办呢？你只能服软。这其实是一种精神上的暴力，比把孩子打一顿更加可怕。

甘地还有一些奇怪的想法。他坚决排斥跟动物有关的食物，不要说肉了，就连鸡蛋、牛奶都不行（甘地并不反对婴儿喝牛奶）。所以他家里人生病的时候，也不许吃这些食物补充营养。甘地甚至反对打针，厌恶手术，至少在他生命的后期是这样。他反对现代医学这一套东西，而更相信自然疗法和精神力量。后来，他妻子得了严重的支气管炎，必须注射盘尼西林，甘地表示反对，结果耽误了病情，妻子不久便去世了。

也许圣人都有点古怪吧。你可能会远远地崇拜一个圣人，但绝不会希望自己家里出一个圣人。

不过总的来说，甘地心胸很宽广，说话很公道。比如他虽然反抗英国的统治，但也承认英国有很多优点。他经常回忆自己在伦敦上学的时候，当地老百姓对他非常友善。他极其热爱印度，但也经常批评它的某些陋习。这本书在前面说过，印度有种姓制度。高种姓的人瞧不起低种姓的人。至于最低贱的“不可接触者”，人们甚至连碰一下他们都会被污染。甘地强烈反对这种传统。他经常和“不可接触者”打成一片，还把他们叫作“神的孩子”。

在公元1930年，甘地做了一件轰动世界的事情。当时英国殖民政府向印度人征收食盐税。任何生产食盐的人，都要交税。甘地号召人们自己用海水制盐，不要去交税。为了做宣传，他进行了一次徒步远征。

甘地带着一套被褥、一个背袋、一个纺锤，还有一个杯子，向大海走去。

一路上，越来越多的追随者加入进来。印度人都在议论这件了不起的事情。人们在道路上洒了水，铺上树叶，希望甘地能够走得凉爽一些。世界各地的新闻记者也都跑来了。一个瘦骨嶙峋、慈眉善目的老头，要用道德的力量来对抗大英帝国！这非常有戏剧性，全世界都在关注这件事。

甘地拖着疲惫的身子，走了整整二十五天，终于来到海边。他从沙地上捡了一些盐粒，把它们举过头顶，宣布他已经制造出了盐，而且没有交税。

这个举动看上去有点滑稽，实际上它有很棒的宣传效果。人们喜欢这种富有象征性的举动。甘地能想出这个主意，确实很聪明。一夜之间，甘地成了大英雄，不光是印度的大英雄，也是全世界的大英雄。

在二十世纪三十年代，据说地球上有三个最有名的人，第一个是卓别林，超级火爆的喜剧明星。第二个是希特勒，我马上就要讲到他的故事了。第三个就是甘地。他那副又瘦弱又和善的样子非常打动人心。看到甘地的照片，谁会不感动呢？如果甘地是一个大胖子，那绝对不会有这样的效果。

英国政府不知道该拿他怎么办。这个老头成了一个天大的麻烦。不光印度人崇拜甘地，就连很多英国老百姓也崇拜甘地，说他是个高尚的大圣人。英国人逮捕过他，但又把他释放了。

希特勒在报纸上读到了这个新闻，觉得很奇怪。他当上独裁者以后，曾经对英国总督说："你们为什么不枪毙甘地呢？把他毙了，一切麻烦都会消失。"但是英国人毕竟不是希特勒，他们不敢。他们害怕被全世界说成是杀人凶手。而且，英国人从内心深处，也确实尊重自己制定的法律。甘地反对暴力。警察冲上来的时候，他的追随者既不逃跑，也不还手，就站在那里任由警察去打。这样的人，有什么法律能枪毙他呢？

于是，英国人只能眼看着甘地越来越出名。最后甘地竟然成了全印度的精神领袖。

甘地的非暴力不合作运动对付英国人还可以，但对付不了希特勒。甘地并不太明白这件事。他不相信世界上真有恶魔。在他看来，希特勒也好，英国首相也好，都是人。既然是人，就都可以讲道理。

希特勒疯狂杀害犹太人的时候，甘地还提出过一个傻乎乎的建议。他呼吁德国犹太人也来一次“非暴力不合作”，他觉得希特勒毕竟不敢把犹太人都杀光。他还建议大家不要和希特勒作战，因为暴力都是不对的。让他来抢劫和杀人好了，只要保持灵魂和思想的独立，希特勒也拿我们没办法。

唉，如果甘地生活在希特勒统治下，后果可真是不堪设想！

也许圣人没法理解恶魔，就像恶魔没法理解圣人一样。

在甘地的带领下，印度最后真的迎来了独立。不过那是很久以后的事情了。第二次世界大战结束以后，英国人觉得大势已去，从印度撤走了。可是，在印度有不同的宗教，信徒们互相仇视。印度独立以后，居然发生了可怕的冲突。死了很多很多人，可以说是血流成河。

甘地也被惊呆了。他悲哀地说：“要让我眼睁睁看着印度毁灭吗？眼睁睁看着各个宗教同归于尽吗？还不如让我死了的好，死了倒是解脱了。”于是，他宣布绝食。只要人们还在街头互相杀来杀去，他就宁可把自己活活饿死。五天之后，城市奇迹般的恢复了和平。

但是他也引起了一些人的仇恨。有人觉得他偏袒别的宗教。公元 1948 年，甘地从人群中走过去的时候，一个狂热的教徒忽然拔出手枪，对着他连开三枪。甘地喊了一声“神啊”，就死去了。

即便是刺客对甘地也是崇敬的。他说：“开枪打死他之前，我真诚地祝福他，并向他深深地鞠躬。”

印度总理悲哀地向人民宣布了这个消息，他说：“光明没有了，我们的生活只剩下了黑暗。”

这就是甘地的故事。他真是一个独一无二的人。靠着道德力量，他征服了人心；靠着人心，他又改变了历史。

甘地的想法能行得通吗？有的时候也许能，但更多的时候恐怕不行。但是，当它行得通的时候，那就会是一个非常美好的故事！

我真希望世界上能多一些这样的故事。

小结

甘地被人们称为“圣雄”，是一位非常奇特的人物。他发起了“非暴力不合作运动”，抵制英国在印度的殖民统治。甘地后来成了印度人的精神领袖，并带领印度获得独立。然后，他就被刺杀了。

90

当这个世界忽然变穷

一个人忽然变穷，我们会说他破产了，或者失业了。

可如果整个世界都忽然变穷了呢？我们就说它“萧条”了。

在工业革命以后，我们老是说增长、增长，好像经济会一直增长，财富会不断变多。可事情并不总是这样。天下从来没有一帆风顺的事情。财富也可能会忽然减少，大家会忽然变得更穷，而且这种情况可能会持续很多年。

历史上曾经有过一次最大的大萧条。它就像一记重拳，把整个世界一下子打蒙了。

人们对这记重拳真是毫无准备。二十世纪二十年代后期，大部分国家都很繁荣，日子过得挺不错。其中最富裕的是美国。整个美国就像有花不完的钱，遍地都是机会，似乎每个人都有发财的机会。最简单的赚钱窍门就是炒股票。今年投进去一千块钱，明年说不定就能赚一万！投一万，说不定就能赚十万！傻子才不去买股票呢！

你还记得荷兰的郁金香狂热吧？现在美国人就感染上了“股票狂热”。他们不光拼命买美国的股票，还把多余的钱投资到国外，结果又推动了全世界经济的发展。

那真是一段蒸蒸日上的日子！大家总算走出了第一次世界大战的阴影，重新看到了希望。

可就在这个时候，灾难降临了。

那是在公元 1929 年的 10 月 24 日。那一天，纽约的股票市场忽然崩掉了。当时的场景很像郁金香泡沫破灭时的样子，几乎所有人都在拼命往外卖股票，股票价格一个劲儿往下掉。一会儿一个价格，人家都反应不过来了。交易员疯了似的大喊大叫，人群挤得水泄不通。交易所就像一个挨了炸弹的兔子窝，乱成一团。

等太阳下山的时候，已经有成千上万的人破产了。当天就有两个银行家跳楼自杀。

这天是星期四，后来人们就把这一天叫作“黑色星期四”。

黑色星期四只是开了个头。到了星期五，股票的价格接着往下掉。一个月之内，价格下降了一半多。几百万股民变成了穷光蛋。

这当然挺吓人的。但是，历史上也有过类似的事情，股票崩了也就崩了，不一定会引发大灾难。可是这次不同，它带来了连锁反应。没过多久，银行就开始倒闭，接着工厂开始关门，接着大家开始失业……最后是彻底的“大萧条”。而且这次大萧条就像病毒一样，会传染。美国先中了毒，然后开始传染给其他国家，英国、法国、德国、日本、加拿大……一个个全都倒下了，谁都没跑掉。

自从进入工业时代以来，人们还从没碰到过这么可怕的萧条。全世界工业产量掉了三分之一，美国甚至掉了将近一半。这听上去就是个数字，可是在这数字背后，是无数老百姓忽然走投无路了。

在美国，有上千万工人丢了饭碗。本来他们有吃有喝，有份安稳的生活，可一夜之间就没了收入。出去找工作吧，所有的工厂都说不招人。回到家，孩子要吃饭，要交学费，可是家里连一分钱都拿不出来，这日子还怎么过？

如果你是一个青少年，也许觉得这没什么大不了。可是问问你的爸爸妈妈，他们就会告诉你这有多可怕。

美国是世界上最富裕的国家，现在居然有很多人穷得揭不开锅。有些家庭必须轮流吃饭，比如妈妈跟老大、老二在周一、周三、周五吃饭，爸爸跟老三、老四在周二、周四、周六吃，只有在周日全家人才能都吃饭。这样的事情真的发生过。有位老师看见学生饿得头昏眼花，就让她回家去吃饭。这个小女孩说："不行啊，我家是轮流吃饭的，今天轮到我妹妹吃。"

没饭吃怎么办？有人就跑到郊外挖野菜和蒲公英，拿回家煮了吃。有人挖不到野菜，就去翻垃圾桶，寻找一些腐烂的食物。有位厨师刚把一桶泔水放到外面，马上就从黑暗里冲出十几个人来抢，把厨师吓了一跳。

很多人一辈子都没经历过穷日子，每天西装革履，神气活现。现在倒好，鞋底子磨破了都没钱修，只能拿报纸塞到鞋子里头。以前没事了就下馆子大吃大喝，现在只能排着队，去领免费的蔬菜汤。结果，有些人精神一下子就垮掉了。他们选择自杀。

那几年，美国自杀的人特别多。于是就有了这么一个笑话，据说有个酒店特别高，自杀的人都喜欢到这里来跳楼。那里的服务员每当看见客人进来，就很彬彬有礼地问道："请问，先生您是来住店的，还是来跳楼的？"

这可真是一个黑色的笑话。

人们变穷，并不是因为东西少了。美国能生产出足够的商品，让每个人都吃饱穿暖。可是大家就是没有钱买！整个国家好像得了精神分裂症。一边是大量商品卖不掉，老板急得要自杀；一边是老百姓什么东西都缺，偏偏穷得买不起。

一个孩子问妈妈："天这么冷，咱们家为什么不生炉子呢？"

妈妈回答说："因为咱们家没有钱买煤。"

孩子问："为什么咱们家没有钱买煤呢？"

妈妈回答说："因为你爸爸失业了。"

孩子好奇心很强，接着往下问："那爸爸为什么失业呢？"

妈妈回答说："因为生产的煤太多了！"

孩子当然很困惑。不光孩子困惑，所有人也都很困惑，怎么会出现这么荒唐的事情呢？

还有更荒唐的事情呢。农场主把成桶成桶的牛奶倒进河里，把成箱成箱的苹果埋进地里，往橘子上洒煤油，让土豆腐烂掉。美国政府花钱买下六百万头猪，然后把这些猪杀死埋掉。那么多孩子吃不饱饭，他们却把猪肉和苹果白白埋掉！这听上去真是让人气愤。

但这些人并不是心眼坏，故意跟穷人过不去。农场主把辛辛苦苦生产的牛奶倒进河里，自己也心疼得要命，但是他们觉得只有这

样，才能让大萧条赶紧结束，一切恢复正常。

这不是一件大大的怪事吗？

在古代的时候，出现旱灾，地里的庄稼少了，大家就挨饿受穷。这很容易理解。可是现在一切看上去都好好的，东西一点都没变少，大家怎么会变穷呢？没有人准确地知道答案。

现代经济太复杂了，就算是最聪明的大脑，也很难把它彻底搞清楚。它比物理、化学还要难以捉摸。物理、化学还能做实验，你可没法拿经济做实验。

所以，一直到今天，大家还在争吵大萧条到底是怎么出现的。如果你能搞清楚这个问题，那你一定可以得诺贝尔奖！

关于大萧条，经济学家们这样说

关于大萧条的原因，存在着好几种理论，比如凯恩斯的需求不足理论（本章描述的“恐慌”就比较接近于凯恩斯的理论），弗里德曼的货币供应不足理论，奥地利学派的政府干预扭曲市场理论等等。但是它们大致都认可两件事：第一，人们的恐慌心理加剧了大萧条的烈度。第二，美联储的应对不当加剧了大萧条的烈度。

但无论如何，大萧条肯定和恐慌有关系。如果大家都不害怕，那么大萧条绝不会那么“大”。你恐慌了，就会拼命攒钱，不敢买东西。但是这样一来，工厂生产出的东西就卖不掉，老板就会恐慌。为了节省开支，他们就会把工人解雇。而工人失业了，也就更没有钱去买东西了。大家就更恐慌了。

一个国家大萧条了，也会把恐慌传染出去。这个国家会想：“天啊,我自己生产的东西还卖不掉呢！我可不能再买外国的商品了！”于是，它就会把外国的商品都赶出去。这样一来，别的国家也会想：“哎呀，邻居这么做了，那我也要这么做！我的钱也要全省下来买自己的商品。”

贸易的链条就这么断掉了。你不买别人的商品，别人也不买你的商品。最后大家的商品都卖不掉，只好一起“大萧条”。

你听说过踩踏事件吧？大家拥挤在一个广场上，忽然有人觉得害怕，开始往外跑。周围的人虽然不知道原因，但也会跟着害怕，也拼命往外跑，最后所有的人都害怕起来，一起往外跑。结果就会发生踩踏事件，死掉很多人。

大萧条就像是这样的踩踏事件。大家还没搞清楚怎么回事，情况已经一塌糊涂了。

面对大萧条，应该怎么办呢？

不同的国家有不同的办法。美国的大萧条最严重。在绝望的时刻，美国人选出了一个名叫罗斯福的总统。罗斯福在大约四十岁的时候，生了一场病，腰以下全瘫痪了。从那以后，罗斯福就只能坐在轮椅上。他是美国唯一的残疾人总统。

他一上台，就大刀阔斧地做了一大堆改革，人们把这些改革称为“罗斯福新政”。你以前如果读过关于罗斯福的书，可能脑子里会有这么一个印象：

美国人民正陷入大萧条的水深火热之中，过着暗无天日的生活。正在这时，“咔嚓”一声，天降伟人罗斯福，临危受命，推行新政，带领人民走出了大萧条。

实际上，这个说法是不对的。罗斯福新政并没有那么管用。美国经济还是半死不活，老百姓还是很穷，大萧条其实是自己慢慢过去的。

但是罗斯福还是很有贡献！

他总是摆出胸有成竹的样子，好像口袋里装着对付大萧条的妙计。美国人看到他，就觉得安心。罗斯福信心满满地说：“大萧条没什么可怕的，世界上唯一值得我们害怕的，就是害怕本身。”听到这话，人们好像真的就没有那么恐惧了。

罗斯福并没有打败大萧条，可是他让美国平安渡过了大萧条，没出大乱子。所以，他还是一个了不起的人物。

德国就没有这么走运了。

德国人没有选择罗斯福这样的领导人，他们倒向了一个恶魔。

一个真正的恶魔。

小结

公元1929年，经济大萧条忽然来临，世界经济受到了前所未有的惨烈打击。美国是这次大萧条的中心，但是它总算没有出现政治上的大动荡。德国就没那么幸运了。

91

恶魔临凡

这本书已经好几次提到过希特勒，现在他终于出场了。

大家都知道希特勒是德国独裁者。可实际上，希特勒出生在奥地利。奥地利人跟德国人是同一个民族，所以希特勒勉强也算是德国人。他年轻的时候是个文艺青年，立志要当一个画家。可是他画得有点蹩脚，报考艺术院校的时候落榜了。如果他考上了，奥地利多出一个三流画家，也许就不会有第二次世界大战了！

没当成画家，希特勒就做了流浪汉，经常饿肚子。后来第一次世界大战爆发，他报名参加了德国军队。他在战场上确实很勇敢，得了铁十字勋章，眼睛还差一点瞎掉。等到战争结束，他加入了一个政党。这个政党名字很长，叫“国家社会主义德国工人党”，后来人们简称为纳粹党。

没过多久，希特勒就成了纳粹党领袖。他给纳粹党设计了一个倾斜四十五度的卐字标志。这个标志后来成了历史上最邪恶的一个符号。

希特勒年轻的时候是个疯疯癫癫的愤青，后来成了个疯疯癫癫的狂人。他很有才能，但是满脑子稀奇古怪的念头，就像走火入魔了一样。历史上有很多征服者，但谁也没有希特勒这么古怪。

他也并不总是个恶魔。在日常生活里，希特勒并不算凶恶。他过得很简朴，不抽烟，很少喝酒，几乎不吃肉，喜欢小动物。他对周围的人也蛮和蔼，希特勒的秘书和司机都觉得他挺好的。可等他下达命令的时候，要多残酷就有多残酷。男女老少他都要杀，连婴儿都不放过。

希特勒从不去看那些受害者。他看不见他们的尸体，也听不见他们的惨叫，所以不管死多少人，都只是一个抽象的数字。希特勒建立了很多集中营，在里面害死了几百万犹太人，可他自己从没到集中营去看过。很可能他是不敢去看。这样，他下达杀人命令的时候才能更心安理得。

希特勒是个理想主义者。可是他的理想乱七八糟，就像一锅恶臭的大杂烩。在这锅大杂烩里，最主要的材料就是种族主义。希特勒认为全世界最高贵的种族就是雅利安人。你还记得雅利安人吧？如果不记得的话，你可以翻翻这本书的第七章。不过希特勒说的雅利安人，跟真实的雅利安人并不是一回事。他是在乱用这个名词，想怎么用怎么用。

在希特勒看来，雅利安人金发碧眼，身材高大，聪明勇敢，非常了不起。而德国人就属于高贵的雅利安人。可希特勒自己却是个黑头发的小个子！从来没人敢向他提起这件事，否则很可能会被枪毙的。

希特勒给不同民族排了等级。英国人几乎可以和德国人平起平坐，法国人、意大利人就要差一点。俄国人、波兰人更差，都是劣等种族，只配给雅利安人当奴隶。不过全世界最劣等的种族还是犹太人。不知道为什么，希特勒一口咬定犹太人最邪恶，他们活着都是污染空气，应该把他们全部消灭掉。

你也许会问，咱们中国人呢？中国人离希特勒太远，他没有仔细想过这件事。但是他喜欢日本人，很客气地封他们是“荣誉雅利安人”。

希特勒很推崇战争。这本书里提到过社会达尔文主义，希特勒就信奉最极端的社会达尔文主义。他觉得战争是最了不起的事情。只有靠战争，才能筛选出来强者和弱者。强者就该统治弱者。弱者就活该倒霉。只有这样，人类才能进步。

希特勒说，德国人是高等种族，他们应该发动战争，统治那些劣等种族。英国人、法国人还不算太劣等，可以放过他们。但是东边的民族实在太劣等了，所以必须向东扩张，把那里的人变成奴隶。

其实就算对自己的同胞，他也很残酷。希特勒模模糊糊有个想法，觉得弱者是社会的累赘，没有活下来的权利。希特勒上台以后，曾经制订过一个残忍的计划。他打算把德国的残疾人、智障人士、精神病患者，都送到医院里偷偷弄死。希特勒真的开始这么做了，只是后来有人激烈反对，他才放弃了这个计划。

希特勒写过一本书，名叫《我的奋斗》。他把自己的很多想法都写了进去。但是读者都不太当真，因为这些想法太疯狂了，大家觉得希特勒只是故意拿来吓唬人的。可谁知道，《我的奋斗》里的话后来都变成了现实！

很多书上都会说“德国法西斯”，其实希特勒属于纳粹，墨索里尼才是法西斯。纳粹比法西斯更凶恶，而希特勒也比墨索里尼更坏得多。

如果希特勒生活在十九世纪，绝对没法出头。其实就算是在二十世纪，他本来也没有太大机会。第一次世界大战结束以后，德国建立了一个民主共和国，很快就恢复了元气。德国本来就很厉害，现在又变得很强，工业生产排到了世界第二，仅次于美国。生活安定的人不会喜欢希特勒。所以希特勒拼命折腾，也没造成多大影响。

可是大萧条来了。工厂纷纷倒闭，很多人都失业了，成了一贫如洗的穷光蛋，连吃饭都成问题。德国人掉进了绝望的深渊。

希特勒竞选海报

就在这个时候，德国街头出现了巨大的海报，画着一群凄凄惨惨的老百姓，上面写着“我们最后的希望”，然后是三个大字：希特勒。

很多德国人一头扎进了希特勒的怀抱。

你可能会觉得奇怪，照片上的希特勒总显得有点邪恶，一撮小胡子，目露凶光，看着就不像好人呀，德国人怎么会选择他呢？其实不光你奇怪，当时有不少德国文化人也觉得奇怪：“你看希特勒那油腻腻的头发，再看看他歇斯底里的样子！放在第一次世界大战前，他连个最低级的小官儿都当不上！人们怎么会喜欢他呢？”

但是希特勒有一种邪恶的魅力。他特别擅长演讲。在讲台上，希特勒经常讲得激情四射，大汗淋漓。他就像一个魔法师，听众成了他的傀儡。希特勒想让他们喊，他们就会喊；想让他们哭，他们就会哭。希特勒的那些想法，如果用正常口气说出来，大家会觉得是疯话，可是当他在演讲时咆哮出来，大家就会被感动得热血沸腾。

当然，他显得有点凶。这在平时可能是个缺点，但是在大萧条那种绝望的日子里，大家把凶恶当成了坚定。德国人看着希特勒那凌厉的目光、恶狠狠的表情，觉得他可能真的是救世主。

到了大萧条的第三年，纳粹党成了德国最大的党派。

这个时候，如果其他政治家联合起来，还是可以打败希特勒的。可是他们没有。他们觉得：“呸！希特勒不过是个小丑！他也就是昙花一现，很快就会消失的。在他消失

演讲中的希特勒

之前，我们不妨利用他，去对付我们真正的敌人！”

他们大大低估了希特勒。希特勒身上的那种黑暗力量，是一种新事物，对他们来说太陌生了，所以这些政治家意识不到希特勒有多强大。他们想利用希特勒！这就像一群兔子想利用老虎给自己看家一样。

结果，老虎就把兔子当零嘴吃掉了。

纳粹党在国会选举中大获全胜。公元1933年，希特勒成了德国总理。你看，别的独裁者大多都是靠武力上台，希特勒却是靠选举。德国人用选票选出了一个恶魔。

希特勒当上总理还不够。他说国家情况危急，必须把权力都交给他，让他随意制定法律。国会议员们居然乖乖地投了赞成票，批准了希特勒的要求。这些议员们用民主的方式，结束了民主。所以说，如果没有对民主的信念，光靠投票并不能维持民主。

从这一天开始，希特勒的话就是法律，他想怎么干就怎么干。希特勒建立了集中营，把反对他的人都关了进去。德国人失去了自由和权利，再也不能随便说话了。现在他们见面打招呼的时候，也不再说“你好”，而是要举起手臂，喊一声：“嗨！希特勒！”意思就是“希特勒万岁”。

如果不这么喊，那你就等着倒霉吧。

但就算这样，大部分德国人对希特勒还是挺满意的。他们厌倦了共和国，厌倦了选举。现在好了，出来一个铁腕人物来替他们做主，他们再也不用自己去思考了。大家居然有了一种轻松的感觉。

他们心甘情愿地把自己交到希特勒手里，希望希特勒能赏给他们好日子过。

不少德国人甚至非常崇拜希特勒。一看见希特勒，他们就激动得像疯了一样。有人甚至趴在地上，捡起希特勒踩过的泥土，往自己嘴里头塞。

在集会上，成千上万条手臂齐刷刷地伸向前方，成千上万个声音齐声高喊："嗨，希特勒！"这个场景非常壮观，也非常恐怖。因为这些德国人看着不再像一个个活生生的人，而像一群机器人。这种壮观是机器人的壮观。

为了庆祝希特勒上台，人们组织了盛大的夜间游行。大家举着火炬，一边唱，一边叫，兴奋得快要发狂了。德国人排成长长的队列，手中的火炬照亮了天空。在围观的人群里，一个三岁的男孩不断地举起小手喊："希特勒万岁！希特勒男子汉万岁！"人们都像喝醉了一样，觉得非常幸福。

他们觉得自己在走向光明。可他们不知道，用不了多少年，德国就会被占领，希特勒会自杀，无数的德国人会死掉，他们的家园也会变成一片废墟。

他们走向的不是光明，而是可怕的黑暗。

小结

公元1933年，德国纳粹党领袖希特勒上台，建立了独裁统治。他信奉极端的种族主义，推崇暴力和战争。这是一个注定要给世界带来灾难的狂人。

92

大魔王吞掉老会计

希特勒上台是在公元1933年，他只用了五六年的时间，就把世界带到了世界大战的边缘。

表面上，希特勒确实结束了德国的大萧条。他对经济不太懂，也没什么兴趣，但是他喜欢战争，所以拼命制造武器。你还记得大萧条是什么吧？生产出来的东西太多，卖掉的太少。没人买肥皂，肥皂厂就会破产；没人买牙刷，牙刷厂就会破产。可是飞机、大炮再多也不怕，不管造出多少，希特勒都要。

这样一来，倒真的没人失业了。找不到工作？那就给希特勒造大炮去！大萧条就这样结束了。大家并不比共和国的时候更富裕，但是总算都有了一份工作。德国人对希特勒真是感恩戴德。

但是他们不知道，战争比大萧条还可怕。

希特勒上台以后，很快就撕毁了《凡尔赛条约》。《凡尔赛条约》说，德国不许有空军，不许造潜艇，军队数量不能超过十万，等等。可是希特勒根本就不搭理这些规定。他使劲造飞机和潜艇，使劲扩张军队。什么《凡尔赛条约》？希特勒说：那就是一堆废纸！

按理说，别的国家应该阻止他，可是没人敢这么做。第一次世界大战主要有三个战胜国：美国、英国和法国。美国已经缩回老家，不愿意管欧洲的闲事了。而英国和法国又没有足够的胆量。

它们怎么去阻止希特勒呢？它们可以说："你不许违反《凡尔赛条约》,不然我就打你！"那希特勒要是不听呢,难道真的开打吗?

德国太强大了。第一次世界大战的时候，英国和法国加起来都打不过它，最后还是靠美国人的帮忙。现在美国人跑回老家了，那自己还能打得过德国吗？它们有点胆怯。

再说，英国、法国也实在不愿意再打仗了。第一次世界大战打得太惨了，尸山血海呀，国家也差点崩溃掉。难道再来一次？想想就觉得可怕啊。

所以英国、法国就处处退让，纵容希特勒。人们管这种行为叫"绥靖政策"。绥靖，就是安抚的意思。想想看，它们居然想要安抚一个恶魔！

希特勒撕毁了《凡尔赛条约》，没有受到任何惩罚。接着他又干了一件出格的事。他把奥地利给吞并了。

大家还记得奥匈帝国吧？它崩溃以后，分裂成了好几个国家。其中有一个就是小小的奥地利，那里还是希特勒的老家呢。希特勒说："德国和奥地利本来就是一家人，现在应该合并。"他说干就干，硬是把奥地利给占领了。

这件事把大家吓了一跳。不过这两个国家的人民确实是同一个民族，奥地利老百姓也不反对合并。既然这样，合并就合并吧。英国和法国也没说什么。它们又绥靖了希特勒。

希特勒的胆子更大了。

没过多久，他又向捷克斯洛伐克下手了。捷克斯洛伐克是一个小国家，紧挨着德国。从地图上看，它好像是一脑袋扎进了德国的胳肢窝里。

捷克斯洛伐克有一块土地，叫苏台德地区。这里住着很多德意志民族的人。一个国家里有少数民族，这也是常事。可是希特勒抓住这件事儿不放，大喊大叫说："这些人是我的同胞。现在他们被欺负了，我要为他们主持正义！"

怎么主持正义呢？

希特勒说："很简单，把这块地区割让给德国。"

捷克斯洛伐克大吃一惊，赶紧跑去找法国。它们两个国家签订过军事同盟，有义务互相帮忙。但是法国没有主心骨，自己又跑去找英国帮忙。

这是不是很像第一次世界大战爆发时候的场景啊？有了麻烦以后，张三找李四，李四找王五帮忙，事情越闹越大，最后战争就打起来了。这次似乎也是这么个过程，但是结局并不一样。

英国和法国最后认㞞了，它们自私地抛弃了捷克斯洛伐克。

英国的首相叫张伯伦。他是一个好心眼的人，长了一副猫头鹰般的面孔，做事有板有眼，很有绅士派头。他有个怪癖，不管走到哪里都拿着一把雨伞。可能在英国，下雨天的时候也没人给首相打伞吧！从这个习惯里，就能看出他是一个多么循规蹈矩的人。你能想象希特勒随身夹着一把雨伞吗？他提着一把长刀更合适呢。

张伯伦有点太老实了，他从没见过真正的流氓，而希特勒偏偏是个大号的政治流氓。绅士碰见流氓，肯定要吃亏。

张伯伦一辈子没坐过飞机。现在为了这件事，他破例坐飞机去见希特勒。希特勒又是奉承又是恐吓，把张伯伦哄得团团转。结果张伯伦同意把苏台德地区转让给德国，捷克斯洛伐克政府也勉强答应了。

这件事本来就该结束了。转让一片领土是很复杂的事情，需要时间去做安排。可是希特勒故意找碴，又提出了新要求。他说："我不能再等了！我要现在、立刻、马上就占领那块土地。几天之内，捷克斯洛伐克如果不从那里滚出去，我就开战！"

这就是撒泼打滚，无理取闹。英国和法国都很生气。于是，危机忽然升级了。整个世界都屏住了呼吸，觉得战争随时可能爆发。

在最后关头，张伯伦又㞞了。

他前思后想，越想越觉得战争真可怕。他吓得忘了生气，又跟法国总理一起飞到了德国的慕尼黑，再次跟希特勒谈判。结果他们签订了《慕尼黑协定》。

慕尼黑谈判中的张伯伦

希特勒的要求又被满足了。捷克斯洛伐克政府马上就从苏台德地区滚了出去。德国完全占领了这块土地。

谈判过程中，张伯伦跟希特勒吵了一次嘴，因为张伯伦忽然想起了一件事。在苏台德地区，有很多大楼和工厂，这都是捷克斯洛伐克政府的财产。人家滚蛋了，这些东西又带不走，那怎么赔偿人家呢?

希特勒一听就火冒三丈。他激动地说:“根本就没有赔偿！”

张伯伦以前当过会计，很尊重财产权。他实在想不通，财产损失怎么能不赔偿呢?他又接着说:“那儿还有很多牲口呢。牛、马、猪，也应该赔偿人家老百姓嘛。”

希特勒情绪崩溃了。他大发雷霆:“什么牛啊，马啊，猪啊！我们的时间很宝贵，没工夫讨论这些鸡毛蒜皮的小事！”

张伯伦听完就不说话了。

从这里就能看出来，张伯伦和希特勒完全属于两个世界。一个是规规矩矩的老会计，一个是无法无天的大魔王。这两个人谈判，大魔王当然会吞掉老会计。

别看张伯伦签了这么脓包的协议，可他回国的时候，简直像个凯旋的英雄。他站在阳台上发表演讲:“我从慕尼黑带回了和平！我们这个时代的和平！”

人群发出热烈的掌声。好多人还对着阳台高声唱歌:“你真是个呱呱叫的好人！”

你看，希特勒的要求又被满足了。英国和法国又绥靖了他。后来人们都说这样的绥靖实在太蠢了。希特勒一要横，就能得到想要的东西，那他就会没完没了地要横。

但是英国这么做也有自己的理由。张伯伦确实害怕打仗，拼命想避免战争，但他也不是毫无底线。他签订《慕尼黑协定》有个最重要的原因。希特勒反复说："这是我最后的领土要求。"张伯伦相信了他，觉得这是最后一次让步。

如果他的对手不是希特勒，而是当年的德国皇帝，这么做也许是明智的。第一次世界大战的时候，如果有任何一个国家做出点让步，战争就可能避免，欧洲也就获救了。可是张伯伦太倒霉了，他碰到的对手偏偏是希特勒。希特勒铁了心要打仗，你再让步也没用。

到了公元 1939 年，希特勒又盯上了波兰，也非要割掉人家一块土地。

这次张伯伦终于恍然大悟，希特勒一直在撒谎！他是个喂不饱的流氓，根本不可能被绥靖！这一次，英国和法国态度变得非常坚决："如果德国侵略波兰，我们就向德国宣战。"

这倒让希特勒吃了一惊：这个夹着雨伞到处跑的老会计，怎么会忽然这般硬气？希特勒本打算先吞掉波兰，然后进攻苏联，征服东方的土地。可是既然英国和法国非要跟自己对着干，希特勒就改变了计划。他转过头来和苏联签订了一份条约，保证两个国家互相不打仗。

现在，他可以安心地对付英国和法国了。

公元 1939 年 9 月 1 日，德国军队攻进了波兰。希特勒向德国人撒谎，说波兰人首先发动的进攻，我们只能被迫自卫。波兰入侵德国！这听上去是多么荒唐的事情，就好像说大白兔向狼窝发起悍然攻击。可是不管希特勒说什么，德国人都相信，他们真的以为自己在抵抗波兰入侵。

两天以后，英国和法国向德国宣战。第二次世界大战全面爆发。

不久之前，英国人还朝张伯伦欢呼，称赞他是和平英雄。可战争一爆发，大家都开始唾骂他，说他是个软骨头，是个胆小鬼。有人还专门为他写了一本书，书名就叫《罪人》。张伯伦心灰意冷。他说："我的世界在一瞬间崩塌成了碎片。我以后再也不会快乐了。"

没过多久，他在绝望中去世了。这样一个胆怯的老好人，碰到了野蛮时代，只会落到这么个下场。

小结

希特勒上台后，德国开始对外扩张。英国和法国同意将苏台德地区割让给德国，但是这并没有阻止战争的来临。公元1939年，希特勒入侵波兰，英国和法国向德国宣战。第二次世界大战全面爆发。

93

战火燎原

战争初期，希特勒大获全胜。

德国军队发明了一种新打法，叫“闪电战”，意思是说进攻速度像闪电一样快。飞机在上面轰炸，坦克在下面开路。机械化部队冲开一个缺口，后面的军队飞快地跟着推进。这个时候，苏联配合德国，参与了对波兰的进攻，想要瓜分一块领土。波兰人对付不了这样的两面夹击，不到一个月就灭亡了。

波兰在德国东边，那西边的英国和法国呢？它们在国内闹出很大的动静。政府给老百姓发了防毒面具，把城里的小朋友疏散到农村，晚上汽车也不许开车灯，气氛非常紧张。但是它们并没有进攻德国，就那么干坐着，眼睁睁看着德国干掉了波兰。

真是胆小！但是英国、法国确实也有自己的打算，它们受第一次世界大战影响太深了。在那个时候，进攻的一方总是要吃亏，就算死上百万人也很难突破对方的防线。英国、法国吸取了教训。它们拼命修建防御工事，等着德国人发起进攻，好把对方打个头破血流。至于波兰，那没办法，只能让它自求多福了。

德军闪电战

但是时代变了。现在有成百上千的轰炸机，有了成群的坦克，还有机械化部队，战争变得更适合进攻，而不是防守。德国人很聪明，发明了闪电战。英国和法国死守着老经验，结果就倒霉了。

1940年春天，希特勒向英法联军发起了进攻。

在德国和法国的边界有一片阿登森林。那里到处都是山和树，法国人觉得敌人不可能从这里进攻。他们修了一条很坚固的防御线，却独独在这里留了个缺口。可是希特勒的坦克车偏偏从阿登森林杀了过来，把法国人打了个措手不及。

德国的轰炸机狂轰滥炸，坦克车横冲直撞，打开一个缺口就呼啦啦往里冲。英法联军一下子被切成两段，眼看就要全部被歼灭。

英国发动了紧急营救。当时有很多军队被困在一个叫敦刻尔克的港口。英国派出了手头所有的船只，甚至连富人的游艇都用上了，沿海渔民也驾驶着小船匆匆赶来。在敌人的眼皮子底下，他们救出了三十多万军队。这件事被称为“敦刻尔克的奇迹”。

这个奇迹没法扭转战局。法国完蛋了，只好宣布投降。希特勒得意扬扬地来到了巴黎。他参观了歌剧院，看了埃菲尔铁塔，还去拜访了拿破仑的坟墓。征服者要能算成一个行业的话，拿破仑就是这个行业里的老前辈。希特勒脱下帽子，对着老前辈的坟墓鞠躬行礼，然后沉思了很长时间。谁也不知道希特勒当时脑子里在想些什么，但是他后来对别人说："那是我人生中最美好的一天。"

为什么希特勒只用了六个礼拜，就征服了法国？

这倒不是因为他是个超级军事天才。希特勒确实有军事才能，但这也不全是他的功劳。大家还记得第一次世界大战初期，有一场马恩河战役吧？如果当时德国军队有坦克、轰炸机、摩托化部队，他们也能打赢那场战役，一举干掉法国。可是那个时候没有这些进攻性武器，法国人才能靠机关枪和壕沟，死死守住了战线。

进攻性武器更厉害的时候，比较容易出名将，纵横千里，叱咤风云。反过来就很难了。希特勒运气好，碰上了飞机、坦克的年代，所以才能靠闪电战轻松打败法国。

征服法国以后，希特勒下一个目标就是英国。

希特勒本来很崇拜大英帝国，没有干掉它的意思。英国不用割地，不用赔款，只要老老实实待着，不再干涉希特勒就行。可是英国吃够了绥靖政策的亏，不肯再绥靖了。它果断地拒绝了希特勒。希特勒非常恼火：既然不识抬举，我就灭了你！

英国是个海岛，德国陆军过不去。英国海军又太强大，德国打不过它，希特勒只好使用空军。于是，人类历史上第一次天空之战打响了。

此时此刻，英国就像当年面对无敌舰队一样，大家同仇敌忾，要跟入侵者决一死战。英国的新首相丘吉尔发表了著名的演说：

“我们将战斗到底。我们将在海上战斗，我们将在空中战斗，我们将在海滩战斗，在田野和街头战斗！我们绝不投降。即便有一天这个岛屿被征服了，我们也将在海外继续战斗！”

英国首相丘吉尔

英国拼死抵抗，还真的顶住了希特勒的入侵。在英国上空，双方空军激烈交火，一架又一架飞机拖着黑烟从天上坠落，变成燃烧的大火球。三个月打下来，德国损失了两千架飞机。希特勒气馁了。他放弃了征服英国的计划。英国得救了！

但是欧洲其他国家可没这么幸运。希特勒一口气占领了十来个国家，还有好多国家成了它的小喽啰，跟在它屁股后面摇旗呐喊。公元 1941 年的希特勒，走上了命运的巅峰。他神气活现，比当年的拿破仑还要威风。

希特勒比拿破仑坏得多，但是他的经历确实很像拿破仑。他们都占领了欧洲的核心地区；他们都没能打下英国；他们也碰巧都是自大狂，觉得老天爷会满足自己的任何愿望。

最后，他们又做出了同样要命的决定：进攻俄国。

现在俄国改名叫苏联了。它的领导人是斯大林，这是一个心肠刚硬的人。他不惜代价地实现了工业化，所以苏联要比当年的沙皇俄国更加强大。

可是希特勒还是发动了进攻。征服法国只是一个意外，挥师东进，占领苏联无边无际的领土，才是希特勒终身的梦想。

他和苏联签订过一份条约，保证互不侵犯，但是在希特勒眼里，任何条约都是废纸。公元 1941 年 6 月 22 日的夜晚，他一声令下，几百万军队开进了苏联。

苏联被打了个措手不及，结果乱作一团。上百万军队被抓了俘虏，几千架飞机还没起飞就被炸毁，整个战线都崩溃了。德国军队快速推进，差不多每过一个月，就要占领一个法国的面积。如果苏联国土面积不是超级大，肯定就被希特勒消灭了。

斯大林也大吃一惊。他其实猜到了希特勒迟早会打苏联，但没想到会来得这么快。前线兵败如山倒，一个坏消息接着一个坏消息。斯大林消沉了一段时间，一连好多天都不肯见人。他手下非要见他的时候，斯大林甚至以为这些人是来逮捕他的。可是，斯大林很快就回过神来，开始组织全面抵抗，不惜一切代价也要顶住。

德国和苏联的战争非常残酷。希特勒征服法国的时候，并没有赶尽杀绝。但是苏联情况不一样。希特勒存心要让苏联人都死光，就算不死光，最好也死一大半，这样能给德国移民腾出地方来。希特勒非常恶毒，甚至专门制订了“饥饿计划”，要把成千上万的苏联人活活饿死。

这真是太邪恶了。拿破仑再疯狂，也想不出这么邪恶的计划。但这样一来，就把对方逼到了绝路。没有任何妥协余地了，苏联全国上下拧成一股绳，要跟希特勒死磕到底。

苏联身上藏着一股巨大的力量。这种力量来自它极大的领土，来自它极冷的气候，也来自老百姓极度的坚韧。这种力量平时看不出来，可一旦发挥出来，几乎可以撼天动地。它进攻别人的时候不一定很厉害，但防守起来确实超级强。当年，拿破仑就是被这种力量给打败的，现在希特勒也走了拿破仑的老路。

这是希特勒的大错误。他高估了英国，却低估了苏联。希特勒曾经夸口说："只要在大门上使劲踢几脚，苏联这个破房子就会垮掉。"实际上完全不是这么回事。苏联人一开始确实被"闪电战"打得晕头转向，但时间一长，他们的力量就发挥出来了。

在开战的这一年，苏联天气碰巧特别冷，气温低到零下三十多度。德国人没见过这么冷的天气，被大批大批地冻死，很多坦克也发动不起来了，德国军队前进的速度越来越慢。

到了年底的时候，他们总算打到了首都莫斯科。可这已经是极限了，德国人早已筋疲力尽。双方在莫斯科城下狠狠地打了一仗。德国军队撤退了。

跟英国的大空战只是一次挫折，莫斯科战役却是一次惨败。

闪电战不再"闪电"了，希特勒必须打一场长期战争。现在，德国和苏联就像两个超级庞大的怪兽，浑身都被咬得伤痕累累，但还是恶狠狠地对峙着。那么打到最后，谁会赢呢？

说实话，如果单打独斗的话，可能还是德国会赢。德国的整体力量比苏联高出一截。真要打下去的话，苏联人再勇敢，最多能够让自己的国家不灭亡。要想彻底打败希特勒，几乎是不可能的事。

可就在这个时候，在地球的另一边发生了件大事。这件大事是希特勒的朋友干的，一举改变了双方的力量对比。

希特勒有两个主要的盟友，一个是意大利，一个就是日本。这三个国家自称“轴心国”，意思就是说它们是世界的轴心，大家都要围着它们转。三个轴心国里，意大利是打酱油的，一直跟着德国混。可是日本却是独自在东方搞侵略。

就在莫斯科战役打得最激烈的时候，日本把美国的珍珠港给轰炸了！

小结

在战争初期，德国通过“闪电战”连连获胜。希特勒打败了法国，却没能拿下英国。公元1941年，他转向东方，向苏联发动进攻。但是这一次，“闪电战”没能奏效，战争进入了僵持阶段。

94

朝熊鼻子上猛咬一口

第二次世界大战结束以后，人们通常认为这场战争有三个元凶：德国的希特勒、意大利的墨索里尼，还有日本首相东条英机。

这个说法其实很有问题。希特勒确实是罪魁祸首，但是墨索里尼只是一个打酱油的喽啰。至于东条英机，当然是个坏蛋，但是跟希特勒比起来，他只是一个又凶残又平庸的坏蛋。

他平庸得甚至有点搞笑。战争期间，东条英机发起过一场“反对奢侈”的运动。他下班以后经常跑到街上去翻垃圾箱，看是不是有人违反禁令，偷偷地吃大鱼大肉。结果很不幸，他在自己家的垃圾桶里翻出了龙虾壳！

希特勒在总理府思考着德国的命运，东条英机在街头猛翻垃圾桶。唉，恶魔也是分等级的。我们要是把东条英机说成“日本的希特勒”，那未免太抬举他了。

既然这样，日本帝国主义的那些坏事，都是谁干的呢？

是一大群坏蛋一起干的。

在这一大群坏蛋里，并没有一个希特勒那样的绝对主角。这就像把希特勒打碎了，碾成一堆粉末，撒到日本，创造出很多个小希特勒来。

这些小希特勒的出现，也跟大萧条有关。

在大萧条之前，日本也喜欢搞侵略扩张。明治维新给日本种下了一颗坏种子。从那以后，它一直很好战。日本占领了朝鲜，抢走了我们的台湾，还经常欺负中国，勒索各种各样的好处。对中国来说，它肯定是个坏家伙。

但是这时候的日本还不算疯狂。它能抢就抢，能占便宜就占便宜，但多少还有点分寸，没到不顾一切的地步。中国和日本打了一场甲午战争，从那以后，中国和日本三十多年没有爆发大规模战争。

但是大萧条来了，日本人受到很大的打击，思想也跟着变得极端起来。在德国，大萧条导致了希特勒上台。在日本，则出现了一大堆好勇斗狠的愤青。

这些人主要集中在军队里。他们被称为“少壮派”，意思就是说这帮家伙年轻力壮，精力充沛。少壮派级别虽然不高，但是特别能折腾。他们想要干一番大事业，让日本成为世界上最伟大的国家。

怎么伟大呢？就是侵略，就是扩张，就是把弱者踩在脚下。

这些家伙就是一帮小号希特勒。他们觉得自己最爱国，谁反对自己，谁就是卖国贼。

日本也有一些比较正常的政治家，没那么疯疯癫癫。他们担心过分扩张会闯大祸。在少壮派看来，谁这么想，谁就是卖国贼，卖国贼就该杀掉。结果，他们干掉了好多大臣，甚至还刺杀了两位日本首相。

二十世纪三十年代，整个日本都有一股疯人院的气氛。有脑子的人不敢说话，一说话就会被骂成卖国贼，结果就剩下一群傻子和疯子在那里折腾。日本军队变得越来越狂妄好斗，就连政府也控制不了他们。

公元 1931 年，日本军队发动了“九一八”事变，占领了中国的东北。这是日本大扩张的第一步，也拉开了中国抗日战争的序幕。

到了公元 1937 年，日本又迈出了第二步。它挑起了“七七”事变，向中国发起全面战争，占领了大片领土。中国当时的首都是南京，结果也沦陷了。日本人在那里制造了毫无人性的南京大屠杀。这次大屠杀可不是孤立事件，日本军队在中国各地都杀人放火，干了无数伤天害理的事情。

这次战争对中国来说，当然是可怕的灾难，但是对日本来说也是一个深渊。中国太大了，日本不可能灭亡它，而中国又绝不投降，坚持战斗，日本就被困在战争里了。它死了很多很多人，花了很多很多钱，却不知道下一步该怎么办。

美国也不高兴了，它不想让日本在亚洲称王称霸。于是，它要求日本停止侵略，不然就要切断日本的原料供应。这些原料里最重要的是石油。日本没有石油，必须从国外进口，美国如果切断它的进口，日本的飞机就没法上天，军舰就没法出海，再厉害的武器也会变成一堆废铁。这下日本傻眼了。

没有哪个日本高官敢答应美国的要求。否则的话，就会有少壮派跳出来，大喊一声："你这卖国贼！这么多人战死在中国，你怎么对得起他们？八嘎，死啦死啦滴！"一刀下去，小命就完了。

那就只剩下一条出路，跟美国开战。可这么做实在太疯狂了。别看日本在亚洲耀武扬威，它的力量跟美国不在一个级别上。有人算了一笔账，美国的钢铁是日本的二十倍，煤是日本的十倍，飞机是日本的五倍，整体实力是日本的十倍。这怎么开战呢？

日本人没指望彻底打败美国，他们盼着能出其不意把美国痛打一顿，美国就会来谈和。这真是有点异想天开啊。当时的日本首相是东条英机，也就是那位喜欢翻垃圾桶的狂人。他也知道这样很冒险，只能叹口气说："唉，有时候我们必须做点勇敢的事情。这就像从高高的平台上往下跳，把眼睛一闭就行了。"

没有一个人敢站出来反对，否则就会被骂成可耻的卖国贼。明明知道国家会毁灭，日本的头头们也只能闭着眼睛往下跳。他们并不真的爱国，他们爱的是自己爱国的名声。

公元 1941 年 12 月 7 日，日本迈出了大扩张的第三步。它偷袭了美国的珍珠港。

珍珠港在夏威夷，是美国太平洋舰队的主基地。当时正是礼拜天，美国军队根本没有提防，有的在打球，有的在散步，有的还在睡觉，一片太平盛世的样子。就在这个时候，天上忽然出现了成群的飞机，劈头盖脸地往下扔炸弹。转眼之间，浓烟滚滚，火光冲天。美国人这才反应过来，在电话里大喊大叫："我们被轰炸了！这不是演习，重复一遍，这不是演习！”

没过几个小时，珍珠港就给炸了个稀烂。美国太平洋舰队总共有九艘主力舰，结果被炸沉了五艘，重伤了三艘，只剩下一艘完好的。美国海军等于瘫痪了。

这下，日本人捅下了一个天大的篓子。美国就像一个大狗熊，趴在那儿睡觉。而日本就像一条恶狗，偷偷溜过去，照着大狗熊的鼻子，“咔嚓”来了一口。那么狗熊醒了以后，怎么办呢？它一定会扑上来啊。

美国老百姓本来一直不愿意参战，可现在就没什么好争论的了，美国立刻加入了第二次世界大战。它不光向日本宣战，向德国也宣战了。

这件事对中国、英国、苏联都是天大的好消息。英国首相丘吉尔收到消息以后，激动得眼泪都掉下来了。

美国工业能力非常强大，要多少武器就能生产多少武器。从这一天开始，双方的力量对比发生了大逆转。把美国、苏联、英国、中国这些国家的资源加在一起，要比轴心国多得多。这样打下去，希特勒他们迟早会输。

回顾起来，第二次世界大战真是充满了悬念。我们经常说“正义必胜，邪恶必败”。这当然是很好的愿望，但不一定总会这样。从历史上看，邪恶的一方也经常获胜呀。所以在战争刚开始的时候，谁也不能提前断定，轴心国一定会失败。

如果德国一鼓作气征服了英国；

如果希特勒在那个冬天拿下了莫斯科；

如果日本没有偷袭珍珠港；

如果德国提前制造出了原子弹……

上面这些如果，只要有一个发生了，战争的结局都可能会发生变化。但是幸好，这一切都没有发生！轴心国最终失败了。

轴心国从胜利到失败的转折点，是在公元 1942 年。

在亚洲战场上，日本神气了大约半年。美国被打得节节败退，吃了一连串败仗。日本横扫东南亚，占领了一连串的国家。在每个占领地，它都烧杀抢掠，干了很多暴行。

到了 1942 年 6 月，美国人终于缓过劲儿来了。太平洋上有一座小岛，因为它正好位于太平洋中间，所以被称为中途岛。美国和日本在那里进行了大海战，结果日本损失了四艘航空母舰。航空母舰专门用来运载飞机，是最重要的一种军舰。从那以后，日本就再没打过什么像样的胜仗。太平洋上有很多岛屿，美国人稳扎稳打，一个又一个占领这些岛屿，最后形成了一个包围圈，把日本死死地困在里面。

在欧洲战场，也发生了一次转折性的大战役。德国和苏联在一个叫作斯大林格勒的城市，展开了殊死战斗。双方打了好几个月，最后德国人掉进了一个陷阱里。苏联军队从两个方向包抄，就像一个巨大的钳子，把敌人夹在了中间。结果，几十万德国军队全军覆没。

在非洲战场，德国也倒了霉。希特勒往非洲派了一支远征军，主要都是坦克部队。这支远征军一开始很厉害，把英国人打得鼻青脸肿，差点把埃及都占领了。可是 1942 年 10 月，形势开始逆转。英国和德国在大沙漠里进行了一次大决战。上千辆坦克对着猛冲，结果德国的坦克军团被打得丢盔卸甲，逃出了大沙漠。

德国在非洲也待不住了。

在亚洲、欧洲和非洲，轴心国都在走下坡路。敌人从四面八方包围了它们，像挤核桃一样，一点一点地把它们挤碎。

希特勒一下子就像衰老了十岁，头发也白了，手也哆嗦了，眼神也变得忧郁了。

这个小胡子恶魔再也神气不起来了。

小结

日本在东方也走上了对外扩张的道路。公元1931年，它占领了中国的东三省，几年后又向中国发动全面侵略。最后，它又偷袭了美国珍珠港。这件事导致美国正式参加第二次世界大战。

95

比一千个太阳还要亮

套在轴心国脖子上的绞索一点点收紧。到了公元 1944 年的时候，情况已经很清楚了，轴心国败局已定。

墨索里尼垮台了；英美联军在法国的诺曼底半岛登陆，和苏联红军一左一右，夹击德国；日本和美国在一个叫莱特湾的地方打了历史上最大规模的海战，日本舰队差不多全军覆没……

第二次世界大战进入了扫尾阶段。

不过，在讲到结局之前，我先要说一说这到底是一场什么样的战争。

它比第一次世界大战要野蛮得多。那次战争也死了很多人，但死者主要是战场上的士兵。屠杀老百姓的事情并不多见。总的来说，大家遵守了基本的战争规则。

可是到了第二次世界大战，情况就不一样了。这次战争死了将近七千万人，其中有五千万都是平民。这些平民绝大部分都是被德国纳粹和日本侵略者杀掉的。它们到处杀人放火，手段惨无人道，把很多地方都变成了人间地狱。

第一次世界大战是残酷的，但是第二次世界大战不仅仅是残酷的，它还是反人类的。

这次战争有一个恐怖的发明，那就是希特勒的集中营。希特勒走火入魔，想要把犹太人全杀光。他修建了好多集中营，把能抓到的犹太人都抓起来，关进里面弄死。就连那些小喽啰国家，也必须把国内的犹太人交给希特勒。反倒是意大利拒绝了希特勒的要求。墨索里尼虽然是个坏蛋，但他对屠杀犹太人的事情很不以为然。

德国的犹太人处境是逐渐变坏的，他们进集中营之前还有点思想准备。这些小喽啰国家的犹太人可没有料到。你可以想象一下，如果你是这些国家的犹太人，前几天你可能还在逛街、看电影、吃冰激凌，过着正常的生活。忽然希特勒一道命令下来，你就被连夜抓走，像猪狗一样被塞进火车，轰隆隆地拉到集中营，然后剥光衣服让人检查，身体不合格的话，就直接被送到毒气室里头毒死，一把火烧掉。

这完全超乎人类的想象，像是恐怖电影里的情节。

希特勒大约杀死了六百万犹太人。他用一种工业化的手段，把整个犹太民族赶尽杀绝。不管是老人、孩子，还是婴儿，全都井井有条地杀掉。集中营就像一个死亡机器，运转得非常科学和高效，几年内就把几百万大活人变成了一堆堆的灰烬。

这件事里，最恐怖的还不在于死亡人数，而在于杀人的方式。以前历史上也有很多屠杀，但是希特勒的集中营和它们不一样。这些集中营杀起人来就像工厂里的流水线，严密冷静，不带感情色彩。

奥斯维辛集中营

希特勒简直就像开了一批罐头加工厂！在人类历史上，这种工业化屠杀还真是第一次。

希望也是最后一次！

大屠杀还带来一个新的问题：到底什么是文明？

大家都说德国是一个现代化的文明国家。它有非常灿烂的文化，出过很多了不起的大师，像诗人歌德、音乐家贝多芬、数学家高斯、哲学家康德等等。那位和牛顿争夺微积分发明权的莱布尼茨，也是德国人。他们都是人类之光。而且德国非常富裕，非常发达，科技水平在当时可能是全世界第一。

这样的一个文明国家，怎么会干出这么黑暗的事情来？

当然，你可以说这都是希特勒干的。可是希特勒一个人怎么能干出这种事来？他背后就是成千上万的普通人。他们崇拜希特勒，服从希特勒，默许了这次大屠杀。

我们以为世界总是在前进，在发展，从野蛮走向文明。可希特勒告诉我们，情况并不是这样。这次大屠杀给人类带来一次巨大的心理冲击。

如果德国人可以做出这么可怕的事情，那么其他国家的人呢？

人类真的可以变得文明吗？

人类能守得住文明的底线吗？

只有理解了这些大屠杀，才会明白第二次世界大战到底意味着什么。在上次世界大战里，其实谁输谁赢，并没有特别本质的差别。第二次世界大战的输赢，却关系到人类未来的命运。如果德国和日本赢了，那可就糟透了。

有位美国作家写过一本叫作《高堡奇人》的小说。它设想了一个虚拟的未来。在那里，轴心国赢得了胜利。东方到处都是日本兵，西方到处都是集中营。你绝对不会喜欢那样一个世界！

幸好在真实世界里，轴心国打输了。

公元 1945 年春天，希特勒迎来了自己的末日。苏联红军和英美联军从两个方向攻进了德国。德国彻底顶不住了。这个时候，希特勒下达了一道疯狂的命令。他要把德国的一切设施全部毁掉。所有的工厂、铁路、桥梁等等，一个不留。

要是把这些东西都毁掉的话，战争结束以后，德国人还怎么活下去？

希特勒根本不在乎。他口口声声说自己多么热爱德国，多么热爱德国人民。可是到了最后关头，他想拉着全体德国人跟他一块儿死。希特勒说：“在这次战争里，最优秀的德国人都已经战死了。活下来的都是一群劣等货。”劣等货不配活着，死了算了。

一个像希特勒这样充满仇恨的人，是不可能真正爱国家、爱民族的。希特勒爱的只是自己的妄想。妄想一旦破灭，他就想把什么都毁掉。

幸亏这个计划没有得到执行。德国没有毁掉，希特勒只能自己去死。公元 1945 年 4 月 30 日，希特勒自杀了。

接着，苏联红军攻进首都柏林，德国宣布投降。

日本拖的时间更长一些。它已经被打扁了，海军没了，飞机也没剩下几架，首都被炸成了一片废墟，可日本就是不投降。那些将军大喊大叫，说要“一亿玉碎”。当时日本人口差不多是一亿，“一亿玉碎”就是说宁肯让日本人全死光，也绝不投降。

于是，美国在日本扔下了两颗原子弹。

原子弹值得好好说一说。它是一种超级厉害的炸弹，背后的科学道理非常复杂。大致说起来，它主要跟原子核的分裂有关。你周围能看到摸到的东西，都是由一个个小原子组成的，每个原子里面都有原子核。一个特别重的原子核可以裂变成两个中等的原子核，分裂的时候会释放出很大的能量。如果在短时间内，很多原子核都出现裂变，那就会引起可怕的爆炸，把周围的一切全都摧毁。

二十世纪初期，科学家们已经知道原子弹的原理。但是原子核不太容易裂变，怎么能刺激它们裂变呢？这就比较麻烦了。到了第二次世界大战的时候，好几个国家都在研究这个技术问题。

按道理说，应该是德国第一个造出原子弹，因为德国的科技水平最高，比美国要高出一大截。但是希特勒把事情搞砸了。他迫害犹太人，欺负知识分子，结果很多科学家都跑到美国去了。要是没有这些人，美国根本造不出原子弹来。

不过就算这样，希特勒还是有可能抢先，但是这时出了一个意外。科学家海森堡主持德国原子弹研究，可他把数给算错了。大家做作业的时候，都算错过题。老师问一加一等于几，你一粗心，说等于六十八。那也没什么，最多老师把你骂一顿。可是海森堡这次算错了，后果就很严重。

制造原子弹需要一种叫作铀的特殊材料。本来造一枚原子弹，需要十几公斤铀，但是海森堡算来算去，说需要十几吨铀。他并不是故意捣乱，就是算错了。当时全世界也找不出这么多铀，所以希特勒对这件事也就提不起精神。计划慢慢地被放弃了。

美国人可没算错。他们在大沙漠里建造了一个基地，专门研制原子弹。在公元 1945 年 7 月，第一颗原子弹成功地爆炸了。当时的场景无比震撼，所有人都看得目瞪口呆。

原子弹爆炸发出的光芒比一千个太阳还亮。在爆炸的中心，温度超过一亿摄氏度。所有的东西瞬间都变成了气体，消失得无影无踪。一个火球在地面上升起，颜色不断变换，最后变成了一朵巨大的蘑菇云，直冲天空。这种力量就像是死神降世，能够摧毁一切。

美国手上只有两颗原子弹。它把这两颗都扔在了日本。一颗在广岛，另一颗在长崎。人们毫无防备，死亡就忽然从天而降。在广岛，仅仅在几秒钟之内，七八万人就死了。接下来的几天，又有好几万人死去。

日本人本来就已经走投无路，现在更加绝望了。8 月 15 日，日本天皇宣布无条件投降。

这两颗原子弹缩短了战争的时间。但是它们也给人类提了一个醒，这种武器太可怕了。它不是飞机、大炮那种东西，而是一种能毁灭全人类的大杀器。

现在好多国家都有了原子弹，而且每一颗的威力都比当年厉害得多。如果它们对着扔原子弹，那么世界文明就会彻底消亡。整个地球将被尘埃笼罩，人类会进入漫长的“核冬天”，大部分人口不是死于核辐射，就是死于大饥荒。有人说：“如果爆发第三次世界大战，参战国使用原子弹作为武器，那么人类将退回到石器时代。”

你可能会说：“为了邪恶的事情扔原子弹是不对的，可为了正义扔原子弹就是正确的。”可是如果人类都没有了，要正义还有什么用呢？

在广岛和长崎之后，原子弹成了一种绝对的禁忌。谢天谢地，人们再也没有使用过这种武器。

不管怎么样，世界大战结束了，恶魔们也死了。破碎的大地上到处都是废墟，到处都是尸体，到处都是难民。人们在废墟上掩埋尸体，重建家园。一切渐渐归于平静。但是经历了这次战争以后，世界再也不是原来的模样了。它发生了天翻地覆的变化。

人们走入了一个全新的时代。

我们今天的时代。

小结

公元1945年，德国和日本先后宣布无条件投降，希特勒自杀身亡。第二次世界大战结束。战争期间，美国研发出威力惊人的原子弹，标志着人类进入了核武器的时代。

96

最伟大的河流

讲到这里，这个长长的故事本来就要结束了。但是，我不想让它的最后一章是战争，那会显得太悲伤了，所以让我再来说一说战后的世界吧！

第二次世界大战已经结束七十多年了。这七十多年里，最值得高兴的事情，就是没有再出现第三次世界大战。

在很长一段时间里，世界处于“冷战”状态。冷战并不是真正的战争，而是紧张的对峙，就像两个人拿着手枪互相指着对方，却没有人敢真的开枪。冷战主要发生在美国和苏联之间，人们称它们俩为“超级大国”。它们联手灭掉希特勒以后，就翻脸做了敌人。

美国和苏联差别太大，对世界的看法完全不同，所以彼此猜疑，都觉得对方是坏蛋。但是它们并没有真的打起来。经历过两次世界大战以后，人们多少变得聪明了一些，学会了一点克制。

此外还有一个重要的原因，就是核武器的威慑。苏联和美国都有原子弹，后来又有了氢弹，这些武器威力太大了，一旦使用，整个人类可能都会完蛋。正因为这样，苏联和美国不敢随便打仗。如果换上以前的时代，它们也许真的会用飞机、大炮打起来。

但还是非常、非常危险！

冷战时代有过好几次严重的危机。比如在公元1962年的时候，苏联偷偷把一批导弹运进了古巴。古巴距离美国非常近，这些导弹携带着核弹头，可以攻击美国的许多城市。美国发现了以后，马上派舰队封锁了古巴，要求苏联把这些导弹运走。

那个时候，战争一触即发，全世界都胆战心惊。大家都害怕第二天起来，新闻头条就是："美国和苏联被夷为平地，核辐射笼罩全球！" 在很多地方，不光食物和水脱销了，就连武器也被大家抢着买光了，因为人们担心核大战打起来以后，会迎来一个新的废土时代，没有武器就没法保护自己。有一个孩子给当时的美国总统写信说："我才九岁。我太小了，我不能死。"

幸好没有打起来。苏联最后把导弹运出了古巴，世界又恢复了平静，这个孩子也没有死。

我们现在会说："哎呀，苏联和美国又不是疯子，谁敢打核战争？最后一定会有人让步！"可实际上并不一定就是这样。我们看看历史就知道，国家之间的冲突，有时候就是会出现死局。当然，有了核武器，国家之间会更谨慎一些。但是就算一千次冲突里有九百九十九次处理好了，一次没处理好，世界可能就毁灭了。

所以，人们还是要非常小心，核武器可不是闹着玩儿的。

进入冷战以后，欧洲那些老牌帝国全都瓦解了，谁也没跑得掉。老一套的殖民主义过时了，欧洲人再也不能把别的国家随便当成殖民地了。

英国曾经拥有一个庞大的日不落帝国，可第二次世界大战结束后没过多少年，日不落帝国就完蛋了。英国人老老实实地收拾行李，回到欧洲。大家还记得甘地的故事吧？他带领印度走向了独立。英国人以前把印度称为“帝国皇冠上的明珠”，现在他们一仗没打，就扭头离开了，连印度人都很吃惊：“大英帝国就这么无声无息地结束了？”

是的，它就这么结束了，大英帝国又变回了小小的岛国。

其他殖民帝国也都是这个下场。在它们的废墟上，出现了很多年轻的新国家。十九世纪的人看到今天的世界地图，会大吃一惊的：“怎么会有这么多国家呢？”实际上，现在一大半的国家都是第二次世界大战以后才出现的。

冷战持续了四十多年。公元 1991 年，苏联解体，冷战也就结束了。但是不管有没有冷战，人类还是一直在打仗，只不过这些战争规模比较小，没有变成世界大战而已。美国人和越南人打仗，以色列人和阿拉伯人打仗，苏联人和阿富汗人打仗、伊拉克人和伊朗人打仗……还有各种各样的内战，甚至还有种族大屠杀。

最可怕的一次种族大屠杀发生在非洲的卢旺达。这个国家里有两个不同的种族，一个叫胡图族，一个叫图西族。在我们看来，这两个种族没有多大区别，可是他们却产生了深深的仇恨。公元 1994 年的时候，胡图族忽然杀掉了差不多八十万图西族人。差不多每三个图西族人里，就会有两个被杀掉。这简直太可怕了！一直到今天，人们还是难以理解怎么会有这么疯狂的仇恨。

不过，这些战争很少会扩大。所以从整体上看，这七十多年还算是一段比较和平的时期。和平就会带来繁荣。今天的世界要比七十多年前富裕得多，大多数人的生活都变好了。

很多国家都发展得不错。老牌的发达国家一个都没有掉队。就连德国、日本这样的战败国，也都摇身一变，又成了极富裕的国家。很多落后国家也赶上来了。比如咱们的邻居韩国，就从一个穷地方变成了发达国家。

不过最让世界吃惊的事情，还是中国的崛起。这几十年来，中国经济增长得非常快。虽然我们人均收入还不是特别高，但是中国的规模太大了，所以它的经济总量已经成了世界第二。

你可能因为年龄的关系，对这件事印象不深，但是我的感受实在是太强烈了。我小的时候，中国还很穷，不要说买私家车、坐飞机或者出国旅游了，连肉都不是想吃就能吃到。那个时候没人会想到减肥的事情！这几十年的变化简直就像一个奇迹。是的，和平、开放和勤劳确实能创造奇迹。而且，中国很好地抓住了机会。

从历史上看，这样的机会非常少，一共也只出现过两次。

第一次是十九世纪中后期。那时候，工业革命刚刚普及。谁抓住这个机会，谁就能发展起来。不光欧洲那些国家发展起来了，就连日本也抓住机会，发起明治维新，变成了强国。到了十九世纪末期，国际环境变得非常恶劣，这个时间窗口就关闭了，我们中国错过了机会。

一直到了二十世纪下半叶，大家开始搞全球化经济，才出现了第二个时间窗口。这一次中国终于抓住了机会，实现了突破。

中国天眼

当然，现在整个世界并不都是一片繁荣。还有很多地方依旧很贫穷，尤其是非洲，那里的很多人连饭都吃不饱。但是，只要世界能够保持和平稳定，发展的时间窗口不关闭，他们还有希望赶上来。

世界变得更富裕了，最主要的推动力还是科技的发展。这七十年来，科技的进步非常了不起。

在航天技术上，人们发射了人造卫星，制造出航天飞机，还第一次登上了月球。

中国航天与高铁

在生物技术上，人们发现了 DNA，大致弄明白了人类遗传的奥秘，开始研究基因工程。

不过最大的发展

是在电子技术上，一枚小小的芯片就能完成各种各样的工作。人们拥有了计算机和互联网，造出了机器人和手机。世界因此发生了翻天覆地的变化。第二次世界大战的时候，人们想要知道外界的事情，还要依靠报纸和收音机。可现在几乎每个人都有手机，可以随时随地接触一切信息。

科技革命

但是很可惜，人类在基础物理方面进展不大。什么是基础物理呢？比如牛顿的万有引力公式就属于基础物理。你不能直接用这个公式发明什么新鲜东西，但它是整个物理学的基石。

在第二次世界大战前，基础物理有了一次伟大的突破，发现了相对论和量子力学。它彻底刷新了人类对世界的认知。可是从那以后，就再没出现过这样了不起的大发现了。

物理学越来越深奥，想要做出大突破变得更难了。但是如果再有一次基础物理的大革命，哇，那肯定是一个超级巨大的事件，会改变整个人类社会。想想那一刻，就会觉得激动人心。

就让我们耐心地等待吧！

这是对七十多年历史的一个极其简单的概括。这本书的故事到这里就结束了。那么，该对这个长长的故事说些什么呢？

每次读到人类的历史，我都会由衷赞叹。如果把它比喻成一条河流的话，那它肯定是世间最伟大的河流。不过一万多年以前，人类还是一群野蛮的流浪者，可是顺着这条河流蜿蜒而下，两岸的风景就越来越壮丽。你会看到窝棚变成了房屋，接着房屋变成了高楼，最后高楼又变成了摩天大厦。

人们修建了金字塔，人们修筑了万里长城，人们又盖起了凡尔赛宫和紫禁城。部落变成了城邦，城邦变成了王朝，王朝又变成了今天的国家。

原始人的嘶哑喊叫变成了歌剧和摇滚乐；原始人祭神的鼓声变成了交响乐和爵士乐；原始人在黑夜中讲述的故事变成了《哈姆雷特》和《红楼梦》；原始人在山洞里的涂鸦变成了《蒙娜丽莎》和《星空》。

一万多年前的人类，只会思考下一顿饭在哪里，可今天的我们，已经在探索宇宙创始的奥秘，思考人类终极的命运。

这是多么伟大的变化，又是多么快速的变化啊。

但正因为这些变化太快了，所以也产生了可怕的问题。人类已经出现在地球上几百万年了，可是文明的进程连一万年都不到。相比之下，这真是太短太短的一个瞬间。文明进步得太快，人类的能力也变得太强，但是人类的生物本能却没有跟着变化。

我们的生物本能主要取决于基因，基因可不像科技那样说变就变。我们虽然用着手机，使用着互联网，坐着飞机旅行，但是我们的心灵和一万多年前的原始人没有本质区别。我们和他们有着同样原始的冲动，同样的嫉妒心，同样的攻击欲。所以我们虽然在科技和文化上有超级伟大的成就，但是在解决彼此矛盾的时候，我们还是非常原始。

进步当然有，比如我们学会了遵守法律，学会了尊重彼此的权利，学会了管理国家。这本书里就记录了很多这样的成就。但是在很多、很多时候，人类还是用暴力解决分歧，就跟一万多年前的原始人一样。只不过现在我们的武器更厉害，能杀死更多的同类。

人类还是没有真的学会宽容、共情和关爱。

也许我们没有办法改变身体里的原始本能，但是我们可以通过文化来驯服它，哄着它，让黑暗的东西在心灵里面悄悄地睡去，不再醒来咆哮。如果文明想要延续下去，这可能是唯一的出路。

对于宏大的历史来说，我们都是一粒不起眼的尘沙。我们也许不能改变世界，但是我们能够改变看待世界的角度。如果你是少年的话，那么我希望这个故事给你心里种下一颗温暖的种子。热爱你当热爱的，憎恨你当憎恨的，同时，永远怀着对世界的一份温情。

你长大以后，会不断地和世界对话。

如果你对历史有兴趣的话，还会不断地和历史对话。希望你能把这份温情，作为对话的起点。

只要心中有光，就算我们会犯错，也不会真的迷失！

（全文完）

少年世界史

作者 _ 押沙龙

编辑 _ 杨珊珊　装帧设计 _ 朱大锤　插画绘制 _ 薛晓珑
主管 _ 周颖　技术编辑 _ 白咏明
责任印制 _ 梁拥军　出品人 _ 吴涛

营销团队 _ 魏洋 张艺千 礼佳怡

鸣谢（排名不分先后）

林柏墅 Freepik Vecteezy

果麦
www.goldmye.com

以 微 小 的 力 量 推 动 文 明

图书在版编目（CIP）数据

少年世界史 / 押沙龙著. -- 济南：山东文艺出版社, 2023.11
ISBN 978-7-5329-6936-4

Ⅰ. ①少… Ⅱ. ①押… Ⅲ. ①世界史 - 少年读物
Ⅳ. ①K109

中国国家版本馆CIP数据核字（2023）第125117号

少年世界史
SHAONIAN SHIJIE SHI
押沙龙 著

主管单位 山东出版传媒股份有限公司
出版发行 山东文艺出版社
社　　址 山东省济南市英雄山路189号
邮　　编 250002
网　　址 www.sdwypress.com

读者服务 0531-82098776（总编室）
0531-82098775（市场部）
电子邮箱 sdwy@sdpress.com.cn

印　　刷 河北鹏润印刷有限公司
开　　本 890mm × 1280mm 1/32
印　　张 23.75
印　　数 112,001—117,000
字　　数 320千
版　　次 2023年11月第1版
印　　次 2025年10月第10次印刷
书　　号 ISBN 978-7-5329-6936-4
定　　价 188.00元